“十四五”职业教育国家规划教材

U0868100

汽车底盘常见维修项目实训教材

(第2版)

中国汽车维修行业协会　组织编写
朱　军　丛书主编
高作福　李玉明　本书主编

人民交通出版社股份有限公司
China Communications Press Co.,Ltd.

内 容 提 要

本教材从汽车维修企业生产实践中精选出最常见的底盘维修作业项目共计十九个，作为实训课教学内容，适合职业院校汽车运用与维修专业的学生使用。

图书在版编目（CIP）数据

汽车底盘常见维修项目实训教材/朱军主编. —2版. —北京：人民交通出版社股份有限公司，2018.6（2025.7 重印）

ISBN 978-7-114-14633-6

Ⅰ.①汽… Ⅱ.①朱… Ⅲ.①汽车—底盘—车辆修理—教材 Ⅳ.①U472.41

中国版本图书馆 CIP 数据核字（2018）第 070453 号

书　　名：汽车底盘常见维修项目实训教材（第 2 版）

著 作 者：朱　军

责任编辑：翁志新　张一梅

责任校对：尹　静

责任印制：张　凯

出版发行：人民交通出版社股份有限公司

地　　址：（100011）北京市朝阳区安定门外外馆斜街 3 号

网　　址：http://www.ccpcl.com.cn

销售电话：（010）85285911

总 经 销：人民交通出版社股份有限公司发行部

经　　销：各地新华书店

印　　刷：北京虎彩文化传播有限公司

开　　本：787×1092　1/16

印　　张：19.125

字　　数：407 千

版　　次：2009 年 12 月　第 1 版

2018 年 6 月　第 2 版

印　　次：2025 年 7 月　第 2 版　第 4 次印刷　累计第 13 次印刷

书　　号：ISBN 978-7-114-14633-6

定　　价：45.00 元

职业院校汽车运用与维修专业实训教材

编写委员会

主　　任：康文仲

副 主 任：刘　杰　于　敏　孟　秋

委　　员：（排名不分先后）

张京伟　朱　军　魏荣庆　李怡民

高　巍　卞良勇　王振军　渠　桦

丛书主编：朱　军

本书主编：高作福　李玉明

本书副主编：瞿忠军　王圣利

支持单位：德州交通职业中等专业学校

序言

随着汽车工业的飞速发展，特别是电控技术在汽车上的广泛应用，对汽车维修技术的要求越来越高，掌握现代维修技术的技能型人才十分短缺。因此，教育部、交通部等六部委启动的“实施职业院校制造业和现代服务业技能型紧缺人才培养培训工程”将“汽车运用与维修”列入第一批的四个专业领域之一，但由于传统的实训课程内容和模式已不能完全适应汽车维修企业的实际需要，所以，探索汽车维修实训课程教学内容和教学模式，是汽车维修职业教育改革的重点内容。选择哪些作业项目作为实训课的教学内容，采用什么教学方法作为实训课的教学模式，是汽车维修教学中最重要的问题。

汽车维修职业教育的培养定位，是为汽车维修企业培养能够实现零距离上岗就业的一线技术工人。因此，实训课最重要的就是要解决“教什么”和“怎么教”的问题。

本教材正是为深入贯彻落实教育部办公厅、交通部办公厅、中国汽车维修行业协会和中国汽车工业协会《关于确定职业院校开展汽车运用与维修专业领域技能型紧缺人才培养培训工作的通知》（教职成厅〔2003〕6号）的精神，紧扣“培养培训指导方案”的要求，来探讨实用汽车维修作业项目实训课实车工艺化教学方法的，在教学内容上大量采用的是源自汽车维修一线的实用作业项目，教学方法则采用在实车上按照实训课工艺化教学要求来完成的教学模式，使每个作业项目直接针对实际的整车来完成，增加了实景实车教学的现场感，增强了学生对实车修理过程的真实感。

我希望这种汽车维修职业教学实训课程开发的新思路和新理念，能够使汽车维修职业学校的学生更快地融入汽车维修企业的生产实践中，实现零距离上岗就业，为广大的汽车维修企业提供高素质、掌握现代汽车维修技术的技能型人才。

康文仲

前言

为了深入贯彻落实教育部办公厅、交通部办公厅、中国汽车维修行业协会和中国汽车工业协会《关于确定职业院校开展汽车运用与维修专业领域技能型紧缺人才培养培训工作的通知》的精神，在中国汽车维修行业协会的牵头下，组织了王凯明、朱军等一批业内知名专家，以及德州交通职业中等专业学校和宁波市鄞州职业高级中学的老师，于 2009 年推出了“职业院校汽车运用与维修专业实训教材”4 本，2011 年推出了“职业院校汽车车身修复专业实训教材”2 本，共 6 本实训教材。这套教材解决了职业院校实训课“教什么”和“怎么教”的问题，出版以来，反馈良好，已数次重印。

近年来，汽车行业飞速发展，职教改革不断深入，对汽车专业的教学提出了新的要求，因此，在中国汽车维修行业协会的牵头下，2016 年下半年启动了这 6 本实训教材的修订工作。本次修订参考了《中等职业学校专业教学标准（试行）》中汽车运用与维修专业（专业代码 082500）教学标准，更换了车型，增加了一些新内容，剔除了一些旧内容，对章节结构进一步梳理、重新调整，使内容更加贴近教学要求，旨在为新形势下的汽车职业教育提供更好的服务。

《汽车底盘常见维修项目实训教材》是其中一本，本书第 1 版于 2013 年 5 月 8 日被教育部遴选为第二批中等职业教育改革创新示范教材。此次修订，完全更新了“事前准备”和 5 个项目的内容，更新的项目全部以上汽通用科鲁兹车型为例进行讲解；删除了 4 个项目和附录；对不合理的技术内容进行了调整，从而使教材内容更加完善。

本书由高作福、李玉明担任主编，瞿忠军、王圣利担任副主编，参加编写的还有李剑锋、孙波、代军、王少行、郑广峰、张利军、张骞等老师。

限于编者的经历和水平，书中难免有不妥或错误之处，敬请广大读者批评指正，提出修改意见和建议，以便再版修订时改正。

职业院校汽车运用与维修专业实训教材编写委员会

2018 年 3 月

教材使用说明

一、本教材与以往的汽车维修实训教材的不同之处

1. 汽车维修实训项目的选择

本教材的所有实训项目，都是根据汽车维修一线的实践统计选择出来的最常见、最实用的汽车维修项目，它仅仅包含了汽车维护的全部内容和常见的维修检测项目。因此，不同于以往实训教材那样按照汽车的各个系统完整地罗列出所有的维修项目。这样选择主要是为了体现出汽车维修项目的实用性，希望学生在实训中学到汽车维修实践中最常见的维修项目，使学生在学校里学到的实际技能，与汽车维修企业中遇到的维修项目实现零距离接轨，同时也是为了更加准确地划定汽车维修实训项目的最小范围，以便最大限度地降低实训课教学成本。

2. 实训教材编写形式

本教材在实训操作步骤编写上采用了与以往教材不同的形式。以往实训教材的操作步骤采用顺序编号后的文字描述形式来表达，本教材则采用系列照片组附加文字的方式来进行操作步骤的表达，每一个维修实训项目都会采用几十张步骤连续的系列照片来讲授。这样的编写形式是为了正确规范地传授实训课程中的技能要点。在以往的实训教材中用文字的形式不可能达到这个目的，文字只能给实训老师一个顺序提示，真正的实训技能点还要靠老师在实训过程中用自己的经验进行现场传授，这样就使得不同的老师在传授技能时产生了不同的差异，这也就使得技能传授无法统一规范。

3. 实训课组织形式

在教学过程中，采用1～2名教师带2～4组学生（每组4人），同时对实训场地中2～4辆实车通过作业的实训课工艺化教学模式来完成。实训课工艺化教学模式是采用一对多组的并联教学方式，在老师讲解示范的过程中，运用视频投影的方法扩大现场的可视范围，提高动作细节的可视度，解决一对多组教学的示范观摩

难点;同时将作业项目根据学生一次所能接受掌握的程度细分为若干个简单的工序步。老师每示范一个工序步,就让各组同学操作一个工序步,步步紧跟,每步皆停,统一节奏,这样就把一个复杂连续的技能教学过程分解成一个个独立简单的工序教学过程。在教学中,老师只要合理地把握了每个工序的教学工艺节奏,也就把握住了教学的全过程。这也是实训课"工艺化"教学模式的最大特点。

实训教学由老师的示范开始,通过投影视频图像和同步讲解,带领各组同学同时操作。老师播放一段视频影像,讲解一段操作工艺,同学们观看一段影像资料,跟随一段实际操作,这样的教学把技能操作通过屏幕放大展现给全体同学,老师同步讲解要领,同学们跟进实际操作,老师现场观察随时纠正动作,只有这样,才能完成由一名老师指导多组同学的实训课程教学。

在实训工序中,一个小组的两名同学实际操作,另两名同学现场观摩。每完成一个实训项目交换一次。这样的教学组织相当于每个同学在实训中都能够至少看一遍、再干一遍,这样有利于一边揣摩、一边操作,便于观摩中相互讨论,操作中相互交流。

二、本教材适用范围

由于本教材所选实训项目为最常见、最基本和最实用的汽车维修项目,因此,适合各类不同层次的职业学校学生选修。同时由于这些实训项目是源自汽车维修一线的常见维修项目,因此不仅在学校期间可以作为教材使用,还可以在同学们分配到汽车维修企业后继续作为维修指导手册使用。这是一本可以跟随同学们一起走进工厂的实用书籍。

目录

事前准备

一、场地安全

1 操作场地工具及设备摆放整齐，不影响正常操作。

2 场地应干净，无油污（防止人员摔倒造成人身伤害）。

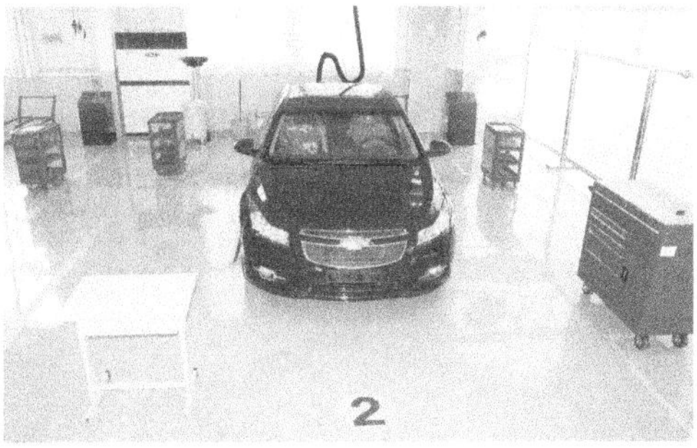

二、操作前准备

1 车辆在工位内停放周正后，1 号安装车轮挡块。

提示

确认车辆左举升机正确位置，挡块要放正。

2 1 号记录车辆识别代码（VIN）。

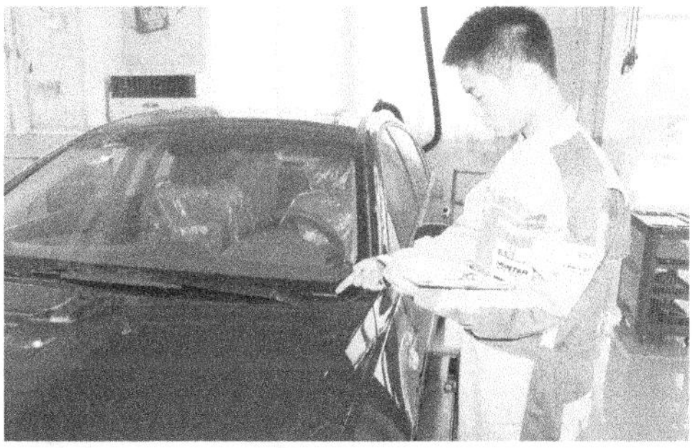

提示

不同车型车辆识别代码位置不同，本车在前风窗玻璃左下角位置。

3 1 号检查车身是否有划痕。

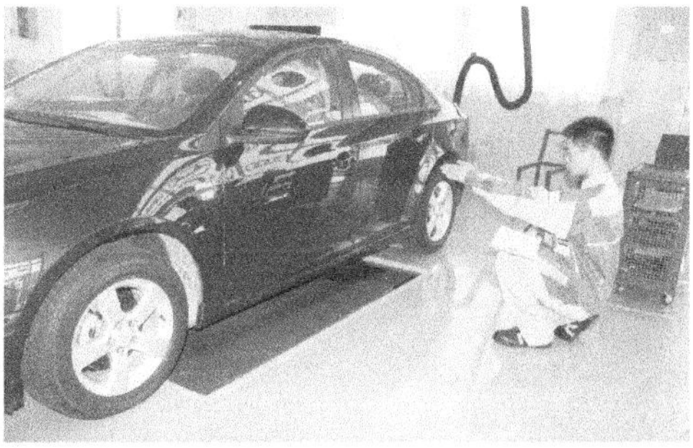

提示

车身划痕检查部位：后视镜上、下方，车辆前、后、上、下方都要检查。同时检查轮胎及气门嘴帽。

4 1 号安装排烟道。

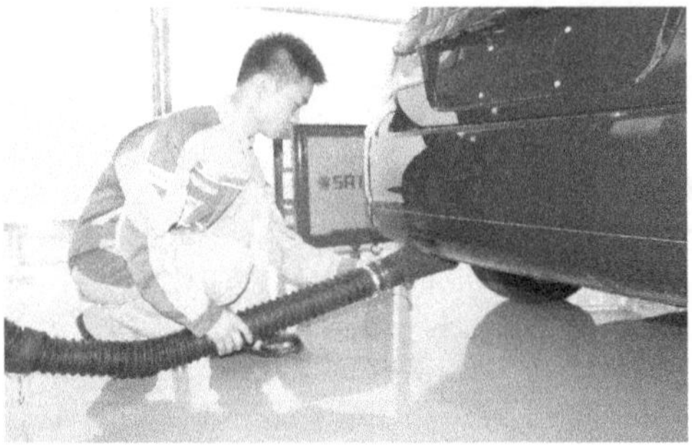

提示

废气抽排系统应工作可靠,能顺利地把车辆排出的废气排放到室外。

三、安装三件套

1 2号领取三件套、车钥匙,打开左前车门。

2 2号将地板垫铺设在转向盘下方的地板上。

提示

铺设地板垫的主要目的是便于清除维修人员带入驾驶室内的脏污与杂物,保持驾驶室内地板清洁。

3 2号将座椅套按照从上向下的要求套装到驾驶座上。

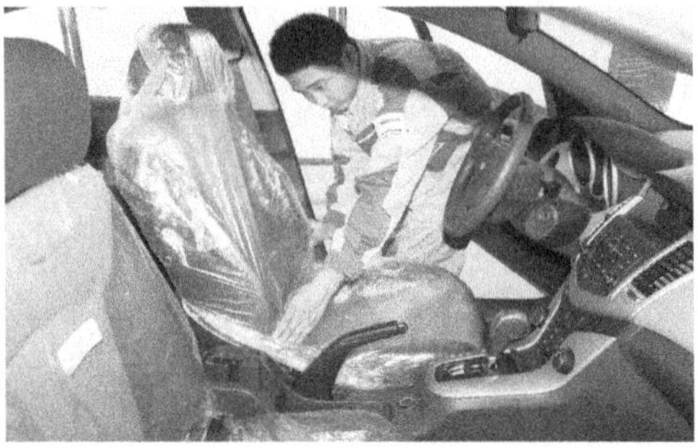

提示

座椅套是由薄塑料制成的,极易破损,所以在安装时要用力均匀,避免用力过大,端面不齐,导致损坏。

4 2号端坐在座椅上,用手理顺转向盘套之后,顺应转向盘的弧度,双手握住转向盘套并滑动。当出现安装困难时,稍用力拉伸转向盘套,便可顺利完成。

提示

转向盘套是由薄塑料制成的,极易破损,所以在安装时要用力均匀,避免用力过大导致破损。

5 2号插入钥匙,降下车窗玻璃。

提示

座椅套、转向盘套、地板垫应无破损。

6 2号检查驻车制动手柄是否拉起，挡位是否在“P”位置（手动变速器应在空挡位置），防止误操作造成危险。

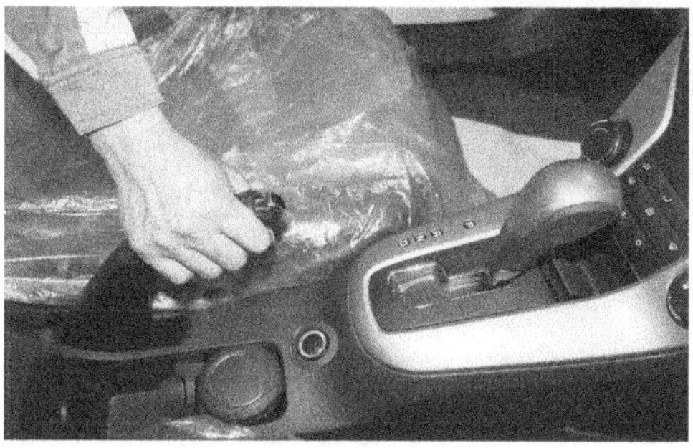

四、打开发动机舱盖

1 2号拉起发动机舱盖开启手柄。发动机舱盖开启手柄位于仪表台下方靠近车门处，用手握住手柄缓慢用力向外拉动，当听到“砰”的声响后表示发动机舱盖已打开；同时透过前风窗玻璃，看到发动机舱盖微微抬起。

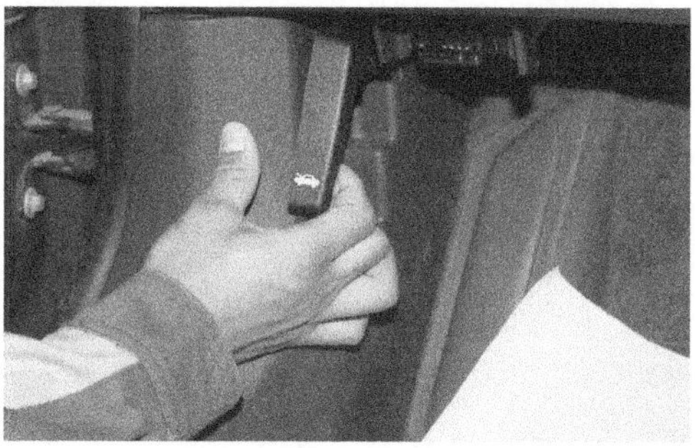

提示

不同车型的发动机舱盖开启手柄的位置和扳动方向可能有所不同。

2 1号双手托住发动机舱盖前沿，右手手指向右推动锁止机构，双手抬起发动机舱盖。

3 1号左手撑着发动机舱盖，右手把锁止机构旁边的支撑杆从卡槽里脱开抬起。

4 1号将支撑杆放入发动机舱盖支撑孔。

提示

将支撑杆插入发动机舱盖支撑孔时，要保证接触可靠，否则，发动机舱盖滑落会造成人身伤害。

五、铺设前格栅布及左右翼子板布

1 1号把翼子板布粘贴在汽车左右侧翼子板上，要求将翼子板全部覆盖。翼子板

布的上沿粘贴到排水槽的内侧,前端至前照灯总成处,后端至车门与翼子板结合缝隙。

提示

左右翼子板布应安放到位,磁铁吸在翼子板上,挂钩挂到合适位置,防止翼子板布脱落。

2 1号把前格栅布粘贴在汽车的正前面,要求将汽车前部、前照灯总成、前保险杠全部覆盖。

提示

前格栅布应安放到位,磁铁吸在车身上,挂钩挂到合适位置,防止前格栅布脱落,能够保护好整个车身前部,防止脱落。

整理工位

1 收取翼子板布、前格栅布。

提示

叠放整齐后复位,便于下次取用。

2 关闭发动机舱盖,升起车窗玻璃,关闭点火开关,拔下钥匙。

3 回收三件套。

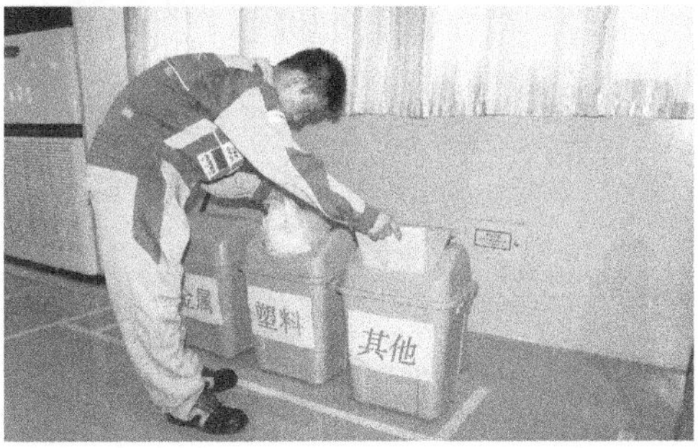

提示

对三件套进行分类。地板垫扔到"其他"垃圾桶,转向盘套、座椅套扔到"塑料"垃圾桶。

4 将车轮挡块放回到工具车内原来的位置。

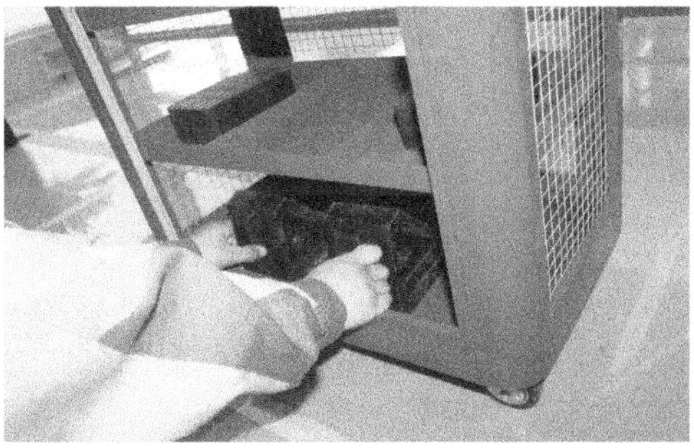

提示

车轮挡块复位,便于下次取用。

5 取下尾气排放管并复位。

提示

尾气排放管内可能有水,如果有水应及时排出。

6 将使用过的工具与设备进行清洁并放回指定位置。

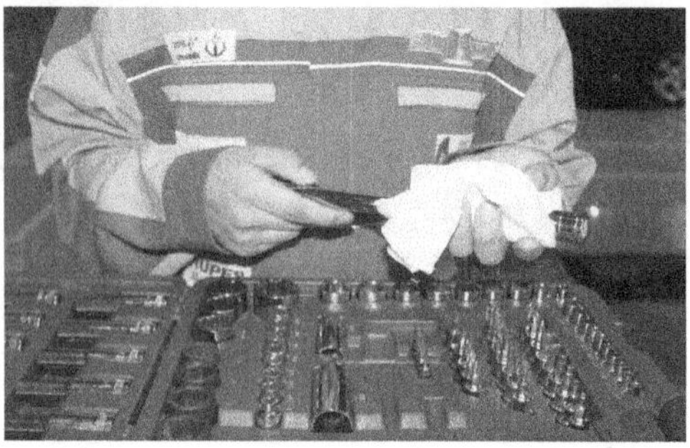

7 清洁车辆与地面。

项目一　更换离合器分离轴承、压盘和从动盘

一、项目说明

1. 概述

摩擦离合器广泛应用于手动变速器汽车上，安装在发动机飞轮上，连接变速器，控制着发动机动力的输出或中断，保证汽车平稳起步，使变速器顺利换挡，并可以防止传动系过载。

汽车在长期使用过程中，由于离合器操作频繁、过载以及使用和调整不当，会造成离合器损伤，使离合器出现打滑、分离不彻底、抖动和异响等故障，影响离合器正常工作，使车辆使用性能下降。因此，及时对离合器进行检修，更换损伤部件，如离合器分离轴承、压盘和从动盘等，这是恢复和提高离合器性能的重要措施。下面以桑塔纳 2000GSi 型轿车为例，说明更换离合器分离轴承、压盘和从动盘的操作步骤和技术规范。

2. 摩擦离合器的组成和工作原理

(1)摩擦离合器的组成。

桑塔纳 2000GSi 型轿车离合器采用干式、单盘、膜片弹簧离合器。

(2)摩擦离合器的工作原理。

当离合器盖未固定在飞轮上时，膜片弹簧变形量很小，此时离合器盖与飞轮之间有一定距离。

当离合器盖固定在飞轮上后，膜片弹簧外周对压盘产生很大压紧力，使离合器处于接合状态，发动机动力可经离合器传递给变速器。

通过离合器操纵机构的作用，分离轴承推动膜片内端前移，膜片外端通过分离钩将压盘后拉，使离合器处于分离状态，中断发动机和变速器之间的动力传递。

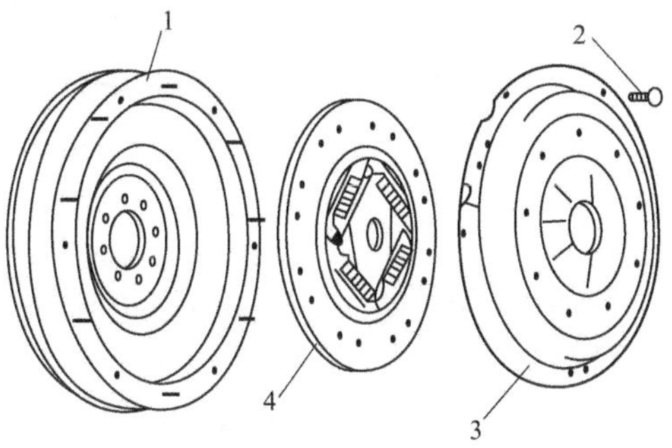

离合器压盘和从动盘

1-飞轮；2-圆柱头螺栓；3-压盘；4-从动盘

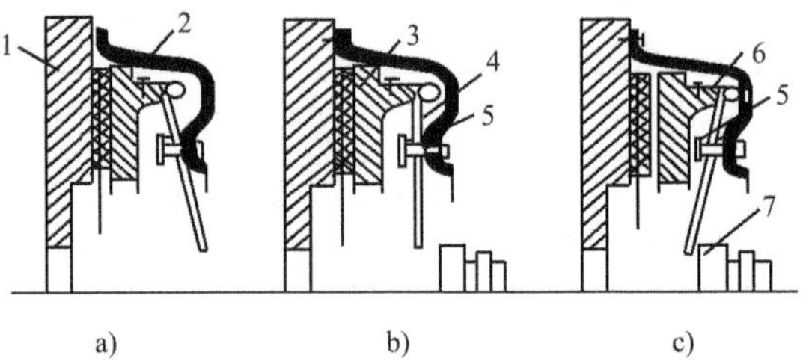

离合器工作原理

a)安装位置;b)接合状态;c)分离状态

1-飞轮;2-离合器盖;3-压盘;4-膜片弹簧;5-膜片弹簧支承圈;6-分离钩;7-分离轴承

二、技术标准与要求

(1)安装桑塔纳2000GSi型轿车配套的离合器分离轴承、压盘和从动盘。

(2)安装时,严禁将油液、油脂和水粘附到离合器压盘及从动盘上。

(3)离合器盖压紧螺栓按照“对角多遍”的要求旋松或拧紧。

(4)离合器盖压紧螺栓规定力矩为25N·m。

(5)安装离合器时,应使用导向专用工具。

(6)从车辆上取下或安装变速器总成时,应使用托板。

三、实训时间:120min

四、实训教学目标

(1)了解更换离合器分离轴承、压盘和从动盘的重要性。

(2)熟悉摩擦离合器的结构和工作原理。

(3)掌握更换离合器分离轴承、压盘和从动盘的操作技能。

(4)树立“坚持安全第一、预防为主”思想意识。

五、实训器材

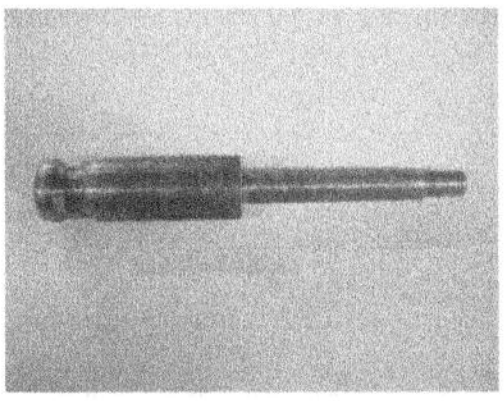

导向专用工具

固定飞轮专用工具

变速器托板

车轮支架

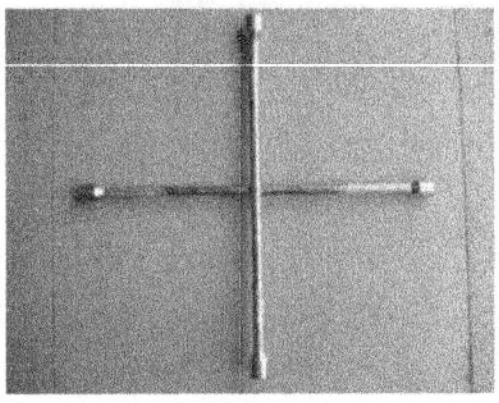

车轮扳手

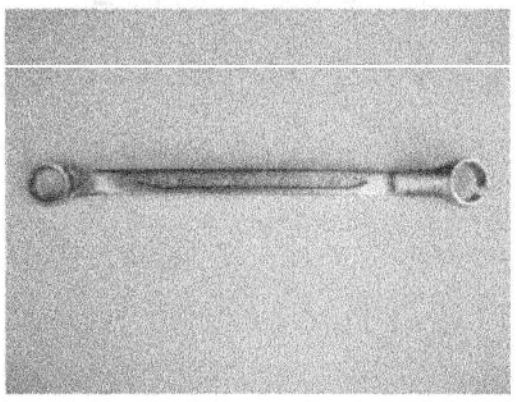

氧传感器拆装专用扳手

其他工具及器材:

粗纱布、万向节、接杆、扭力扳手、棘轮扳手、ϕ10mm套筒、ϕ17mm套筒、ϕ13mm套筒、ϕ19mm套筒、ϕ6mm内六角扳手、19-22mm梅花扳手、10-11mm梅花扳手、12-13mm梅花扳手、16-17mm梅花扳手、防护手套、防护帽、翼子板护裙、驾驶室内保护罩、工作灯、润滑脂枪、ϕ8mm专用接头等。

六、教学组织

1. 教学组织形式

每辆车安排 4 名学生参与实训，两名学生为一组。一组操作，一组观察学习。

2. 学生站位分工和要求

两名学生一组，按照 1 号、2 号进行编号，1 号为主，2 号辅助。

3. 实训教师职责

讲解操作步骤和注意事项；下达“操作开始”口令；工位间巡视、检查、指导和纠正错误。

4. 学生职责变换

两名学生实行职责变换制度，即第一遍 1 号为主，2 号辅助；第二遍 2 号为主，1 号辅助。

七、操作步骤

第一步　事前准备

参见“事前准备”。

第二步　拆卸蓄电池负极电缆

1 2 号将 ϕ10mm 套筒、接杆、棘轮扳手组合后传递给 1 号。

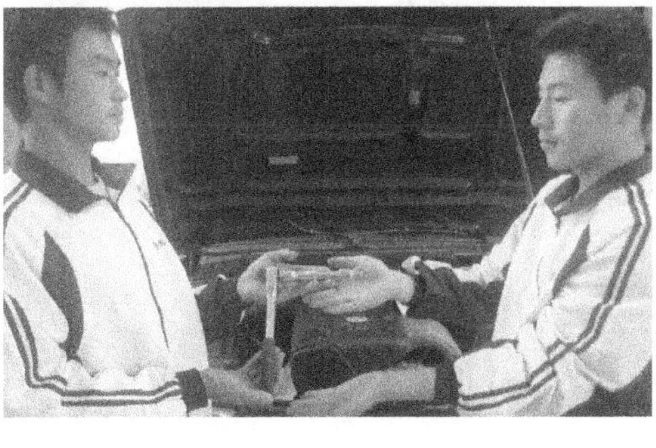

2 1 号使用 ϕ10mm 套筒、接杆、棘轮扳手，拧松蓄电池负极电缆固定螺栓。

提示

为防止拆卸起动机时引起电路搭铁，损坏发动机电控单元和其他电器设备，必须断开蓄电池与汽车电路连接。

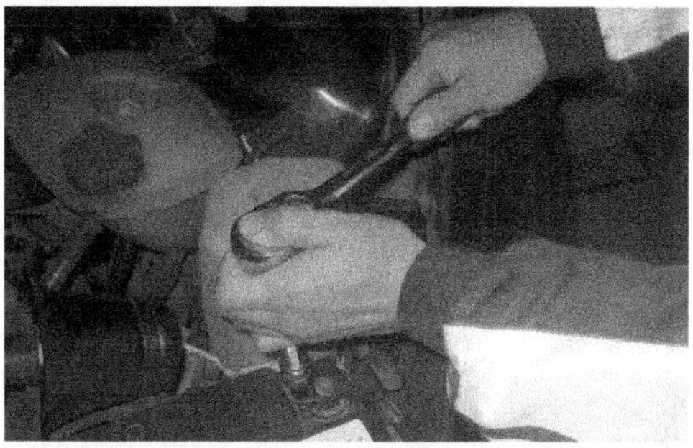

3 2 号接收工具，擦拭后摆放到工具车上。

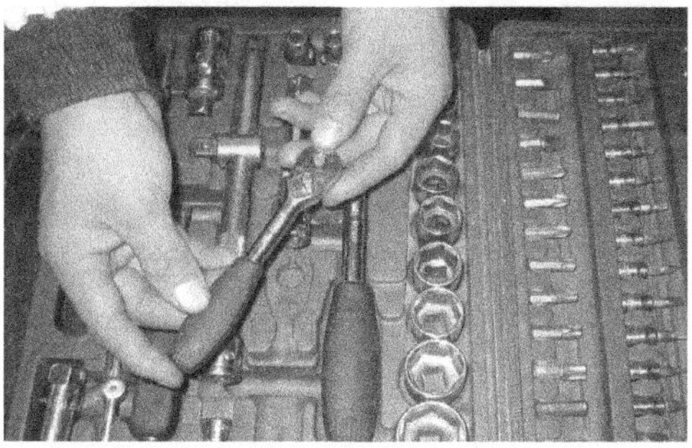

4 1 号用手旋下固定螺栓，取下负极电缆并拉离蓄电池负接线柱。

提示

为保证在作业过程中，负极电缆与蓄电池负接线柱不搭连，建议将负极电缆端子用绝缘胶布包裹起来。

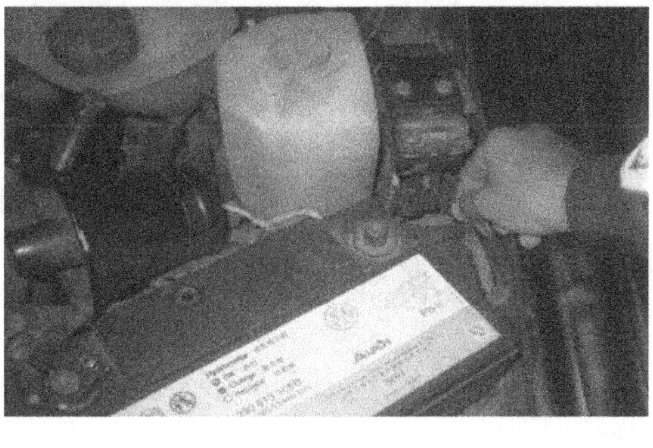

第三步 断开氧传感器、“+B”导线电路连接器

1 1号断开发电机“+B”导线电路连接器。

提示

(1)发电机“+B”导线电路连接器,颜色为黑色,单线式,断开时,注意观察其锁止和定位方式。

(2)断开电路连接器时,严禁用手直接拉拔线束或使用螺丝刀类工具撬动,以免导致连接器损伤和锁止不可靠。

2 1号断开氧传感器电路连接器。

提示

(1)氧传感器电路连接器,颜色为黑色,4线式,断开时,注意观察其锁止和定位方法。

(2)断开电路连接器时的要求与发电机“+B”导线连接器相同。

第四步 拆卸左前和右前车轮

1 1号、2号使用车轮扳手,分别拧松左前和右前车轮固定螺栓。

提示

(1)拧松车轮4条固定螺栓时,应按照“对角多遍”的要求进行。

(2)车轮螺栓以退回1~2个丝扣为度,不要过多。否则,会引起车轮倾斜,损伤螺栓螺纹。

2 1号、2号调整提升臂和抽拉臂的角度和长度,使托垫对正车辆支撑点。2号操纵举升机将车辆举升到适当高度后,可靠锁止。

3 2号扶住车轮,1号使用车轮扳手旋出螺栓,然后1号用手取下螺栓并传递给2号。

提示

1号、2号配合拆卸车轮,可防止车轮、螺栓和工具掉落到地面上。

4 螺栓拆卸完毕,2号将工具、螺栓分别摆放到工具车、零件车上。1号取下车轮放置在车轮架上。

提示

(1)车轮取下后,应妥善放置,以免影响安全操作。

(2)用同样方法,取下另一侧车轮并妥善放置。

第五步　拆卸左右传动轴

1 2号操纵举升机,将车辆再次举升到适当高度后,将 ϕ8mm 专用接头、接杆、扭力扳手组合后传递给1号。

2 2号将挡块插入制动盘散热孔内,转动制动盘使挡块与制动钳体支架接触,限制传动轴单向转动。

提示

安装挡块的目的是,在拆卸传动轴凸缘固定螺栓时限制传动轴单向转动,便于拧松固定螺栓。

3 1号将工具从翼子板下方穿过,2号将 ϕ8mm 专用接头插入传动轴凸缘螺栓的螺方孔内,并用手扶住专用接头。

提示

拆卸传动轴凸缘固定螺栓时,1号、2号共同配合,防止因工具倾斜,造成螺栓螺方损坏,给拆卸作业带来更大难度。

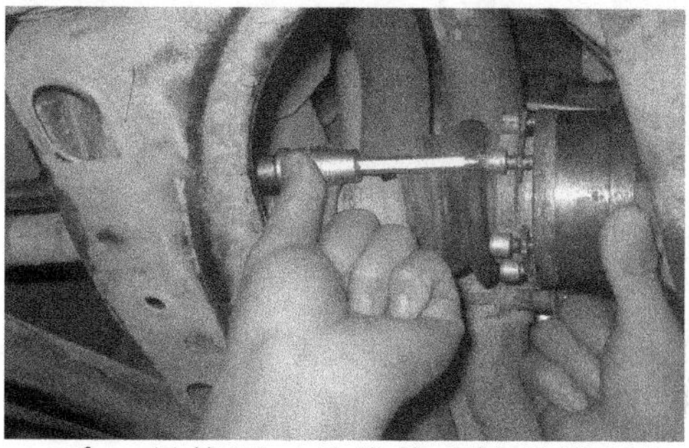

4 1号使用工具将传动轴凸缘上的6条固定螺栓拧松后,换用棘轮扳手快速旋出固定螺栓。

提示

拧松传动轴凸缘固定螺栓时,要适时变换传动轴固定位置,保持工具位置基本不变。

5 2号接收工具和挡块,擦拭后摆放到工具车上。

第六步 拆卸悬架控制臂球头

1 2 号将 φ17mm 套筒、短接杆、棘轮扳手组合后传递给 1 号。

2 2 号使用 16 – 17mm 梅花扳手将螺栓固定,1 号使用工具拧松螺母。

提示

固定螺栓穿过转向节下端螺栓孔,使螺杆与悬架控制臂球头销轴上加工的周向凹槽相配合,将安装于承孔中的悬架控制臂球头固定在转向节上。

3 1 号取出固定螺栓并传递给 2 号,2 号将工具、螺栓摆放到工具车、零件车上。

提示

如果固定螺栓取出时较困难,可用铜锤等软金属器具敲击螺杆尾部,使其松动后,便容易取出螺栓。严禁使用铁锤等直接敲击螺栓尾部,否则将造成螺栓损伤。

4 1 号将 2 号传递来的一字螺丝刀,插入球头销轴承孔的立槽中,用力扩张承孔。

提示

承孔扩张后,球头销轴在承孔内变得松旷,取出时会省力些。

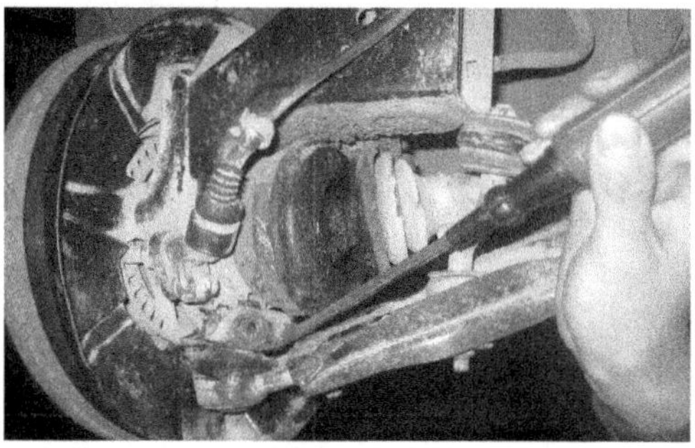

5 1 号双手用力下拉悬架控制臂,2 号内外推拉制动盘,调整转向节位置。1 号、2 号配合取出悬架控制臂球头。

提示

如果球头取下困难时,可使用铁锤适当力度敲击球头壳,然后再配合拆卸。

6 2号向外拉动制动盘，断开传动轴与驱动桥的连接。

提示

用相同的方法拆卸另一根传动轴凸缘的固定螺栓。

第七步　断开电路连接

1 1号拔下倒车灯开关电插头。

提示

(1)倒车灯开关为两线式，当点火开关处于"ON"位置时，变速器换入倒挡时，倒挡开关电路接通，点亮汽车尾部倒车灯，警示后面的车辆和行人。

(2)拔下电插头时，严禁用手直接拉拔线束。

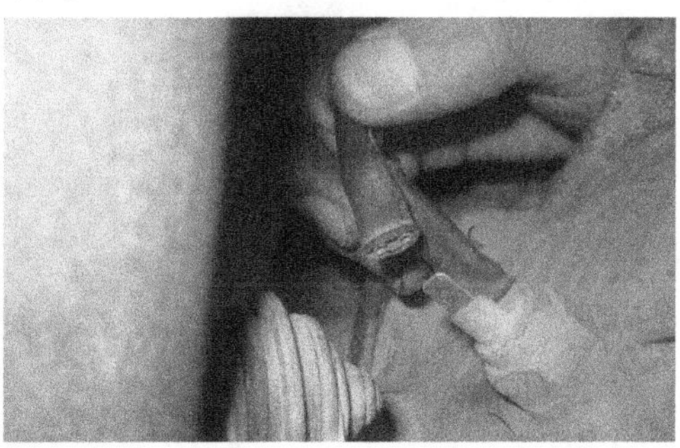

2 1号拔下车速传感器电插头。

提示

(1)车辆行驶中，车速传感器向汽车电控单元输出频率信号，电控单元据此信号计算出车辆行驶速度。

(2)车速传感器电插头，为乳白色，三线式。拔下电插头时，先压下钢制卡簧，再拔出电插头。严禁用手直接拉拔线束或使用螺丝刀类工具撬动，以免导致连接器损伤和锁止不可靠。

第八步　拆卸氧传感器

1 2号将氧传感器拆装专用扳手传递给1号。

提示

氧传感器拆装扳手，是在 ϕ19mm 套筒上加工了一个缺口，用于穿过线束将扳手套在氧传感器外壳的螺母上。

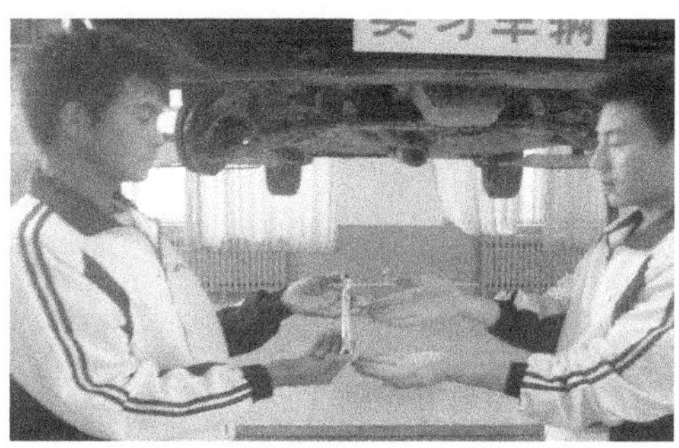

2 1号将专用扳手的缺口穿过氧传感器的导线。

提示

由于氧传感器导线和电插头结构原因，通用工具无法正常拆装氧传感器。因此，要选择专用工具拆卸氧传感器。

3 1号将专用扳手套在氧传感器外壳的螺母上并拧松氧传感器。

提示

拆卸氧传感器时,有时排气管温度较高,要注意防止烫伤,操作时要戴防护手套。

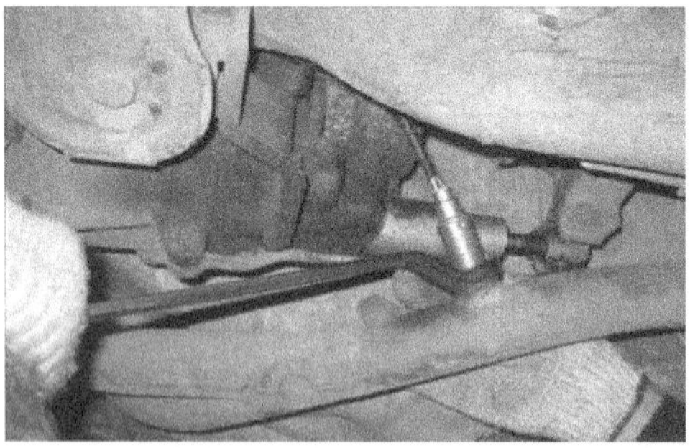

4 1号将氧传感器的导线缠绕后,用手旋出氧传感器。

提示

在旋出氧传感器时,注意导线要随氧传感器同步旋转。否则,容易破坏导线和氧传感器的正常连接,导致氧传感器报废。

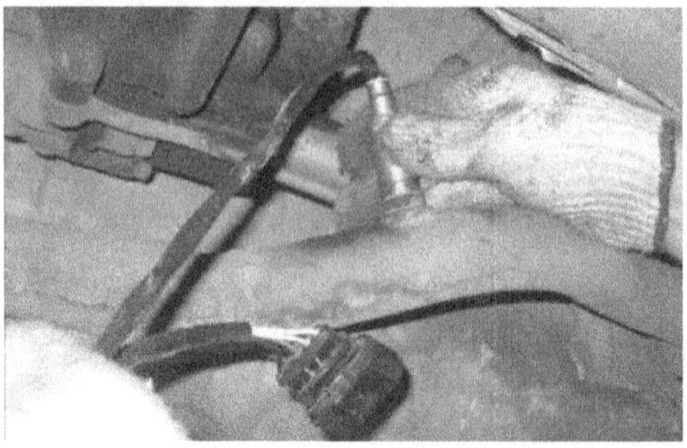

第九步　拆卸离合器工作缸

1 2号将 ϕ13mm 套筒、接杆、棘轮扳手组合后传递给1号。

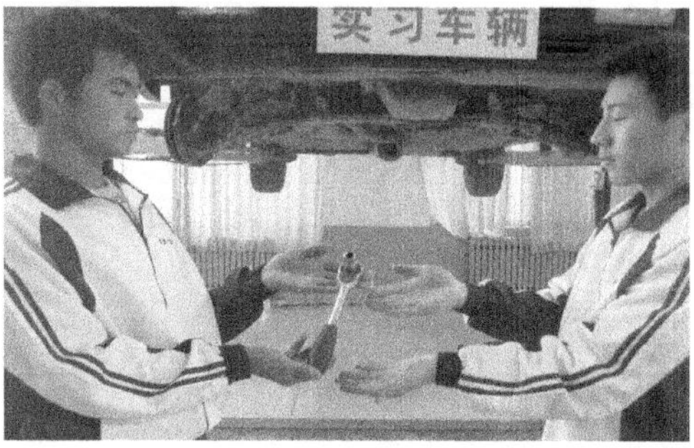

2 1号使用 ϕ13mm 套筒、接杆、棘轮扳手,拧松离合器工作缸的1个固定螺栓。

提示

离合器工作缸的1个固定螺母,位置隐蔽,空间狭小,最好配合灯光照明。拆卸时,注意不要碰伤手。

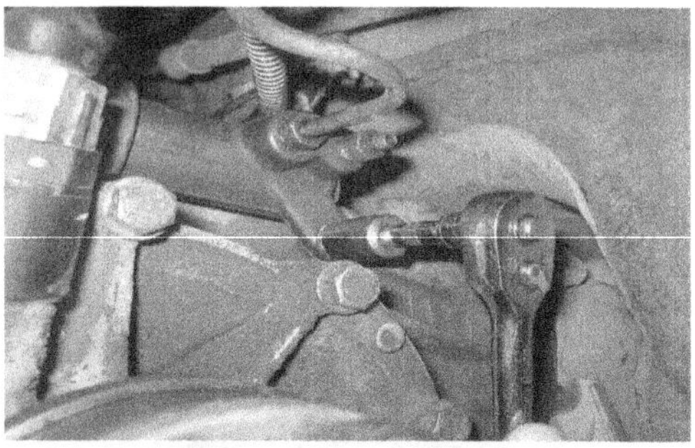

3 2号接收工具并摆放到工具车上。

4 1号一手推压离合器工作缸,一手旋下固定螺栓,然后将螺栓传递给2号。

提示

离合器工作缸推杆,承受部分来自分离叉弹簧的弹力。因此,推压离合器工作缸,用手旋出固定螺栓会比较省力。

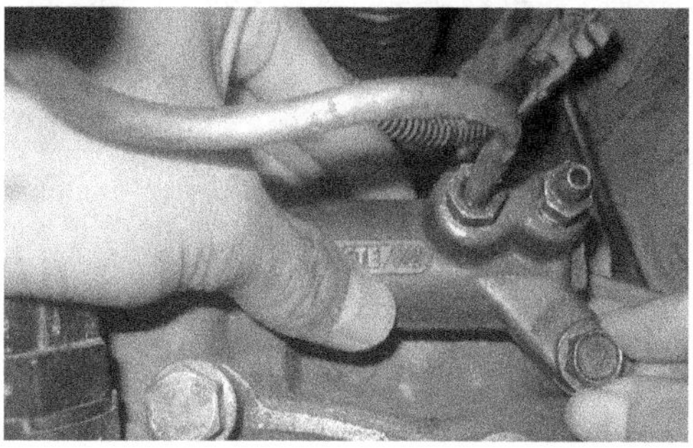

5 1号将离合器工作缸取出后,用挂钩悬挂在暖风水管上。

提示

离合器工作缸拆卸后,严禁踩踏离合器踏板。否则,离合器液压系统中的油液喷溅流失。

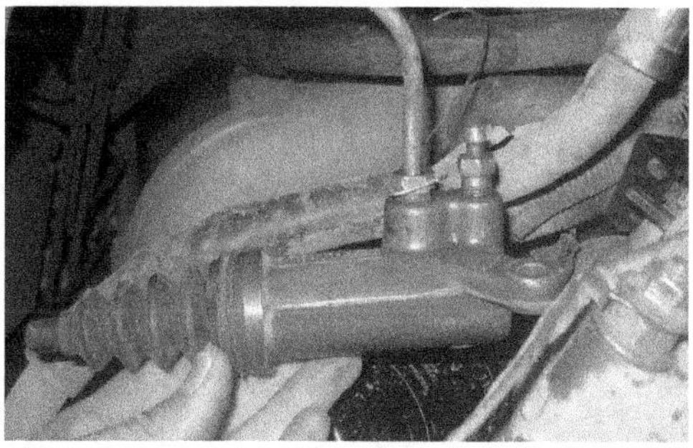

第十步　断开排气管

1 2号将12-13mm梅花扳手传递给1号。

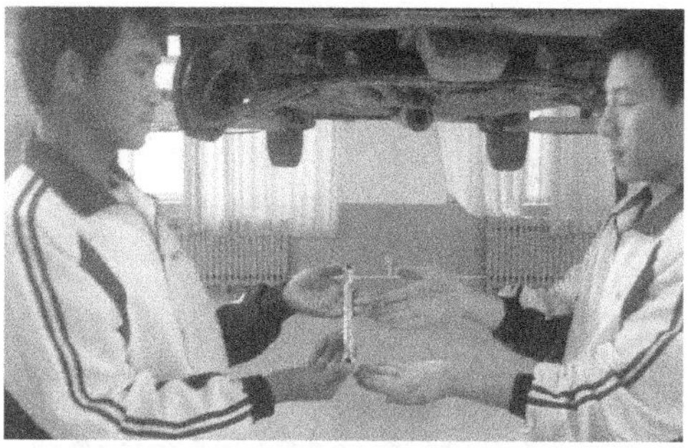

2 1号使用12-13mm梅花扳手,拧松排气歧管与排气管连接凸缘上的3条固定螺栓,然后用手取下螺栓传递给2号。

提示

在拆卸排气管时,要戴防护手套,避免高温烫伤。

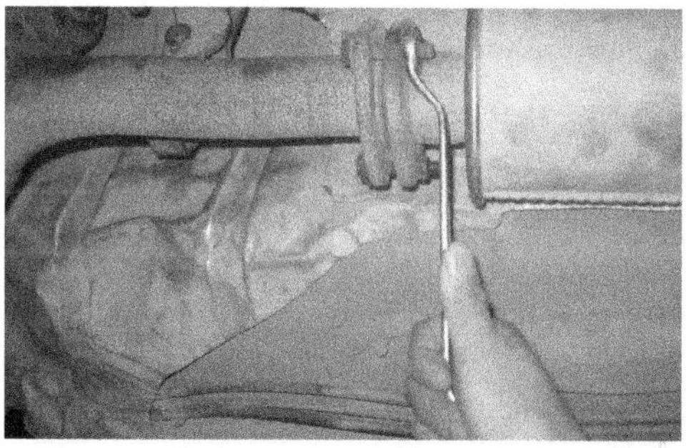

第十一步　拆卸排气管与变速器间支架

1 2号将12-13mm梅花扳手传递给1号。

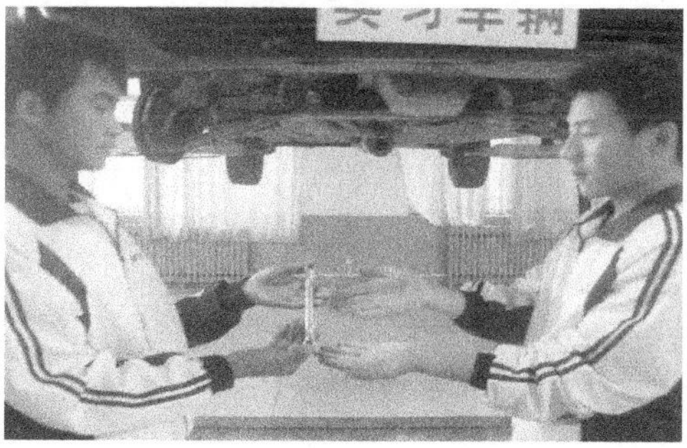

2 1号使用12-13mm梅花扳手,拧松支架与变速器壳相连接端的2条固定螺栓,用手取下螺栓并传递给2号。

提示

在拆卸支架时,要戴防护手套,避免排气管高温烫伤。

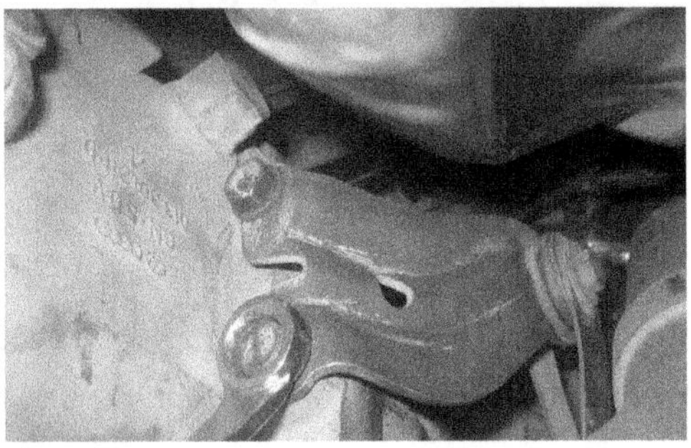

3 1号使用12-13mm梅花扳手,拧松支架与排气管相连接端的1条固定螺栓,用手旋下后传递给2号。

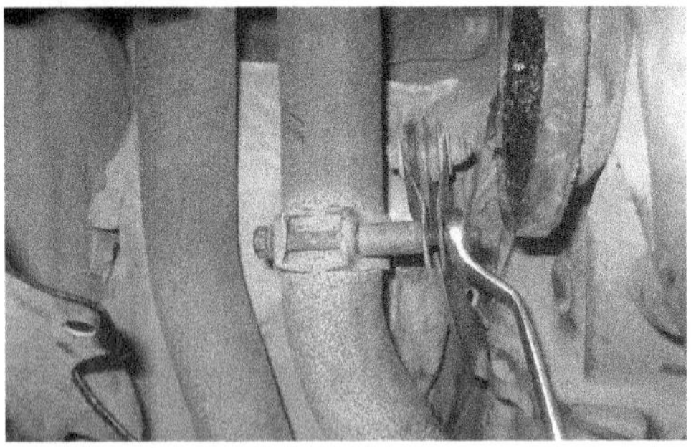

4 1号将支架螺栓全部取下后,最后取下支架传递给2号。2号将螺栓、支架摆放到零件车上。

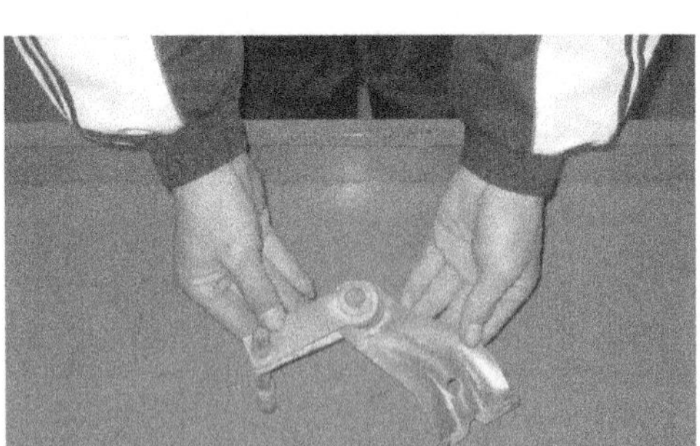

第十二步　拆卸换挡机构总成

1 1号使用12-13mm梅花扳手,拧松换挡机构总成的支撑杆与变速器壳连接端的1条固定螺栓,用手取下螺栓并传递给2号。

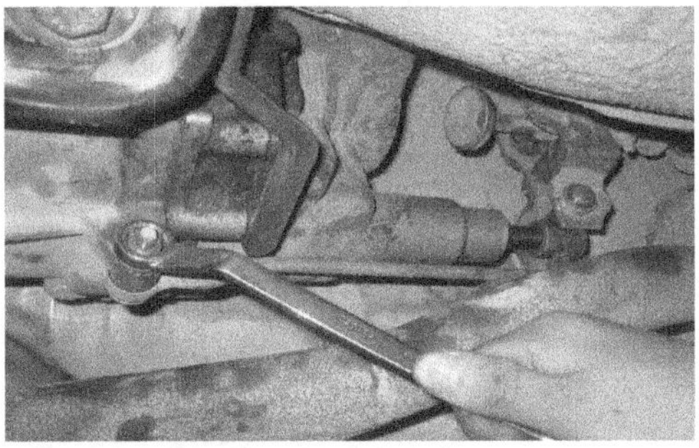

2 1号使用12-13mm梅花扳手,拧松换挡机构总成与变速器换挡杆连接端的1条固定螺栓,用手取下螺栓并传递给2号。

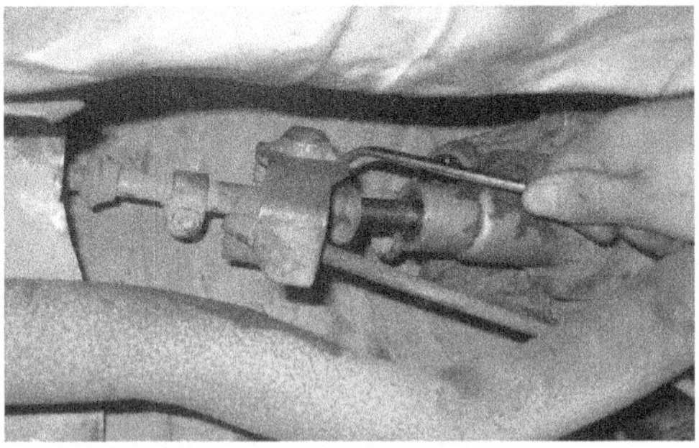

3 1号使用2号传递来的10-11mm梅花扳手,拧松换挡机构总成与变速器内换挡杆的1条固定螺栓。

4 将连接螺栓拆卸完毕,1号用手取下换挡机构总成,传递给2号。

5 2 号将换挡机构总成、螺栓摆放到零件车上。

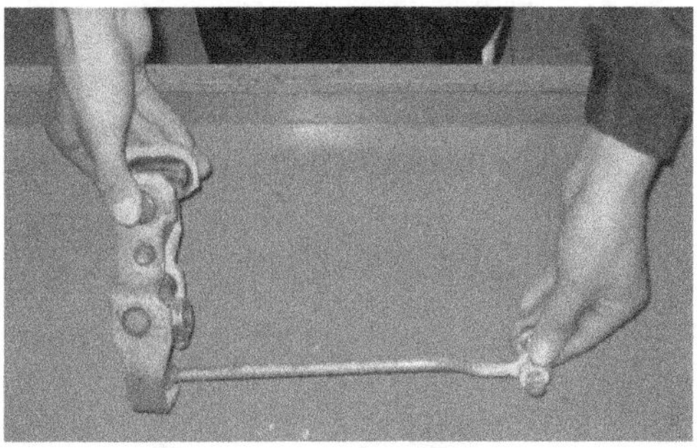

第十三步　拆卸发动机前缓冲支架

1 2 号将 12-13mm 梅花扳手传递给 1 号。

2 1 号使用 12-13mm 梅花扳手，拧松发动机缓冲支架上的下端 1 条固定螺栓并用手取下。操作完毕后将工具递还给 2 号。

提示

发动机前缓冲支架下的固定螺栓，所处位置空间狭小。使用梅花扳手拆卸时，要保持工具与螺栓的螺母完全接触且正直、不倾斜，防止工具滑出，碰伤手或损坏螺栓。适当调整工具在空间内的角度，便于用力。

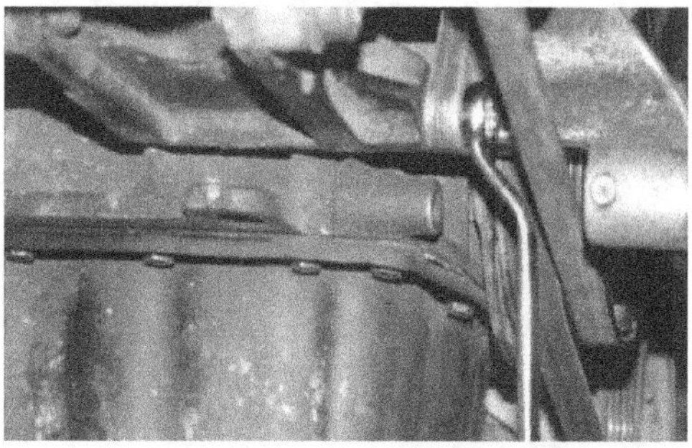

3 2 号将 ϕ13mm 套筒、棘轮扳手传递给 1 号。

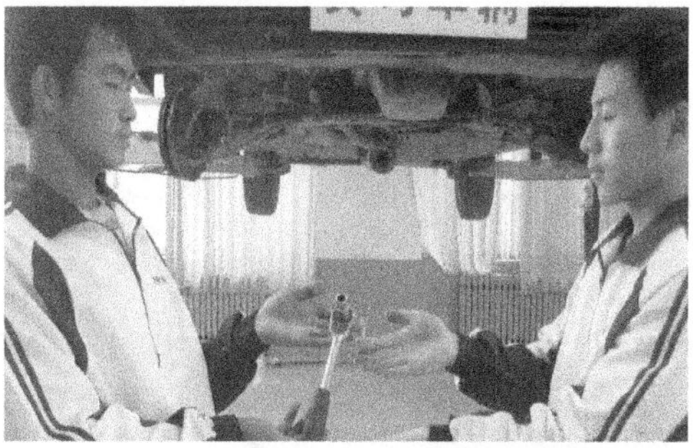

4 1 号使用 ϕ13mm 套筒、棘轮扳手，拧松发动机缓冲支架上端的 1 条固定螺栓并用手取下。操作完毕后将工具递还给 2 号。

提示

(1)发动机前缓冲支架固定螺栓，所处位置较为隐蔽，不便于使用梅花扳手拆卸。因此，应选用套筒工具进行拆卸。

(2)用手旋出下固定螺栓的同时，用手扶住缓冲支架，避免突然掉落砸伤人或损伤机件。

第十四步　拆卸离合器防护板

1 2号将10-11mm梅花扳手传递给1号。

2 1号使用10-11mm梅花扳手,拧松离合器防护板上的1条固定螺栓。

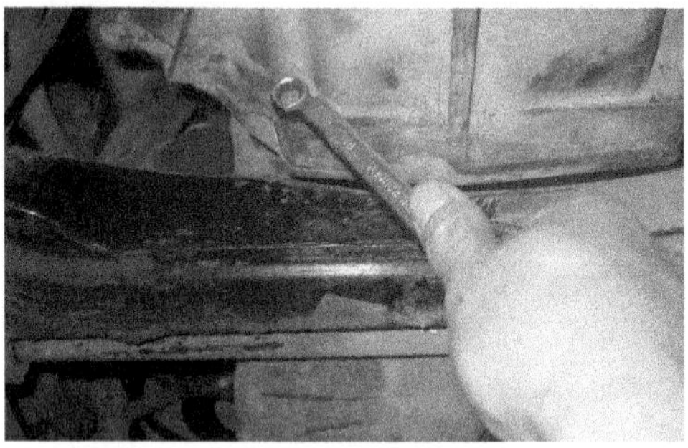

3 将螺栓取下后,1号用手取下防护板传递给2号。

提示

(1)取下防护板时,要保持平齐下拉。

(2)防护板取下后,禁止弯折,以防变形。否则,安装时将非常困难。

4 2号将防护板、螺栓摆放到零件车上。

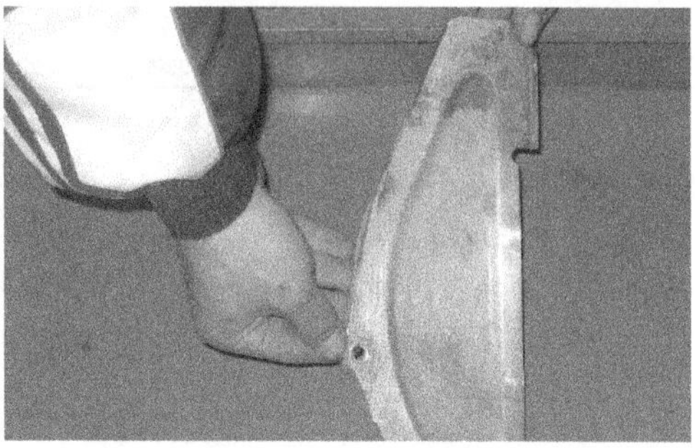

第十五步　拆卸起动机

1 2号将ϕ13mm套筒、接杆、棘轮扳手传递给1号。

2 1号使用工具,拧松起动机的3条固定螺栓。

提示

(1)螺栓位置隐蔽且空间狭小,应配合灯光照明,同时注意不要碰伤手。

(2)螺栓取下后,保持起动机在连接板承孔内,不必取下来。

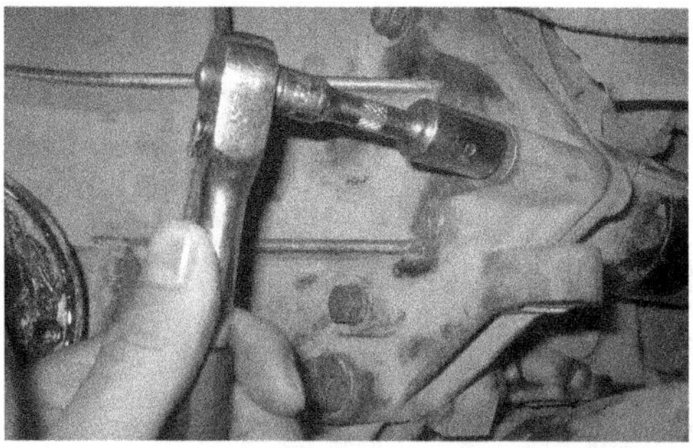

第十六步　拆卸变速器与起动机之间的连接螺栓

1 2号将ϕ13mm套筒、万向节、接杆、

扭力扳手组合后传递给 1 号。

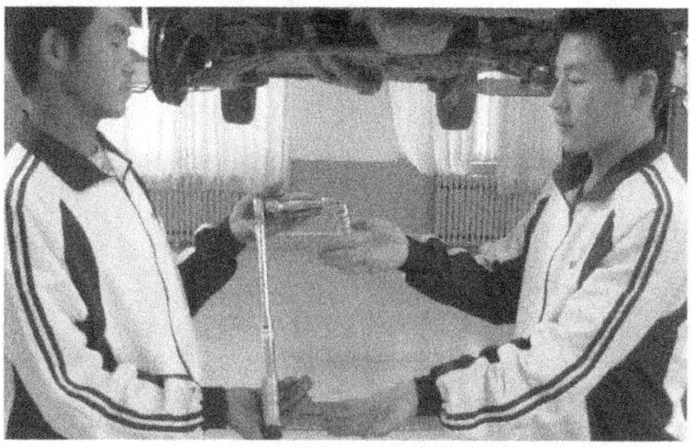

2 1 号使用扳手旋松导线支架上的两个固定螺母。支架固定在变速器壳上端。

提示

(1)两个支架固定螺栓位置隐蔽，并且是远距离拆卸。因此，需要连接较长接杆，另外需要增加万向节来传递扭矩。

(2)为便于观察，在发动机后端配合灯光照明。

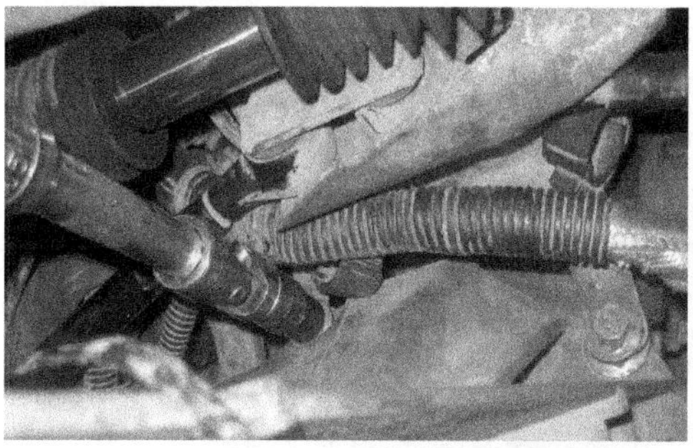

3 1 号用手旋出两螺母后，将导线支架从螺栓杆上脱出，悬在变速器壳体上面。

4 2 号将 ϕ19mm 套筒、接杆、扭力扳手组合后传递给 1 号。

5 1 号使用工具，拧松变速器与发动机连接的 5 条固定螺栓。

提示

拧松固定螺栓时，一定要保持套筒正直且安插到位，避免损坏螺母。否则，将给拆卸螺栓带来很大困难。

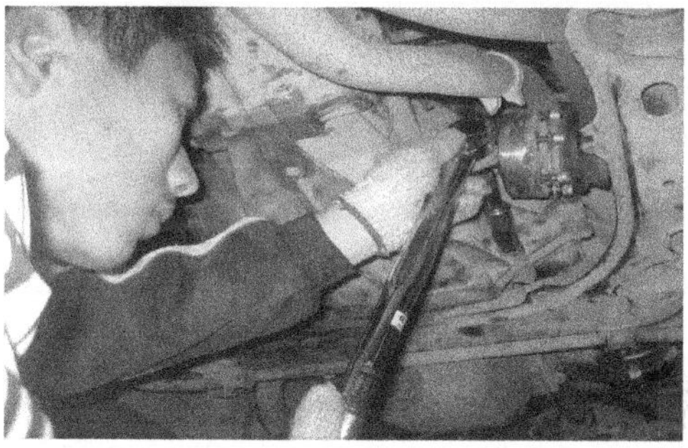

6 1 号更换棘轮扳手，快速旋出固定螺栓，最后用手取出螺栓传递给 2 号。

提示

(1)螺栓拧松后，改用棘轮扳手可提高拆卸速度。

(2)将车身与变速器间的搭铁线悬挂在较明显位置，以免安装时遗漏。

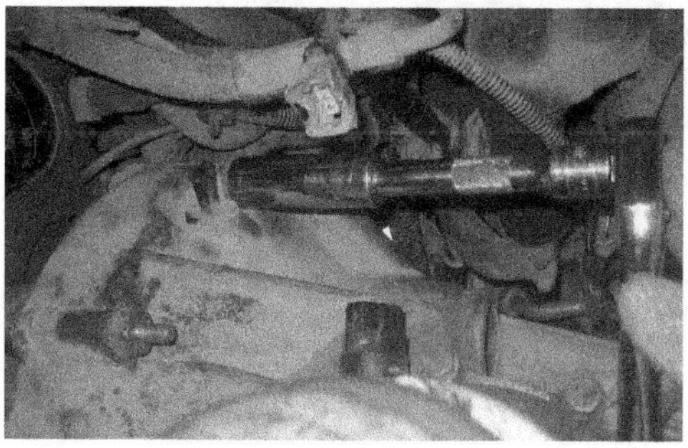

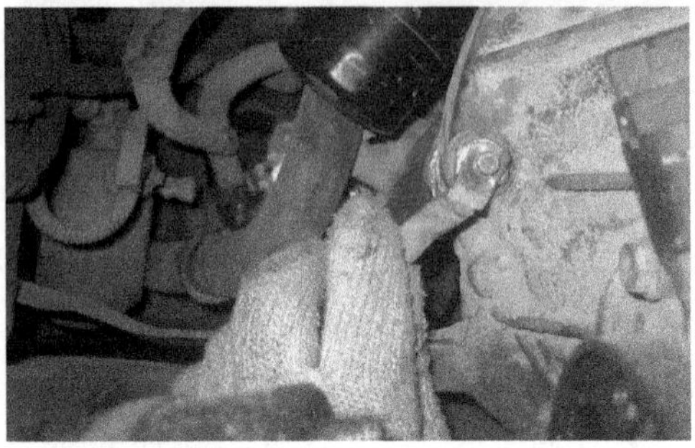

7 2号将工具、螺栓摆放到工具车、零件车上。

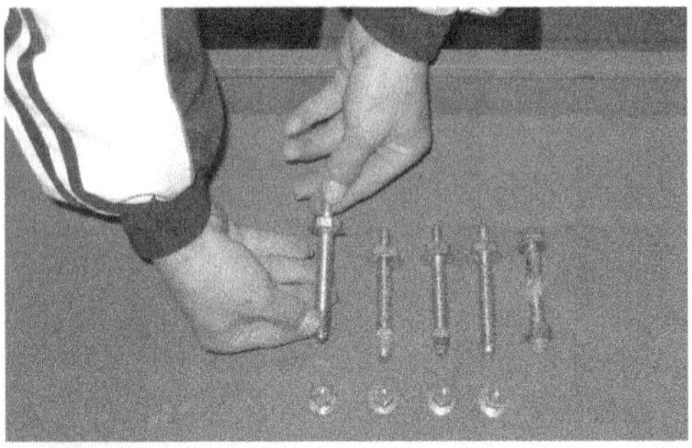

第十七步 拆卸变速器减振垫及其支架

1 2号将 ϕ19mm 套筒、接杆、扭力扳手组合后传递给1号。

2 1号使用 ϕ19mm 套筒、接杆、扭力扳手,拧松变速器减振垫固定螺栓。用手取下螺栓并传递给2号。

3 1号使用12-13mm梅花扳手,拧松减振垫在变速器支架的3条固定螺栓,然后取下螺栓橡胶垫,传递给2号。

提示

(1)减振垫用于衰减车身传递到变速器的冲击力。

(2)变速器减振垫和发动机前缓冲支架拆卸后,变速器总成向下倾斜,这样增加了变速器的活动空间,为顺利取下变速器提供有利条件。

4 1号使用12-13mm梅花扳手,拧松减振垫前后支架上的6条固定螺栓,然后取下螺栓、支架传递给2号。

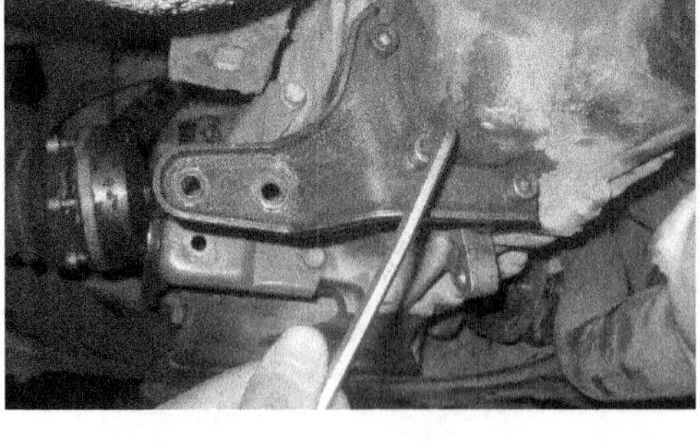

5 2号将螺栓、支架摆放到零件车上。

提示

要合理放置部件与其固定螺栓，以免混乱，否则将影响安装效率。

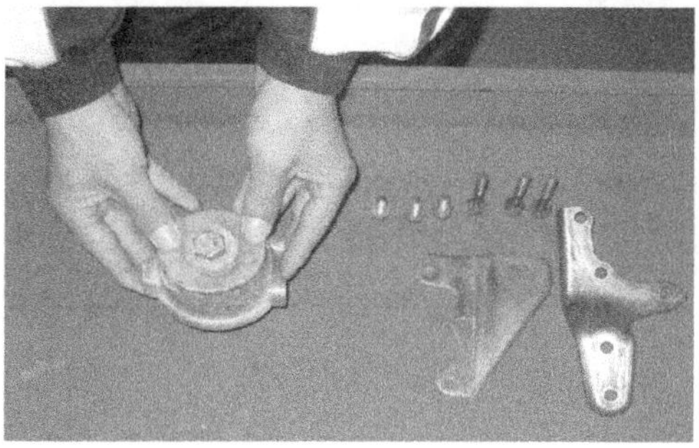

第十八步　取下变速总成

1 2号将变速器托架放置于变速器正下方。

提示

变速器总成质量较大，拆卸、安装或移动时比较困难且危险性大。一般使用变速器托架来增强安全性和减轻劳动强度。

2 2号托住变速器后端，1号托住变速器前端。

提示

此时严禁擅自摆晃变速器，防止变速器自动滑出，导致伤害事故发生。

3 待变速器扶稳后，1号使用一字螺丝刀插入变速器与发动机接合端面缝隙中，将变速器后移，脱出其定位销。

提示

汽缸体上的定位销和变速器壳上的定位孔配合较紧，直接拉出变速器会非常吃力。

4 1号、2号齐用力将变速器向后拉，待输入轴前端离开离合器膜片时，落下变速器，将变速器平稳放置到托架上。

提示

变速器降落困难时，注意察看阻挡部位，适当调整变速器角度，便可以较顺利地取下变速器。严禁生拉硬撬锤击，否则会造成损伤。

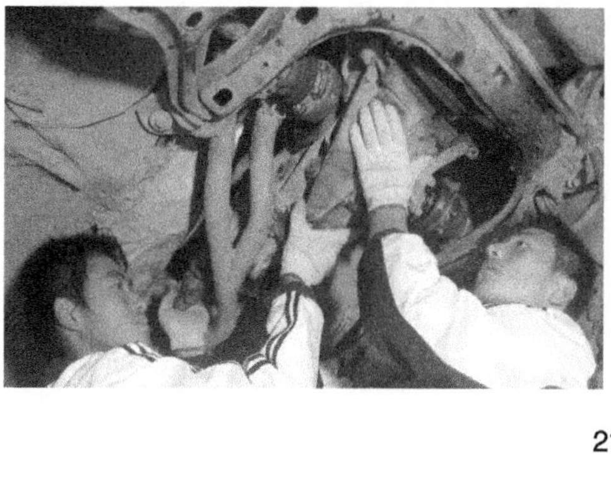

5 1号扶稳变速器,2号将托架从车下推出放置到工位规定位置。

提示

移动变速器时,注意将变速器扶稳,防止滚落损坏或造成人身伤害事故。

第十九步　拆卸离合器压盘和从动盘

1 2号将固定飞轮专用工具传递给1号。

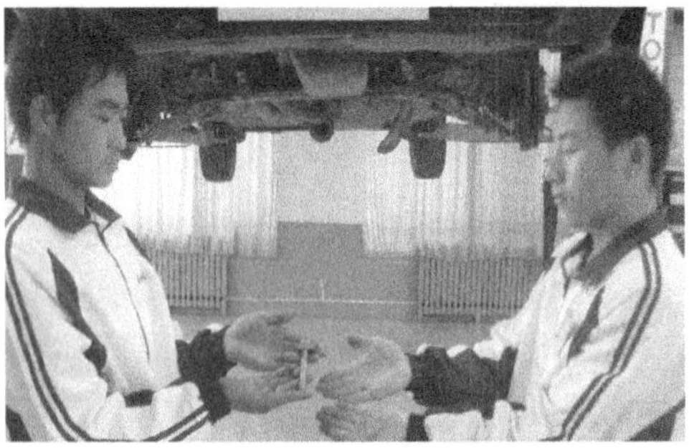

2 1号将专用工具的销轴插入汽缸体后端的螺栓孔中,并且使专用工具上的挡块键入齿圈的轮齿间,将飞轮固定。

提示

拧松离合器盖固定螺栓时,专用工具用于固定飞轮,防止其转动。

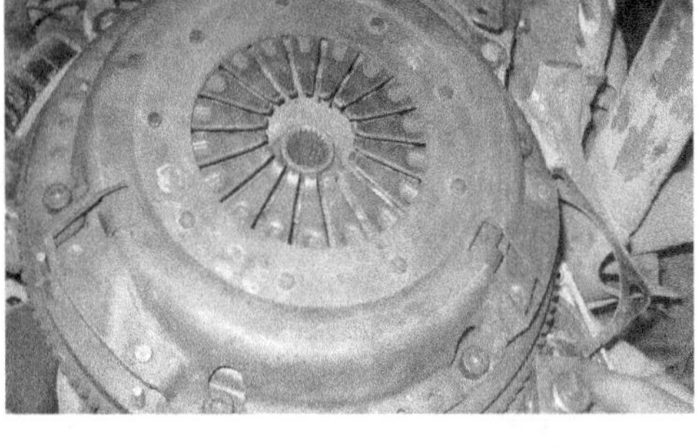

3 2号将ϕ6mm内六角扳手传递给1号。

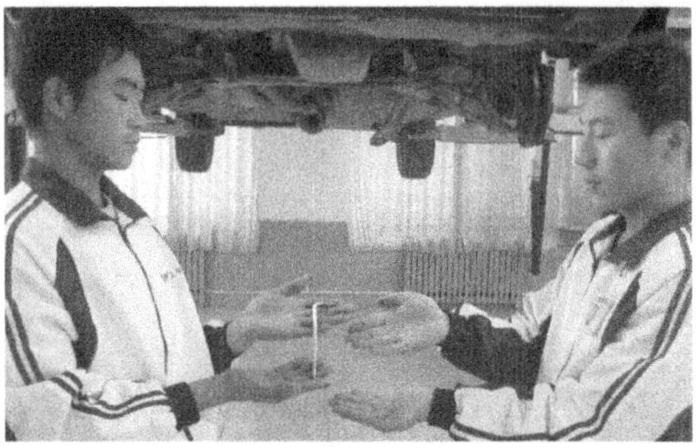

4 1号使用ϕ6mm内六角扳手,拧松离合器盖上的6条压紧螺栓。

提示

(1)拧松压紧螺栓时,按照"对角多遍"的要求进行。

(2)不便拆卸的螺栓,可适当转动飞轮,调整螺栓位置。

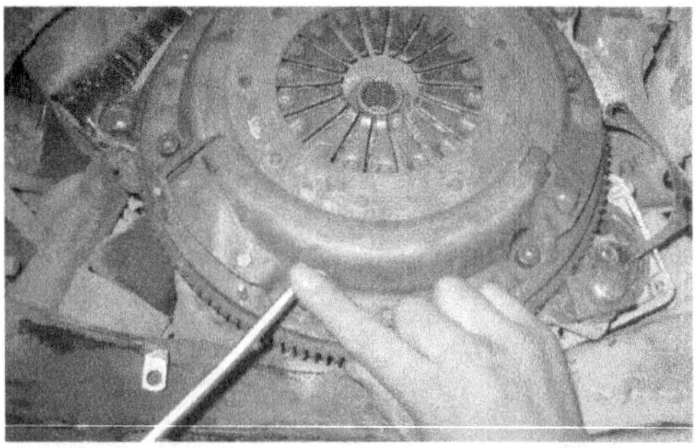

5 2号接收ϕ6mm内六角扳手、专用工具并摆放到工具车内。

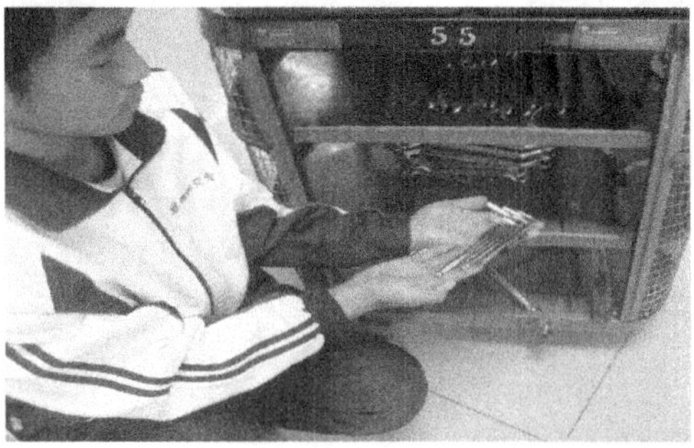

6 1号用手旋下压紧螺栓并传递给2号。

提示

旋出压紧螺栓时,要一手扶住离合器盖,防止脱落砸伤。

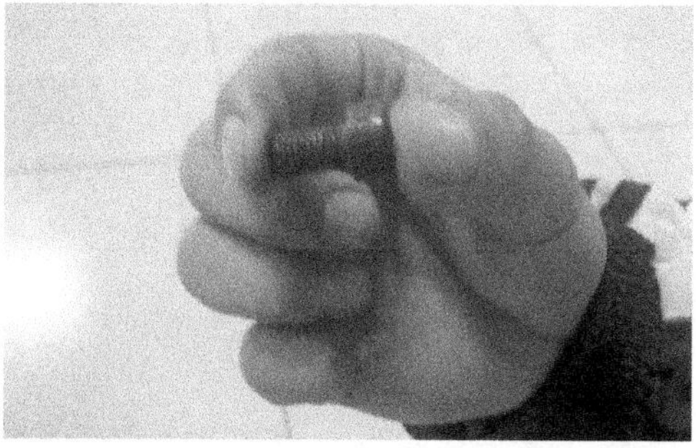

7 1号双手取下离合器压盘和离合器片传递给2号。

提示

因为在离合器盖圆周方向上有3个定位孔与飞轮上的定位销相配合,所以,只有保持离合器盖水平后移,方可顺利将其取下。

8 2号将离合器压盘、从动盘及压紧螺栓摆放到零件车上。

提示

部件与其固定螺栓,摆放应整齐有序,避免螺栓混用。

第二十步 拆卸分离轴承及座

1 1号将分离轴承及轴承座从分离叉上取下并传递给2号。

提示

分离轴承座两侧各有一个橡胶挡块。取下分离轴承及轴承座时,稍微倾斜分离轴承座,先脱开一侧挡块,再脱出另一挡块,最后从分离轴承套筒上拉出分离轴承及轴承座。

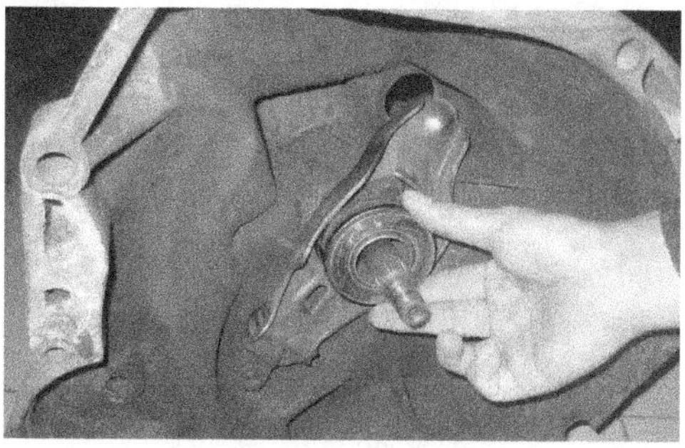

2 2号将分离轴承及轴承座摆放到零件车上。

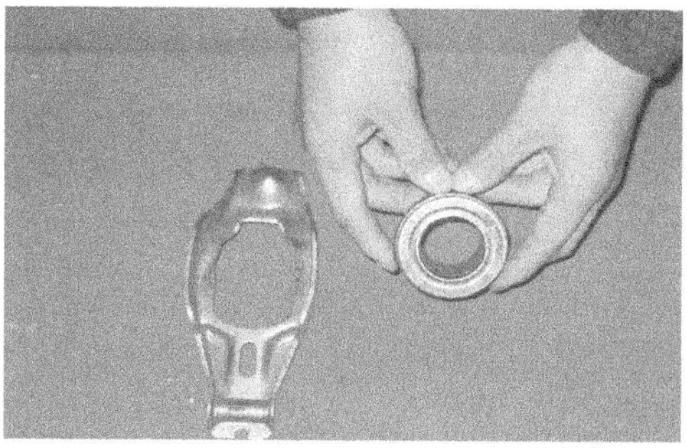

第二十一步 相关检查与润滑

1 1号用手指转动变速器输入轴导向轴承,检查轴承是否良好。

提示

变速器输入轴的导向轴承,安装在曲轴后端轴的承孔内,起到导向和辅助支撑作用。有衬套和轴承两种,桑塔纳2000GSi型轿车采用滚针式轴承。

2 2号将润滑脂枪传递给1号。

3 1号使用润滑脂枪在输入轴导向轴承内注入适量润滑脂。

提示

(1)注入润滑脂,用于润滑轴承。

(2)注入润滑脂的量不要过多,否则,多余润滑脂会飞溅到离合器摩擦表面,造成离合器打滑。

4 1号使用2号传递来的0号粗砂布打磨飞轮盘工作表面。

提示

光滑的飞轮盘工作表面打磨后,会变得比较粗糙,可增加与离合器片的接触面积,增强转矩传递能力。

5 1号使用粗砂布打磨离合器压盘和从动盘的工作表面。

提示

其道理与砂磨飞轮盘工作表面相同。

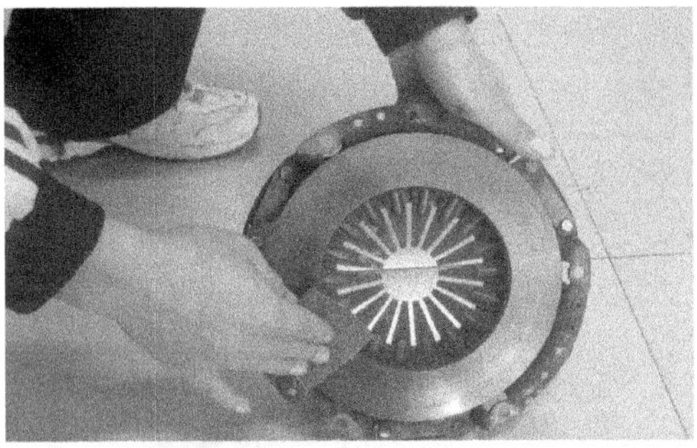

6 1号使用棉纱擦净分离轴承套筒上的油渍。

提示

分离轴承座在套筒上滑动,如有油污等脏物,将导致离合器踏板沉重、分离轴承卡滞等故障发生。

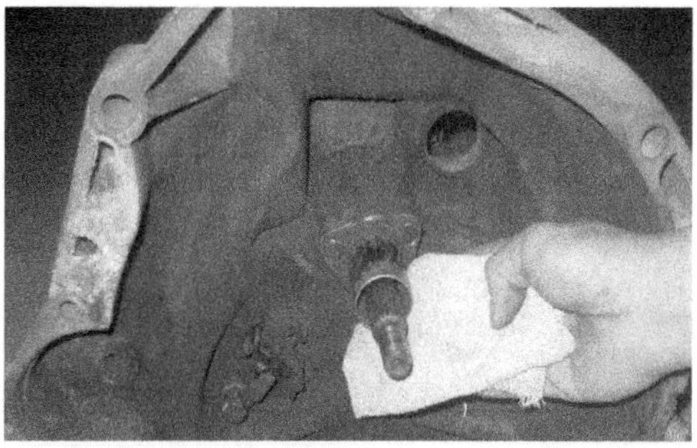

7 1号在分离轴承座孔内，均匀涂抹适量润滑脂。

提示

加强分离轴承座孔与套筒间的润滑，减小滑动阻力。

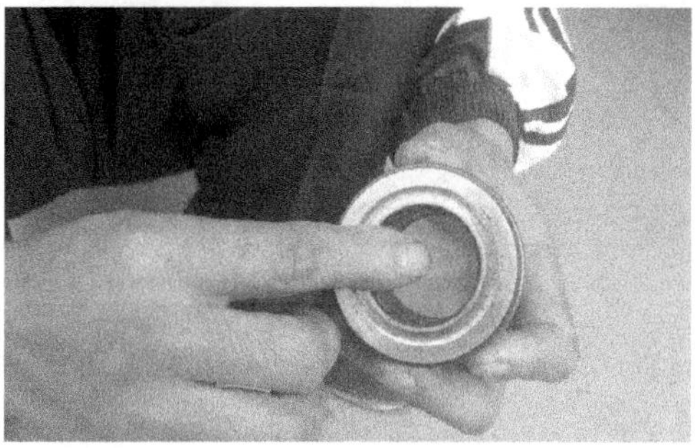

第二十二步　安装分离轴承及轴承座

1 2号将分离轴承及轴承座传递给1号。

2 1号将分离轴承座套装到套筒上，确认轴承座上的挡块位置后，一手扶住分离叉，一手将轴承座推入分离叉安装孔内。

提示

分离轴承及轴承座安装后，应反复推拉分离叉，使分离轴承及轴承座在套筒上滑动，确保轴承座安装到位且可靠。

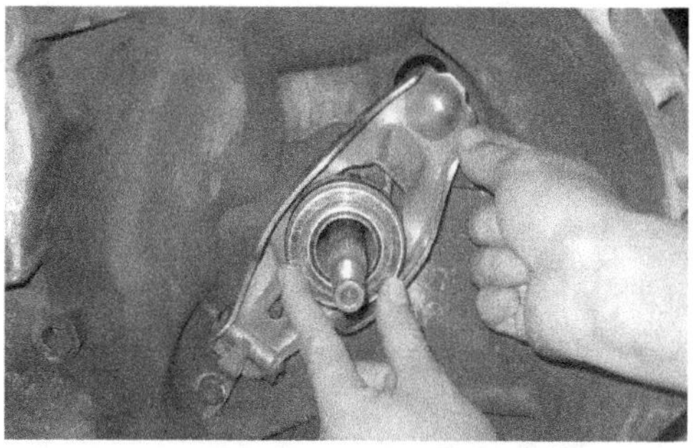

3 1号检查分离叉的复位情况。

提示

如果分离叉复位不良，应拆下分离叉，在其叉轴上涂抹适量润滑脂，视情更换弹性复位钢片。

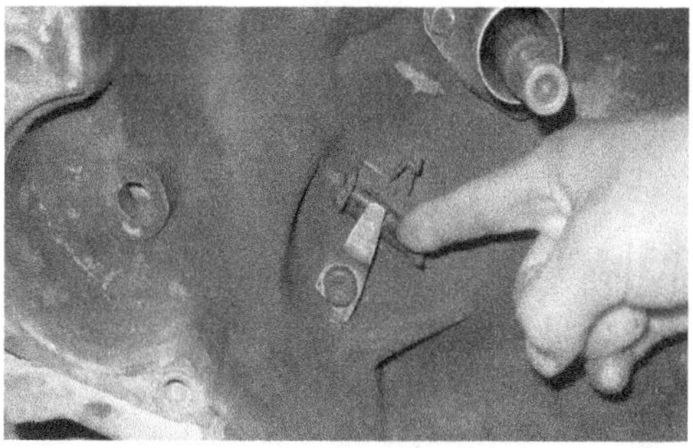

第二十三步　安装离合器压盘及从动盘

1 2号将离合器压盘及从动盘传递给1号。

2 1号确认离合器片的长毂朝后之后,将其贴合在离合器压盘工作表面上。

提示

(1)安装离合器压盘及从动盘时,要保持双手清洁干燥,禁止将油、水粘附到摩擦表面上。否则,将导致离合器打滑。

(2)离合器片安装时,有方向性要求,长毂应朝向变速器。一旦离合器片安装方向错误,将导致离合器不能分离。

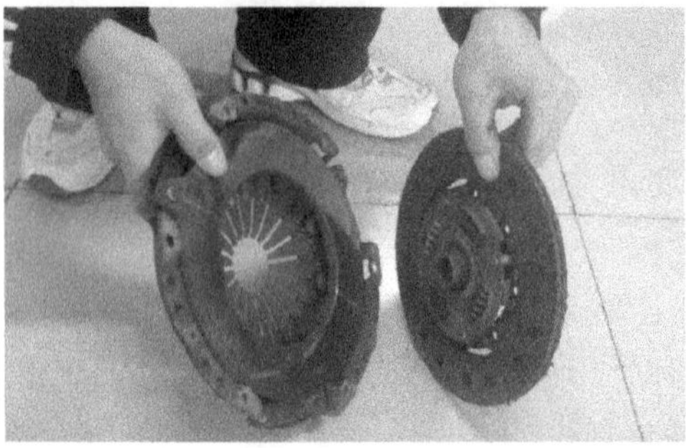

3 1号将离合器压盘及从动盘,一起安放到飞轮盘上。

提示

注意不要将离合器压盘及从动盘,滑落到地面上。

4 1号将离合器盖上的定位孔与飞轮盘上的定位销对齐后,将离合器压盘定位于飞轮盘上。

提示

离合器盖与飞轮盘之间,安装位置是固定不变的。只有正确的定位,才能够保证定位销和定位孔之间、螺栓孔和螺纹孔之间均对正。否则,应调整离合器盖位置。

5 2号将导向专用工具传递给1号。

6 1号将导向专用工具穿过离合器片的毂孔,并使其前端轴插入输入轴的导向轴承内圈。

提示

使用导向专用工具安装离合器压盘及离合器片,可以有效保证导向轴承内圈、离合器片毂和变速器的输入轴三者同心。这样可减轻安装变速器总成时的劳动强度。

7 2号将固定飞轮专用工具传递给1号。

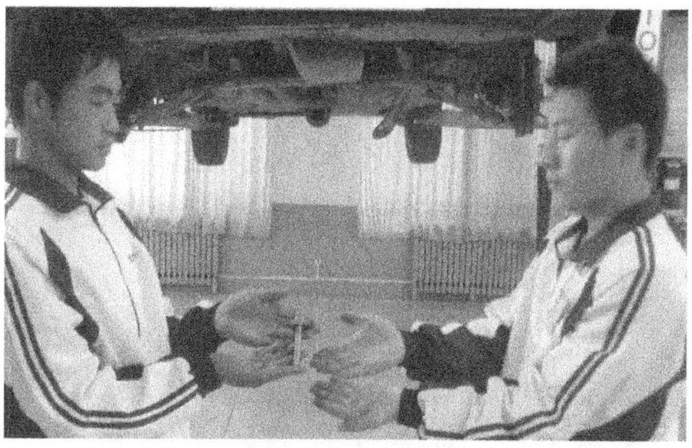

8 1号将专用工具的销轴插入汽缸体后端螺栓孔中，并且使专用工具上的挡块与齿圈上的轮齿间，将飞轮固定。

提示

拧紧离合器盖固定螺栓时，专用工具用于固定飞轮，防止其转动。

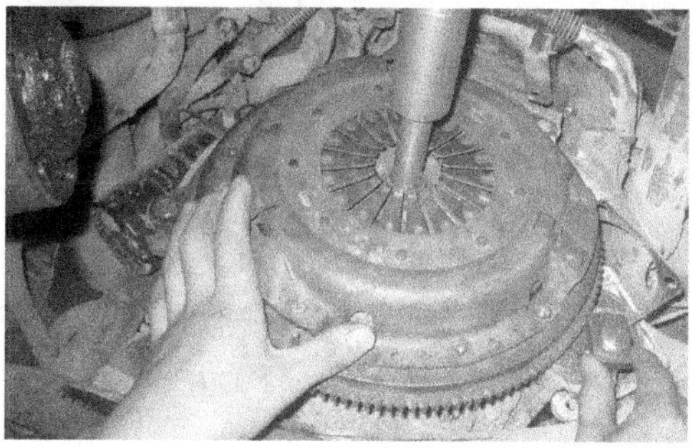

9 1号将2号传递来的离合器盖压紧螺栓，用手旋入螺纹孔内。

提示

用手旋入螺栓，可感知螺纹是否对正，能够避免直接使用工具旋入螺栓，造成螺纹损伤的弊病。

10 2号将ϕ6mm内六角扳手传递给1号。

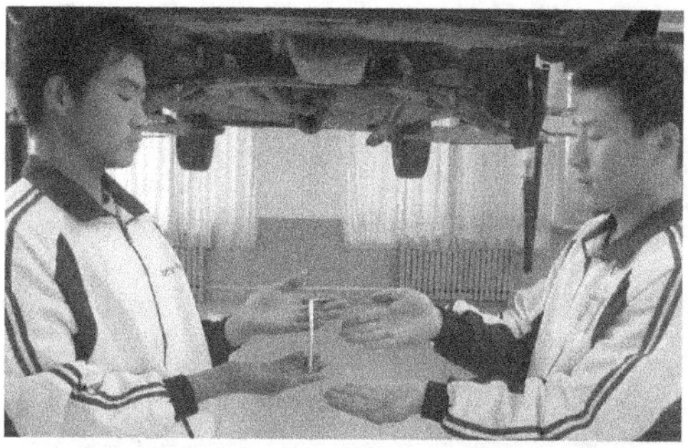

11 1号使用ϕ6mm内六角扳手，拧紧离合器盖上的6条压紧螺栓。螺栓规定力矩为25N·m。1号将工具递还2号。

提示

(1)离合器盖上的6条压紧螺栓，呈不对称布置。

(2)拧紧螺栓时，按照“对角多遍”的要求进行。

12 1号取出导向专用工具传递给2号。2号将工具摆放到工具车上。

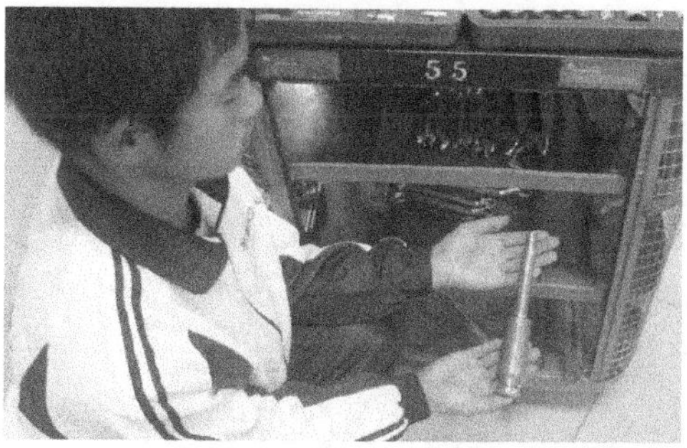

第二十四步　安装变速器

1 1号、2号检查发动机后方是否影响

安装变速器的线束、支架等。如影响,则进行整理。

提示

事先检查和整理,目的是在安装变速器过程中,避免存在安装障碍,从而造成不必要的损坏。

2 1号、2号配合将变速器移至车下的安装位置。

3 1号位于变速器前侧,2号位于变速器后侧,同时用力托起变速器。

提示

托起变速器时,要注意配合默契,全力以赴,思想不得有丝毫松懈,避免发生安全事故。

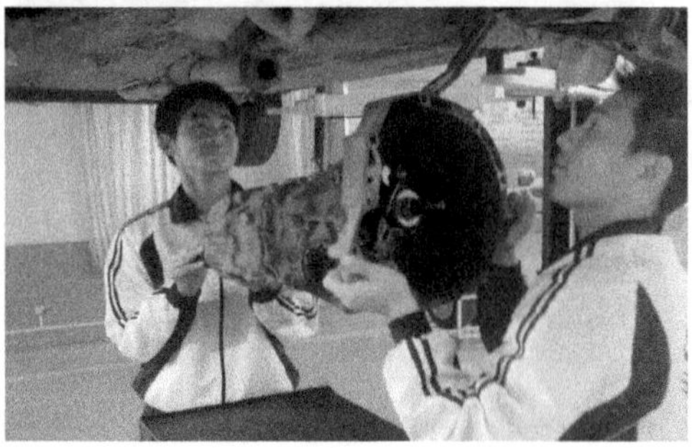

4 1号调整变速器前端位置,使输入轴前端插入离合器片毂内;2号保持变速器水平状态。当1号发出"向前推"口令时,1号、2号共同用力,将变速器水平前移。

提示

当变速器输入轴不能够顺利穿过离合器片毂花键时,可将变速器挂入某挡位,转动传动轴凸缘盘,同时水平前推变速器,输入轴便可顺利穿过离合器片毂花键而前移。

5 1号观察变速器壳上的定位孔是否与汽缸体上的定位销对正。如未对正,调整变速器位置后,继续前移变速器,直到变速器壳体前端面和连接板贴合为止。

提示

(1)观察定位销与定位孔时,应配合灯光照明。

(2)严禁在变速器壳体前端面与连接板尚有一定距离的情况下,通过拧紧螺栓拉近两者间的距离。否则,容易导致变速器壳体、离合器损伤。

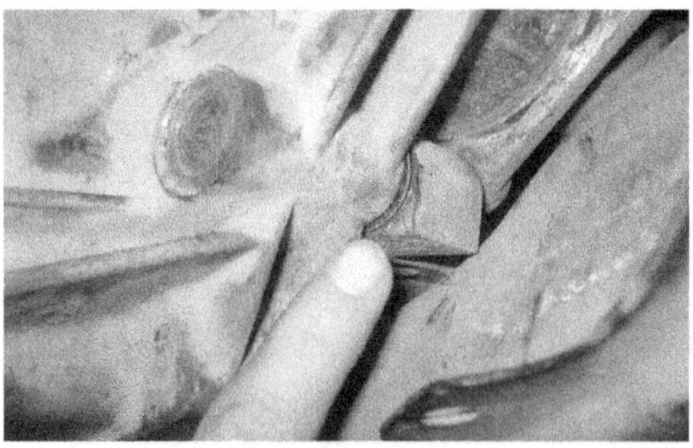

6 将变速器稳定于发动机上之后,1

号扶好变速器,2 号推出变速器托架。

7 2 号将变速器固定螺栓传递给 1 号。1 号用手旋入螺栓,2 号扶好变速器。

8 1 号将变速器左侧螺栓连接车身搭铁线。

提示

如果车身搭铁线连接端子脏污,应清理干净。否则,将对汽车电器系统的正常工作产生不良影响。

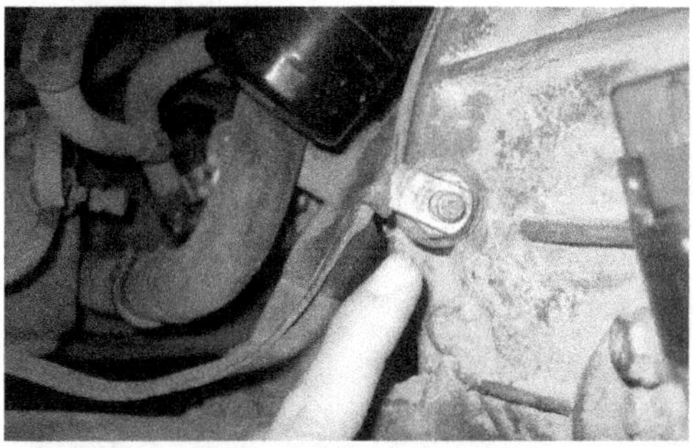

9 变速器 5 条固定螺栓旋入完毕。2 号将 ϕ19mm 套筒、接杆、棘轮扳手组合后传递给 1 号。

提示

拧紧固定螺栓时,一定要保持套筒垂直且安插到位,避免损坏螺母。

10 1 号将螺栓拧紧到适当力矩后,2 号将扭力扳手传递给 1 号,将棘轮扳手摆放到工具车上。

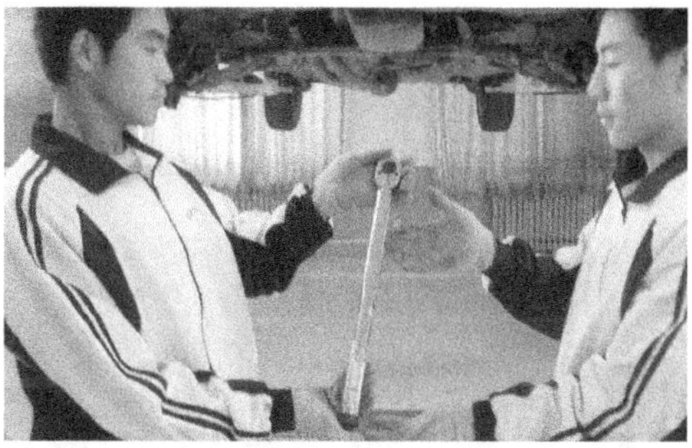

11 1 号使用扭力扳手将变速器 5 条固定螺栓力矩拧紧至 55N · m。

提示

变速器固定螺栓拧紧力矩要均匀,否则,将导致变速器壳体变形。

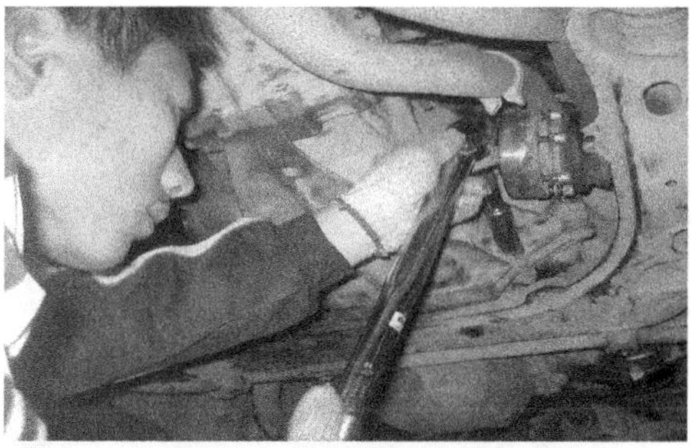

第二十五步　安装变速器减振垫及其支架

1 2 号将减振垫前后支架及螺栓传递

给1号。

2 1号用手旋入减振垫前后支架的固定螺栓。

提示

用手旋入螺栓,可感知螺栓螺纹是否对正,避免工具直接旋入螺栓时损伤螺纹。

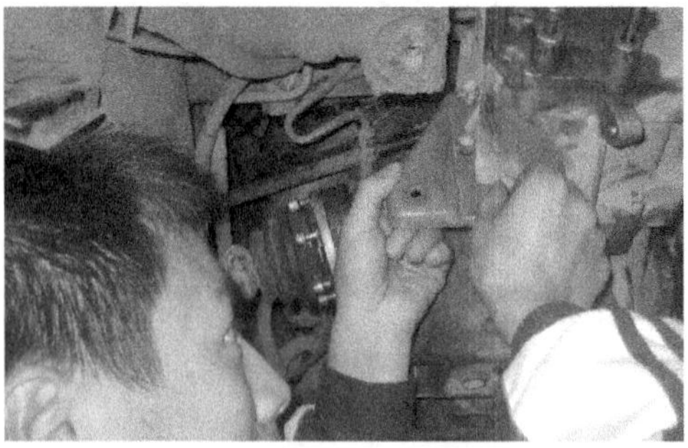

3 2号将12-13mm梅花扳手传递给1号。

4 1号使用12-13mm梅花扳手,拧紧减振垫前后支架的6条固定螺栓。螺栓的规定力矩为25N·m。

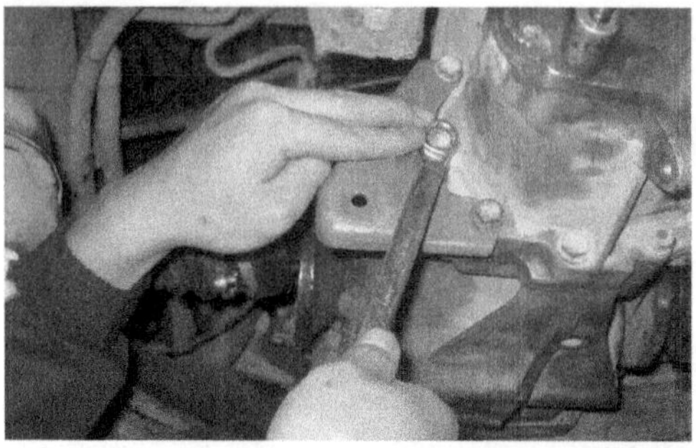

5 1号将2号传递来的减振垫安放在前后支架中间,然后用手旋上3条固定螺栓。

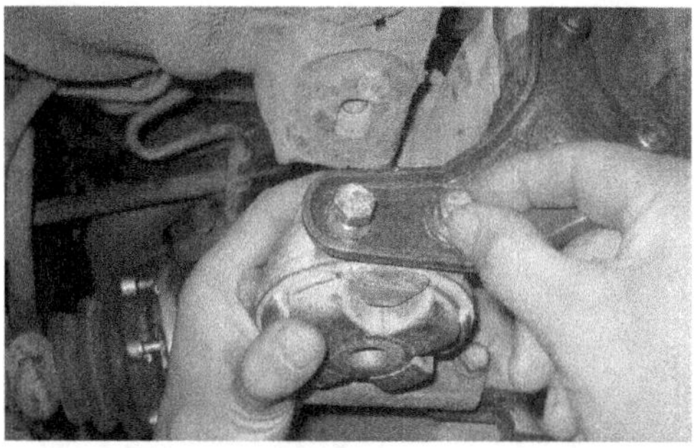

6 1号使用12-13mm梅花扳手,将减振垫的3条固定螺栓拧紧。螺栓的规定力矩为20N·m。

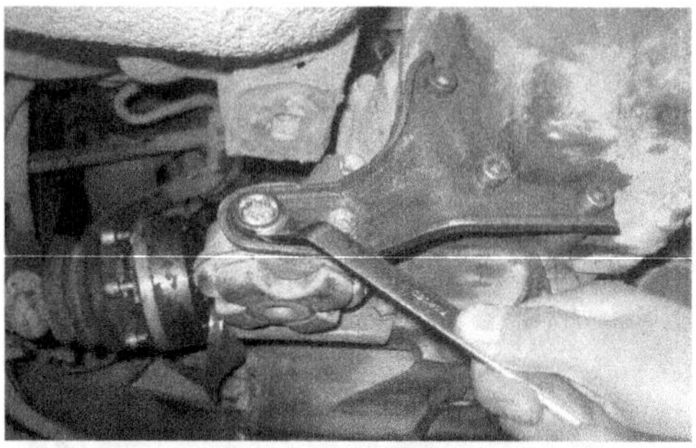

7 1号将变速器支架移到减振垫下部并对齐螺栓孔。

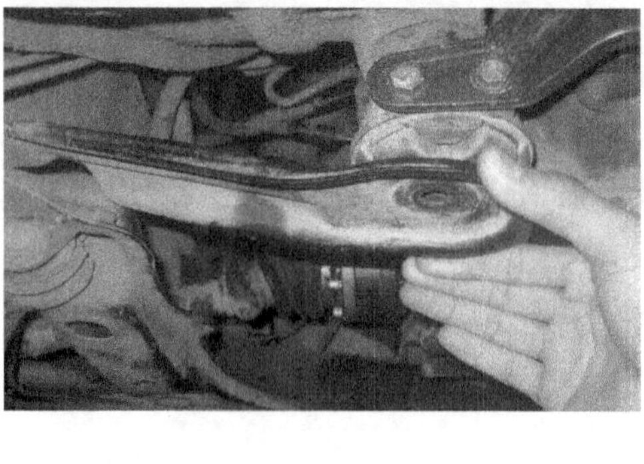

8 1号将2号传递来的减振垫隔离物安放于减振垫上部，然后将固定螺栓穿过减振垫、隔离物旋入车身上的螺纹孔中。

提示

注意减振垫隔离物的安装方向，平面应朝向车体，凸起面朝向减振垫。

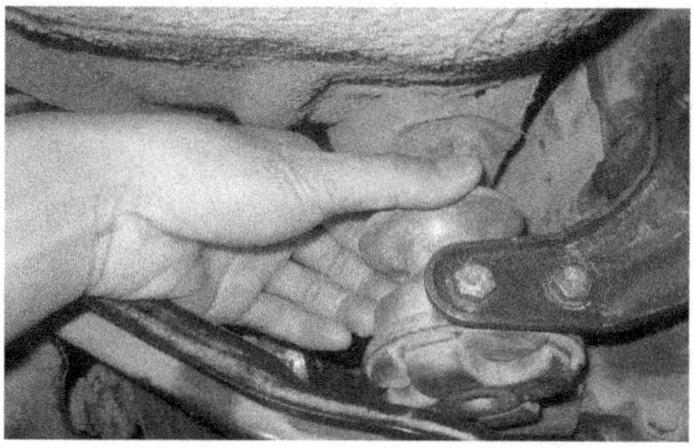

9 1号使用2号传递来的扭力扳手，将减振垫与车身连接的螺栓力矩拧紧至110N·m。

提示

变速器支架承受和传递扭矩较大，其固定螺栓力矩应达到规定值。

第二十六步　安装发动机前缓冲支架

1 1号用手旋入2号传递来的支架上下端的两条固定螺栓。

提示

用手旋上固定螺栓的同时，要用手扶住缓冲支架，避免突然掉落砸伤人或损伤机件。

2 2号将12-13mm梅花扳手传递给1号。

3 1号使用扳手拧紧发动机缓冲支架下端的1条固定螺栓。螺栓要求力矩为45N·m。1号将扳手递还2号。

提示

发动机前缓冲支架下的固定螺栓，所处位置空间狭小，使用梅花扳手拧紧时，要保持工具与螺栓的螺方完全接触且垂直，以免工具滑出碰伤手和损坏螺栓。适当调整工具在空间内的角度，便于用力。

4 2号将ϕ13mm套筒、棘轮扳手传递给1号。1号使用工具拧紧发动机缓冲支架

上端的固定螺栓。螺栓要求力矩为 45N · m。1 号将工具递还给 2 号。

提示

发动机前缓冲支架上的固定螺栓,所处位置较为隐蔽,不便使用梅花扳手。因此,选用套筒工具进行紧固。

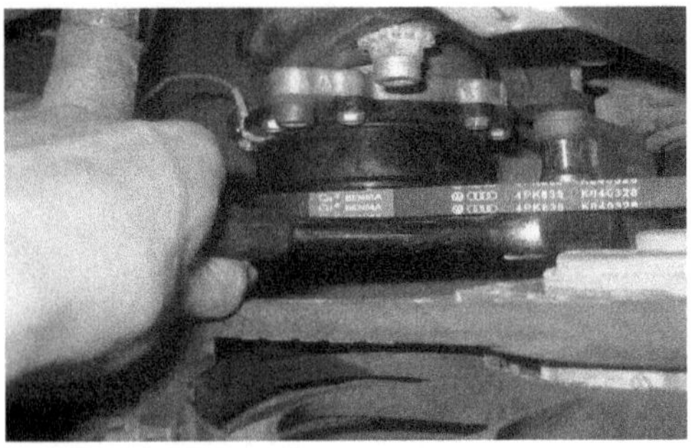

第二十七步　安装起动机

1 1 号将起动机与变速器壳上的螺栓孔对齐后,接收 2 号传递来的 3 条固定螺栓,用手将螺栓旋入螺纹孔中。

提示

起动机上端固定螺栓,位置隐蔽,空间狭小,安装时要有耐心。可将螺栓插入 ϕ13mm 套筒内,用手转动套筒旋入,此方法较为实用。

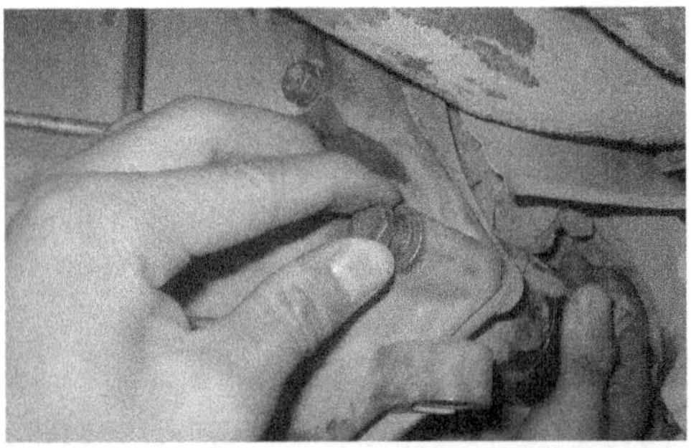

2 2 号将 ϕ13mm 套筒、接杆、棘轮扳手组合后传递给 1 号。

3 1 号使用工具,将起动机 3 条固定螺栓按照分多遍紧固的要求拧紧到适当力矩。

提示

安装起动机时,要注意以下几点:

(1)保证其后端盖凸缘上的接合面与连接板贴合。

(2)螺栓要分多遍拧紧,以免起动机壳体变形破裂。

(3)检查起动机电插头连接是否可靠。

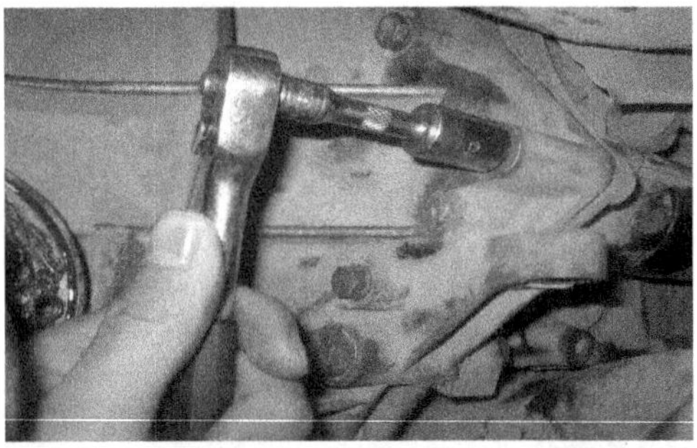

第二十八步　安装离合器防护罩

1 2 号将离合器防护罩传递给 1 号。

2 1 号将防护罩插入变速器壳和汽缸

体间的缝隙中，并对齐防护罩与汽缸体上的螺栓孔。

提示

(1)安装离合器防护罩时，要注意调整其位置，严禁敲击。

(2)禁止漏装离合器防护罩。

3　1号旋入固定螺栓后，使用10-11mm梅花扳手，将离合器防护罩拧紧到适当力矩。

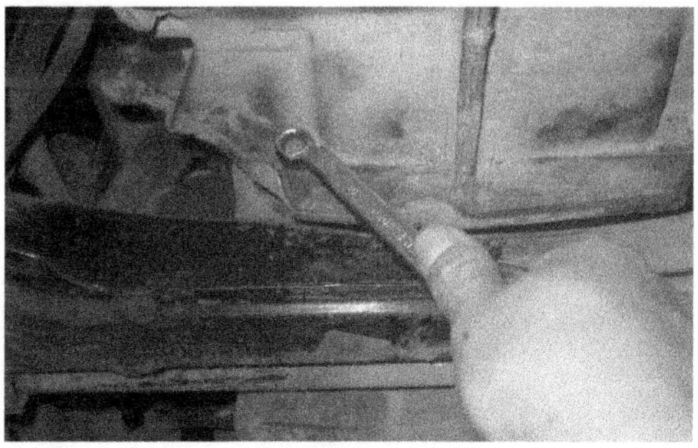

第二十九步　安装换挡机构总成

1　2号将换挡机构总成传递给1号。

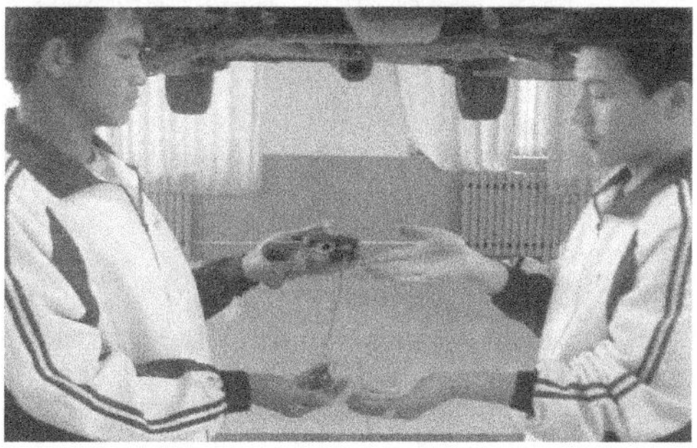

2　1号将变速器的内换挡杆后端，安装到换挡机构的离合块中，并旋入定位螺栓；将左右侧轴承压板套装到换挡连接套上，并旋紧压紧螺栓；将支撑杆通过螺栓固定在变速器壳体上。

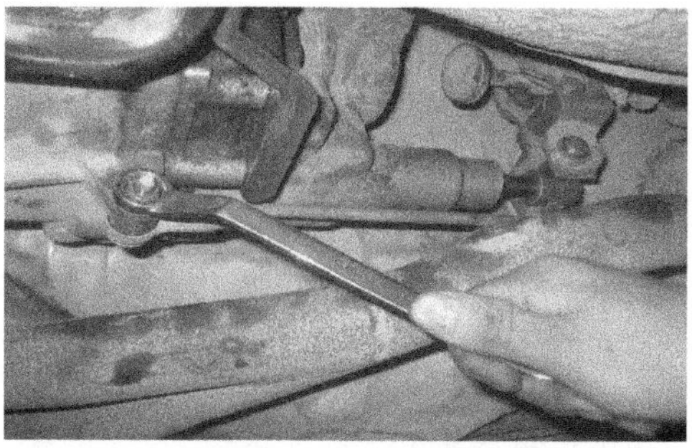

3　1号使用10-11mm梅花扳手，将内换挡杆固定螺栓拧紧到适当力矩。使用12-13mm梅花扳手，将左右侧轴承压板连接螺栓拧紧到适当力矩。

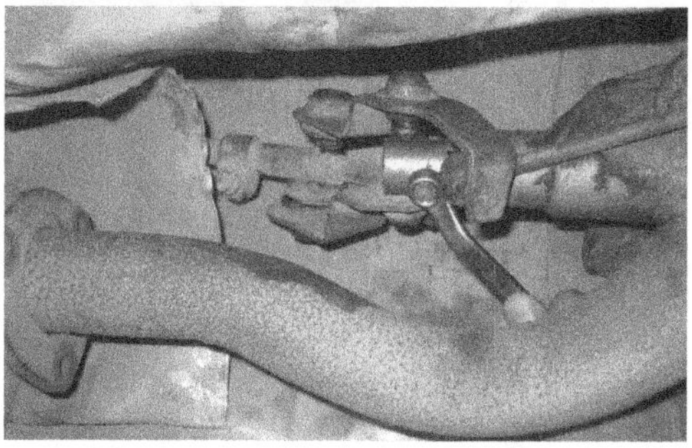

第三十步　安装离合器工作缸

1　1号在推杆与分离叉接触的凹坑中涂抹适量润滑脂。

提示

分离叉上的凹坑与推杆相互接触，会因相互摩擦而产生磨损。因此，在安装时应在两部件接触部位涂抹润滑脂，减轻摩擦损伤。

2 1号将推杆对正分离叉上的凹坑后,用力将离合器工作缸推入其承孔中并保持住,然后将2号传递来的固定螺栓用手旋入螺纹孔中,将离合器工作缸定位于变速器壳体上。

提示

由于推杆一端与分离叉相连接,因此安装离合器工作缸时,需克服安装于分离叉轴上的复位弹簧部分弹力,才能将离合器工作缸的固定螺栓旋入螺纹孔中。

3 2号将ϕ13mm套筒、接杆、棘轮扳手组合后传递给1号。

4 1号使用ϕ13mm套筒、接杆、棘轮扳手,拧紧离合器工作缸的1个固定螺栓。

提示

紧固离合器工作缸固定螺栓时,应用手扶住工作缸避免歪斜。否则,容易损伤工作缸及其承孔内的防尘套。

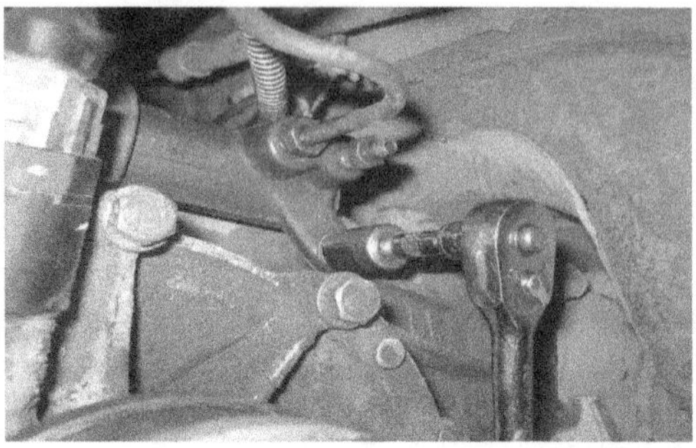

第三十一步　安装氧传感器

1 2号将氧传感器传递给1号。1号将氧传感器用手旋入排气管上的螺纹孔。

提示

在旋入氧传感器时,注意氧传感器的导线要随氧传感器同步旋转。否则,容易破坏导线和氧传感器的正常连接,导致氧传感器报废。

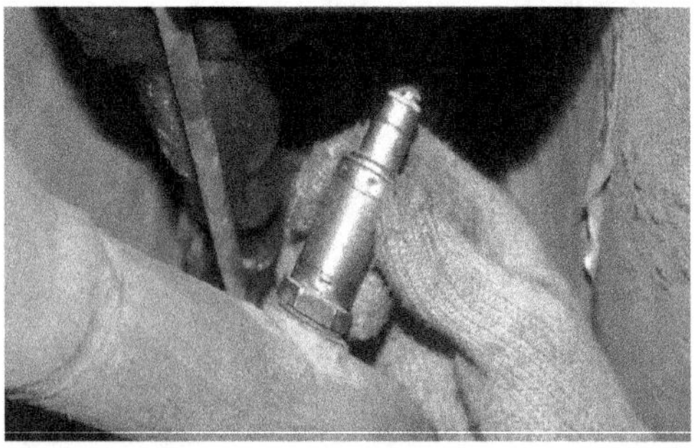

2 2号将氧传感器拆装专用扳手传递给1号。

3 1号将氧传感器的导线穿过专用扳手的缺口。

4 1号将专用扳手套在氧传感器外壳的螺方上并拧紧氧传感器到规定力矩。

提示

氧传感器的拧紧力矩为45N·m。若拧紧力矩过大，易造成滑扣；若拧紧力矩过小，会导致漏气发生。

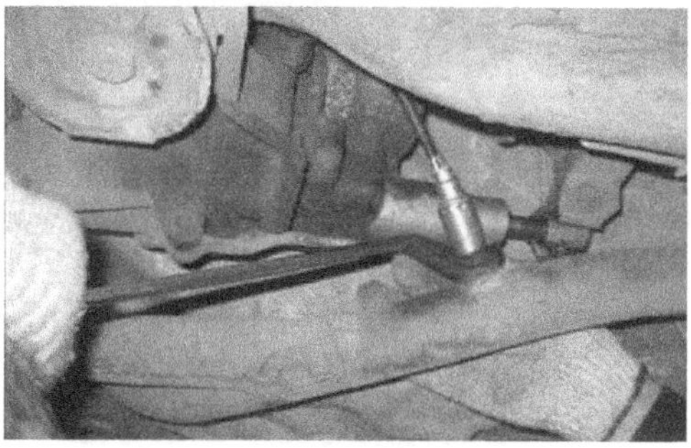

5 2号将氧传感器的导线按照在车身上规定的走向，上传至发动机舱的上方。

提示

氧传感器的导线一定要按照要求进行布置，否则，垂落的导线会与排气管接触，使导线损伤，或行车中线束摇摆，影响电压信号传输。

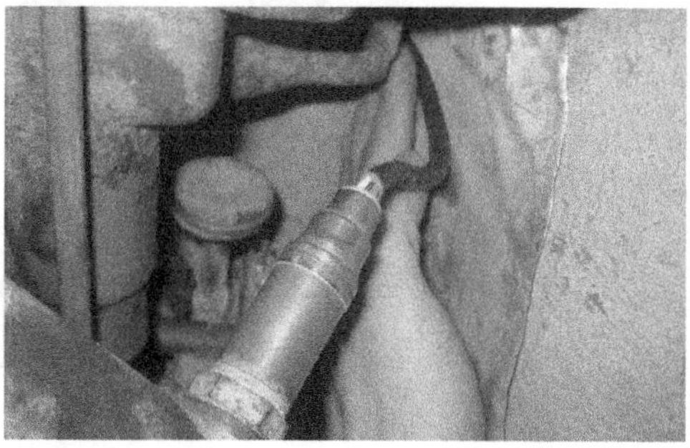

第三十二步　电路连接

1 1号安装倒车灯开关电插头。

提示

安装电插头时，注意以下两点：

(1)检查接点是否清洁，必要时打磨清理。

(2)检查接触是否可靠，必要时调整线束插片。

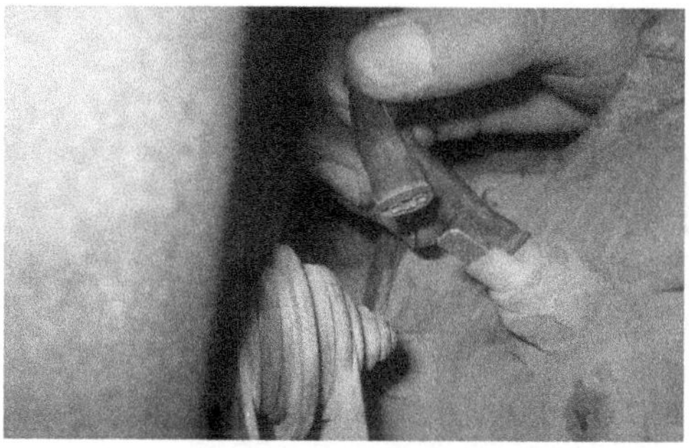

2 1号安装车速传感器电插头。

提示

安装电插头时，注意以下两点：

(1)安装方向要正确。插座上的条形凸起与插头上的凹槽相对应。

(2)确保插头安装到位，否则，将影响传感器正常工作。

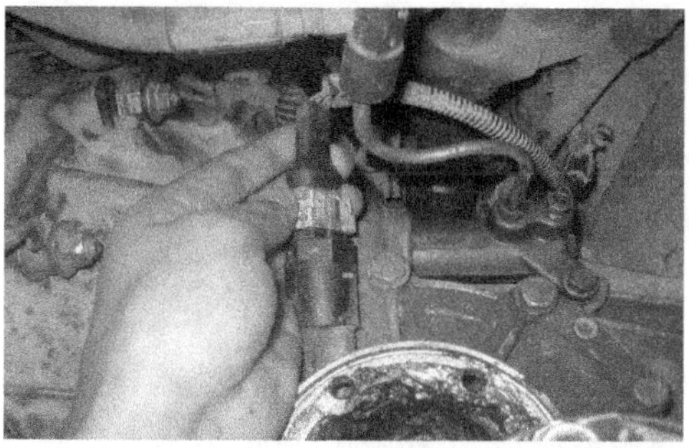

第三十三步　连接排气歧管与排气管

1 2号将排气管固定螺栓传递给1号。

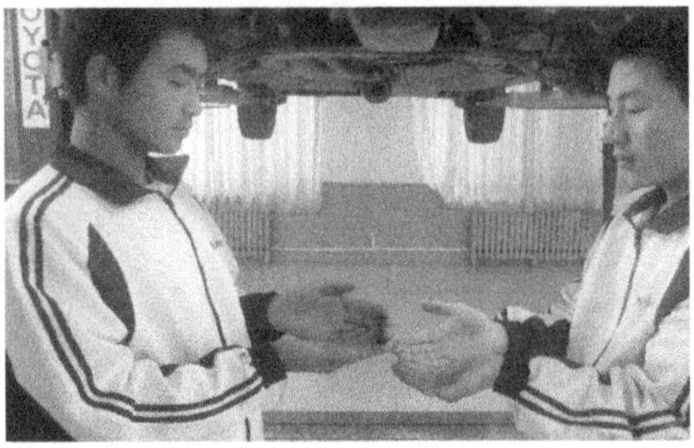

2 1号将排气歧管和排气管的2个连接凸缘对齐后,将螺栓穿过凸缘上的螺栓孔,用手旋上螺母。

提示

将螺栓螺纹上涂抹适量润滑油,既可以使拆装轻便,又可以防止螺栓锈蚀。

3 2号将12-13mm梅花扳手传递给1号。

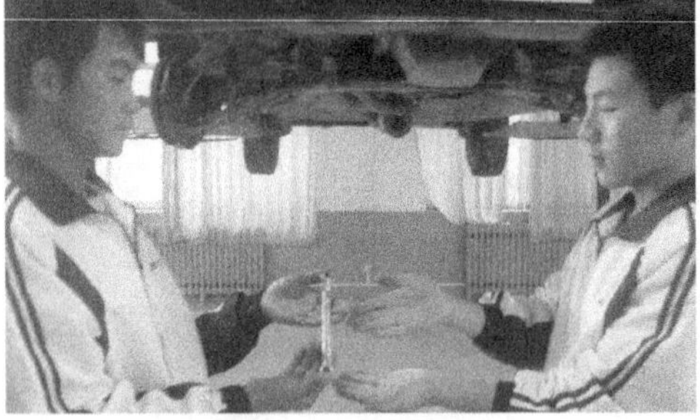

4 1号使用12-13mm梅花扳手,交叉多遍将螺栓拧紧。螺栓规定力矩为25N·m。

提示

3条固定螺栓,要按照“交叉多遍”的要求拧紧。否则,两排气管口会产生缝隙,引起漏气。

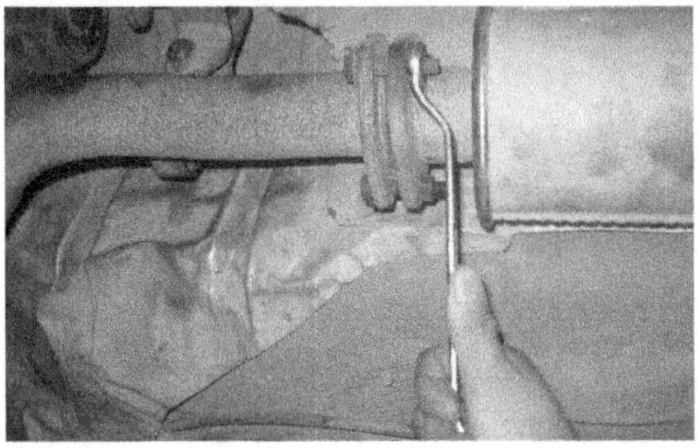

第三十四步 安装排气管与变速器间支架

1 2号将排气管与变速器间支架及其螺栓传递给1号。

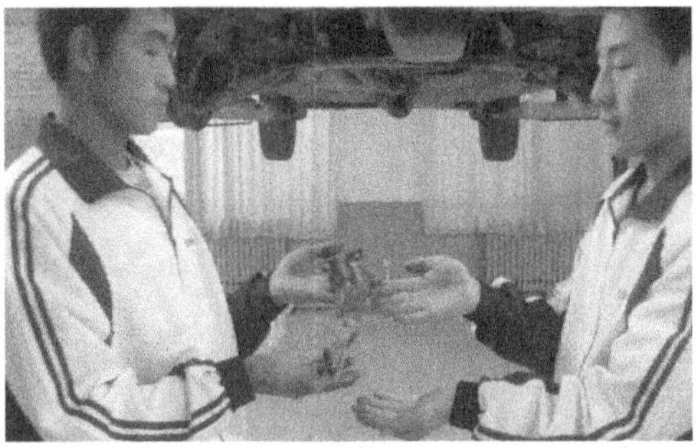

2 1号通过支架把变速器壳与排气管连接起来,用手旋上螺栓。

提示

将螺栓螺纹上涂抹适量润滑油,既可以使拆装轻便,又可以防止螺栓锈蚀。

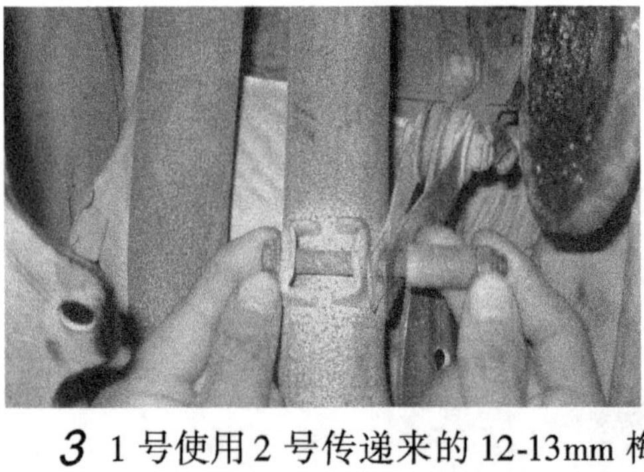

3 1号使用2号传递来的12-13mm梅花扳手,拧紧支架上的3条固定螺栓。螺栓的拧紧力矩为25N·m。

提示

支架用于固定和支撑排气管前端。

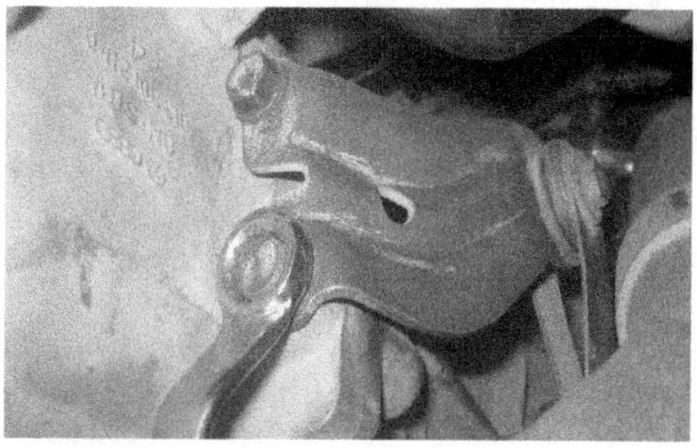

第三十五步 安装悬架控制臂球头

1 2号下拉悬架控制臂。1号调整球头销轴和转向节的相对位置,使销轴对正转向节上的承孔,将销轴安装到承孔内。

提示

安装球头时,1号、2号要默契配合,用力大小应适当。

2 1号观察球头销轴上的周向凹槽是否与承孔上的螺栓孔对正。如未对正,进行调整。

提示

(1)必须保证销轴上的凹槽与螺栓孔对正,才能够穿过锁紧螺栓。

(2)调整球头销轴位置时,可用铁锤敲击球头外壳。

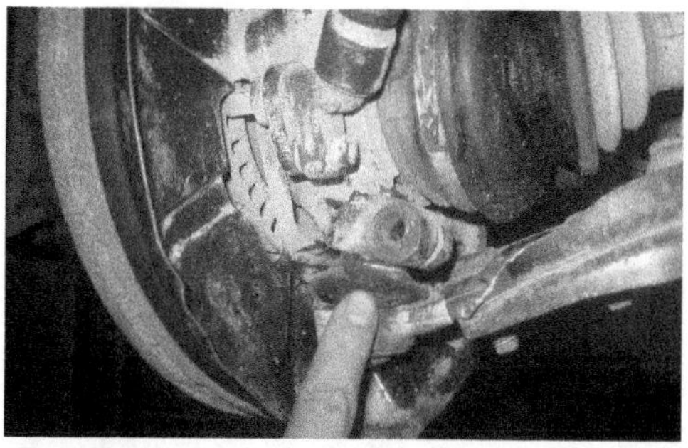

3 1号将2号传递来的螺栓穿过螺栓孔,旋上螺母。

提示

如果螺栓的螺纹上有锈蚀,可在螺纹上涂抹适量润滑油或润滑脂。

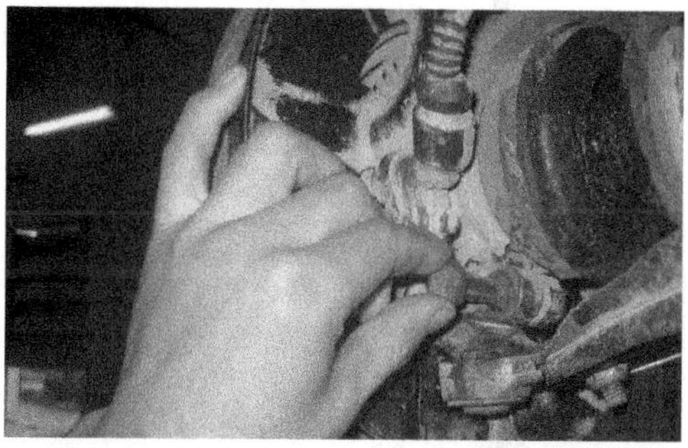

4 2号将ϕ17mm套筒、短接杆、棘轮扳手组合后传递给1号。

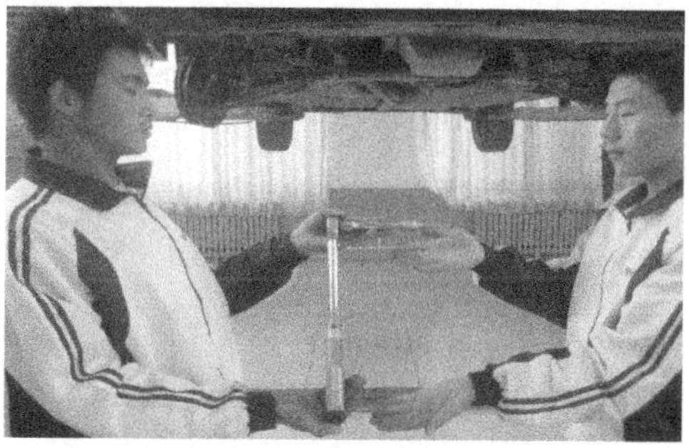

5 2号使用16-17mm梅花扳手将螺栓固定,1号使用工具拧紧螺母。最后使用扭力扳手将螺栓力矩拧紧至65N·m。

提示

(1)螺栓力矩要达到规定值。控制臂

及其球头性能状况,将直接影响到车辆行驶安全。

(2)按照相同操作和要求,安装另一侧悬架控制臂球头。

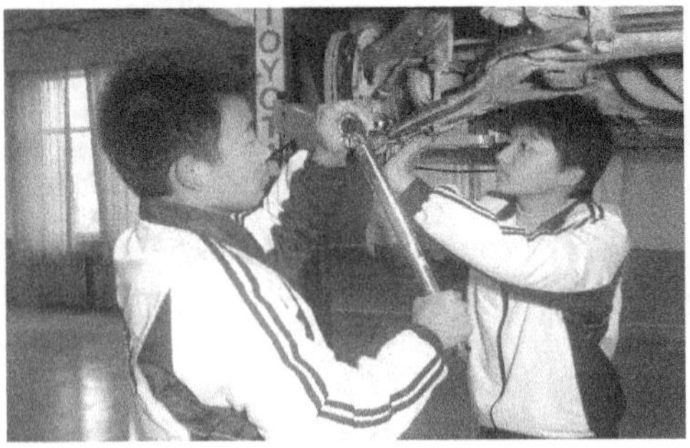

第三十六步　安装左右传动轴

1 1号对齐传动轴内万向节球壳与连接凸缘上的螺栓孔,用手旋入2号传递来的6条固定螺栓,将两者连接起来。

2 2号将ϕ8mm专用接头、接杆、棘轮扳手组合后传递给1号。

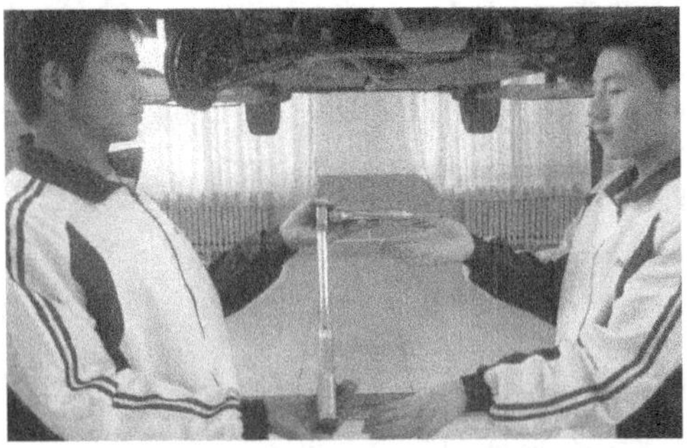

3 2号将挡块插入制动盘一散热孔内,转动制动盘使挡块与制动钳体支架接触,限制传动轴转动。

提示

挡块用于限制传动轴转动,便于拧紧固定螺栓。

4 1号将工具从翼子板下方穿过,2号将ϕ8mm专用接头插入传动轴固定螺栓的螺方孔内,并用手扶住专用接头。

提示

安装传动轴固定螺栓时,1号、2号共同配合,避免因工具倾斜,造成螺栓螺方损坏。

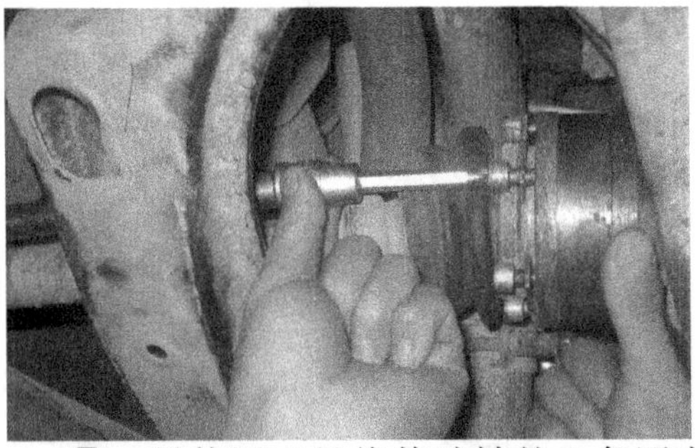

5 1号使用工具将传动轴的6条固定螺栓拧紧后,换用扭力扳手将固定螺栓力矩拧紧至40N·m。

提示

拧松传动轴固定螺栓时,要适时变换传动轴的固定位置,保持工具位置基本不变。

6 2号将工具摆放到工具车上。

第三十七步　安装左前和右前车轮

1 2号操纵举升机，将车辆降落到距离地面适当高度。

提示

车辆高度以便于安装车轮为宜。

2 1号将车轮安放到制动盘的凸缘上，并对齐螺栓孔，然后将2号传递来的4条固定螺栓用手旋入螺栓孔内。

提示

左前和右前车轮不要换位，保持原安装位置，以免影响车辆行驶性能。

3 1号使用2号传递来的车轮扳手，将固定螺栓拧紧到适当力矩。

提示

应按照“对角多遍”的要求紧固车轮螺栓。

4 2号操纵举升机，将车辆降落到地面上。

提示

便于将车轮固定螺栓拧紧到规定力矩。

5 2号将扭力扳手传递给1号。

6 1号使用扭力扳手，按照规定要求将车轮固定螺栓拧紧到110N·m。

提示

(1)应按照“对角多遍”的要求紧固车

轮螺栓。

(2)按照相同的要求,安装另一侧车轮。

第三十八步　安装连接氧传感器、“+B”导线连接器

1号将氧传感器、发电机“+B”导线的电插头与相应插座连接起来。

提示

插接器在连接时,要注意以下3点:

(1)辨颜色。同一插接器的插头和插座通常颜色相同。

(2)辨方向。同一连接器的插头和插座上有对应的定位孔和凸起。

(3)插接到位,定位可靠,不松动。

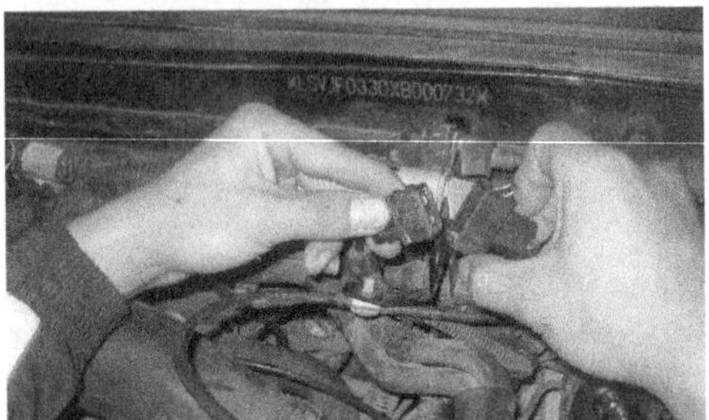

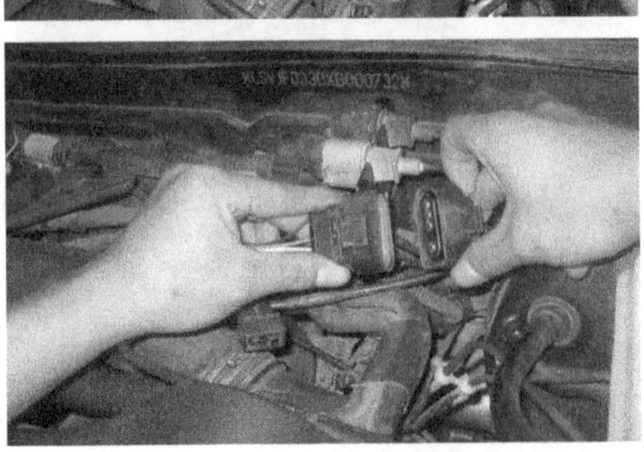

第三十九步　安装蓄电池负极电缆

1 2号将 ϕ10mm 套筒、接杆、棘轮扳手传递给1号。

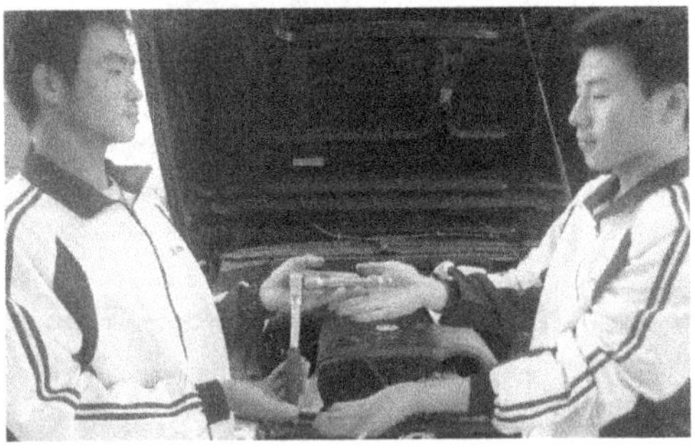

2 1号使用工具拧紧蓄电池负极搭线的固定螺栓。

提示

(1)安装蓄电池负极搭线时,要保证负极搭线的接线端与负极柱之间的接触面清洁,无锈蚀物、腐蚀物。否则,两者接触面积小,蓄电池输出电能下降。可用细砂布打磨两接触面。

(2)固定螺母拧紧力矩应适当。过小,会造成线路虚接;过大,螺栓容易滑扣。

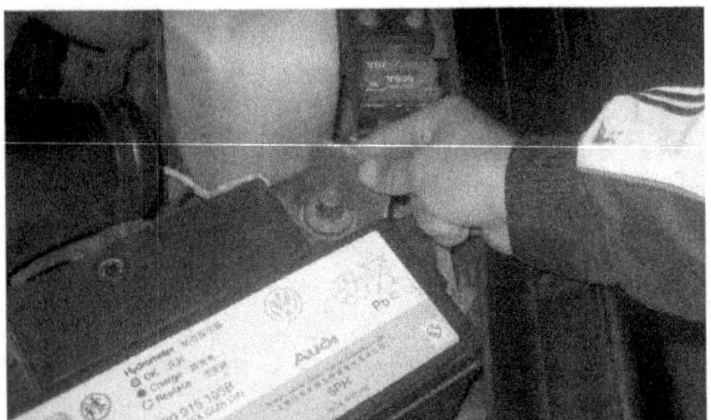

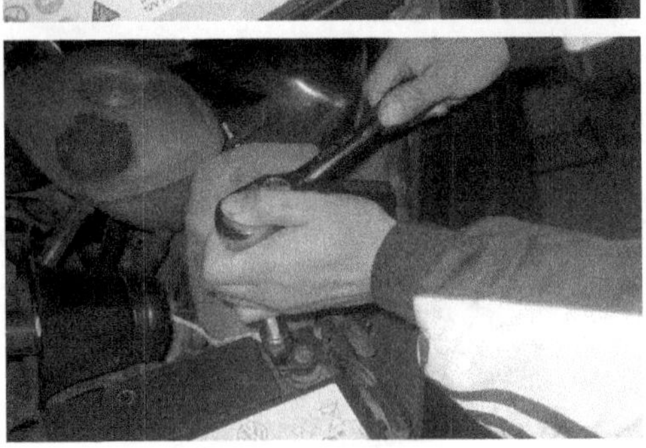

第四十步　车辆运行试验

1 2号操纵举升机，将车辆举升至轮胎最低点距离地面20cm的高度，并可靠锁止提升臂。

提示

将车辆举升，使轮胎离开地面，目的是便于试验离合器的工作性能。

2 1号进入驾驶室，打开点火开关，并起动发动机。

提示

(1)起动发动机前，要确认变速器处于空挡位，严禁带挡起动。

(2)起动发动机前，1号、2号注意安全确认，配合口令是“正常”“起动”，防止意外事故发生。

3 发动机预热完毕，1号将离合器踏板踩到底，操纵换挡手柄，变换变速器挡位，检验变速器换挡是否轻便、灵活、迅速、可靠，且换挡时有无异常响声。

提示

(1)发动机在空载情况下，检查离合器工作是否正常。

(2)如果出现换挡困难，在确认离合器液压操纵系统正常情况下，应检查或调整离合器踏板位置。

4 1号将变速器挡位依次挂入1挡、2挡、3挡、4挡、5挡和倒挡，在车辆运行的情况下，检验离合器工作情况是否正常。如果检验正常，则更换离合器分离轴承、压盘和从动盘的作业项目操作完毕。

提示

(1)加挡时，加速顺序递增挡位；减挡时，可减速跨挡，如5挡变2挡等。由前进挡变换为倒挡时，必须制动驱动轮，方可换入倒挡。

(2)在不同的车速下，能够更好地检验离合器工作性能。

(3)另外，如果条件允许，还可以通过路试检验离合器的工作情况。

第四十一步 整理工位

参见“整理工位”。

八、考核标准

考核标准表

考核时间	序号	考核项目	满分	评分标准	得分
90min	1	作业前整理工位	1	酌情扣分	
	2	打开并支撑发动机舱盖	1	操作不当扣1分	
	3	安装汽车保护罩	1	酌情扣分	
	4	拆装蓄电池负接线柱	2	检查不当扣2分	
	5	拆装氧传感器、发电机“+B”导线连接器	2	操作不当扣2分	
	6	拆装左前、右前车轮	4	操作不当扣4分	
	7	固定传动轴	2	操作不当扣2分	
	8	拆装左右传动轴	6	操作不当扣6分	
	9	拆装控制臂球头	5	操作不当扣5分	
	10	拆装车速传感器、倒车灯开关电插头	2	操作不当扣2分	
	11	拆装氧传感器	3	操作不当扣3分	
	12	拆装离合器工作缸	3	操作不当扣3分	
	13	连接或断开排气管	2	操作不当扣2分	
	14	拆装排气管支架	2	操作不当扣2分	
	15	拆装换挡机构总成	3	操作不当扣3分	
	16	拆装发动机前缓冲支架	1	操作不当扣1分	
	17	拆装离合器防护板	1	操作不当扣1分	
	18	拆装起动机	3	操作不当扣3分	
	19	拆装变速器固定螺栓	5	操作不当扣5分	
	20	拆装变速器减振垫及其支架	4	操作不当扣4分	
	21	取下或安装变速器总成	14	操作不当扣14分	
	22	拆装离合器压盘和从动盘	10	操作不当扣10分	
	23	拆装分离轴承及轴承座	3	操作不当扣3分	

续上表

考核时间	序号	考核项目	满分	评分标准	得分
90min	24	检查并润滑导向轴承	3	操作不当扣3分	
	25	砂磨离合器工作表面	5	操作不当扣5分	
	26	分离轴承座孔润滑	3	操作不当扣3分	
	27	检查分离叉复位情况	2	操作不当扣2分	
	28	车辆运行检验离合器性能	6	操作不当扣6分	
	29	作业后整理工位	1	酌情扣分	
	30	遵守相关安全规范	因违规操作造成人身和设备事故的，总分按0分计		
		分数合计	100		

项目二　检查制动踏板位置

一、项目说明

汽车制动系统的作用是接受外力(驾驶员踩踏)驱动,由真空助力器辅助施加外力,制动主缸将行车制动操纵机构的力转变为制动液压力,再通过制动管路传递到行车制动各个轮缸,最终实现车轮制动。

车辆长时间使用后,制动性能可能会下降,影响行车安全,因此必须保证制动踏板工作参数及真空助力器工作良好,以获得合适的制动力,并保证没有制动拖滞现象。

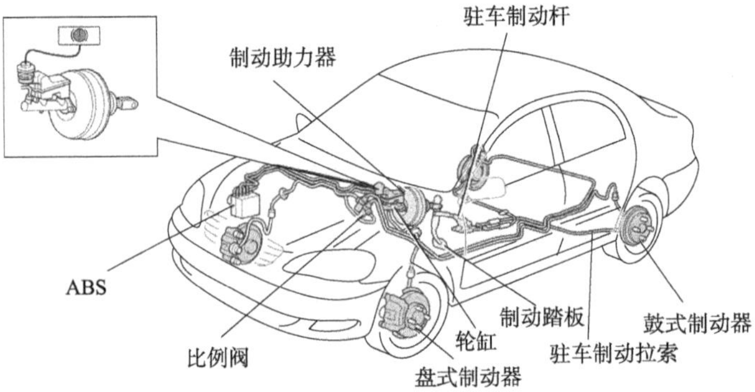

制动力的大小主要取决于踏板力,而踏板力的大小又与制动踏板位置有直接关系。如果制动踏板位置不当,制动系统就不能产生理想的制动效果,就会使车辆操控性能、安全性能下降。因此,制动踏板的高度、自由行程、工作行程都必须符合技术要求。

(1)制动踏板的高度,是指制动踏板在自由状态下,车内地板到制动踏板之间的距离。

(2)制动踏板的自由行程,是指踩下制动踏板时,推杆接触到主缸活塞的过程中,踏板移动的距离,它是制动主缸推杆与主缸活塞的间隙在踏板上的反映。

(3)制动踏板的工作行程 = 制动踏板的高度 - 制动踏板的自由行程(允许有一定误差)。

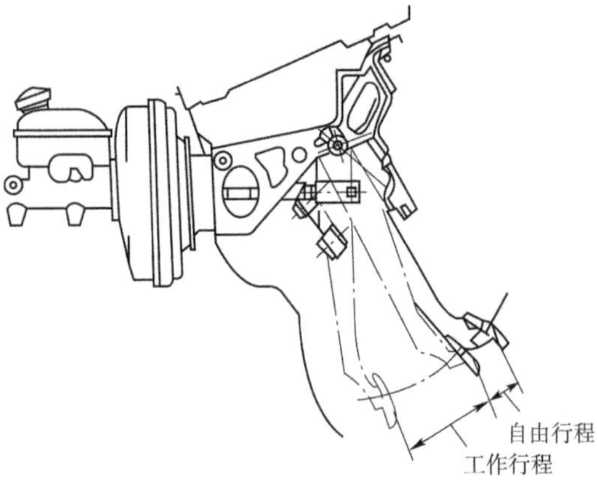

当制动踏板的自由行程适当时，如果制动系统泄漏或者磨损过度，就会降低制动踏板的高度，从而导致制动踏板的工作行程变小，进而导致制动不灵、制动力不足、制动滞后等不良现象的发生。制动管路中如果有空气：

(1)制动踏板的高度会有所下降，但是连续踩几次制动踏板，踏板高度又会逐渐升高。

(2)在制动时，管路内气体受压缩，压力升高，其反作用力使压缩的活塞组件及推杆等出现反弹，造成制动踏板抖动。

(3)在制动时，由于空气的可压缩性，使制动液的出油压力达到有效压力值滞后，制动踏板工作行程增加。

二、技术标准与要求

(1)制动踏板高度为110mm。

(2)制动踏板工作行程为80～85mm。

(3)制动踏板自由行程为15～20mm。

三、实训时间：30min

四、实训教学目标

(1)了解检查、调整制动踏板位置的重要性。

(2)熟悉制动系统的结构与组成。

(3)掌握检查、调整制动踏板位置的操作技能。

(4)培养节约生产成本的好品质，弘扬勤俭节约精神。

五、实训器材

车辆防护用品、1000mm钢直尺等。

六、教学组织

1. 教学组织形式

每辆车安排4名学生参与实训，两名学生为一组。一组操作，一组观察学习。

2. 学生站位分工和要求

两名学生一组，按照1号、2号进行编号，1号为主，2号辅助。

3. 实训教师职责

讲解操作步骤和注意事项；下达“操作开始”口令；工位间巡视、检查、指导和纠正错误。

4. 学生职责变换

两名学生实行职责变换制度，即第一遍1号为主，2号辅助；第二遍2号为主，1号辅助。

七、操作步骤

第一步　事前准备

参见“事前准备”。

制动踏板高度检查

第二步　检查制动踏板位置

1　1号进入驾驶室，踩制动踏板数次，释放制动助力器中的残余真空度。

2 2号将钢直尺传递给1号。

3 1号使用钢直尺测量制动踏板高度。

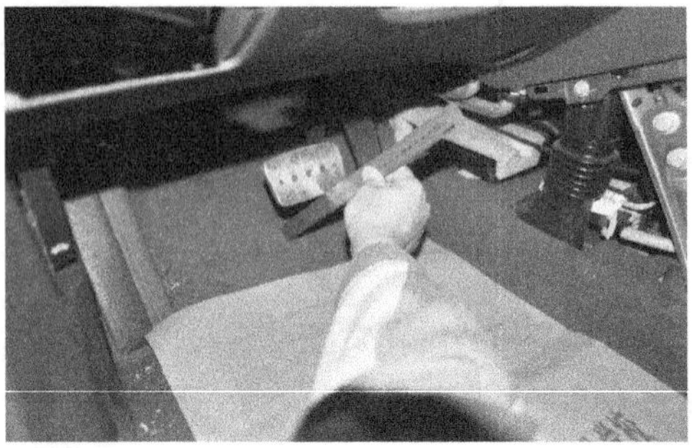

提示

(1)制动踏板高度不在规定范围内,将会直接影响制动系统的制动力。

(2)测量时,将钢直尺垂直于地面,观察踏板上平面在钢直尺上的显示数值,该数值即为制动踏板高度。

第三步 测量制动踏板自由行程

1 确认踏板处于自然状态,1号使用钢直尺测量制动踏板到转向盘的距离,2号记录测量参数。

2 1号用手稍用力下压踏板,当感觉阻力增大时,停止下压,读取踏板上平面到转向盘的距离,2号记录测量参数。

提示

计算出两个数据的差值,即为制动踏板的自由行程。

第四步 测量制动踏板制动行程

1 确认踏板处于自然状态,1号使用钢直尺测量此时踏板到转向盘的距离,2号记录测量参数。

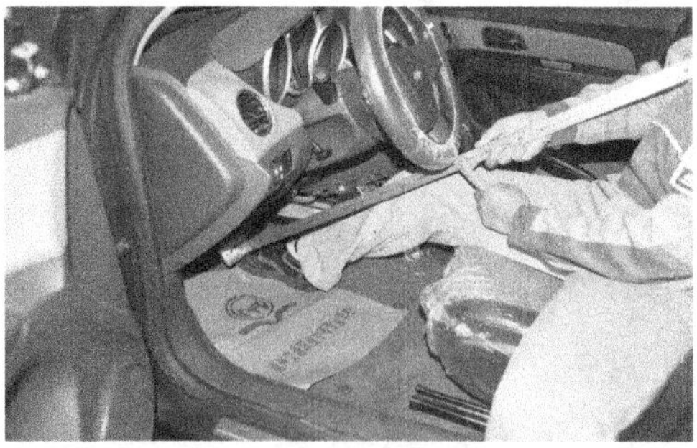

2 1号用力踩下制动踏板至止动位

置,读取踏板上平面到转向盘的距离,2 号记录测量参数。

提示

如果自由行程适当,踏板高度变小,则储能行程就变小,系统内产生的制动力减小。

3 1 号将钢直尺递给 2 号,2 号将其擦净后收回工具箱。

第五步　检查真空助力器工作情况

踩住制动踏板,打开点火开关,起动发动机,制动踏板下沉,真空助力器工作性能良好。

第六步　制动系统泄漏检查

1 1 号检查制动储液罐液位是否正常。

提示

液位应位于上、下刻线之间,若液位不足应及时添加补充。

2 1 号检查制动主缸、储油罐、制动油管及各个接口处是否存在泄漏现象。

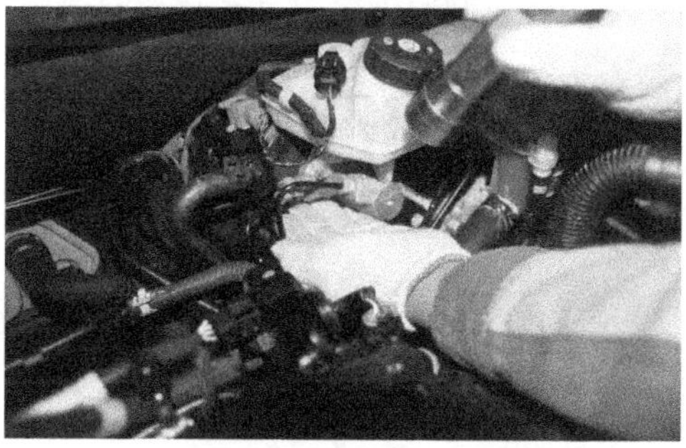

3 确认周围安全后,2 号操纵举升机按钮将车辆举升至合适高度。

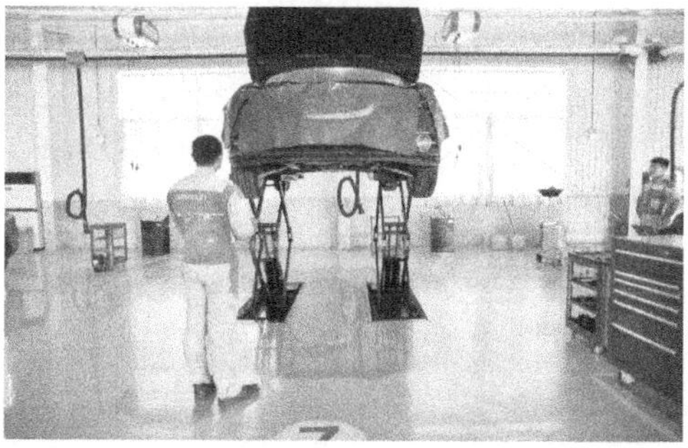

提示

举升高度因操作人员身高而异。

4 1号检查前后轮4个制动轮缸是否存在泄漏现象。

提示

科鲁兹前轮采用盘式制动器,后轮采用鼓式制动器。

第七步 检查制动管路中是否有空气

确认周围安全后,2号操纵举升机按钮降下车辆,1号进入驾驶室,踩踏制动踏板2~3次,检查制动管路中是否存留空气。

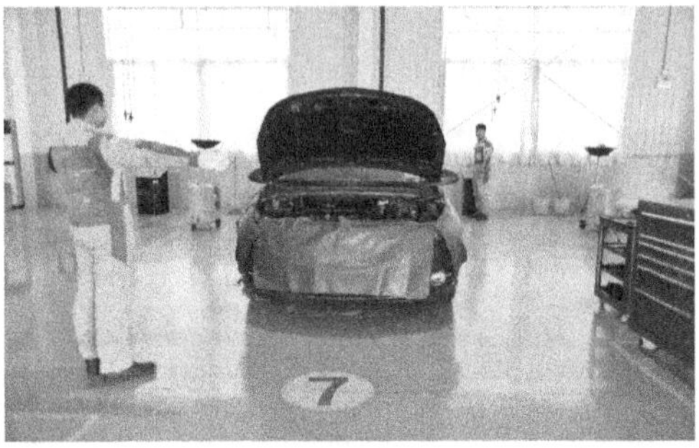

提示

如果连续踩踏制动踏板2~3次,制动踏板高度保持不变,证明制动管路中没有空气;如果每踩一次,制动踏板高度均有不同程度的升高,证明管路中有空气,应对制动管路进行排气处理。

第八步 整理工位

参见“整理工位”。

八、考核标准

考核标准表

考核时间	序号	考核项目	满分	评分标准	得分
	1	作业前整理工位	6	酌情扣分	
	2	打开并支撑发动机舱盖	3	操作不当扣3分	
	3	安装车内防护套	5	酌情扣分	
	4	安装车外防护套	5	酌情扣分	
	5	检查储液罐中液面高度	4	检查错误扣4分	
30min	6	测量制动踏板高度	10	操作不当扣8分	
	7	测量制动踏板自由行程	10	操作不当扣9分	
	8	测量制动踏板工作行程	10	操作不当扣10分	
	9	检查制动轮缸泄漏	8	举升机操作不当不得分	
	10	检查制动主缸泄漏	5	检查不到位扣5分	
	11	检查制动管路泄漏	5	检查不到位扣5分	

续上表

考核时间	序号	考核项目	满分	评分标准	得分
30min	12	目视检查前轮制动摩擦片的磨损	5	检查不到位扣5分	
	13	举升或降落车辆	10	操作不当扣5分	
	14	检查制动系统内是否存留空气	8	操作不当扣6分	
	15	作业后整理工位	6	操作不当扣2分	
	16	遵守相关安全规范	因违规操作造成人身和设备事故的,总分按0分计		
		分数合计	100		

项目三　检查、调整驻车制动器

一、项目说明

1. 概述

驻车制动器是汽车制动系统中的重要组成部分，其主要作用是使汽车停放可靠，防止溜滑，便于上坡起步，配合行车制动装置实现紧急制动以及行车制动装置失效后的应急制动。驻车制动器一般安装在后轮制动器上。常见的驻车制动器有盘式、鼓式及带式三种类型，其传动机构有机械式、液压式及气压式。

驻车制动器在长期使用过程中，由于机械传动杆件或钢索磨损、拉伸以及摩擦片或制动蹄损耗等，造成驻车制动器驻车可靠性下降，给车辆停驻、坡道起步及紧急制动带来潜在危险。因此，应定期检查、调整驻车制动器，确保其正常的工作性能。下面以桑塔纳 2000GSi 型轿车为例来说明检查、调整驻车制动器的操作步骤和技术规范。

2. 桑塔纳 2000 型轿车驻车制动器的组成和工作原理

（1）驻车制动器的组成。

驻车制动器主要由驻车制动器操纵杆、制动杠杆、制动拉索及后轮制动器中的驻车制动推杆等组成。

（2）驻车制动器的工作原理。

当向后拉驻车制动操纵杆时，操纵杆通过制动拉索拉动后轮制动器内的制动杠杆，制动杠杆推动制动压力杆，使前后制动蹄向外扩张，制动蹄压紧在制动鼓内圆摩擦面上，产生制动作用，并由驻车制动器上的棘爪将操纵杆锁止在制动位置上。

当按下操纵杆前端的拉杆按钮时，使下端棘爪脱开，将驻车制动操纵杆推回初始位置，车轮制动器内的制动蹄在弹簧弹力的作用下复位，驻车制动解除。

二、技术标准与要求

（1）驻车制动器生效齿数为 2 齿。

（2）驻车制动坡度不小于 30%。

（3）桑塔纳 2000GSi 型轿车采用机械钢索式后轮鼓式驻车制动器。

三、实训时间：20min

四、实训教学目标

（1）了解检查、调整驻车制动器的重要性。

(2)熟悉驻车制动器的结构组成。

(3)掌握检查、调整驻车制动器的操作技能。

(4)培养敢担当、能吃苦的职业精神。

五、实训器材

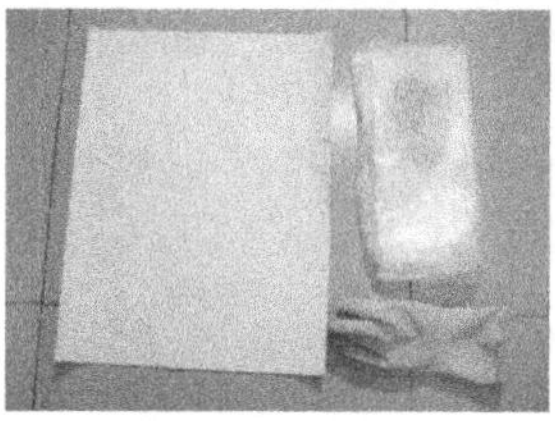

驾驶室内保护罩
及防护手套

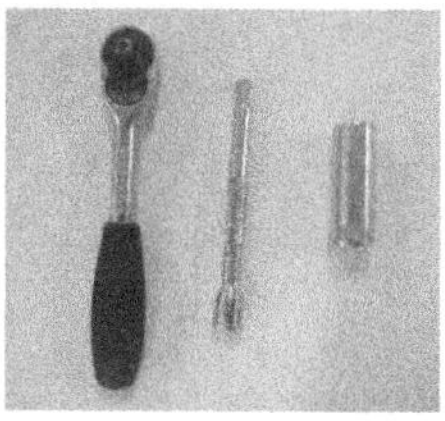

ϕ10mm 套筒、接杆
及棘轮扳手

六、教学组织

1. 教学组织形式

每辆车安排4名学生参与实训,两名学生为一组。一组操作,一组观察学习。

2. 学生站位分工和要求

两名学生一组,按照1号、2号进行编号,1号为主,2号辅助。

3. 实训教师职责

讲解操作步骤和注意事项:下达“操作开始”口令;工位间巡视、检查、指导和纠正错误。

4. 学生职责变换

两名学生实行职责变换制度,即第一遍1号为主,2号辅助;第二遍2号为主,1号辅助。

七、操作步骤

第一步　事前准备

参见“事前准备”。

拆装驻车
制动拉线

第二步　检查驻车制动器

1　1号进入驾驶室,按下操纵杆前端的按钮,放松驻车制动器。

提示

放松驻车制动器,便于检查车轮制动器的复位性能及制动踏板自由行程。

2　1号使用直板尺测量制动踏板自由行程。

提示

(1)如果制动踏板自由行程小于规定值,应检查制动主缸、制动轮缸的活塞及制动器是否出现卡滞故障;如果制动踏板自由行程大于规定值,应检查制动蹄是否磨损过度,接近或达到使用极限。检修后,再次测量制动踏板自由行程,直到符合规定要求为止。

(2)测量时,将直板尺保持与地板垂直,踏板处于自然状态,确认此时踏板高度值后,用手稍用力下压踏板。当感觉阻力增大时,停止下压,观察踏板上平面在直板尺上显示的数值,计算得出两个数据的差值,即为制动踏板自由行程。

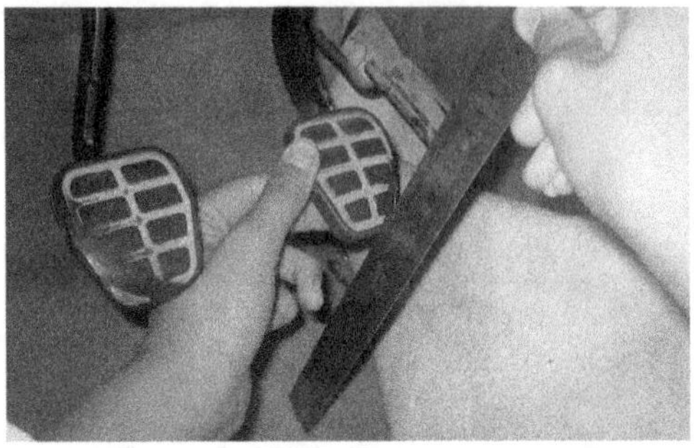

3 2号操纵举升机,将车辆举升到轮胎的最低点距离地面约20cm的高度。

提示

车轮离地,便于检查车轮制动器复位性能。

4 1号踩踏制动踏板2~3次,然后彻底放松制动踏板。

提示

连续踩踏制动踏板,使车轮制动器均工作。

5 2号用手转动各个车轮,检查车轮转动情况。

提示

如果某个车轮转动阻力过大,证明该车轮制动器复位不良,应进行拆检;如果车轮转动正常,证明车轮制动器复位性能良好。

6 1号拉紧驻车制动器的操纵杆,检查棘爪的锁定性能。

提示

如果棘爪锁止不可靠,应更换驻车制动器总成。

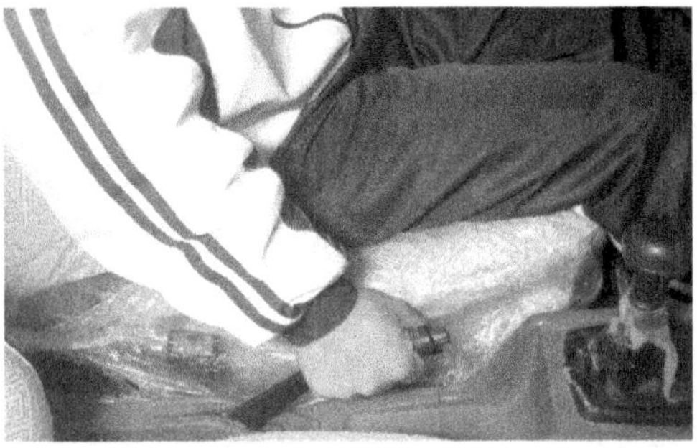

7 1号按下操纵杆前端按钮,检查制动器解除锁定性能。

提示

如果按下操纵杆前端按钮,操纵杆快速复位,证明按钮性能正常。否则,应进行检修或更换。

8 2号转动后两车轮，检查车轮转动情况。

提示

如果车轮转动阻力过大，证明该车轮驻车制动器复位性能不良，应予以检修。

第三步　调整驻车制动器

1 1号后拉驻车制动器操纵杆，当听到棘轮"咔咔"两响后，松开操纵杆，使操纵杆锁止于该位置。

提示

桑塔纳2000GSi型轿车驻车制动器的生效尺数为2齿。将驻车制动器操纵杆锁止于棘爪的2齿位置，然后调整驻车制动器。

2 2号操纵举升机，将车辆举升到适当高度，并可靠锁止举升臂。

3 2号将 ϕ10mm 套筒、接杆、棘轮扳手组合后传递给1号。

4 1号使用 ϕ10mm 套筒、接杆、棘轮扳手，适当旋入驻车制动器调整螺母。

提示

桑塔纳2000GSi型轿车，驻车制动器的调整螺栓位于车辆底板下面。

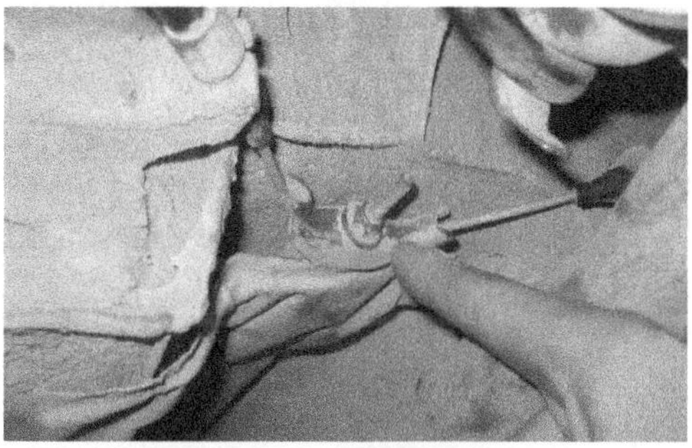

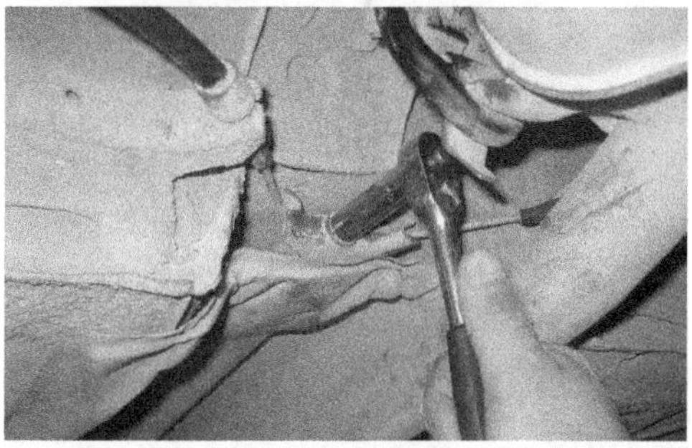

5 2号用力转动两后轮，直到车轮不能转动为止。1号停止旋入驻车制动器调整螺母。

6 2号操纵举升机,将车辆降落到轮胎最低点距离地面约20cm的高度。

7 1号进入驾驶室,彻底放松驻车制动器操纵杆。

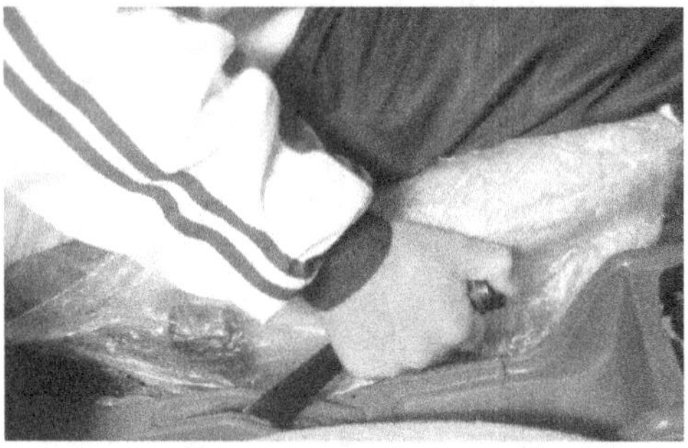

8 2号转动两后轮,检查车轮的转动阻力。

提示

如果车轮转动阻力过大或车轮不能转动,证明驻车制动器调整过紧,制动器产生制动力,应调旋松调整螺母;如果车轮转动省力且转动自如,证明驻车制动器调整适当。

第四步 车辆运行试验

1 1号进入驾驶室,打开点火开关,并起动发动机。

提示

(1)起动发动机前,要确认变速器处于空挡位,严禁带挡起动。

(2)起动发动机前,1号、2号注意安全确认,配合口令是"正常""起动",防止意外事故发生。

2 发动机预热完成后,1号拉紧驻车制动器,将变速器换入1挡位,缓慢放松离合器踏板,察看发动机运转情况。

提示

当离合器踏板彻底松开后,如果发动机不熄火,说明驻车制动器工作不良。可能原因一是驻车制动器调整过松;二是制动蹄与制动鼓之间摩擦系数小而滑转。需重新调整驻车制动器或拆检制动器。

如果发动机因负载变大而熄火,证明驻车制动器工作良好。

另外,如果条件允许,还可以通过坡道停车,检验驻车制动器的工作情况。

第五步 整理工位

参见"整理工位"。

八、考核标准

考核标准表

考核时间	序号	考核项目	满分	评分标准	得分
20min	1	作业前整理工位	3	酌情扣分	
	2	车辆工位停放	3	停放不当扣3分	
	3	安装汽车保护罩	3	酌情扣分	
	4	车辆工位可靠停驻	2	操作遗漏扣2分	
	5	测量制动踏板自由行程	8	操作不当扣8分	
	6	举升或降落车辆	9	操作不当扣9分	
	7	检查车轮制动器的复位情况	8	检查不当扣8分	
	8	检查驻车制动器的锁定和解锁性能	9	操作不当扣9分	
	9	检查驻车制动器的复位性能	10	检查不当扣10分	
	10	调整驻车制动器	12	操作不当扣12分	
	11	停车检查驻车制动器调整后的性能	15	操作不当扣15分	
	12	车辆运行检查驻车制动器调整后的性能	15	操作不当扣15分	
	13	作业后整理工位	3	酌情扣分	
	14	遵守相关安全规范	因违规操作造成人身和设备事故的，总分按0分计		
		分数合计	100		

项目四　检查、添加或更换制动液

一、项目说明

1. 概述

汽车行车制动系统有多种类型，如机械式、气压式、液压式、电磁式及组合式等。通常，现代轿车、轻型汽车多采用液压式行车制动系统，系统中以油液作为传力介质，具有制动柔和、灵敏、摩擦阻力小等特点。

在汽车长期使用的过程中，由于制动主缸、制动轮缸及油液管路自然磨损或人为损伤，会出现漏油现象，应及时进行检修。制动蹄、制动鼓（盘）磨损及制动液的自然消耗，会引起制动液面下降，所以应及时补充添加制动液，保持至正常液面位置；如果制动液达到使用期限或汽车行驶里程，制动液效能便会降低，应更换制动液。只有及时检查、添加或更换制动液，才能保证汽车液压制动系统的正常工作性能，提高行车安全性。下面以桑塔纳 2000GSi 型轿车为例来说明检查、添加或更换制动液的操作步骤和技术规范。

2. 液压系统的组成和工作原理

（1）液压系统的组成。

液压制动系统由制动踏板、制动主缸、制动轮缸、制动助力器及管路等组成。

（2）液压系统的工作原理。

制动时，踩下制动踏板，制动主缸的推杆推动制动主缸内前后活塞后移，使前后腔油压升高，制动液分别流向前后车轮制动轮缸，在油压作用下，制动轮缸活塞外移，推动制动摩擦片压（夹）紧制动鼓（盘），产生车轮制动力。

当松开制动踏板时，制动蹄和制动轮缸活塞在复位弹簧作用下回到初始位置，从而解除车轮制动。

二、技术标准与要求

（1）桑塔纳 2000GSi 型轿车采用交叉式双管路液压制动系统。

（2）使用桑塔纳 2000GSi 型轿车规定型号的制动液，不同型号的制动液不可混用（制动液的型号是 VW/Audi 或 N052 760 XO）。

（3）制动液更换周期或行驶里程为两年或 50000km。

（4）制动液有毒性和强腐蚀性，不可与皮肤、油漆接触。

（5）制动液具有吸湿性，要存放在密封容器里。

（6）储液罐中的液面应始终保持在“MAX”和“MIN”刻度线之间。

（7）液压制动系统的排气顺序为：

右后车轮→左后车轮→右前车轮→左前车轮。

三、实训时间:40min

四、实训教学目标

(1)了解检查、添加或更换制动液的重要性。

(2)熟悉液压制动系统的组成与工作原理。

(3)掌握检查、添加或更换制动液的操作技能。

(4)培养学生科技强国意识。

五、实训器材

制动液

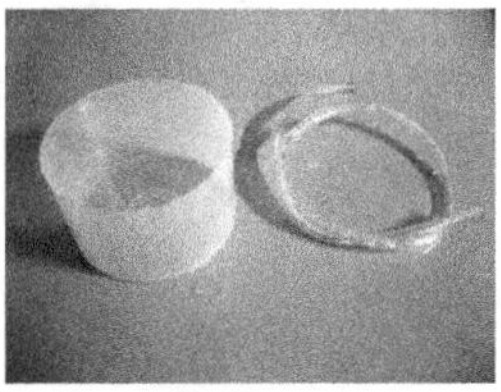

容器及软管

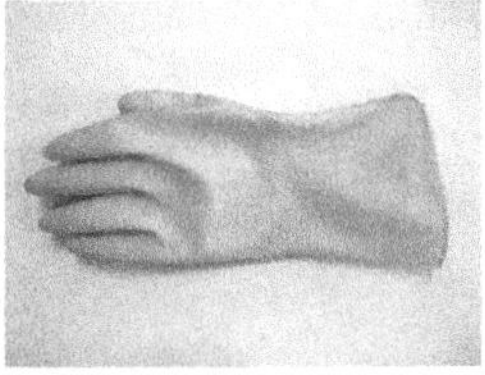

防护手套

其他工具及器材:

排气专用扳手、翼子板护裙、驾驶室内保护罩、漏斗等。

六、教学组织

1. 教学组织形式

每辆车安排六名学生参与实训,三名学生为一组。一组操作,一组观察学习。

2. 学生站位分工和要求

三名学生一组,按照1号、2号、3号进行编号,1号为主,2号、3号辅助。

3. 实训教师职责

讲解操作步骤和注意事项;下达"操作开始"口令;工位间巡视、检查、指导和纠正错误。

4. 学生职责变换

三名学生实行职责变换制度,即第一遍1号为主,2号、3号辅助;第二遍2号为主,1号、3号辅助,以此类推。

七、操作步骤

更换制动液

第一步　事前准备

参见"事前准备"。

第二步　检查制动液面

1 制动系统的储油罐安装在制动主缸上,为制动主缸提供工作油液。

提示

制动系统和离合器液压系统共用一个储液罐。

2 1号检查储液罐内的制动液面是否正常。

提示

制动液面应位于储液罐上“MAX”与“MIN”刻度线之间。若液量不足,应首先对液压系统进行泄漏检查,然后再添加补充制动液至规定液位。

第三步 制动系统泄漏检查

1 1号检查制动主缸、储液罐、油管是否存在泄漏现象。

提示

主要检查制动主缸前端、油管接口处,检查储液罐有无裂纹。

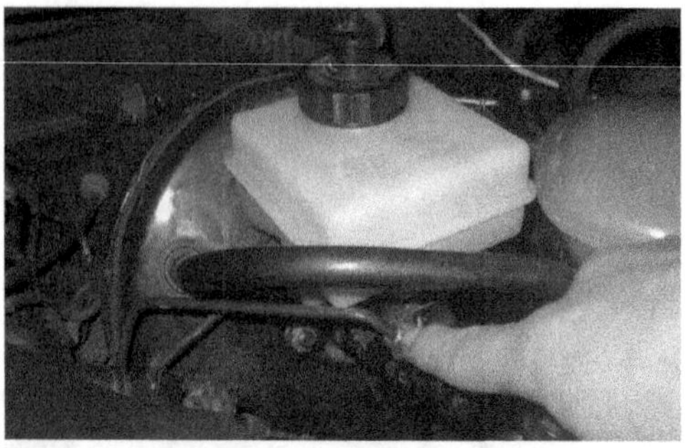

2 2号操纵举升机将车辆举升至适当高度,并可靠锁止提升臂。

提示

举升车辆,便于检查制动管路及制动轮缸是否存在泄漏。

3 1号检查制动管路是否存在泄漏。

提示

重点检查油管与车身底板有无摩擦,检查储液管与比例阀、制动轮缸接口处。

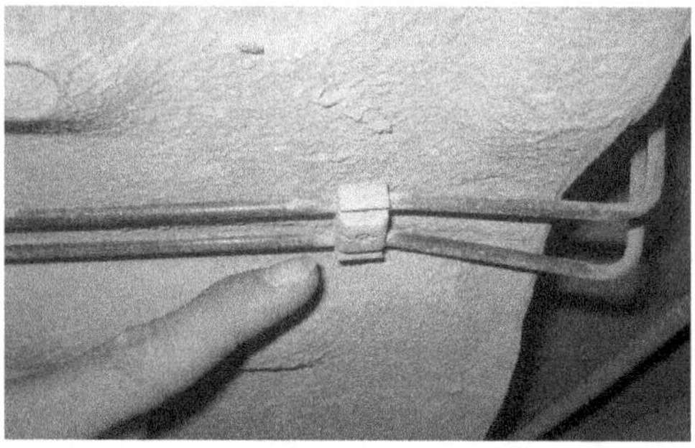

4 1号检查前后轮制动轮缸是否存在泄漏。

提示

前轮为钳型制动轮缸,便于观察;后轮制动轮缸安装于制动鼓内,可通过制动底板上有无油渍来判断制动轮缸是否漏油。

第四步 添加制动液

1 1号拔下安装在储液罐上的液位传

感器的电插头。

提示

插拔电器元件电插头时，应保持点火开关处于关闭状态，否则，产生的电动势极易损坏电控单元。

2 1号用手旋下储液罐盖，擦净油液后传递给2号。

提示

取下储液盖时，注意不要碰伤传感器的浮子，以免造成传感器损坏；擦净浮子上的油液后再传递出去，避免油液滴落到车身上或粘附到皮肤上，导致车漆剥落或皮肤侵蚀。

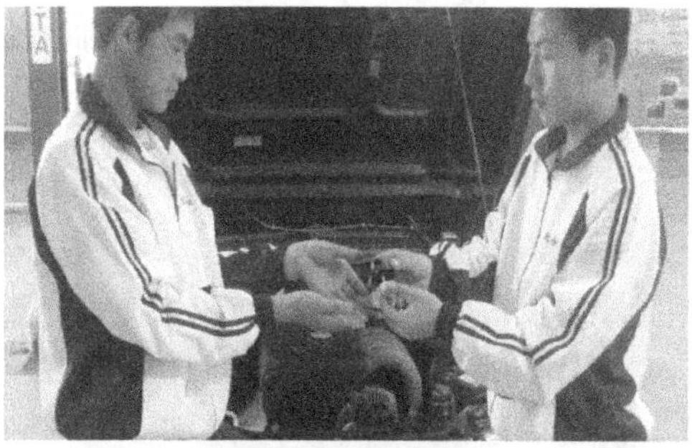

3 2号将储液罐盖摆放到零件车上之后，将加液桶传递给1号。

4 2号将漏斗放入储液罐加油口中并扶稳。1号打开加液桶盖，然后将油液缓慢倒入储液罐内，直到液面达到规定要求为止。

提示

(1)储液罐中的液面应位于“MIN”与“MAX”刻度线中间位置。

(2)在加注油液的同时，注意观察储液罐内液面变化，液面不得超过“MAX”刻度线。

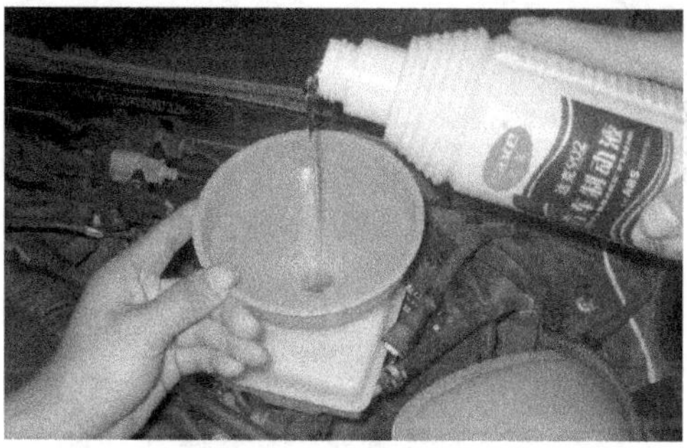

5 2号将储液罐盖传递给1号。

6 1号用棉纱擦净加油口处油迹，并旋紧储液罐盖。

7 1号将电插头安装到液位传感器的插座上。

提示

安装电插头时,要注意其安装方向且安装到位,否则将影响传感器正常工作。

第五步 更换制动液

(一)排放制动液

1 2号进入驾驶室,端坐在驾驶座上,关闭车门,降落车窗玻璃,放松驻车制动器操纵杆。

提示

(1)常规方法更换制动液,需要两人配合进行。一人踩踏制动踏板,给液压制动系统加压;另一人打开制动轮缸上的放气阀,排出制动系统中的空气。

(2)降落车窗玻璃,操作人员能够相互听清发出的口令,便于配合操作。

2 3号操纵举升机将车辆举升至适当高度,并可靠锁止提升臂。

3 3号将塑料软管、接油容器传递给1号。

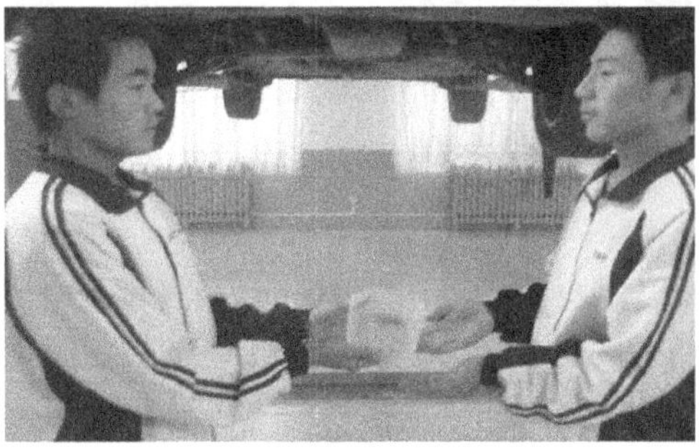

4 1号用手取下右后车轮制动轮缸放气阀上的防尘帽;3号将防尘帽放置到零件车上。

提示

制动轮缸放气阀上的防尘帽,有两个作用:一是防止脏污堵塞排油孔;二是阻止潮湿空气进入制动油路。

5 1号将塑料软管一端插入制动轮缸的放气阀上;一端插入接油容器中。

提示

排放制动液时，禁止将油液洒落到地面上。否则，不仅污染环境，而且影响安全操作。

6 3号将排气专用扳手传递给1号。

提示

排气专用扳手可以穿过塑料软管，拧松或紧固制动轮缸放气阀。

7 1号使用专用扳手，拧松制动轮缸上的放气阀；2号开始踩踏制动踏板。

提示

排放制动液时，1号、2号要密切配合。配合口令“踩”“停”。

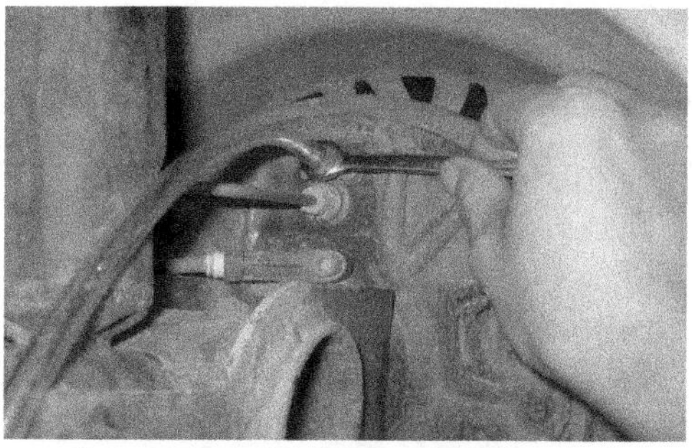

8 1号观察制动液排放情况，当无油液排出时，拧紧放气阀，取下塑料软管。至此，右后车轮制动轮缸内的制动液排放完毕。

提示

(1)取下塑料软管后，使用棉纱擦净放气阀上的油滴。

(2)按照相同的操作要求，依次排放左后车轮→右前车轮→左前车轮。

(二)清洗制动管路

1 3号操纵举升机，将车辆降落到地面上。

2 1号拔下安装在储液罐上的液位传感器电插头，旋下储液罐盖。

提示

操作要求和注意事项，请参阅前文。

3 3 号将漏斗放入储液罐加油口中并扶稳。1 号打开制动液桶盖,然后将制动液缓慢倒入储液罐内,直到液面达到规定要求为止,最后旋紧储液罐盖。

提示

(1) 储液罐中的液面应位于“MIN”与“MAX”刻度线中间位置。

(2) 在加注油液的同时,注意观察储液桶内液面变化,液面不得超过“MAX”刻度线。

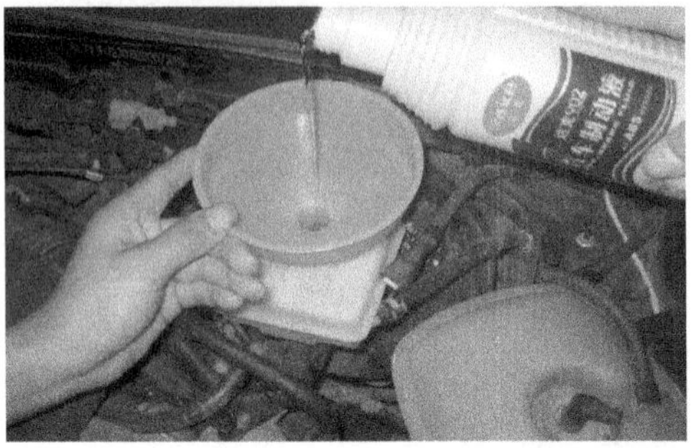

4 3 号操纵举升机,将车辆举升到适当高度,并可靠锁止提升臂。

5 1 号再次通过塑料软管,将右后车轮制动轮缸的放气阀和接油容器连接起来。

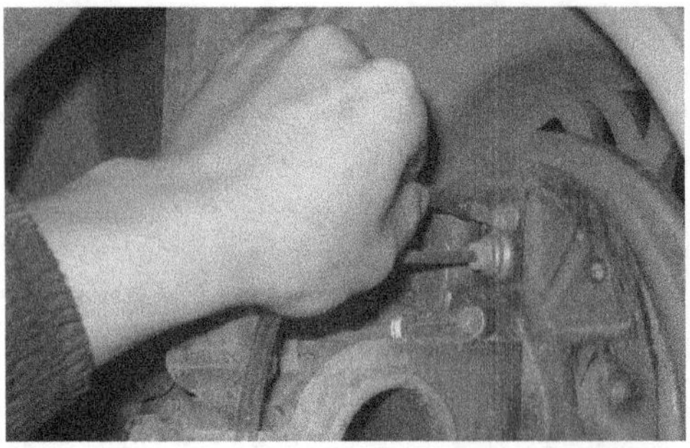

6 1 号使用专用扳手,拧松制动轮缸上的放气阀;2 号开始踩踏制动踏板。

提示

排放制动液时,1 号、2 号要密切配合。配合口令“踩”“停”。

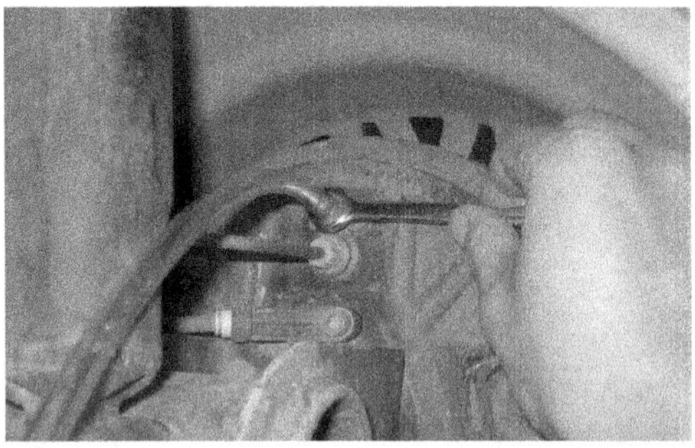

7 1 号观察排出制动液的色泽,当制动液色泽鲜亮、清澈透明时,告知 2 号停止踩踏制动踏板。1 号拧紧放气阀。

提示

(1) 当从制动管路中排出来的制动液清澈透明时,证明右后车轮分泵及其管路中的污渍已经冲洗干净。

(2) 按照相同操作要求,依次清洗左后车轮→右前车轮→左前车轮的制动轮缸及其管路。

(3) 清洗制动管路的过程中,要注意补充制动液。

（三）加注制动液

1 3号操纵举升机，将车辆降落到地面上。

2 3号将漏斗放入储液罐加油口中并扶稳。1号打开制动液桶盖，然后将制动液缓慢倒入储液罐内，直到液面达到规定要求为止，最后旋紧储液罐盖。

提示

（1）储液罐中的液面应位于“MIN”与“MAX”刻度线中间位置。

（2）在加注油液的同时，注意观察储液桶内液面变化，液面不得超过“MAX”刻度线。

（四）制动系统排气

1 3号操纵举升机，将车辆举升到适当高度，并可靠锁止提升臂。

2 1号通过塑料软管，将右后车轮制动轮缸的放气阀和接油容器连接起来。

提示

（1）换用洁净的塑料软管和接油容器，以利于排出的制动液，不受污染，可以重复使用。

（2）接油容器中盛放适量新制动液，浸没塑料软管端口，便于确定排放的制动液中是否还有空气。

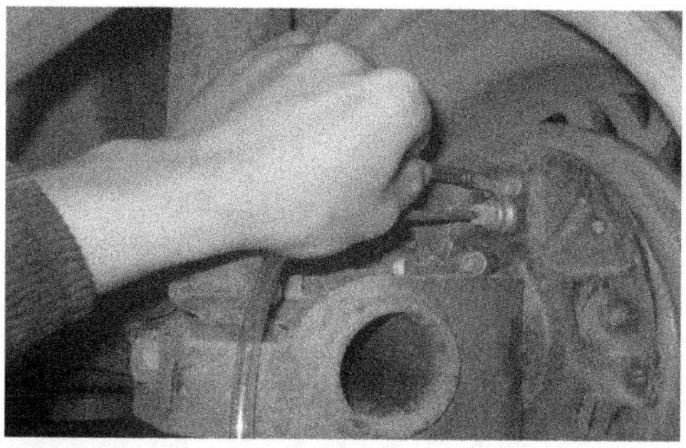

3 2号连续踩踏制动踏板数次，当感觉制动踏板下行阻力增大时，踩住并保持制动踏板位置。通知1号开始排气。

提示

（1）连续踩踏制动踏板，目的是建立油压，有利于管路中的空气快速排放。

（2）保持制动踏板位置，目的是保持管路中油压。

（3）制动系统排气时，1号、2号要密切配合。配合口令“踩”“停”。

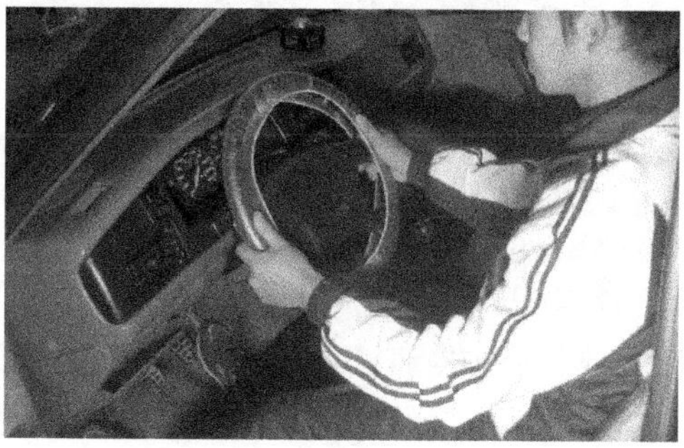

4 1号使用排气专用扳手,拧松制动轮缸上的放气阀,制动液和空气快速排出进入接油容器中。

提示

此时接油容器中,会看到气泡,这就是制动管路中存留的空气。

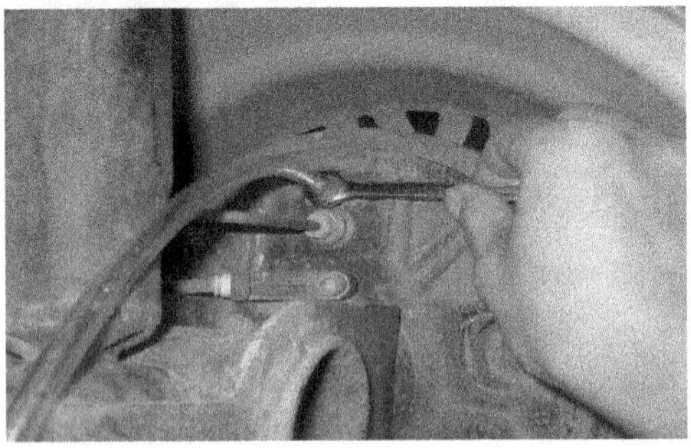

5 当制动液流动速度变慢时,1号拧紧制动轮缸上的放气阀。通知2号继续踩踏制动踏板。

提示

(1)在制动轮缸的放气阀从打开到关闭这段时间内,2号要始终踩住制动踏板,并随制动踏板下行。一旦中途放松制动踏板,空气便会吸回管路中。

(2)在制动系统排气过程中,要注意查看储油罐内制动液面,适时添加补充。避免外界空气由制动主缸进入,导致前功尽弃。

(3)制动系统排气时,1号、2号要密切配合。配合口令"踩""停"。

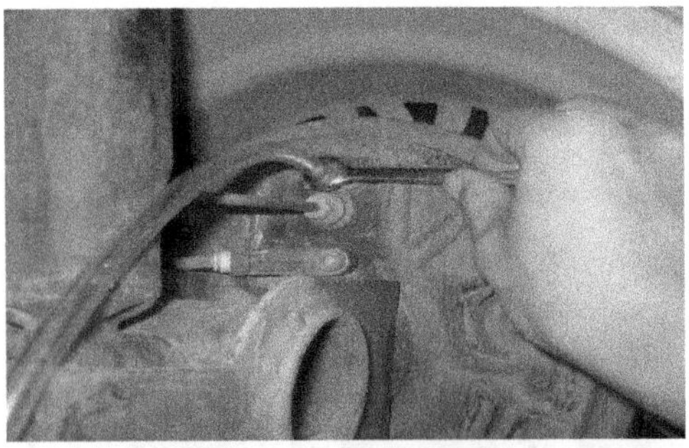

6 2号再次踩住制动踏板;1号拧松放气阀,排放管路中空气。如此重复多次,直到管路中排出的制动液在接油容器中不再有气泡生成为止。1号拧紧放气阀,取下放气软管,擦净油迹。至此,右后车轮制动管路排气结束。

提示

按照相同的操作要求,依次排放左后车轮→右前车轮→左前车轮的制动管路中的空气。

7 2号踩踏制动踏板2~3次,间隔时间5~10s,确定制动管路中空气排放情况。

提示

每次用力踩下制动踏板,如果制动踏板的储能起始位置基本不变,并且制动踏板反压强硬,证明制动系统中空气排放彻底。

第六步　制动性能试验

1 2号彻底放松驻车制动器操纵杆,然后用力踩下制动踏板并保持制动位置。

2 1号、3号用力转动前后车轮。

提示

(1)如果每个车轮均不能转动,说明液压制动系统工作状况基本正常。

(2)如果条件允许,进行道路试验。检查汽车的制动距离、滑移率等参数。

3 3号操纵举升机,将车辆降落到地面上。

第七步 整理工位

参见“整理工位”。

八、考核标准

考核标准表

考核时间	序号	考核项目	满分	评分标准	得分
30min	1	作业前整理工位	4	酌情扣分	
	2	打开并支撑发动机舱盖	3	操作不当扣3分	
	3	安装汽车保护罩	4	酌情扣分	
	4	储液罐的安装位置	4	查找错误扣4分	
	5	检查制动液面	6	检查不当扣6分	
	6	检查制动管路泄漏	7	检查遗漏扣7分	
	7	添加补充制动液	5	操作不当扣5分	
	8	举升或降落车辆	7	操作不当扣7分	
	9	连接接油容器和放气阀	5	操作不当扣5分	
	10	排放制动液	9	操作不当扣9分	
	11	清洗制动管路	9	操作不当扣9分	
	12	制动系统的排气顺序	5	操作不当扣5分	
	13	排气配合口令	4	配合不协调扣4分	
	14	制动系统排气	12	操作不当扣12分	

续上表

考核时间	序号	考核项目	满分	评分标准	得分
30min	15	确定制动系统排气是否彻底	6	操作不当扣6分	
	16	制动性能试验	6	操作不当扣6分	
	17	作业后整理工位	4	酌情扣分	
	18	遵守相关安全规范	因违规操作造成人身和设备事故的,总分按0分计		
分数合计			100		

项目五 更换制动助力器、制动主缸及轮缸

一、项目说明

1. 概述

制动助力器、制动主缸及轮缸是汽车液压制动系统的重要组成部件，分别起到减小踏板力、增大制动力、将踏板力转换成液压并挤压或扩张制动蹄产生制动力的作用。

随着汽车使用时间的延长，制动助力器会出现膜片老化破裂、膜片复位弹簧弹力下降、控制阀组件密封不良等现象，使制动助力器性能下降或失效，造成制动时制动踏板沉重，增加了驾驶员的疲劳强度；制动主缸及轮缸会出现活塞、缸筒及皮碗磨损、皮碗发黏或发胀等现象，导致漏油及制动力下降等。以上故障现象，严重影响了汽车制动系统的工作性能，对行车安全构成很大威胁。因此，应及时更换相关部件，确保汽车液压制动系统能正常工作。

2. 制动助力器、制动主缸及制动轮缸的结构和工作原理

（1）制动助力器的结构和工作原理。

当踩下制动踏板时，控制阀关闭左右气室的通道，推杆继续推移，控制阀打开右气室与外界空气的通道。此时，右气室作用有大气压力，而左气室则作用有发动机进气歧管内的真空度。于是左、右气室产生压力差，在压力差和踏板力的共同作用下，膜片带动推杆推动制动主缸活塞移动，产生制动液压。

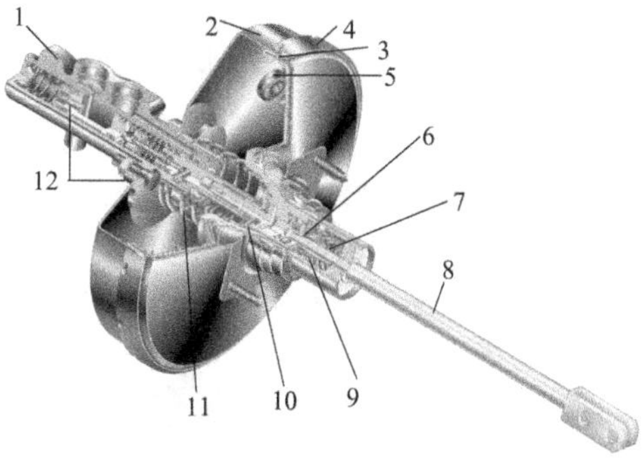

制动助力器的结构

1-制动主缸；2-制动助力器；3-膜片；4-壳体；5-膜片托板；6-橡胶反作用盘；7-控制阀；8-助力器推杆；9-控制阀组件；10-制动主缸推杆；11-膜片复位弹簧；12-止回阀

（2）制动主缸的结构和工作原理。

踩下制动踏板，推杆推动后活塞前移，使后腔中油压升高。在后腔油压和弹簧弹力作用下，前腔活塞前移，前腔油压也随之升高。当继续下踩制动踏板时，前后腔的油压不断提高，产生的油压通过管路传送给制动轮缸。

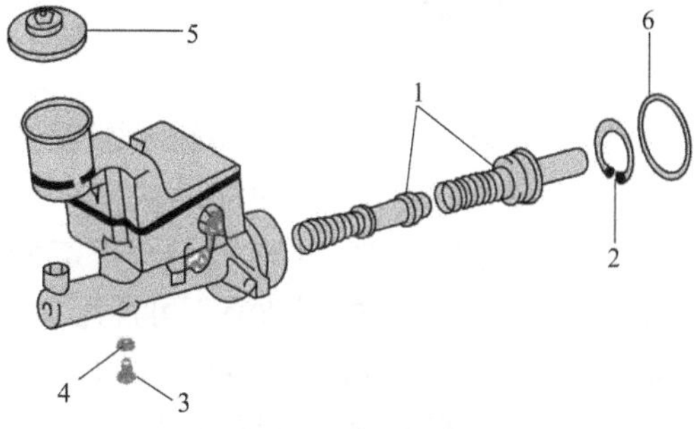

制动主缸结构示意图

1-活塞及皮碗；2-卡环；3-止动螺栓；4-垫片；5-储液罐盖；6-O 形圈

放松制动踏板,在复位弹簧的作用下,前后腔活塞回到初始位置,从而解除制动。

(3)制动轮缸的结构和工作原理。

当承受来自制动主缸油压时,制动轮缸的活塞被压出,使与之相接触的制动蹄扩张或挤压制动鼓(盘),产生车轮制动力。

当制动主缸油压消失后,在制动蹄复位弹簧或活塞橡胶密封圈的作用下,制动轮缸活塞回到初始位置。

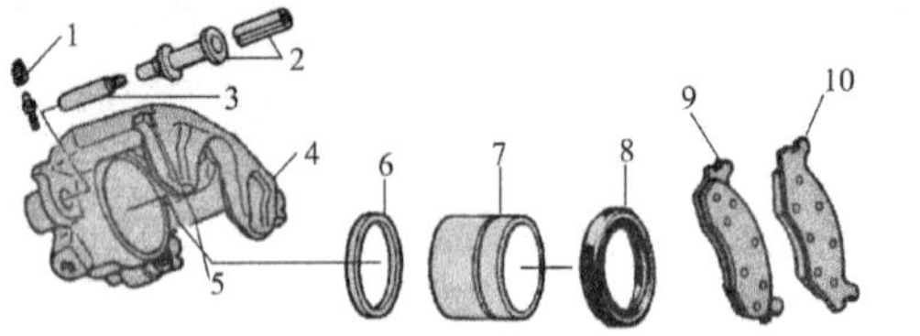

钳盘型制动轮缸结构

1-放气螺栓;2-轴套;3-固定销;4-卡钳;5-导槽;6-密封圈;7-活塞;8-活塞套;9-内侧制动蹄;10-外侧制动蹄

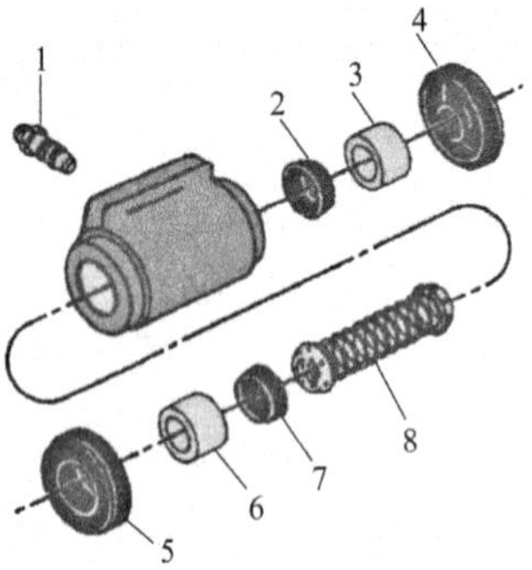

双活塞式制动轮缸结构

1-放气阀;2-密封圈;3-活塞;4-保护套;5-保护套;6-活塞;7-密封圈;8-活塞弹簧

二、技术标准与要求

(1)安装桑塔纳2000GSi型轿车配套使用的制动助力器、制动主缸及制动轮缸。

(2)添加桑塔纳2000GSi型轿车规定型号的制动液,不同型号的制动液不可混用(制动液的型号为VW/Audi或N052 760 XO)。

(3)制动液有毒性和强腐蚀性,不可与皮肤、油漆接触。

(4)制动液具有吸湿性,要存放在密封容器里。

(5)相关螺栓规定的拧紧力矩:

①车轮螺栓力矩为110N·m;

②制动钳壳螺栓力矩为70N·m;

③制动主缸螺母力矩为20N·m。

三、实训时间:60min

四、实训教学目标

(1)了解更换制动助力器、制动主缸及制动轮缸的重要性。

(2)熟悉制动助力器、制动主缸及制动轮缸的结构和工作原理。

(3)掌握更换制动助力器、制动主缸及制动轮缸的操作技能。

(4)培养学生团结合作,和睦相处的集体主义观念。

五、实训器材

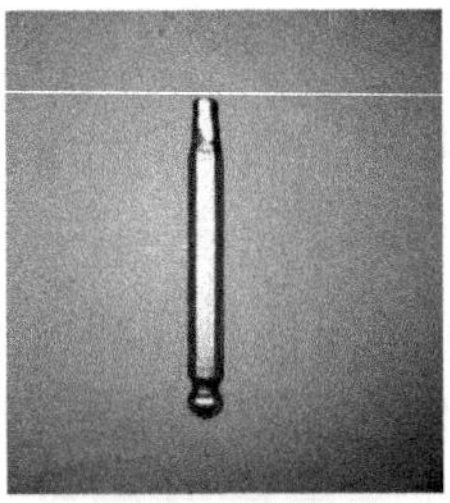

ϕ7mm专用接头

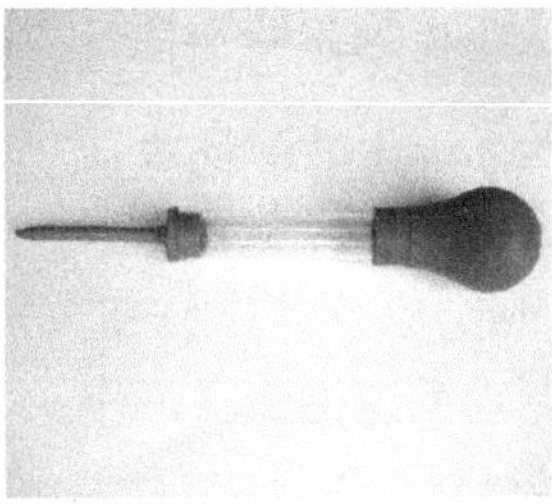

吸管

其他工具及器材:

10-11mm开口扳手、ϕ13mm套筒、ϕ15mm套筒、ϕ24mm套筒接杆、棘轮扳手、十字螺丝刀、车轮扳手、轮箍盖扳手、14-15mm开口扳手、5mm内六角扳手、鲤鱼钳、一字螺丝刀、制动液、防护手套、护裙、驾驶室内保护罩、漏斗、棉纱、接油容器及软管。

六、教学组织

1. 教学组织形式

每辆车安排六名学生参与实训，三名学生为一组。一组操作，一组观察学习。

2. 学生站位分工和要求

三名学生一组，按照1号、2号、3号进行编号，1号为主，2号、3号为辅助。

3. 实训教师职责

讲解操作步骤和注意事项；下达“操作开始”口令；工位间巡视、检查、指导和纠正错误。

4. 学生职责变换

三名学生实行职责变换制度，即第一遍1号为主，2号、3号辅助；第二遍2号为主，1号、3号辅助，依此类推。

七、操作步骤

事前准备

参见“事前准备”。

（一）更换制动主缸

第一步　拆卸制动主缸

1 1号拔下液位传感器的电插头，然后旋下储液罐盖擦净后传递给2号。

提示

取下储液罐盖时，注意不要碰伤传感器的浮子，以免造成传感器损坏；擦净浮子上的油液后再传递出去，避免油液滴落到车漆上或粘附到皮肤上，导致车漆剥落或侵蚀皮肤。

2 2号把储液罐盖摆放到零件车上之后，将吸管及接油容器传递给1号。

3 1号使用吸管将制动主缸内的制动液吸出，盛放到接油容器内。

提示

（1）尽量吸净储液罐内的制动液，减少拆卸制动主缸时的洒失量。

（2）如果制动液性能良好，要选用洁净容器盛放制动液，以备继续使用。

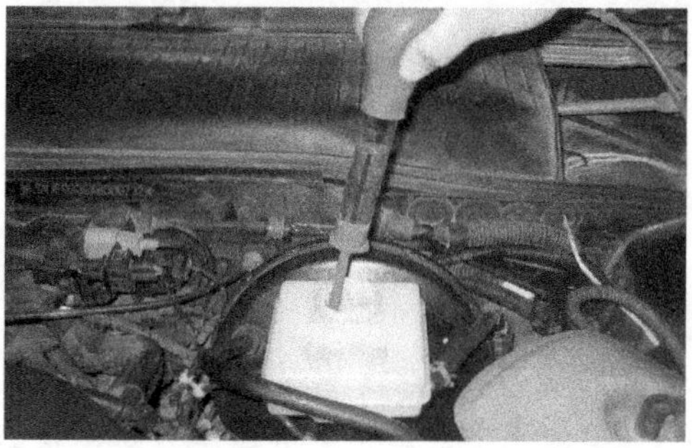

4 1号在供油软管下方铺设棉纱。

提示

铺设棉纱的目的是,防止残留制动液滴落到车漆、机械总成及地面上。

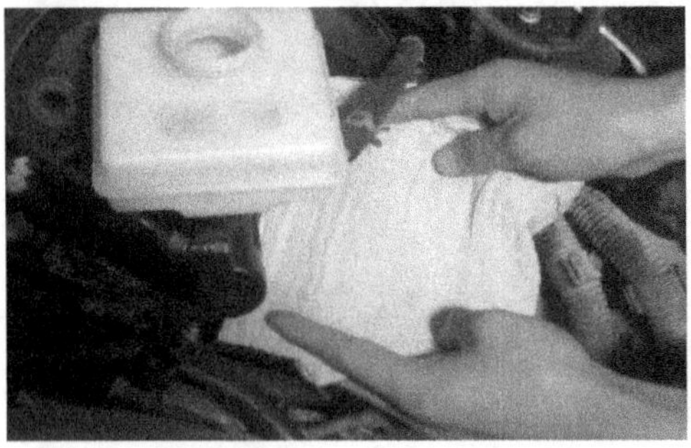

5 2号将吸管和封闭后的接油容器放到零件车上,然后将鲤鱼钳传递给1号。

6 1号使用鲤鱼钳,将离合器主缸的供油软管与制动主缸连接端的卡箍,向后拉离压紧位置。

7 1号用手取下离合器供油软管,并将油管堵头安装到管口上。

提示

(1)取下供油软管时,用力转动并后拉,使油管脱出。禁止使用螺丝刀等类似器具别撬油管,否则容易造成油管损伤。

(2)拆卸后的供油软管,为防止水分、灰尘及杂物进入,引起制动液污染及加剧机件磨损,需要安装合适油管堵头。

8 2号将10-11mm开口扳手传递给1号。

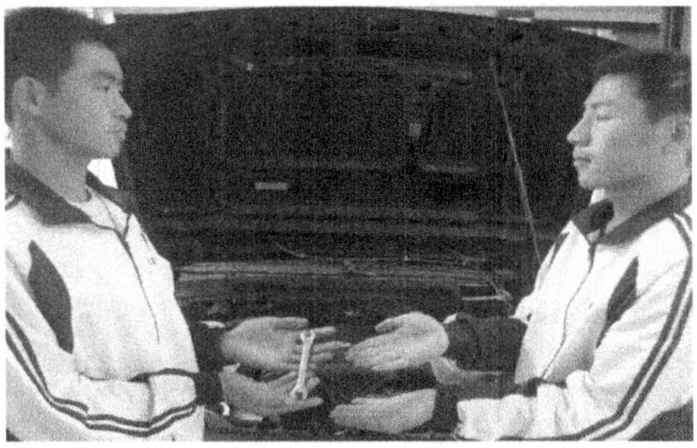

9 1号使用10-11mm开口扳手,拧松制动主缸两出油管压紧螺母。

提示

(1)拧松制动主缸出油管压紧螺母时,严禁使用磨损过度的开口扳手。否则,会导致螺母滑方,给拆卸出油管带来更大的难度。

(2)在出油管的下方铺设棉纱,防止残留制动液滴落到车漆、机械总成及地面上。

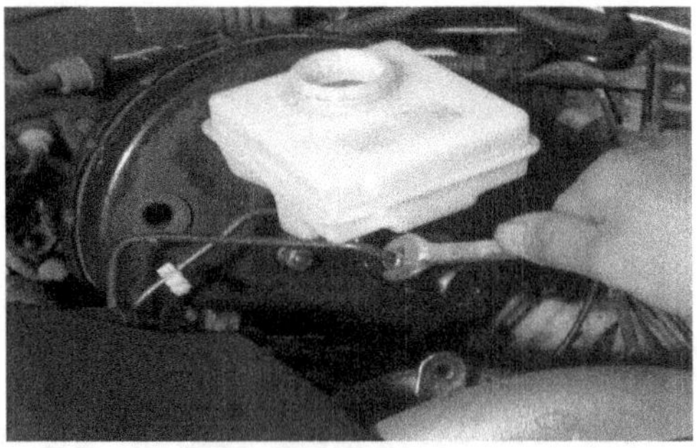

10 1号用手旋出制动主缸出油管压

紧螺母后，稍用力将出油管拉离制动主缸。

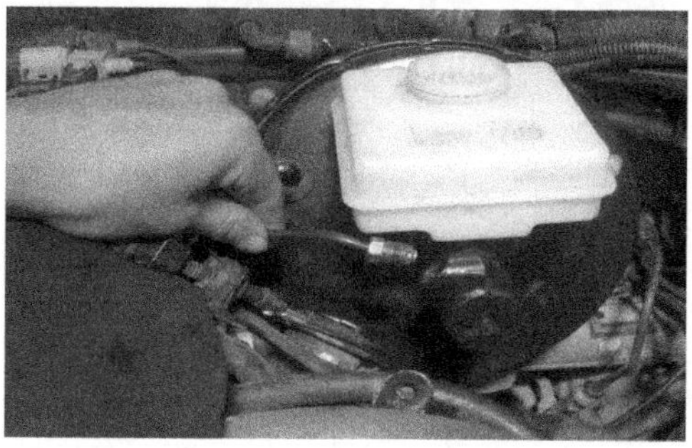

11 1号将油管堵头安装到两出油管口上。

提示

拆卸后的油管，为防止水分、灰尘及杂物进入，引起制动液性能下降、污染及加剧机件磨损，要安装合适的油管堵头。

12 2号将 ϕ13mm 套筒、接杆、棘轮扳手组合后传递给1号。

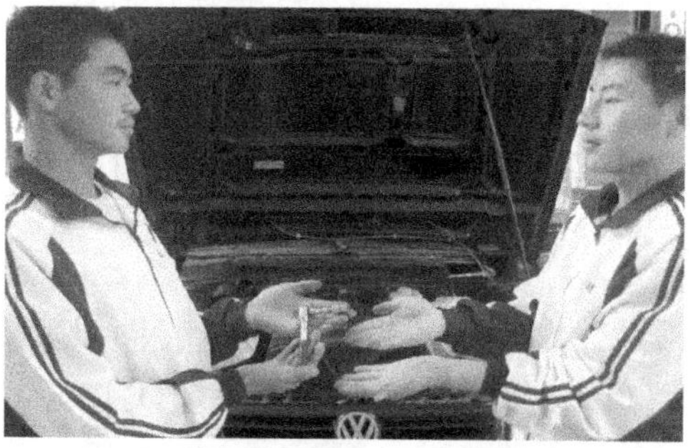

13 1号使用工具拧松制动主缸的两个固定螺母。

14 将工具递还2号后，1号一手扶住制动主缸，另一手旋下固定螺母，并传递给2号。

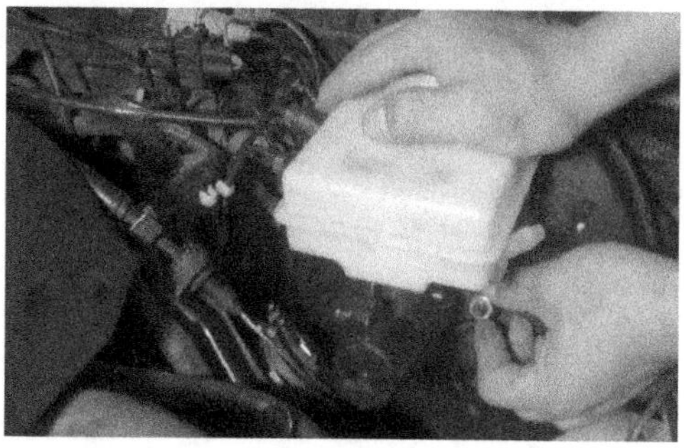

15 1号用手取下制动主缸传递给2号。

提示

传递制动主缸时，要将制动主缸放在棉纱上，避免残留制动液滴落到车漆、总成及地面上。

16 2号将制动主缸摆放到零件车上。

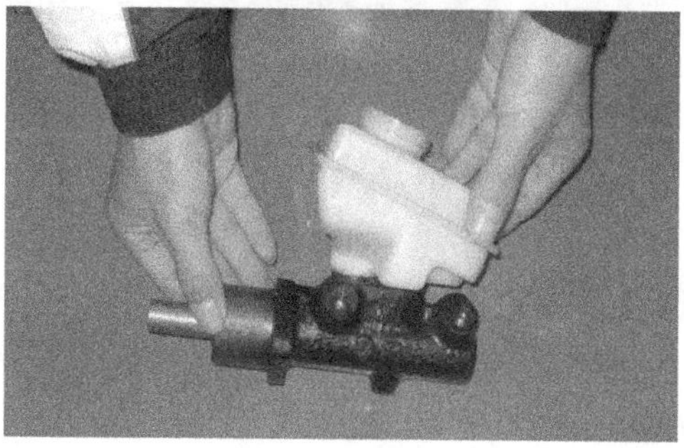

第二步 安装制动主缸

1 1号取下储液罐,并检查储液罐与制动主缸间的密封圈。

提示

该密封圈用于保证储油罐与制动主缸间的密封。如出现裂纹、发胀、发黏、扭曲变形,应更换新品。否则,将导致漏油。

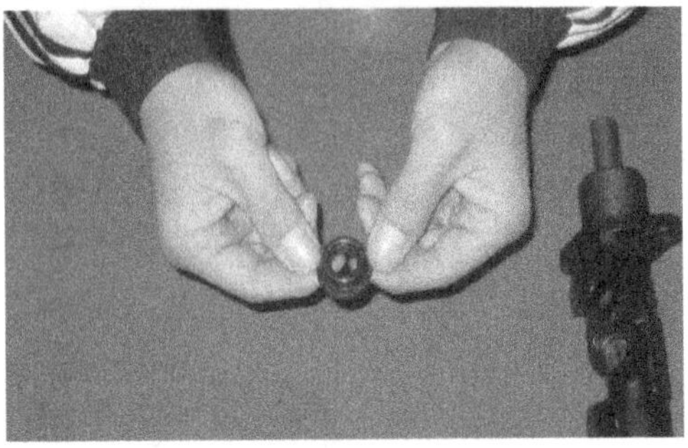

2 1号将密封圈上均匀涂抹一薄层制动液。

提示

(1)安装密封圈时,确保密封圈呈自然状态,不允许有扭曲现象。

(2)在密封圈上涂抹制动液,可以起到方便安装和加强密封的作用。

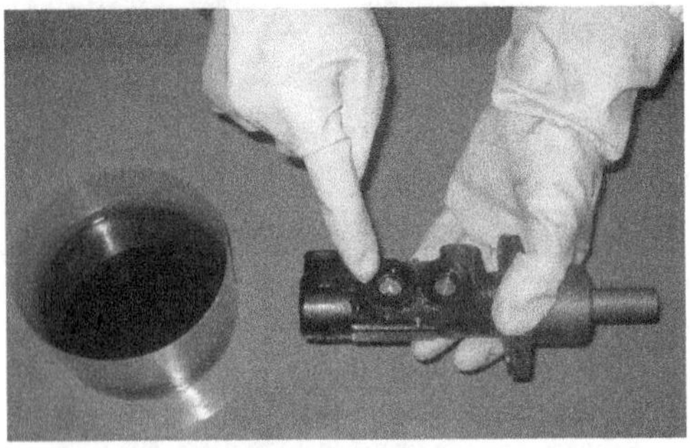

3 1号将储油罐安装到制动主缸上。

提示

确保储油罐安装到位,否则将会引起漏油。

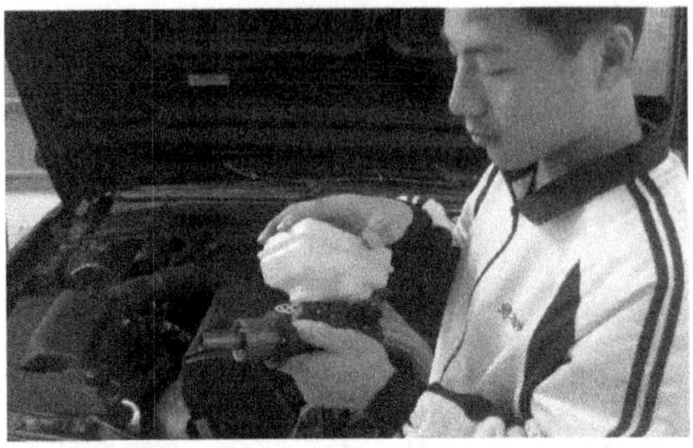

4 1号检查并安装制动主缸和制动助力器间的密封圈。

提示

(1)该密封圈安装在制动主缸的前端凸缘上,用于封闭制动主缸和制动助力器之间接合面的缝隙,形成内部密封空间,从而保证制动助力器的使用性能。

(2)密封圈的检查方法相同,不再赘述。

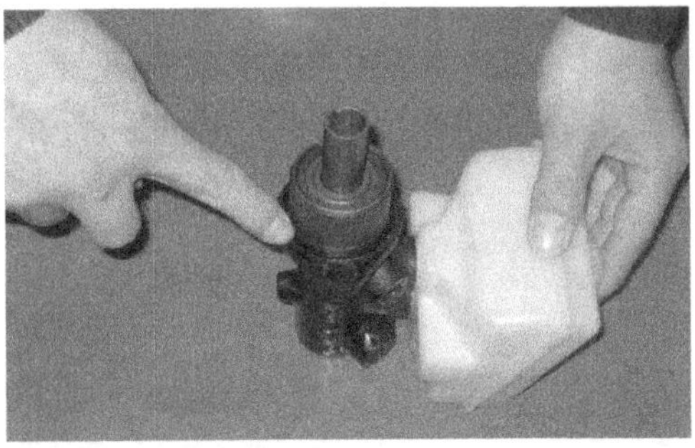

5 1号在制动主缸后活塞凹坑中涂抹适量润滑脂。

提示

制动主缸活塞凹坑与其推杆间因相互摩擦而产生磨损,因此,安装时需要在接触部位进行润滑。

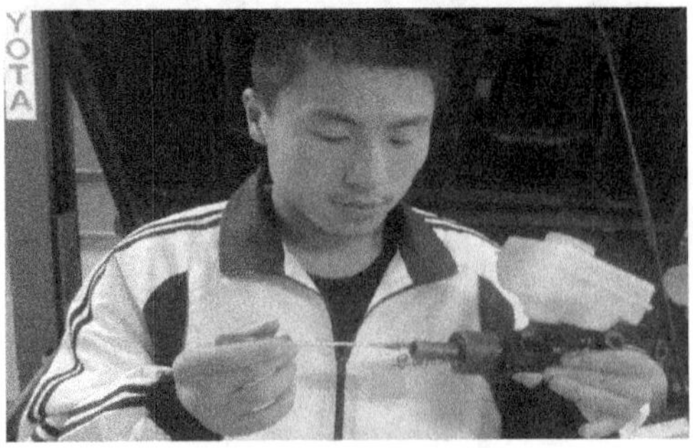

6 1号将制动主缸的活塞凹坑与推杆对齐；将制动主缸壳体上的螺栓孔与制动助力器壳上的螺栓对齐。然后，将制动主缸用手安装到制动助力器上。

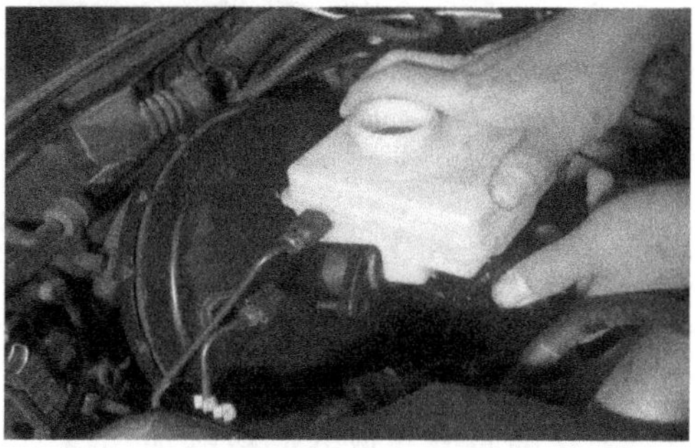

7 1号一只手扶住制动主缸，另一只手将2号传递来的螺母用手旋到螺栓上。

提示

禁止使用工具旋入螺母，防止螺母偏斜造成螺纹损伤。

8 2号将ϕ13mm套筒、接杆、棘轮扳手组合后传递给1号。

9 1号使用工具，拧紧制动主缸两个固定螺母。螺母规定力矩为20N·m。

提示

拧紧制动主缸的两个螺母时，要按照“交替多遍”的要求进行。

10 1号取下油管堵头后，用手将制动主缸的两出油管的压紧螺母旋入螺纹孔中。

提示

确保对正螺纹，严禁使用工具旋入压紧螺母。否则，螺纹损伤将导致漏油，严重时会造成制动主缸、出油管的报废。

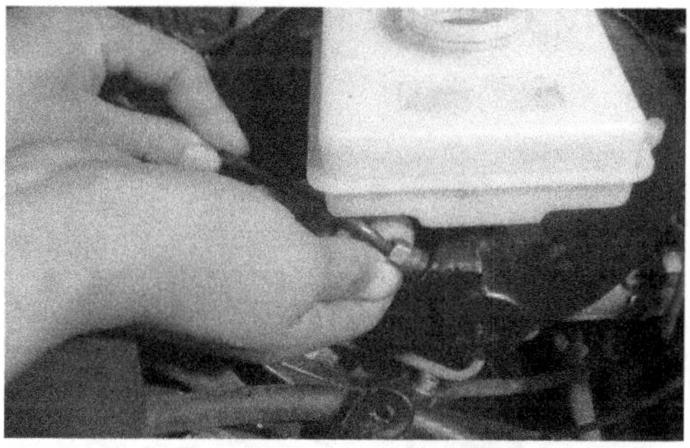

11 2号将10-11mm开口扳手传递给1号。

12 1号使用10-11mm开口扳手，拧紧制动主缸两出油管的压紧螺母。螺母规定力矩为25N·m。

提示

拧紧制动主缸出油管压紧螺母时，严禁使用磨损过度的开口扳手。否则，会导致螺母滑方，因压紧力小而导致漏油。

13 1号将离合器主缸的供油软管，用手安装到储液罐的管接头上。

提示

(1)检查供油软管是否有裂纹、脱层、橡胶老化等现象，视情更换新品。

(2)供油软管要安装到位，有利于防止漏油。

14 1号使用2号传递来的鲤鱼钳，将卡箍压紧在软管和管接头结合部分的中间位置。

第三步　加注制动液

1 2号将制动液桶传递给1号。

2 2号将漏斗放入储液罐加油口中并扶稳。1号打开制动液桶盖，然后将制动液缓慢倒入储液罐内，直到液面达到规定要求为止。

提示

在加注油液的同时，注意观察储液罐内液面的变化，液面不得超过“MAX”刻度线。

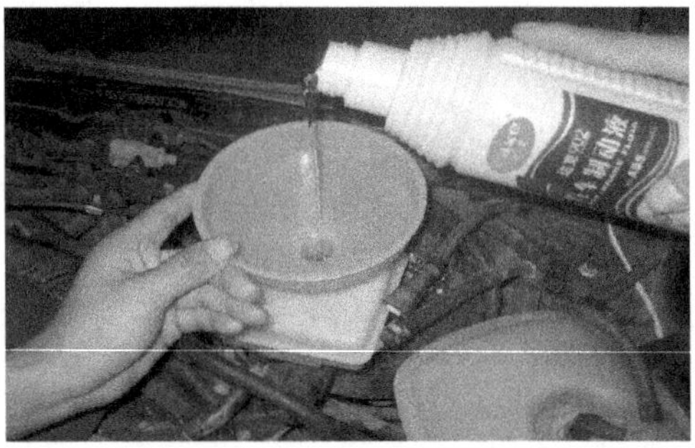

3 1号检查储液罐中液面的高度，不得高于“MAX”刻度线，最后旋紧储液罐盖，插上液位传感器电插头。

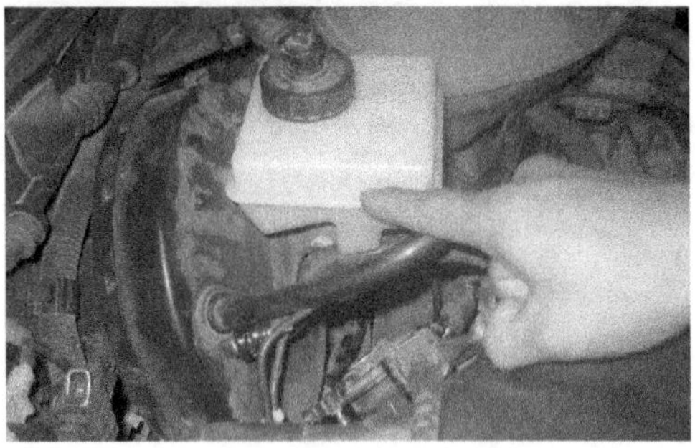

第四步　制动系统排气

1 3号操纵举升机将车辆举升至适当高度,并可靠锁止提升臂。

2 1号、2号、3号共同配合,将制动系统中存留的空气排放彻底。

提示

液压制动系统排气的详细操作步骤和规范要求,请参阅“项目四　检查、添加或更换制动液”,在此不再赘述。

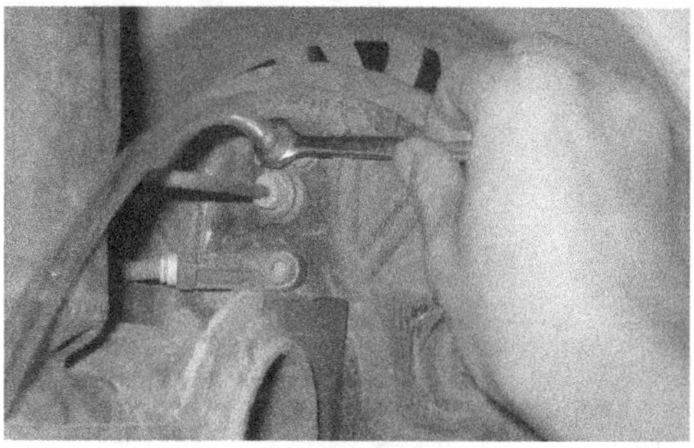

(二)更换制动助力器

第一步　拆卸制动主缸及助力器真空管

1 1号、2号配合拆下制动主缸。

提示

拆卸制动主缸的操作步骤和规范要求,请参阅前文说明,在此不再赘述。

2 1号用手拔下制动助力器的真空管及止回阀。

提示

真空软管连接发动机进气歧管和止回阀,止回阀安装在制动助力器外壳上,并与制动助力器的左气室相通。制动助力器的左气室承受发动机进气歧管内的真空度,为汽车制动提供助力。

第二步　拆卸转向盘下方保护罩

1 2号将十字螺丝刀传递给1号。

2 1号使用十字螺丝刀旋下组合开关下防护罩的3条自攻丝固定螺钉,并传递给2号。

提示

螺钉拆卸后,应摆放在零件车上,以防丢失。

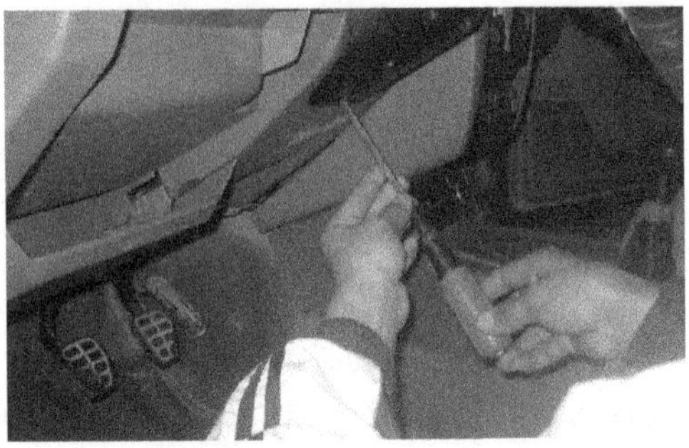

3 1 号将组合开关下防护罩取下并传递给 2 号。2 号将其摆放在零件车上。

提示

将组合开关下防护罩与其固定螺钉摆放在一起,可避免安装时出现螺钉错乱。

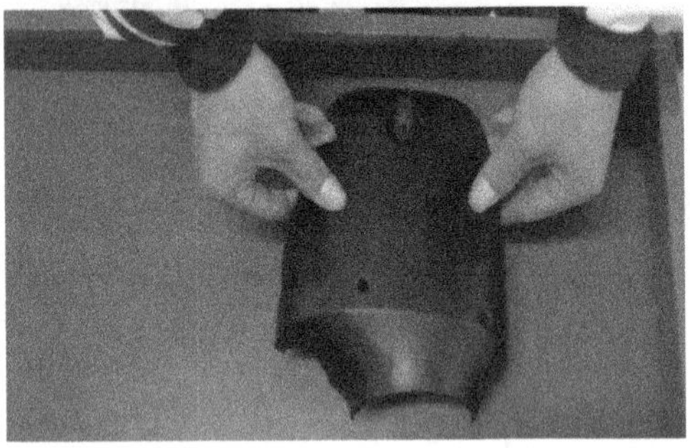

4 1 号使用十字螺丝刀旋下转向盘下防护罩的 5 条自攻丝固定螺钉,并传递给 2 号。

提示

螺钉拆卸后,应摆放在零件车上,以防丢失。

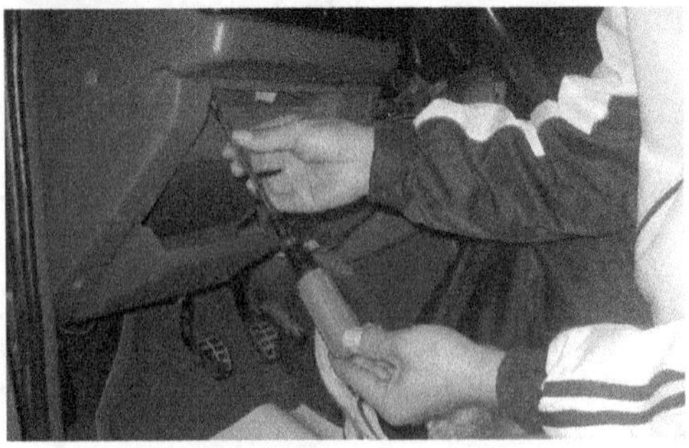

5 1 号将转向盘下防护罩取下并传递给 2 号。2 号将其摆放到零件车上。

提示

将转向盘下防护罩与其固定螺钉摆放在一起,可避免安装时出现螺钉错乱,有利于提高工作效率。

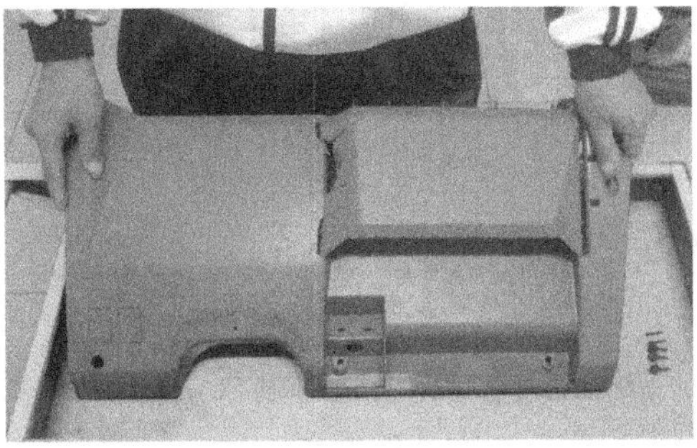

6 1 号使用十字螺丝刀旋下防尘罩的 1 条自攻丝固定螺钉,并传递给 2 号。

提示

螺钉拆卸后,应摆放在零件车上,以防丢失。

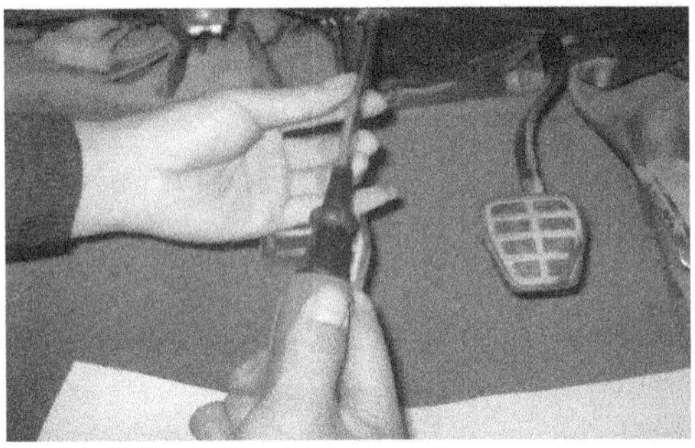

7 1 号取下防尘罩并传递给 2 号,2 号将其摆放到零件车上。

提示

将防尘罩与其固定螺钉摆放在一起,可避免安装时出现螺钉错乱,有利于提高工作效率。

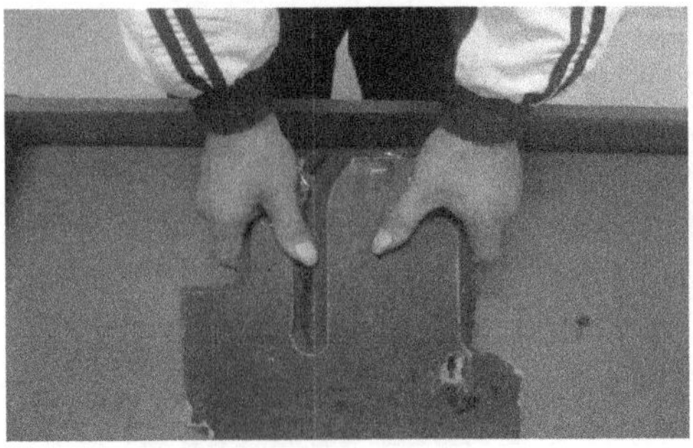

第三步　拆卸制动助力器

1 2号将尖嘴钳传递给1号。

2 1号使用尖嘴钳，取出连接制动踏板与制动助力器推杆的连接销上的保险装置，然后取出连接销，断开推杆与制动踏板连接。

提示

连接销和保险装置所处位置较隐蔽，拆卸或安装时难度较大，最好配合灯光照明。

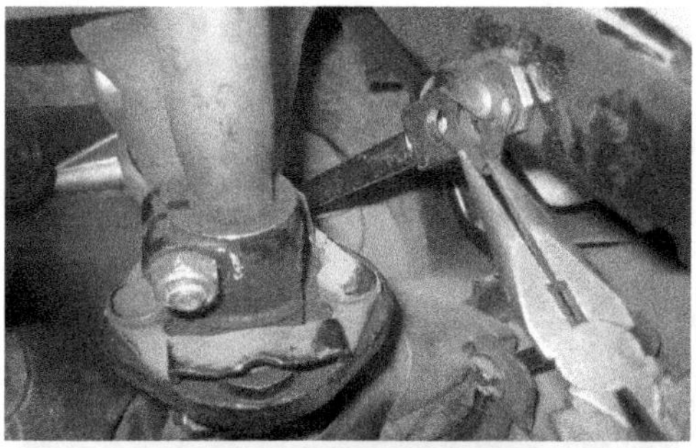

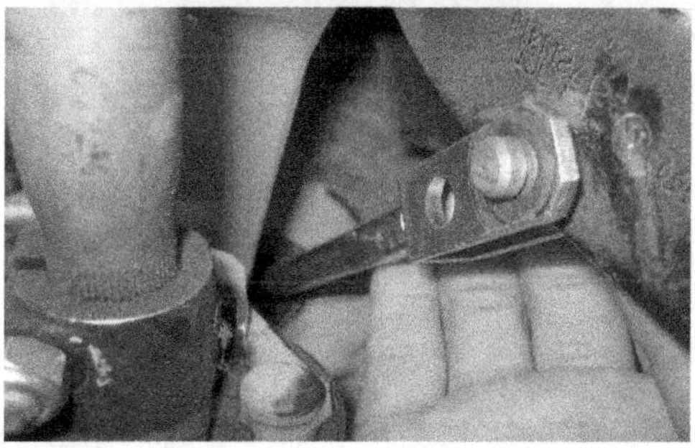

3 2号将 ϕ13mm 套筒、接杆、棘轮扳手组合后传递给1号。

4 1号使用工具，拧松制动助力器的3条压紧螺母。

提示

制动助力器的3个压紧螺母，需要在驾驶室内拆卸。位置隐蔽，空间狭小，最好配合灯光照明。

5 2号接收工具并摆放到工具车上。

提示

擦拭工具后，再摆放到工具盒内，注意工具维护。

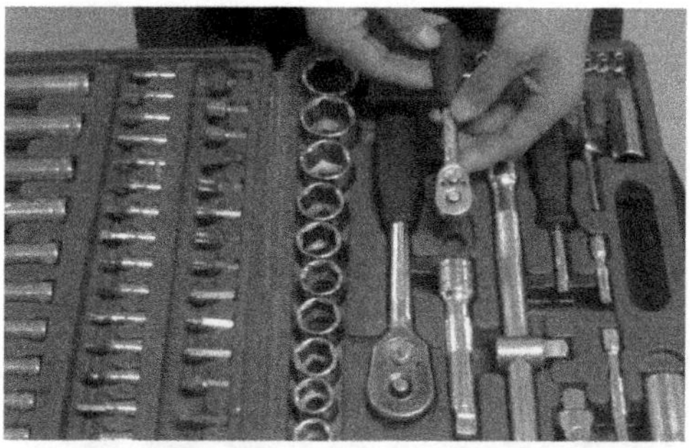

6 2号用手扶住发动机舱内的制动助力器；1号在驾驶室内用手旋下制动助力器的3个压紧螺母。

提示

2号扶住制动助力器,是为了防止压紧螺母取下后,制动助力器掉落损伤其他部件。

7 2号取出制动助力器,并摆放到零件车上。

提示

(1)制动助力器的前端凸缘上,有一个橡胶垫圈。取下制动助力器时,不要脱落丢失。橡胶垫圈用于保持制动助力器与车身的弹性固定,并且有减轻振动作用。

(2)制动主缸的推杆,为两段插入式。更换不同厚度的垫片,可用来调整推杆和制动主缸活塞的间隙,其间隙值为0~1mm。

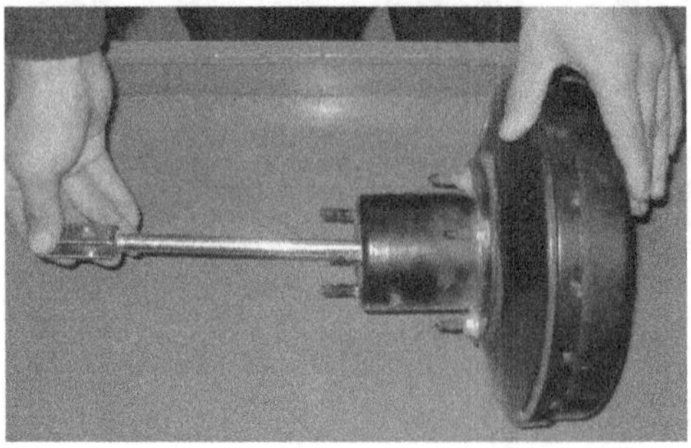

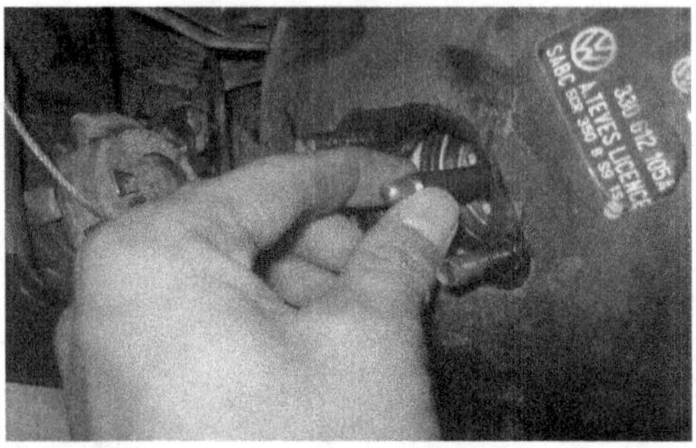

第四步 安装制动助力器

1 2号将橡胶垫圈贴合于制动助力器的前端凸缘上。

提示

为保证橡胶垫圈的可靠贴合,可在橡胶垫圈上涂抹适量润滑脂。这样在安装制动助力器时,橡胶垫圈便不易脱落。

2 2号将制动助力器3条螺栓和车身上的安装孔对齐后,将制动助力器前端面贴合在身上,并用手扶住制动助力器。

3 1号用手将3个螺母,旋入制动助力器的固定螺栓上。

提示

为防止损伤螺栓螺纹,要用手旋入螺母。

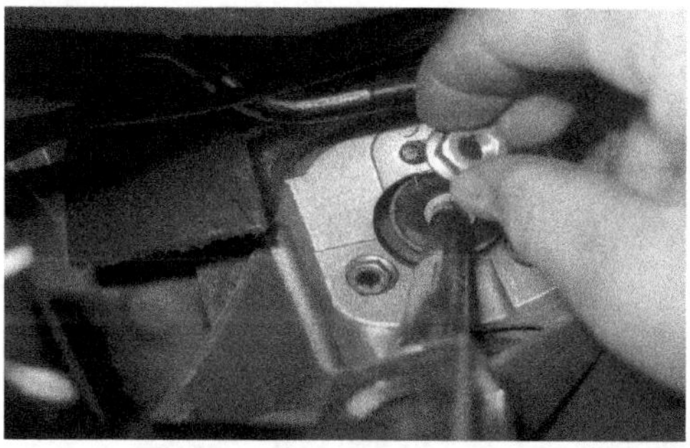

4 1号使用2号传递来的ϕ13mm套筒、接杆、棘轮扳手,拧紧制动助力器的3条压紧螺母。压紧螺母的规定力矩为20N·m。

提示

拧紧3条紧固螺母时,要按照“交叉多遍”的要求进行,防止制动助力器壳体变形,而影响其使用性能。

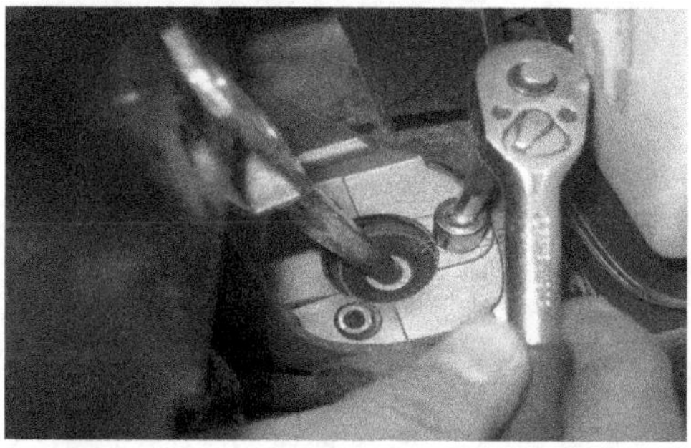

5 2号将连接销和保险装置传递给1号。1号对齐制动助力器的推杆和制动踏板上的销孔后,将连接销插入销孔中,把推杆和制动踏板连接起来。最后,将保险装置插入连接销上的环槽内。

提示

在安装保险装置时,要确认其安装方向,并且将钢片插入连接轴上的环槽中。

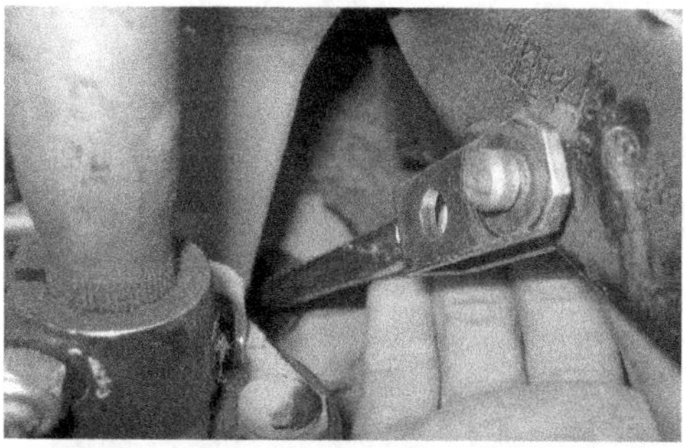

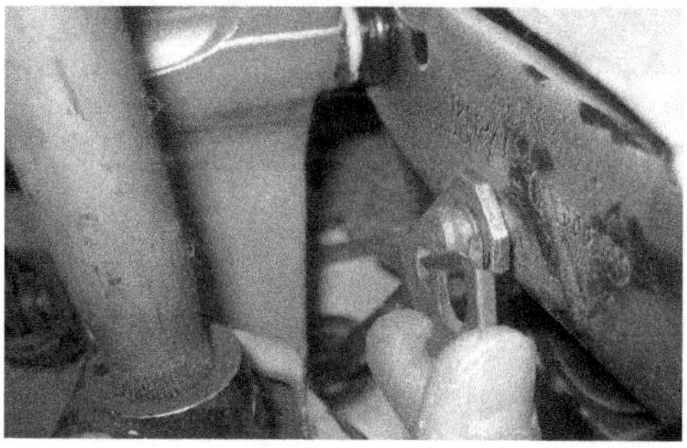

第五步　安装转向盘下方保护罩

1 2号将转向盘下方防护罩传递给1号。

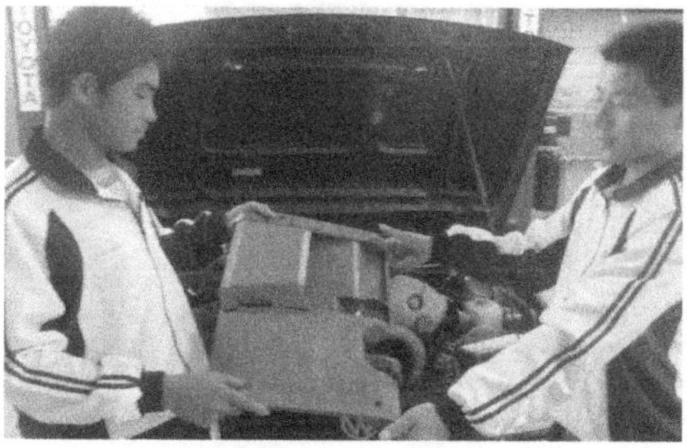

2 1号将防护罩上的锁扣对齐仪表台上的锁孔,并推入到位,这样防护罩便安装

在仪表台上。

提示

安装时,不要剧烈弯折防护罩,否则易造成损坏。

3 2号将十字螺丝刀、螺钉分次传递给1号。

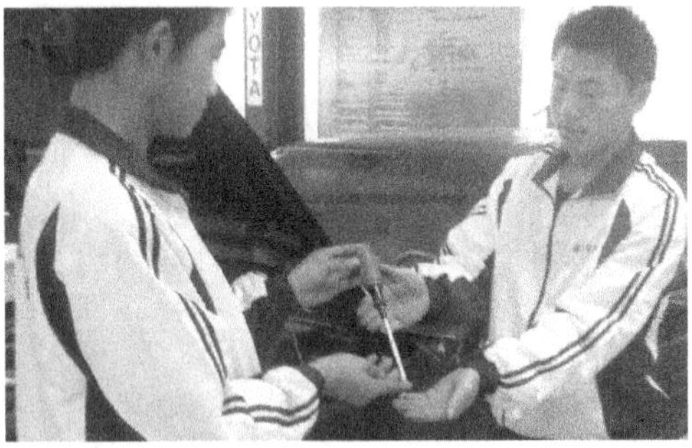

4 1号使用工具将转向盘下防护罩的5条固定螺钉旋紧。

提示

在旋紧自攻丝螺钉时,用力不要过大,否则容易滑扣,压紧力反而变小。

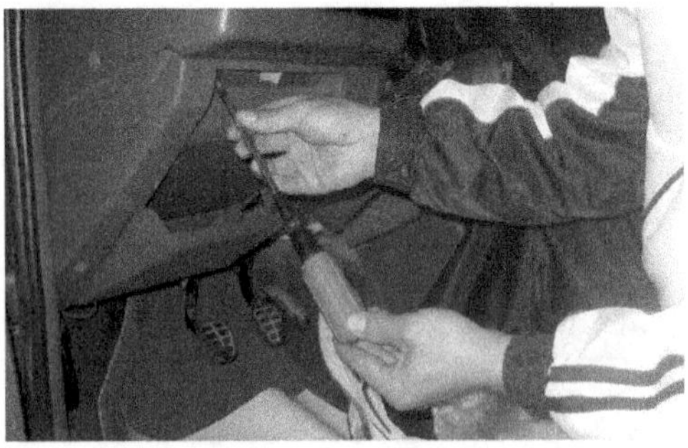

5 2号将防尘罩、螺钉分次传递给1号。

6 1号将防尘罩上的开槽穿过制动踏板臂和加速踏板臂,其右端与防护罩搭连起来,左端通过螺钉固定在仪表台上。

提示

在旋紧自攻丝螺钉时,用力不要过大,否则容易滑扣,压紧力反而变小。

7 2号将组合开关下防护罩、螺钉分次传递给1号。

8 1号将组合开关下防护罩与上防护罩对齐后,使用螺丝刀将3条螺钉旋紧。

提示

在旋紧自攻丝螺钉时,用力不要过大,否则容易滑扣,压紧力反而变小。

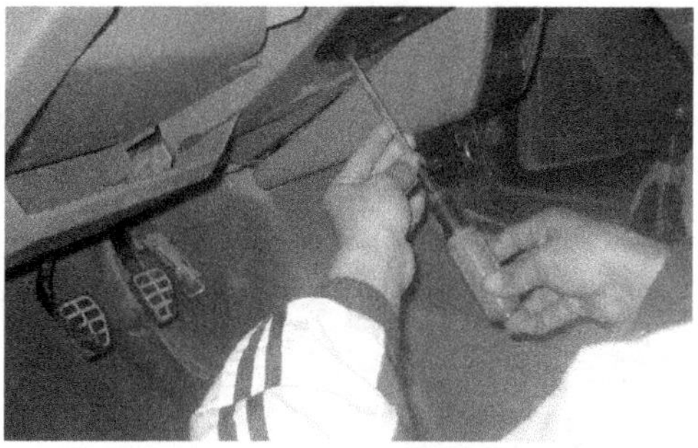

第六步　安装制动主缸

1 1号、2号共同配合，将制动主缸安装完毕。

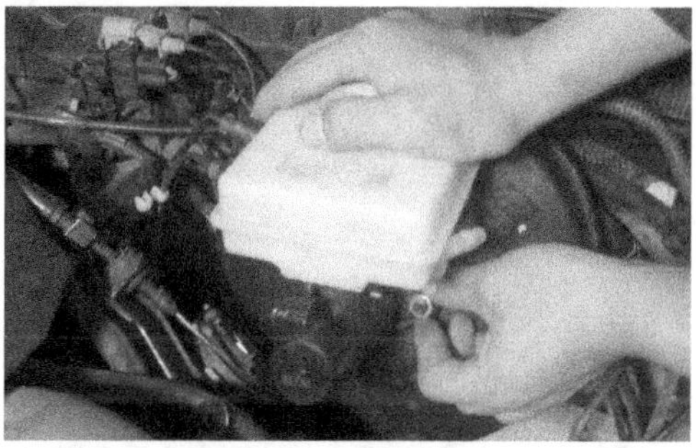

2 1号、2号、3号共同配合，将制动系统中存留的空气排放彻底。

提示

液压制动系统排气的详细操作步骤和规范要求，请参阅“项目四　检查、添加或更换制动液”，在此不再赘述。

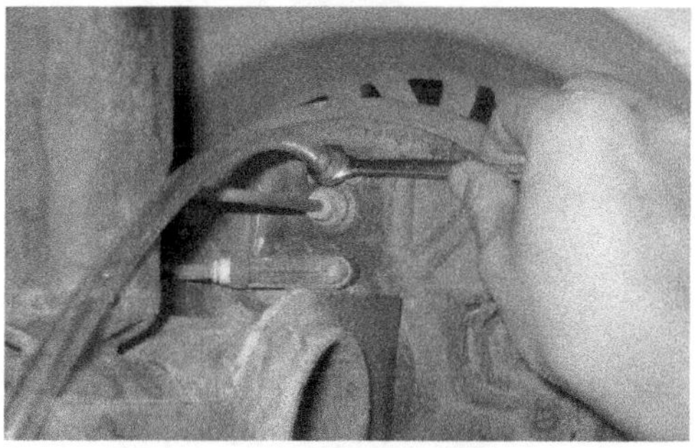

3 1号检查止回阀的性能是否正常。

提示

止回阀应具有良好的单向导通性，即一个方向通，反方向截止。否则，应更换止回阀。

4 1号将真空管插入制动助力器上的安装孔中。

第七步　制动助力器性能试验

1 1号进入驾驶室，连续踩踏制动踏板数次后，用力踩住制动踏板，并保持踏板制动位置不变。

提示

连续踩踏制动踏板，目的是排出制动助力器真空气室中残留真空度。在检验制动助力器性能时，助力效果会更加显著。

2 1号打开点火开关，起动发动机。

如果制动踏板稍有下降感觉,证明制动助力器工作性能正常。反之,制动助力器失效。

提示

起动发动机之前,踩住制动踏板,系统中产生的液压完全是踏板力的转换。发动机起动后,制动系统产生的液压是进气歧管内的真空度与踏板力之和。因此,在踏板力保持不变的情况下,发动机起动后,制动踏板应稍有下降。

(三)更换前轮制动轮缸

第一步　拆卸前左右车轮

1 2号将一字螺丝刀传递给1号。

2 1号将一字螺丝刀插入车轮装饰罩拆卸缺口中,撬起装饰罩,然后用手将装饰罩取下,并传递给2号。

提示

拆卸车轮装饰罩时,用力要适当,不要过猛,以免造成车轮装饰罩损坏。

3 2号将车轮装饰罩摆放到零件车上。

4 2号将车轮扳手传递给1号。

5 1号使用车轮扳手,拧松车轮的4条固定螺栓。

提示

(1)拧松车轮固定螺栓时,要按照“对角多遍”的要求进行,防止车轮变形。

(2)车轮螺栓以拧松2~3个丝扣为宜,避免车轮负重倾斜,造成螺栓螺纹损伤。

6 2号操纵举升机，将车辆举升至轮胎最低点距离地面约20cm的高度。

7 2号扶住车轮，1号使用车轮扳手，快速旋出车轮固定螺栓。

提示

1号、2号配合拆卸车轮，可以防止车轮因歪斜而损伤螺栓螺纹和车轮脱落。

8 2号接收工具，擦净后摆放到工具车上。

9 1号用手旋下车轮固定螺栓，并传递给2号。

10 2号将车轮固定螺栓摆放到零件车上。

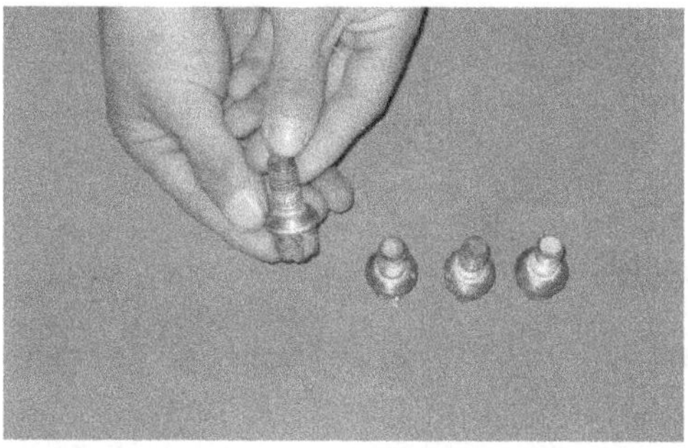

11 1号取下车轮，并将其放置到车轮支架上。

提示

(1)按照相同的操作步骤和规范要求，拆卸另一侧车轮，不再赘述。

(2)两侧车轮做好区分标记，不要混装。

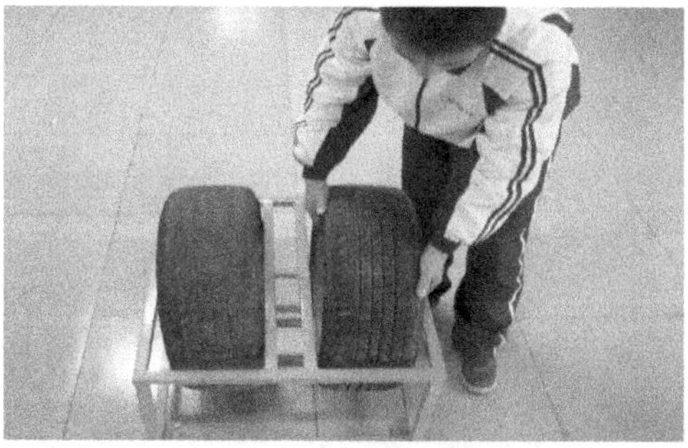

第二步　排放制动液

1号、2号配合，将系统中的制动液彻底排放。

提示

排放制动液的操作步骤和规范要求，请

参阅“项目四　检查、添加或更换制动液”，在此不再赘述。

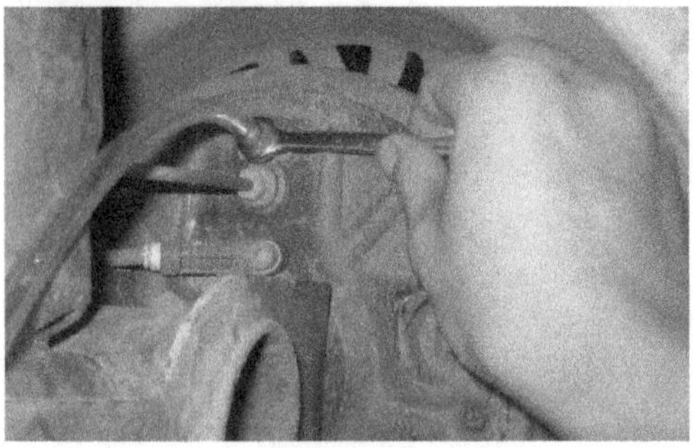

第三步　拆卸制动轮缸

1　2号将13-14mm开口扳手传递给1号。

2　1号使用13-14mm开口扳手，拧松制动轮缸的进油管压紧螺栓。

提示

(1)拧松进油管压紧螺栓时，严禁使用磨损过度的开口扳手。否则，将导致螺栓滑方，给拆卸制动轮缸带来更大难度。

(2)在制动轮缸进油管下方铺设棉纱，防止残留制动液滴落到地面上。

3　2号将ϕ7mm专用接头、接杆、棘轮扳手组合后，传递给1号。

4　1号使用工具，拧松制动轮缸的两个定位螺栓。

提示

拧松制动轮缸定位螺栓时，要保持专用接头垂直且与螺栓内螺方可靠配合。

5　2号接收工具，擦净后摆放到工具车上。

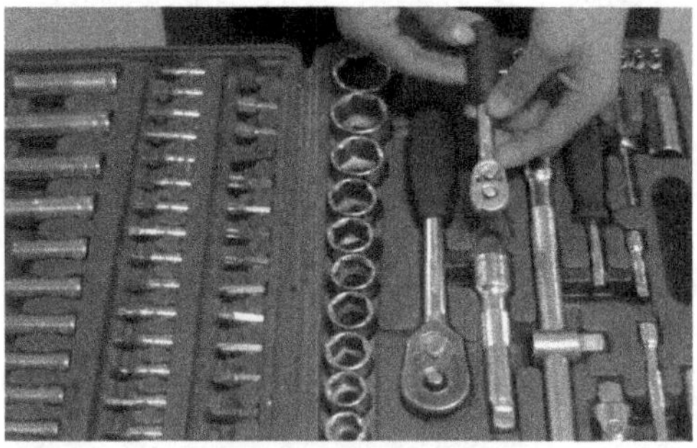

6　1号用手旋出制动轮缸的定位螺栓。

提示

两个固定螺栓，可保持在制动轮缸的支

架上，不必取下，但必须拉离制动轮缸的螺栓孔。

7 2号将一字螺丝刀传递给1号。

8 1号将一字螺丝刀插入制动蹄与制动盘之间的缝隙中，撬动制动蹄，使之离开制动盘。

提示

钳型盘式制动器的制动蹄和制动盘的间隙很小，在这种情况下，很难将制动轮缸直接取下来。所以，应加大制动蹄和制动盘间的距离，才能顺利取下制动轮缸。

9 1号从支架上取下制动轮缸，然后取出内外制动蹄。

提示

注意区分内外制动蹄，内制动蹄底板上有弹性卡片，弹性卡片支撑于制动轮缸活塞的凹坑内。

10 1号一只手转动制动轮缸，另一只手扶住进油管，旋出进油管压紧螺栓，然后将制动轮缸传递给2号。

提示

旋出进油管压紧螺栓时，禁止转动进油管。否则，容易导致进油管破裂。

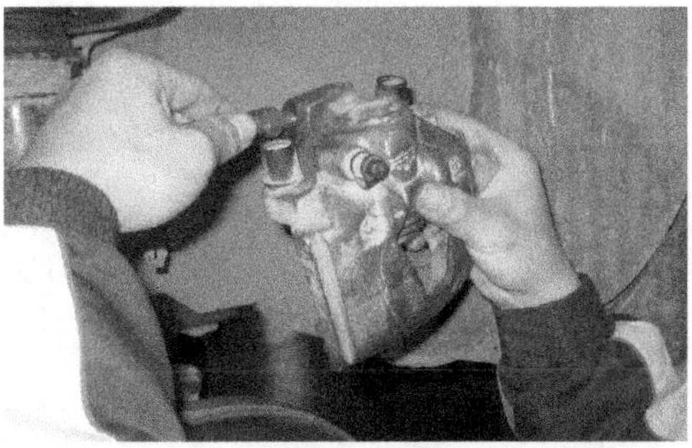

11 2号将制动轮缸摆放到零件车上。

提示

制动轮缸内有残留制动液，在传递和摆

放中,不要将制动液粘附到皮肤上或滴落到地面上。

第四步　安装制动轮缸

1 1号使用粗砂纸,打磨制动盘和制动蹄表面。

提示

保持制动蹄和制动盘摩擦表面洁净、粗糙,可防止制动打滑,提高制动性能。

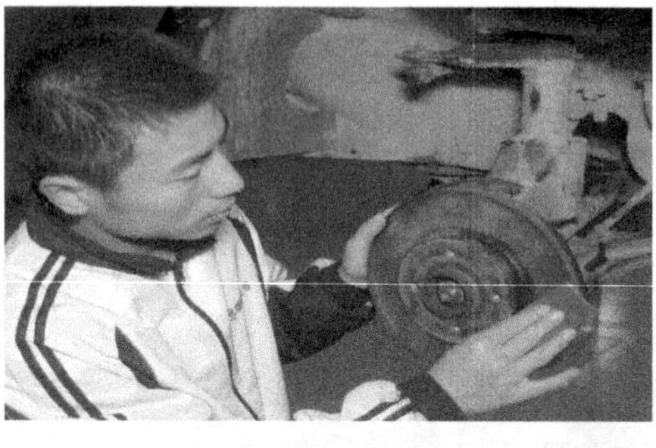

2 2号将制动轮缸传递给1号。

3 1号用手将进油管压紧螺栓旋入制动轮缸的螺纹孔中。

提示

保证对正螺纹,严禁使用工具旋入进油管压紧螺栓,防止因螺纹孔和螺栓的螺纹损伤,而导致制动轮缸和进油管报废。

4 1号一只手转动制动轮缸,另一只手捏住进油管螺栓,将进油管固定螺栓旋紧。

提示

注意在旋紧进油管固定螺栓时,要保持进油管呈自然状态。

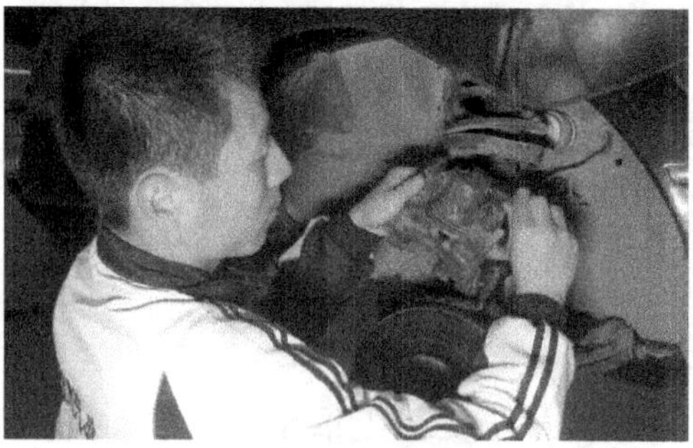

5 1号将制动蹄安装到制动轮缸上。

提示

注意区分内外制动蹄，内制动蹄底板上有弹性卡片，弹性卡片应安装到制动轮缸活塞凹坑内。

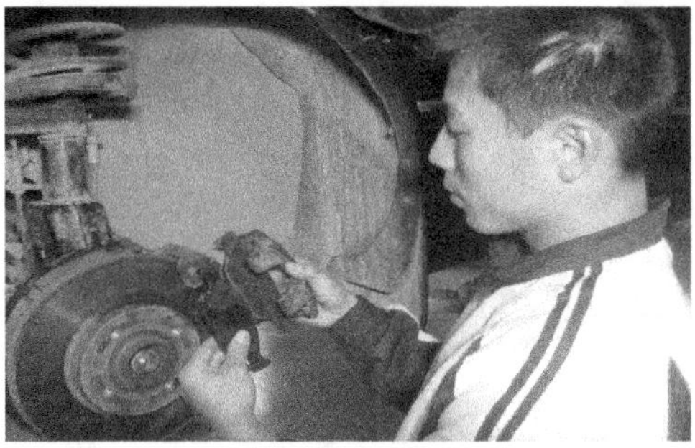

6　1号将制动轮缸安放到支架上。

提示

安放制动轮缸时，防止外制动蹄脱落。

7　1号将制动轮缸上的定位孔与支架上的螺栓孔对齐后，将螺栓穿过制动轮缸，并旋入螺栓孔中。

8　1号使用2号传递来的ϕ7mm专用接头、接杆、棘轮扳手，拧紧制动轮缸的两个定位螺栓。

9　1号使用2号传递来的扭力扳手，将制轮缸泵的定位螺栓的力矩拧紧到70N·m。

10　1号使用2号传递来的13-14mm开口扳手，拧紧制动轮缸油管接头螺栓。最后使用棉纱擦净管接头处油渍。

提示

按照相同的操作步骤和规范要求，安装另一侧的制动轮缸。

第五步　制动系统排气

1号、2号共同配合，将制动系统中的空气排放彻底。

提示

添加制动液、制动系统排气的操作步骤和规范要求,请参阅“项目四　检查、添加或更换制动液”,在此不再赘述。

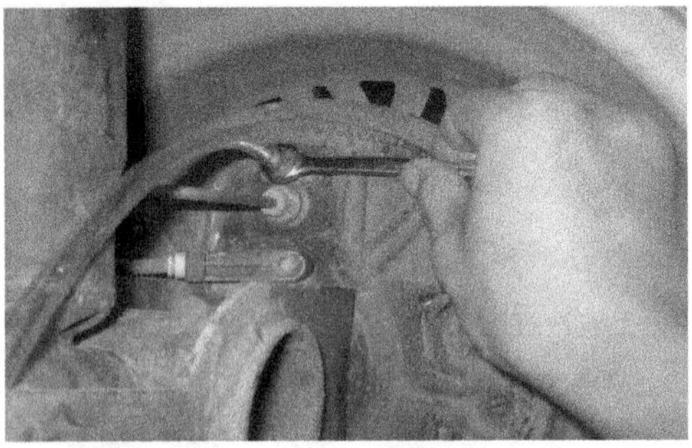

第六步　安装车轮

1 1号将车轮安放到制动盘凸缘上,对齐螺栓孔后,用手将车轮固定螺栓旋入螺纹孔内。

2 2号扶住车轮。1号使用车轮扳手,将车轮4条固定螺栓拧紧到适当力矩。

提示

(1)拧紧车轮固定螺栓时,要按照“对角多遍”的要求进行,防止车轮变形。

(2)按照相同要求,安装另一侧车轮。

第七步　前轮制动轮缸性能试验

1 2号进入驾驶室,连续踩踏制动踏板数次后,踩住制动踏板保持制动位置不变。

提示

连续踩踏制动踏板数次,目的是使制动器自动将制动盘和制动蹄的间隙调整到最佳。

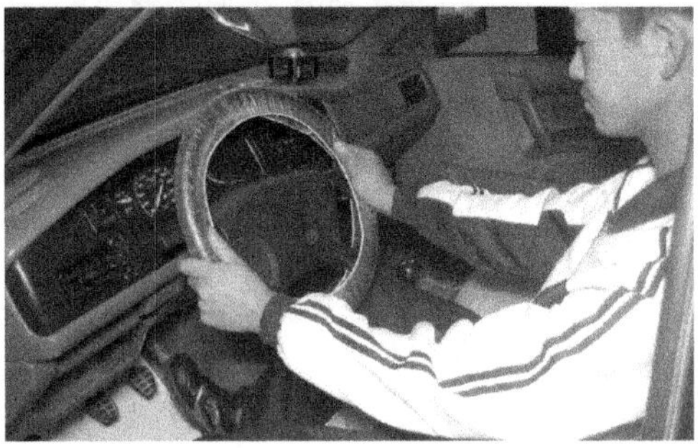

2 1号用力转动车轮。

提示

如果车轮不能够转动,证明制动轮缸制动效果良好。否则,对制动系统进行检查。

3 2号放松制动踏板,1号再次转动车轮。

提示

(1)如果车轮转动自如,轻便顺畅,证明制动轮缸复位性能良好。否则,对制动系统进行检查。

(2)如果条件允许,可进行道路试验,以检验制动系统性能。

4 1号操纵举升机，将车辆降落到地面上。

5 1号使用2号传递来的扭力扳手，将车轮固定螺栓力矩拧紧至110N·m。

提示

(1)拧紧车轮固定螺栓时，要按照“对角多遍”的要求进行，防止车轮变形。

(2)按照相同要求，拧紧另一侧车轮固定螺栓。

(四)更换后轮制动轮缸

第一步　排放制动液

1号、2号配合，将系统中的制动液彻底排放。

提示

排放制动液的操作步骤和规范要求，请参阅“项目四　检查、添加或更换制动液”，在此不再赘述。

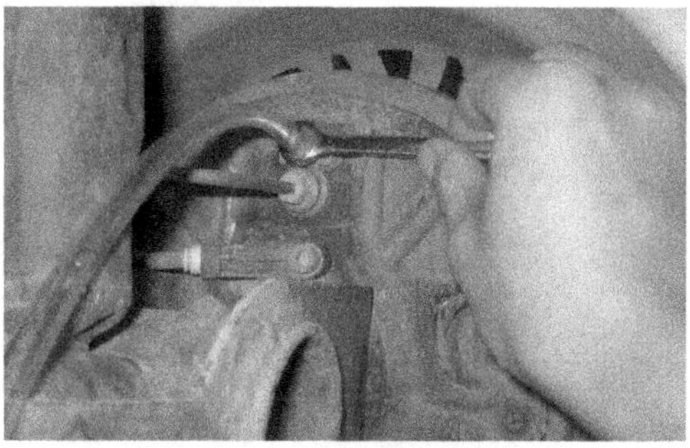

第二步　拆卸后车轮

1 2号操纵举升机，将车辆举升到轮胎最低点距离地面约20cm的高度。

2 1号取下车轮装饰罩并传递给2号。

提示

取下车轮防护罩时，使用螺丝刀插入防护罩上的拆卸孔中，撬出防护罩。

3 2号将车轮装饰罩摆放到零件车上。

4 2号将尖嘴钳传递给1号。

5 1号使用尖嘴钳,取下车轮轴承压紧螺母开口销,然后取下开槽垫圈。2号将尖嘴钳、开口销、开槽垫圈分别摆放到工具车、零件车上。

6 2号将φ24mm套筒、棘轮扳手组合后传递给1号。

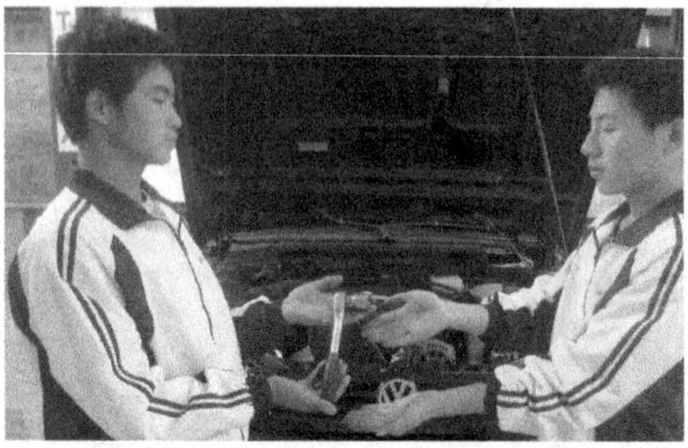

7 1号使用φ24mm套筒、棘轮扳手,旋出车轮轴承调整螺母。

提示

由于采用圆锥滚子轴承,所以轴承调整螺母拧紧力矩较小。

8 1号用手旋下调整螺母、取出止推垫圈、车轮外轴承,传递给2号。

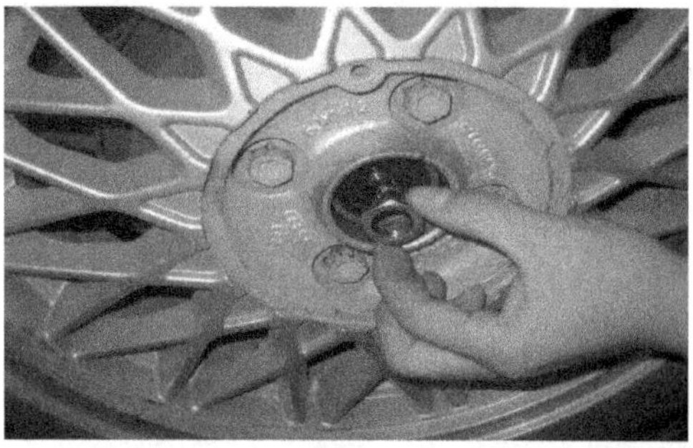

9 2号将螺母、轴承及止推垫圈摆放到零件车上。

提示

轴承取出后,要注意清洁和防尘,最好放置在可封闭的器具内。

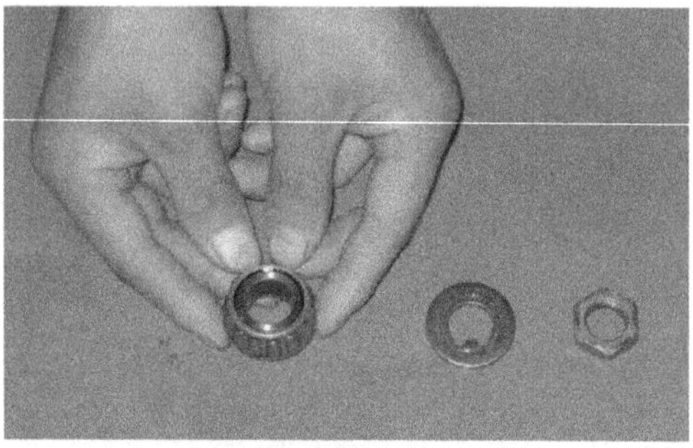

10 1号取下车轮及制动鼓。

提示

(1)取下车轮及制动鼓时,要整体水平外移,这样会省力些。

(2)如果车轮及制动鼓取下非常困难,可使用螺丝刀,插入制动鼓观察孔中,拨动驻车制动推杆上的楔形件，使制动蹄收缩，便可轻松取下车轮及制动鼓。

11 1号将车轮及制动鼓放置在车轮支架上。

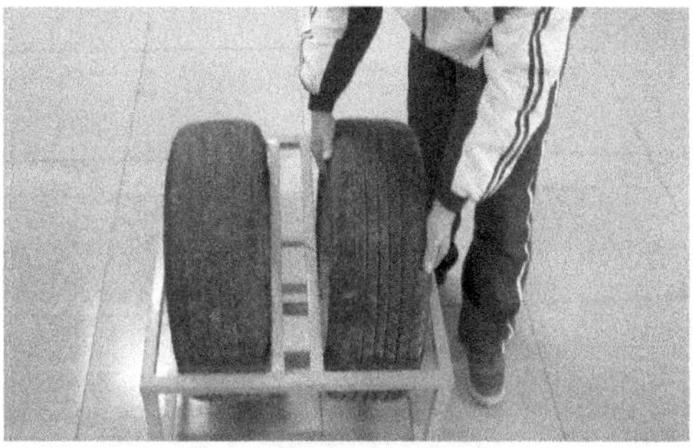

第三步　拆卸制动轮缸

1 2号将10-11mm开口扳手传递给1号。

2 1号使用10－11mm开口扳手，拧松制动轮缸的进油管压紧螺栓。

提示

(1)拧松进油管压紧螺栓时，严禁使用磨损过度的开口扳手。否则，将导致螺栓滑方，给拆卸制动轮缸带来更大难度。

(2)在制动轮缸进油管的下方铺设棉纱，防止残留制动液滴落到地面上。

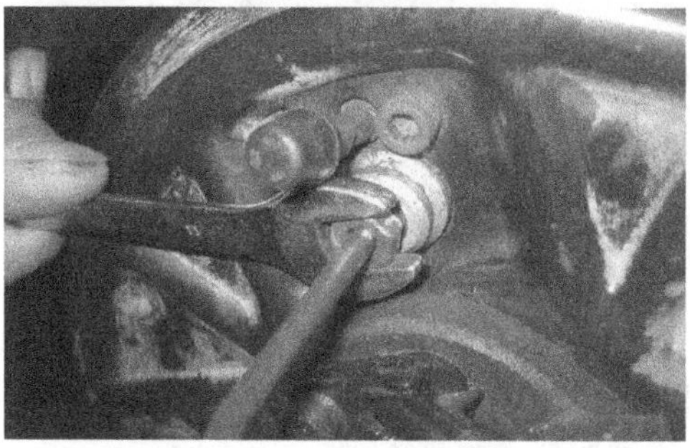

3 1号将工具递还给2号后，用手旋出制动轮缸进油管压紧螺栓，并将进油管拉离制动轮缸进油口。

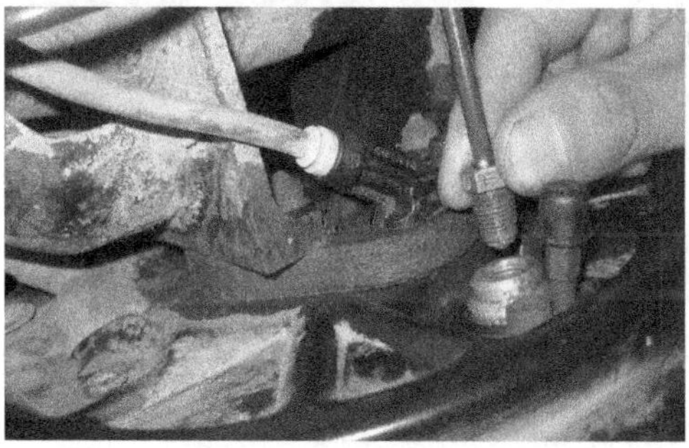

4 1号将2号传递来的油管堵头插入进油管口上。

提示

将进油管口堵塞，目的是防止空气、尘埃、杂物等进入油管，降低制动液性能、污染制动液和加剧制动轮缸磨损。

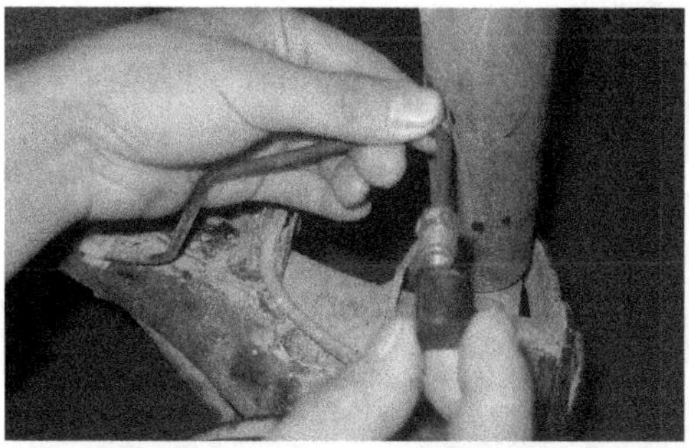

5 2号将$\phi 5$mm内六角扳手传递给1号。

6 1号使用 ϕ5mm 内六角扳手,拧松制动轮缸的1条固定螺栓。2号接收工具,擦净后摆放到零件车上。

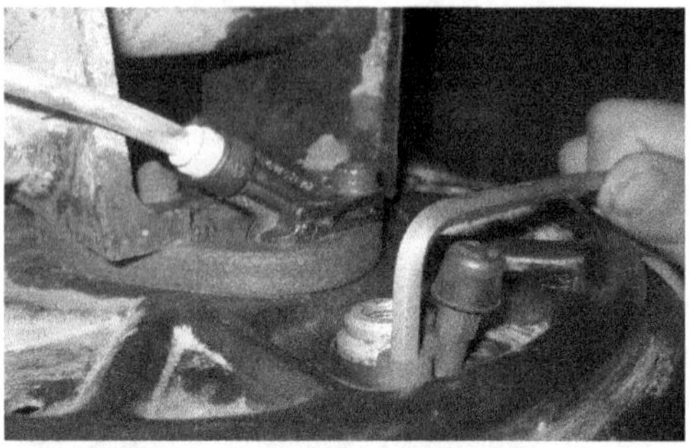

7 1号用手旋下制动轮缸的固定螺栓后,从制动底板的后方,推出制动轮缸。

提示

(1)桑塔纳2000GSi型轿车采用双活塞制动轮缸,活塞与制动蹄连接部位为单面顶块。所以,不必拆卸制动蹄便可以取出制动轮缸。

(2)拆卸制动轮缸时,注意安全操作,不要碰伤手。

8 2号将制动轮缸摆放到零件车上。

提示

制动轮缸内有残留制动液,在传递、摆放制动轮缸时,不要将制动液粘附到皮肤上和滴落到地面上。

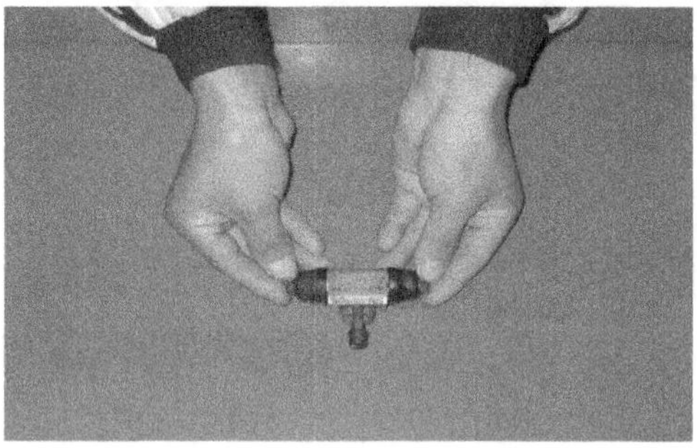

第四步　安装制动轮缸

1 2号将制动轮缸传递给1号。

2 1号将制动轮缸的两活塞,压入油腔内极限位置。

提示

活塞伸出量最小时,便于安装制动轮缸。

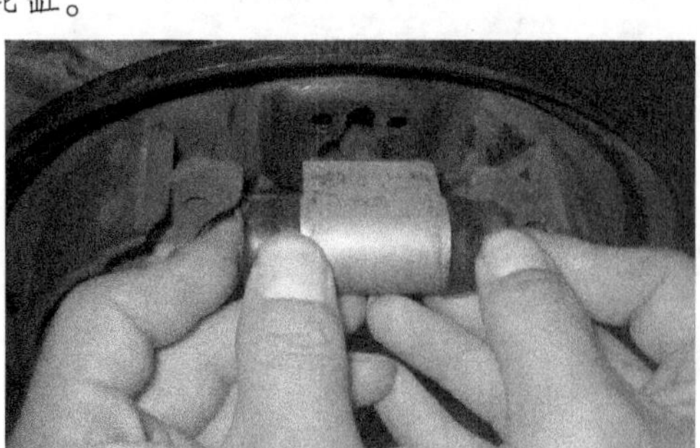

3 1号倾斜制动轮缸,并将一端活塞

上的顶块，与制动蹄底板顶端相抵触。之后，双手用力向左、右方向推动制动蹄，使制动轮缸的另一端活塞上的顶块与制动蹄顶端抵触。

提示

安装制动轮缸时，用力要均匀，注意操作安全，不要碰伤手。

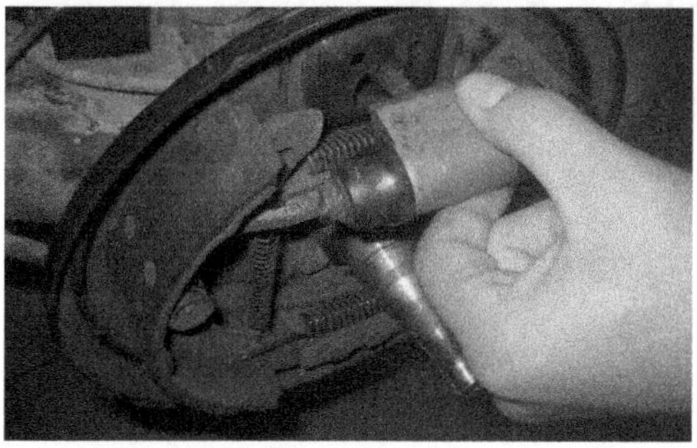

4 1号将制动轮缸的两端活塞顶块，与制动蹄连接起来之后，用手调整制动轮缸的位置，使制动轮缸上的定位销对正底板上的定位孔，将制动轮缸安装到底板上。

提示

制动轮缸由1个定位销定位，1条螺栓固定。

5 1号将2号传递来的制动轮缸固定螺栓，用手旋入螺栓孔中。

提示

保证螺栓和螺栓孔中的螺纹对正，严禁使用工具旋入固定螺栓。一旦制动轮缸的螺纹损伤，将导致制动轮缸报废。

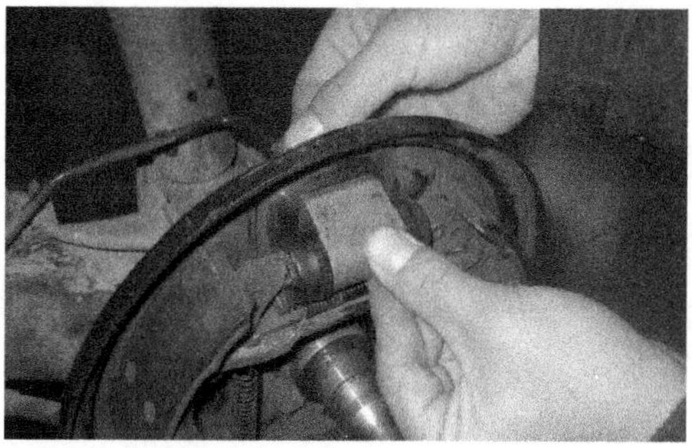

6 1号使用2号传递来的ϕ5mm内六角扳手，拧紧制动轮缸的1条固定螺栓。螺栓规定力矩为20N·m。

提示

内六方扳手的使用方法，握长柄，拧松或拧紧螺栓时，省力；握短柄，旋入或旋出螺栓时，快速。

7 1号取下进油管口上的堵头后，将进油管压紧螺栓，用手旋入制动轮缸的螺栓孔中。

提示

保证螺栓和螺栓孔中的螺纹对正，严禁使用工具旋入压紧螺栓。一旦制动轮缸的螺纹损伤，将导致制动轮缸报废。

8 1号使用2号传递来的10-11mm开口扳手,拧紧进油管压紧螺栓。螺栓规定力矩为25N·m。

提示

(1)螺栓紧固力矩要符合规定要求。否则,力矩过大,螺栓滑扣;力矩过小,压紧力不足。

(2)按照相同的操作步骤和规范要求,安装另一侧车轮制动轮缸,不再赘述。

第五步 安装后左右车轮

1 1号使用粗砂布打磨制动鼓和制动蹄的工作表面。

提示

保持制动蹄和制动鼓工作表面洁净、粗糙,可防止制动打滑,提高制动性能。

2 1号使用2号传递来的尖嘴钳,将驻车制动推杆上的楔形件向上推,使制动蹄收缩。

提示

调整制动推杆上的楔形件的目的是,收缩制动蹄,便于安装制动鼓。

3 1号对正制动鼓轴承内孔和车轮支撑短轴后,将车轮及制动鼓一起安装到支撑短轴上。

提示

安装车轮及制动鼓时,要使车轮纵向平面垂直于心轴,水平前移。

4 1号将车轮外轴承安装到心轴上。

提示

(1)安装外轴承时,带锥度的一端朝向车轮。

(2)检查润滑脂质量状况,如果已脏污或变质,则清洗轴承及其承孔后,加注新的高性能润滑脂。

5 1号将2号传递来的止推垫圈安装到短轴上，再将调整螺母旋入短轴螺纹上。

6 2号将 ϕ24mm 套筒、棘轮扳手组合后传给1号。

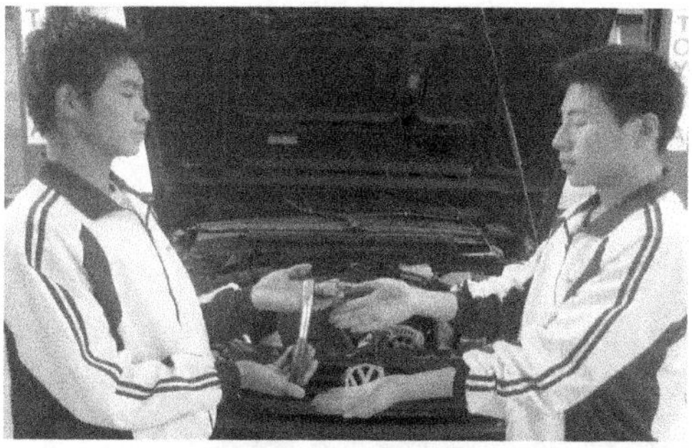

7 1号使用将 ϕ24mm 套筒、棘轮扳手，旋紧调整螺母，然后将调整螺母后退1/4圈。

提示

(1) 锥度轴承的压紧力矩应适当。若力矩过大，轴承会早期损坏；若力矩过小，轴承松旷，车轮行驶摇摆。

(2) 轴承预紧力的调整方法：

①边转动车轮，边拧紧调整螺栓，直到车轮不能转动为止。这样既使锥度轴承处于正确位置，又使轴承压紧力达到最大。

②将调整螺母后退1/4圈，然后用开槽垫圈和开口销锁止调整螺母。

③如果车轮转动自如、无摇摆，并且上下方向扳动车轮无明显旷量，则证明轴承预紧力调整适当。

8 1号将开槽垫圈安装到压紧螺母上，然后将开口销穿过开槽垫圈和短轴上的销孔，最后将开口销锁止在短轴上。

9 1号将2号传递来的车轮装饰罩，对

正定位销和定位孔后,将装饰罩安装到车轮承座上。

第六步　制动系统排气

1号、2号共同配合,将制动系统中的空气排放彻底。

提示

添加制动液、制动系统排气的操作步骤和规范要求,请参阅“项目四　检查、添加或更换制动液”,在此不再赘述。

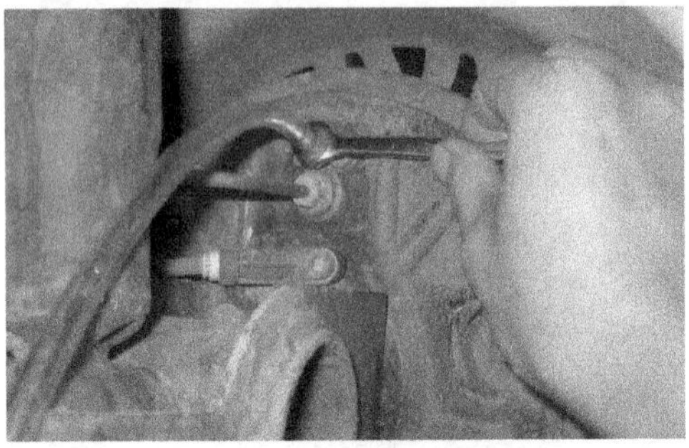

第七步　后轮制动轮缸性能试验

1 2号进入驾驶室,连续踩踏制动踏板数次后,踩住制动踏板保持制动位置不变。

提示

(1)连续踩踏制动踏板数次,目的是使制动器自动将制动鼓和制动蹄的间隙调整到最佳。

(2)保持驻车制动器处于释放状态。

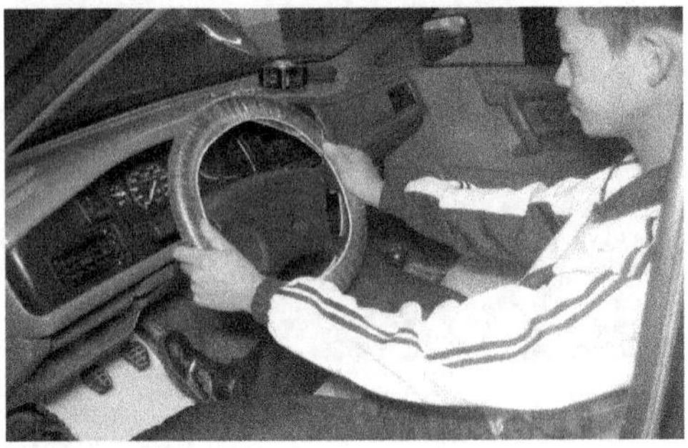

2 1号用力转动两个后车轮,检查车轮转动情况。

提示

如果车轮不能转动,证明制动轮缸制动效果良好。否则,应对制动系统进行检查。

3 2号放松制动踏板,1号再次转动车轮。

提示

(1)如果车轮转动自如、轻便顺畅,证明制动轮缸复位性能良好。否则,应对制动系统进行检查。

(2)如果条件允许,可进行道路试验,以检验制动系统性能。

4 2号操纵举升机,将车辆降落到地面上。

5 1号使用2号传递来的扭力扳手，将车轮固定螺栓力矩拧紧至110N·m。

提示

(1)拧紧车轮固定螺栓时，要按照对角多遍的要求进行，防止车轮变形。

(2)按照相同要求，拧紧另一侧车轮的固定螺栓。

第八步　整理工位

参见“整理工位”。

八、考核标准

考核标准表

考核时间	序号	考核项目	满分	评分标准	得分
30min	1	作业前整理工位	1	酌情扣分	
	2	打开并支撑发动机舱盖	1	操作不当扣1分	
	3	安装汽车保护罩	2	酌情扣分	
	4	检查制动液面	2	查找错误扣2分	
	5	排放制动液	4	操作不当扣4分	
	6	安装油管堵头	3	操作不当扣3分	
	7	拆装油管	5	操作不当扣5分	
	8	拆装制动主缸	6	操作不当扣6分	
	9	拆装制动轮缸	12	操作不当扣12分	
	10	拆装制动助力器	7	操作不当扣7分	
	11	安装制动主缸和助力器间的密封圈	3	操作不当扣3分	
	12	制动轮缸的推杆涂油	2	操作遗漏扣2分	
	13	制动系统排气	5	配合不协调扣5分	
	14	检查止回阀性能	3	检查不当扣3分	

续上表

考核时间	序号	考核项目	满分	评分标准	得分
30min	15	拆装转向盘下方保护罩	4	操作不当扣4分	
	16	制动助力器性能试验	6	操作不当扣6分	
	17	制动主缸性能试验	6	操作不当扣6分	
	18	制动轮缸性能试验	6	操作不当扣6分	
	19	拆装前车轮	5	操作不当扣5分	
	20	拆装后车轮及制动鼓	7	操作不当扣7分	
	21	举升或降落车辆	4	操作不当扣4分	
	22	调整后轮轴承预紧力	5	操作不当扣5分	
	23	作业后整理工位	1	酌情扣分	
	24	遵守相关安全规范	因违规操作造成人身和设备事故的,总分按0分计		
		分数合计	100		

项目六　检查或更换制动摩擦片

一、项目说明

制动摩擦片的好坏能直接体现出制动效果的优劣，所以制动摩擦片在汽车制动系统中是最关键、最直接的部件。制动摩擦片一般由地板、粘接隔热层和摩擦层构成，制动摩擦片的隔热层由热的不良传导材料及增强材料组成，制动摩擦片的摩擦层由增强材料、黏合剂及填料组成。一般采用液压传动推动制动摩擦片和制动盘（鼓）接触摩擦转化为热能，从而达到减速制动的作用。

摩擦系数越大所产生的摩擦力就越大，但是制动摩擦片与制动盘间的摩擦系数会因为摩擦后所产生的高热而有所变化，也就是说摩擦系数是随温度的变化而变化，每一种制动摩擦片因为材质的不同而有不同的摩擦系数变化曲线，因此不同的制动摩擦片会有不同的最佳工作温度，及适用的工作温度范围。

制动摩擦片最重要的性能指标就是摩擦系数。国家标准规定的制动摩擦系数在0.35～0.40。合格的制动摩擦片摩擦系数适中、稳定。如果摩擦系数低于0.35，制动时就会超过安全制动距离甚至制动失灵；如果摩擦系数高于0.40，制动容易突然抱死，出现翻车事故。

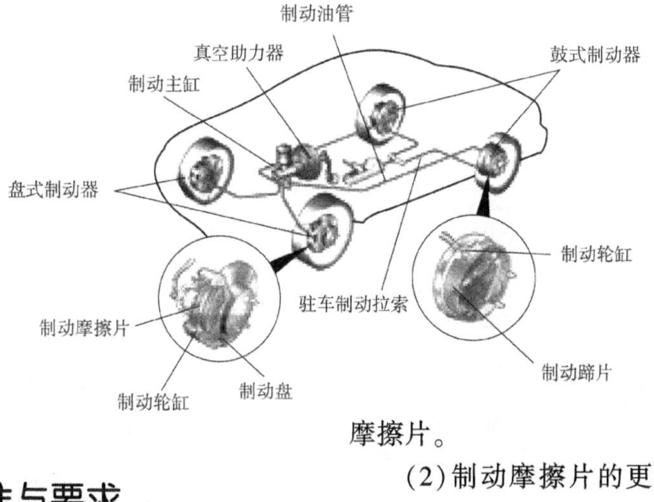

二、技术标准与要求

（1）安装科鲁兹轿车配套使用的制动摩擦片。

（2）制动摩擦片的更换没有固定的周期，随着汽车使用状况、驾驶风格及所用材料的不同而有极大差别。较差的摩擦片目前所知只能用10000km，最好的材料则可以使用超过90000km。

(3)前轮制动摩擦片标准厚度值为11mm,磨损极限为5mm。

注:不含底板厚度值。

(4)后轮制动摩擦片的标准厚度值为5mm,磨损极限为2.5mm。

注:不含底板厚度值

(5)安装时,禁止将油液、油脂和水等粘附到制动摩擦片上。

(6)车轮螺栓力矩为140N·m;制动钳固定螺栓力矩为28N·m。

三、实训时间:40min

四、实训教学目标

(1)了解检查或更换制动摩擦片的重要性。

(2)熟悉制动摩擦片的工作原理。

(3)掌握检查或更换制动摩擦片的操作技能。

(4)培养学生实事求是、理论联系实际的马克思主义认识论。

五、实训器材

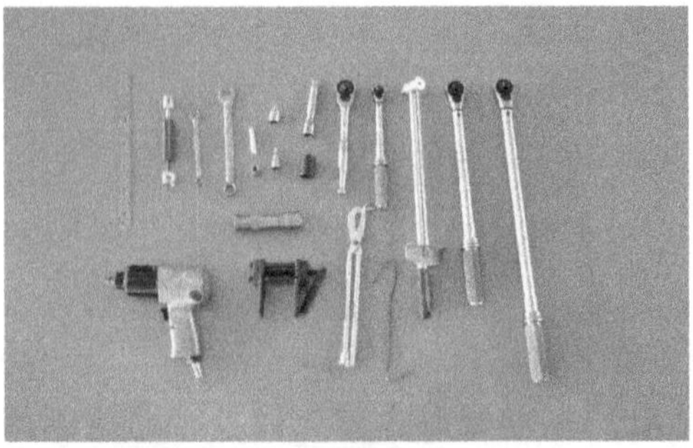

气动扳手+M19套筒、M18扳手、M10扳手、棘轮扳手、扭力扳手、直尺、闸瓦卡尺、TX30接头、挂钩、鼓式制动器拆卸专用套装等。

六、教学组织

1.教学组织形式

每辆车安排4名学生参与实训,两名学生为一组。一组操作,一组观察学习。

2.学生站位分工和要求

两名学生一组,按照1号、2号进行编号,1号为主,2号辅助。

3.实训教师职责

讲解操作步骤和注意事项;下达“操作开始”口令;工位间巡视、检查、指导和纠正错误。

4.学生职责变换

两名学生实行职责变换制度,即第一遍1号为主,2号辅助;第二遍2号为主,1号辅助。

七、操作步骤

第一步 事前准备

参见“事前准备”。

前轮盘式制动系统维护

第二步 拆卸左前车轮

1 确认周围安全后,2号举升车辆到合适的位置。

提示

拆卸轮胎的最佳位置因人而异。

2 1号在轮胎上做好左前位置标记(FL)。

3 2号将风动扳手+M19套头组装好后递给1号。

4 1号使用风动扳手+M19套头对角拆卸轮胎。

提示

注意风动扳手的旋向、挡位、接口是否漏气等,分2~3次拆卸。

5 2号取下轮胎,并放置到车轮支架上。

第三步　拆卸制动轮缸总成及制动摩擦片

1 1号将前轮转动至一侧,并将制动软管与软管支架分离。

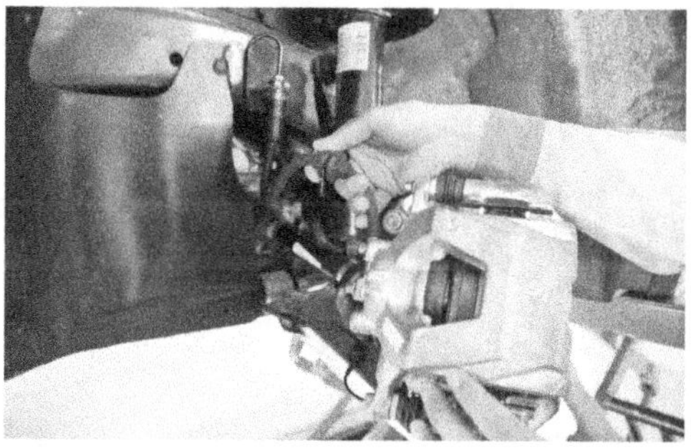

2 2号将M18和M10的扳手递给1号。

提示

M18的扳手必须是开口扳手。

3 1号用M18扳手和M10的扳手松开制动轮缸下面一颗固定螺栓。

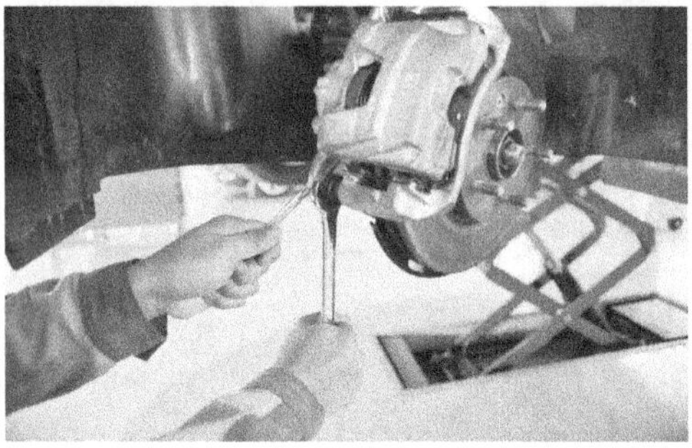

提示

制动轮缸两颗固定螺栓,只拆下面一颗就行。

4 1号松开后,把工具递给2号,2号将工具擦拭干净放到原来的位置。

5 1号用手旋出制动轮缸的下固定螺栓,并用挂钩把制动轮缸悬挂到车身上。

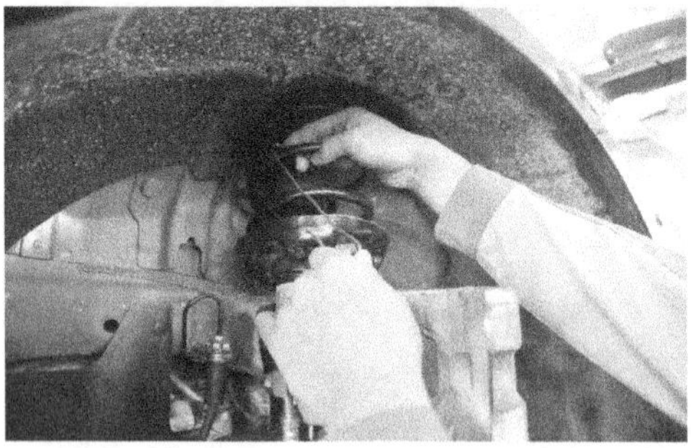

提示

(1)悬挂要牢固。

(2)不要损坏制动软管,否则会漏油。

6 1号将制动摩擦片从制动钳支架上取下来,并放到零件车上。

7 1号取下支架上两个定位弹簧。

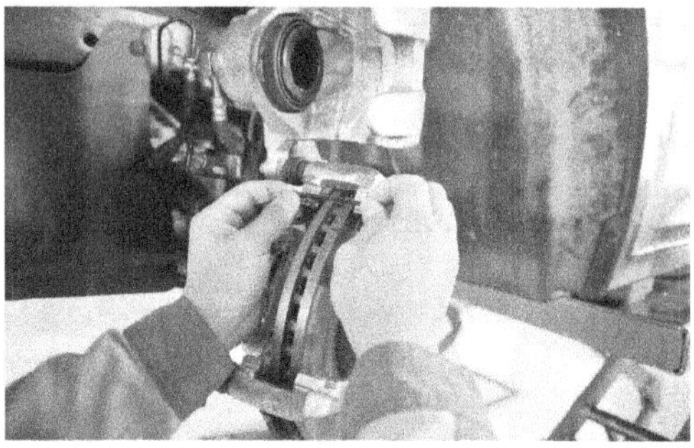

8 1号检查制动轮缸活塞是否有制动液泄漏,制动导销及护套有无卡滞或损坏等。

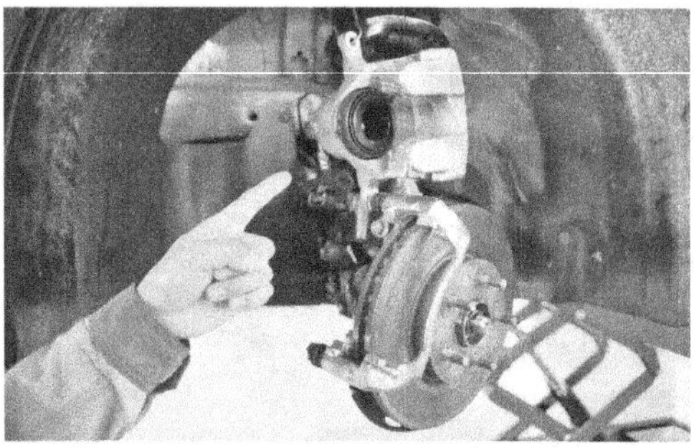

第四步　检查前轮制动摩擦片

1 1号目视检查制动摩擦片是否有裂纹、油渍、脱胶现象,并检查与制动盘的接触面积和接触位置。

提示

如发现异常情况,直接更换新制动摩擦片。

2 1号使用直尺测量制动摩擦片的厚度(上下左右4个测量点)。如果接近或达到磨损极限,需更换新件。

提示

测量时,不包括底板厚度。

第五步 更换制动摩擦片

1 1号用砂纸打磨制动盘和制动摩擦片的摩擦表面,并清理干净。

提示

严禁将油液、油脂及水粘附到制动摩擦表面上,以防引起打滑而导致的制动失效。

2 1号在定位弹簧上涂抹高温润滑脂后安装到固定支架上。

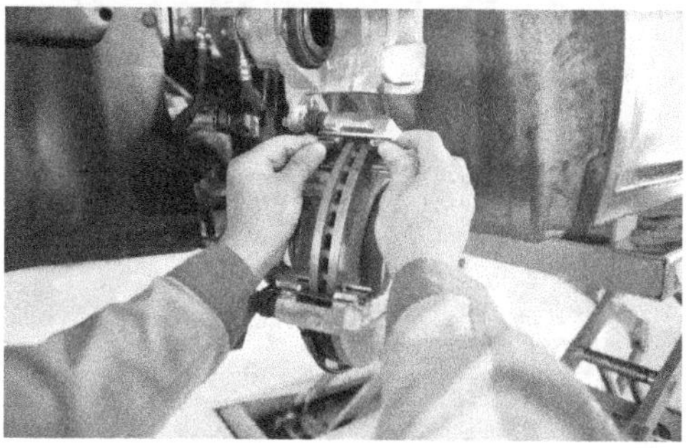

提示

只在弹簧内侧涂抹,避免油脂沾到制动摩擦片或制动盘的摩擦表面。

3 1号将新的制动摩擦片装到制动轮缸的支架上。

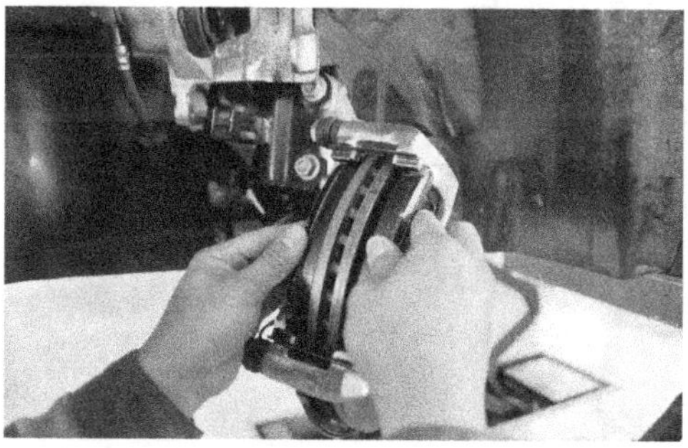

提示

安装到位,且无卡滞。

4 2号将制动轮缸活塞压缩专用工具传递给1号。

5 1号使用专用工具把活塞压回原

位,以便有足够的间隙安装新制动摩擦片。

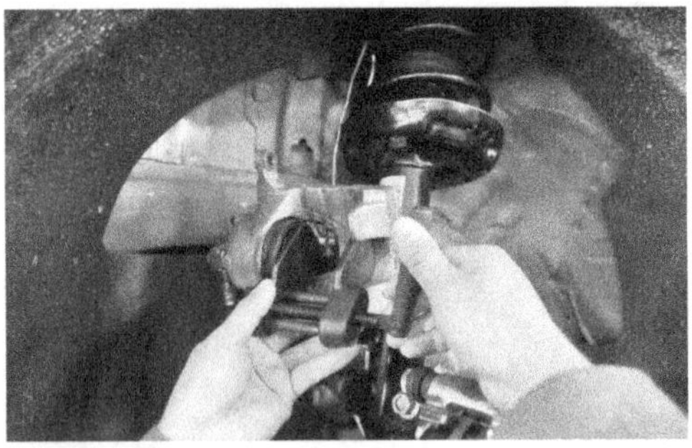

提示

正确使用专用工具,既不能损坏工具,又不能顶坏制动轮缸活塞。

6 1号从挂钩上取下制动轮缸,对正制动轮缸及支架上的螺栓孔后,将螺栓用手旋入螺栓孔内。

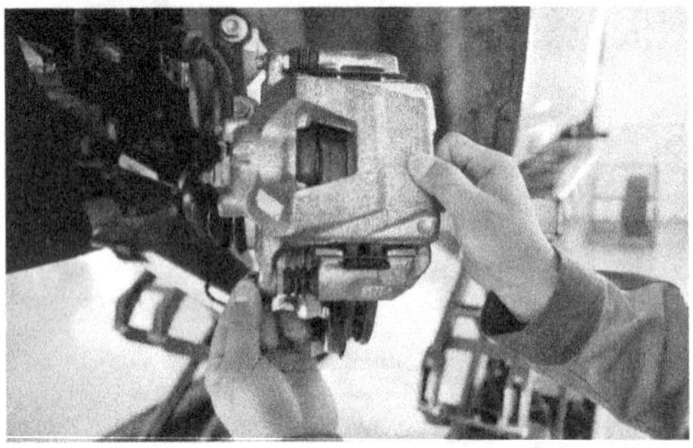

7 2号将扭力扳手和M10套筒组装好后递给1号。

8 1号使用扭力扳手和M18扳手拧紧至规定力矩(28N·m)。

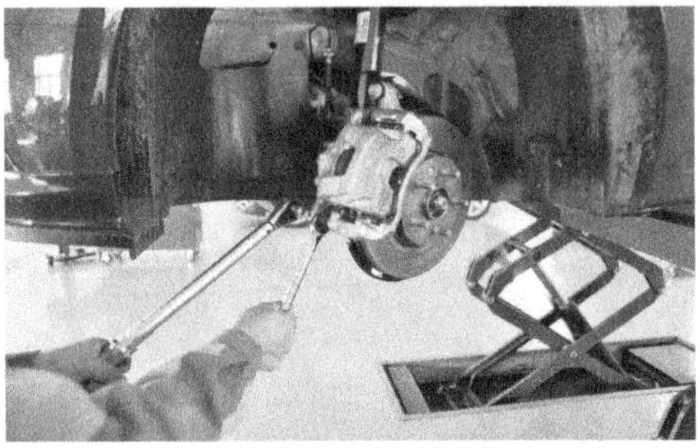

9 降下车辆,2号进驾驶室踩制动踏板,1号观察轮缸活塞,确认制动轮缸活塞和制动摩擦片复位。

第六步　安装左前车轮

1 1号将前轮向前回正方向,2号将车轮安放到轮毂上,并拧紧最上面一颗螺栓。

提示

可搬转车轮回正方向,也可打转向盘回正。

2 1号将轮胎安装到位,并依此拧紧其他几个螺栓。

提示

轮胎螺栓安装不到位,不能将车轮降落至地面,否则会使轮辋变形或损坏轮胎螺栓。

3 2号确认安全后降下车辆,使车轮与地面接触,1号使用扭矩扳手将车轮螺栓拧紧到规定力矩(80N·m)。

4 再次确认安装无误后,擦除标记。

第七步　拆卸左后、右后车轮

1 1号进入驾驶室,松开驻车制动器。

2 2号再次举升车辆至合适高度。

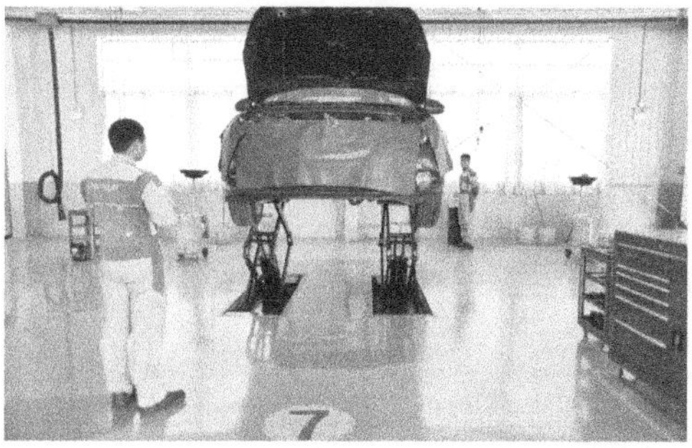

3 1号用粉笔在左后轮做位置标记(RL)。

4 2号组装好风动扳手+M19套筒传递给1号。

5 1号使用风动扳手+M19套筒对角拆卸轮胎螺栓。

提示

注意风动扳手的旋向、接口是否漏气、挡位,分2~3次拆卸。

6 2号取下轮胎,并放置到车轮的支架上。

第八步　拆卸后轮制动摩擦片

1 2号辅助,1号使用工具TX30和快速扳手拆卸制动鼓固定螺栓。

2 2号取下制动鼓,并放置到零件车上。

3 1号使用专用工具拆下后制动器调节弹簧。

4 将调节器执行器杆与调节器总成取下。

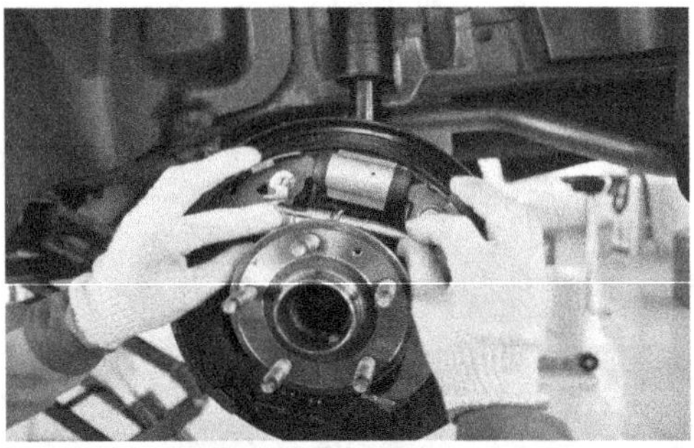

5 使用CH-346拆装工具拧动弹簧帽,拆下制动摩擦片弹簧。

6 拆下制动摩擦片，并将下弹簧从前制动摩擦片上拆下。将驻车拉索，从驻车制动杆上拆下。

7 拆下的零件按拆卸顺序整齐地放置在零件车上。

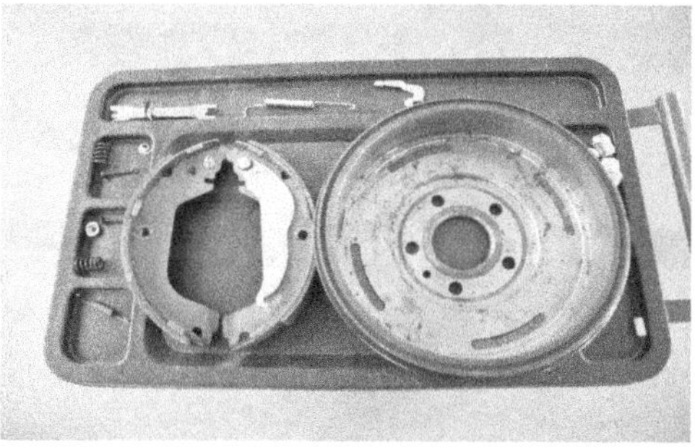

8 检查后制动轮缸活塞是否漏油、卡滞或其他损坏等。

第九步　检查后轮制动摩擦片

1 目视检查，检查制动摩擦片是否有裂纹、油渍、脱胶现象。

提示

制动摩擦片如有异常，直接更换。

2 检查制动摩擦片与制动鼓接触面积和接触位置磨损是否有异常。

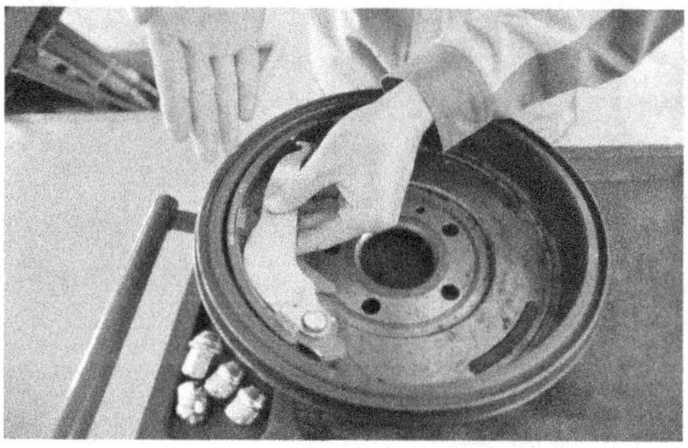

3 使用直尺测量制动摩擦片厚度值，如果接近或达到磨损极限，需更换新的制动摩擦片。

提示

磨损极限值以最薄处为基准。

第十步　更换后轮制动摩擦片

1 用砂纸打磨制动鼓和制动摩擦片的摩擦表面，并清洁。

2 将驻车拉索和下弹簧安装至制动摩擦片,然后将制动摩擦片及其相关的零件安装至制动底板上。

3 将调节器总成安装至调节器执行器杆,尽可能旋转调节器。

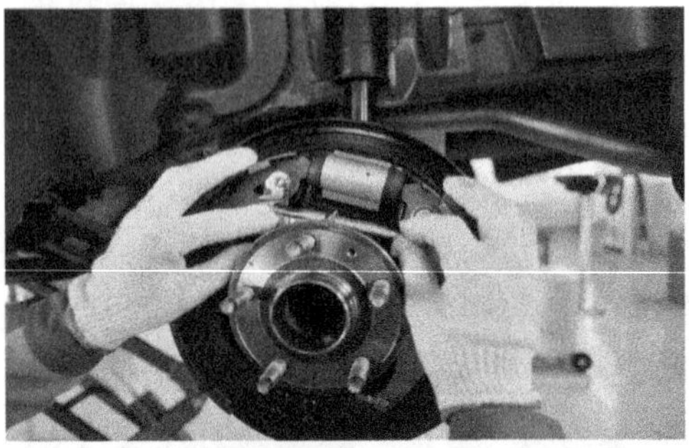

4 安装制动摩擦片。安装制动摩擦片弹簧,使用CH-346安装工具拧动弹簧帽。

提示

两块制动摩擦片结构不同,不能装反。

5 安装制动间隙自动调节器及弹簧等。

6 制动摩擦片各部件装配好后,再次检查各部分装配是否到位。

7 1号用闸瓦卡尺测量制动摩擦片安装后的外径。

提示

闸瓦卡尺是精密量具,轻拿轻放,注意维护。

8 1号、2号配合,安装制动鼓,并用TX30和扭力扳手紧固螺栓。

提示

制动鼓固定螺栓标准力矩为14N·m。

9 2号安装车轮。

提示

车辆降落与地面接触之前，必须把车轮螺栓拧紧，否则会造成轮辋变形或损坏车轮螺栓。

第十一步　制动摩擦片性能检测

1 1号进入驾驶室，连续踩制动踏板数次后，踩住制动踏板保持制动位置不变。

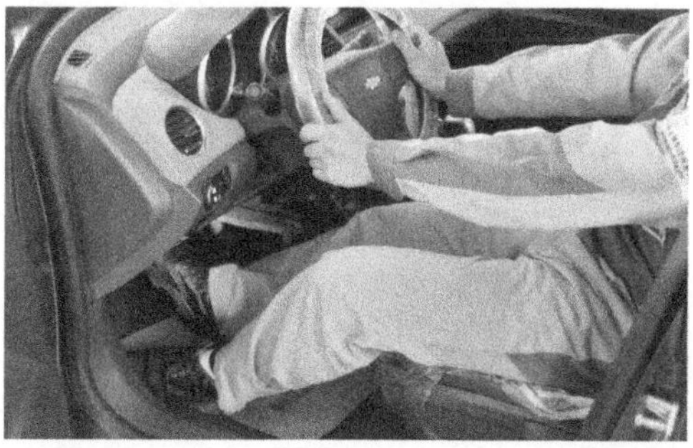

2 2号用力转动前后车轮，车轮应制动良好。放松制动踏板，再次转动前后车轮，检查制动是否卡滞等。

3 拉紧驻车制动器操纵杆，并保持制动状态。用力转动车轮，检查驻车制动器的制动性能。

4 释放驻车制动器。

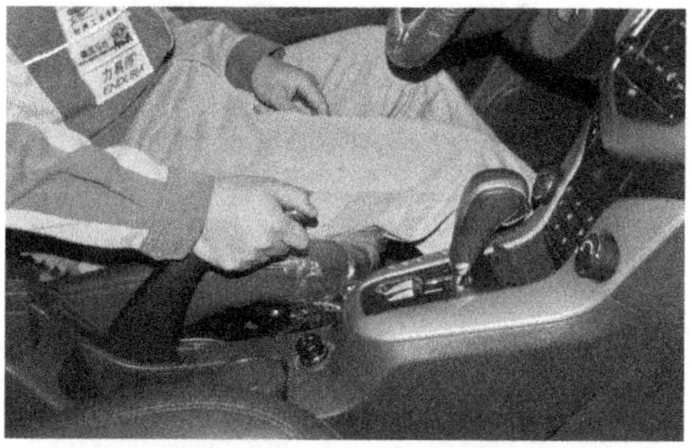

5 再次转动车轮，确认车轮转动灵活后，擦除标记。

第十二步 紧固车轮

1 操作举升机,将车辆降落到地面上。

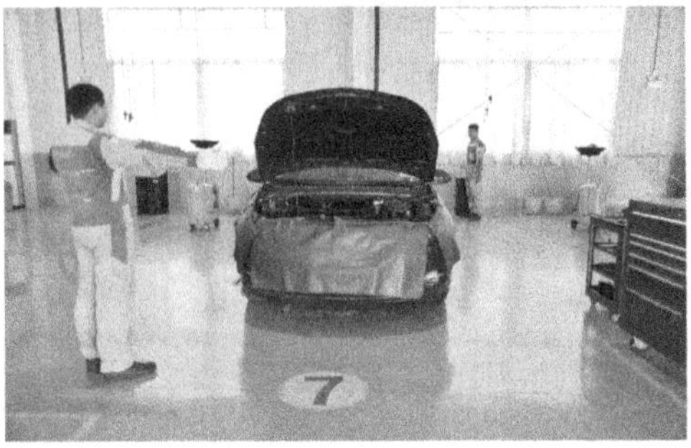

2 使用扭力扳手将几个车轮紧固到规定力矩。

第十三步 整理工位

参见“整理工位”。

八、考核标准

考核标准表

考核时间	序号	考核项目	满分	评分标准	得分
30min	1	作业前整理工位	2	酌情扣分	
	2	安装汽车内防护套	3	操作不当扣3分	
	3	安装汽车外防护罩	4	酌情扣分	
	4	轮胎上做装配记号	4	检查错误扣4分	
	5	正确举升车辆	4	操作不当扣8分	
	6	拆卸车轮	8	操作不当扣8分	
	7	拆卸制动轮缸	8	操作不当扣8分	
	8	拆卸制动摩擦片	5	举升机操作不当不得分	
	9	拆卸固定弹簧	5	检查不到位扣5分	
	10	检查制动轮缸活塞是否漏油	5	检查不到位扣5分	
	11	目视检查前轮制动摩擦片的磨损	5	检查不到位扣5分	
	12	测量摩擦片厚度	5	操作不当扣5分	
	13	用专用工具使制动轮缸活塞复位	7	操作不当扣7分	
	14	装配制动摩擦片	3	操作不当扣3分	
	15	安装制动轮缸	5	力矩不当扣5分	

续上表

考核时间	序号	考核项目	满分	评分标准	得分
30min	16	检查制动轮缸活塞复位情况	7	操作不当扣7分	
	17	安装车轮	6	操作不当扣6分	
	18	预紧车轮,擦除标记	8	力矩不当扣8分	
	19	整理并擦拭工具	4	操作不当扣4分	
	20	作业后整理工位	2	操作不当扣2分	
	21	遵守相关安全规范	因违规操作造成人身和设备事故的,总分按0分计		
分数合计			100		

项目七　检查和更换制动盘(鼓)

一、项目说明

车轮的旋转部件,有制动盘和制动鼓。制动盘多用于前轮制动器,制动鼓多用于后轮制动器。制动盘或制动鼓安装在轮毂或支撑短轴上,随车轮一起转动,并夹在内外制动蹄中间或压在前后制动蹄外部。

在车轮制动器长期使用过程中,制动盘(鼓)会产生磨损、变形、螺栓孔损坏等损伤,造成制动力下降、制动抖振、行驶跑偏、行驶摇摆及轮胎磨损加剧等。为保持或恢复汽车制动性能,保证行驶安全,减轻轮胎磨损,必须及时检查或更换制动盘(鼓)。下面以科鲁兹轿车为例来说明检查或更换制动盘(鼓)的技术规范和操作要领。

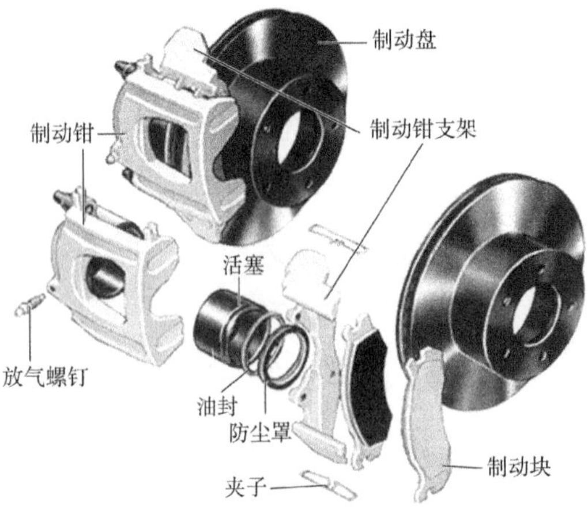

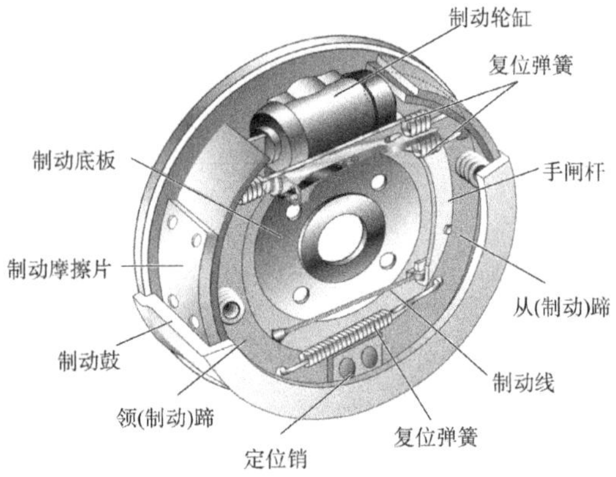

二、技术标准与要求

(1)安装科鲁兹轿车配套使用的制动摩擦片。

(2)前轮制动盘标准厚度值为20mm,磨损极限为17.8mm。

(3)前轮制动盘端面跳动量≤0.06mm。

(4)后轮制动鼓内径为200mm,磨损极限为≤1mm,圆度误差≤0.10mm。

(5)安装时,切勿将油液、油脂和水等粘附到制动盘(鼓)及制动摩擦片表面上。

(6)车轮螺栓力矩为140N·m;制动钳固定螺栓力矩为28N·m。

三、实训时间:40min

四、实训教学目标

(1)了解检查或更换制动盘(鼓)的重要性。

(2)熟悉制动器的工作原理。

(3)掌握检查或更换制动盘(鼓)的操作技能。

(4)培养学生谦虚谨慎,艰苦奋斗,努力学习的好品质。

五、实训器材

气动扳手 + M19 套筒、M18 扳手、M10 扳手、棘轮扳手、扭力扳手、直尺、闸瓦卡尺、TX30 接头、挂钩、千分尺、百分表和磁性表座等。

六、教学组织

1. 教学组织形式

每辆车安排 4 名学生参与实训,两名学生为一组。一组操作,一组观察学习。

2. 学生站位分工和要求

两名学生一组,按照 1 号、2 号进行编号,1 号为主,2 号辅助。

3. 实训教师职责

讲解操作步骤和注意事项;下达“操作开始”口令;工位间巡视、检查、指导和纠正错误。

4. 学生职责变换

两名学生实行职责变换制度,即第一遍 1 号为主,2 号辅助;第二遍 2 号为主,1 号辅助。

七、操作步骤

第一步　事前准备

参见“事前准备”。

鼓式制动器拆装

第二步　拆卸左前车轮

制动盘拆装与检测

1 2 号举升车辆到合适的位置。

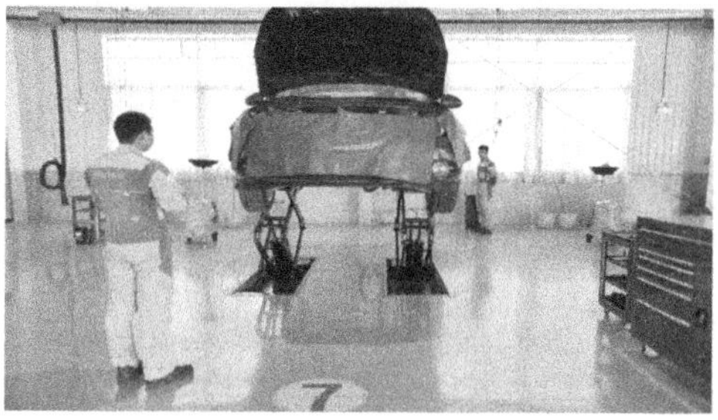

提示

举升位置因个人操作方便,以安全为宜。

2 2 号将风动扳手 + M19 套头组装好后,传递给 1 号。

3 1号使用风动扳手+M19套头对角拆卸轮胎。

提示

注意风动扳手的旋向、接口是否漏气、档位,分2~3次拆卸。

4 2号取下轮胎,并放置到车轮的支架上。

第三步 拆卸制动轮缸

1 1号将前轮搬转至一侧,将制动软管从固定支架上轻轻拉下。

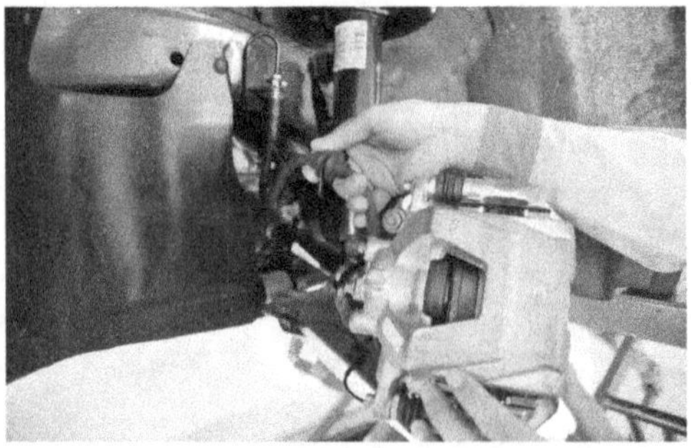

2 2号将M18扳手和M10的扳手传递给1号。

3 1号用M18扳手和M10的扳手拆卸制动轮缸两个固定螺栓。

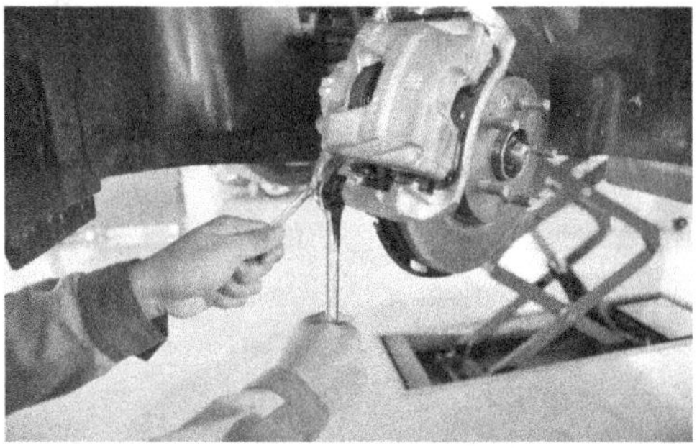

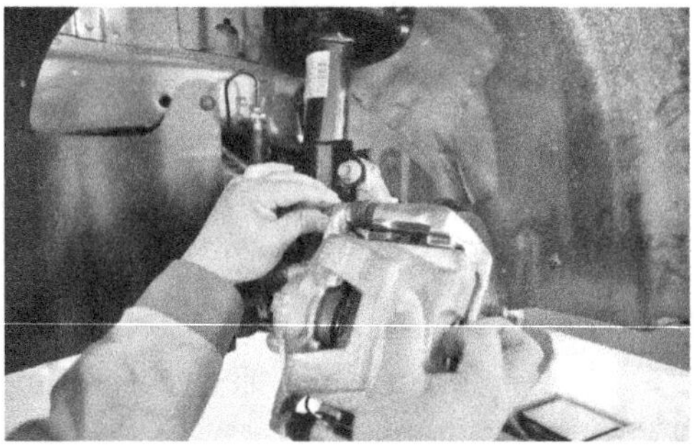

4 1号松开螺栓后,将工具递给2号,2号将工具擦拭干净放到原来的位置。

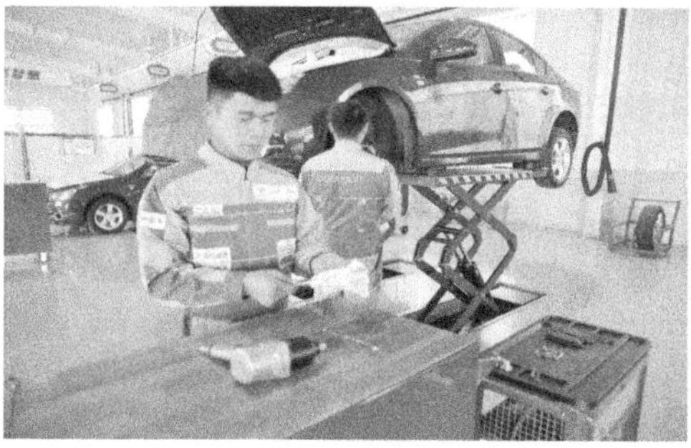

5 1号用手旋出制动轮缸的两个螺栓,把制动轮缸用挂钩挂到减振器上。

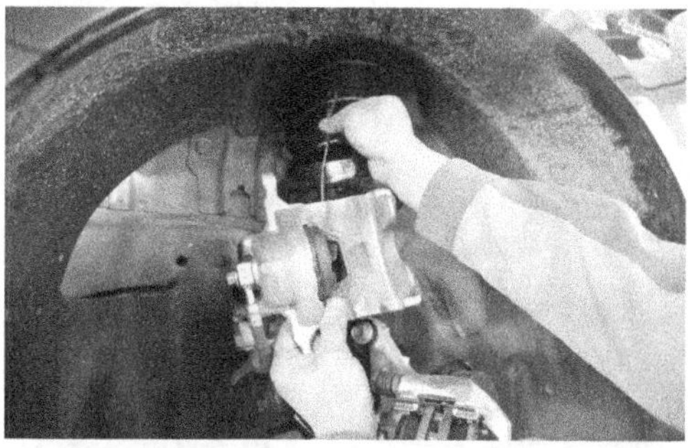

6 1号把制动摩擦片和固定弹簧从制动轮缸支架上拿下来,放到零件车上。

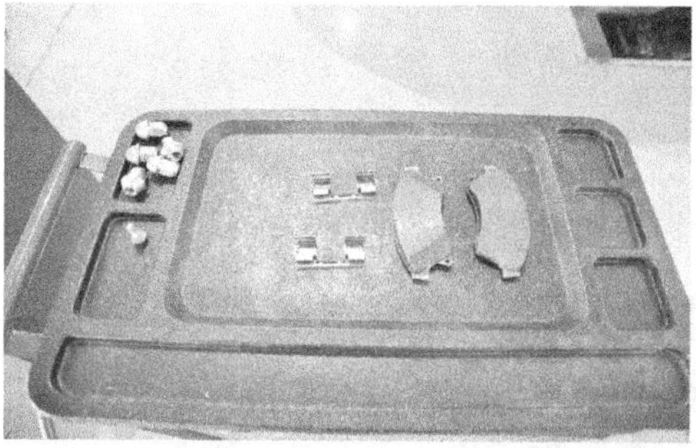

第四步　拆卸前轮制动轮缸的支架

1 2号将M18的套筒、指针式扭力组装完毕,递给1号。

2 1号拧松两个支架的两个螺栓之后,把工具递给2号。

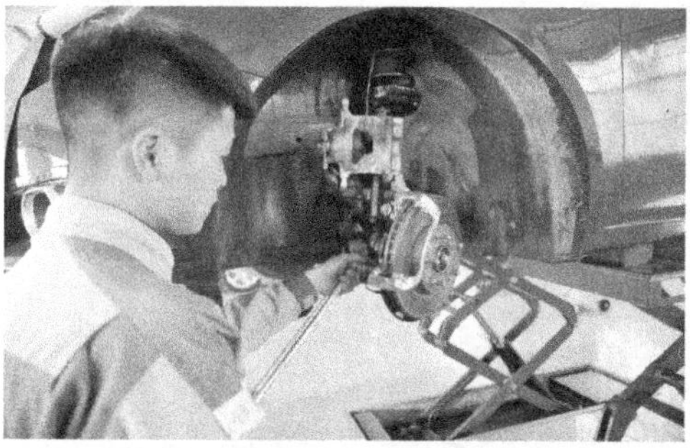

3 1号用手拧下2个固定螺栓后,取下制动轮缸的支架放到零件车上。

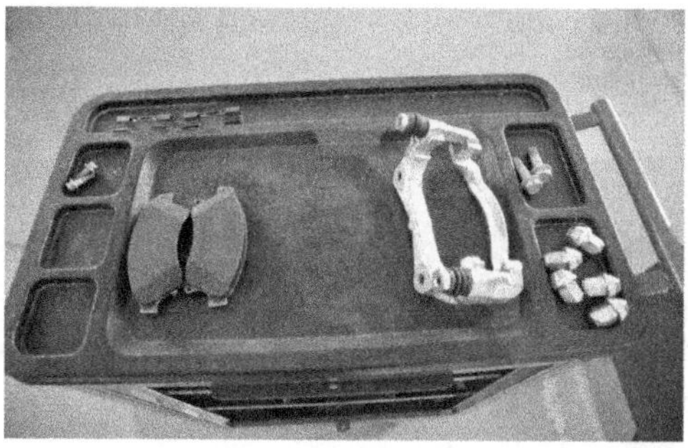

第五步 检查前轮制动盘

1 使用干净的棉纱,将前轮的制动盘摩擦表面擦拭干净。

2 在制动盘10mm处做标记。

3 1号将外径千分尺擦拭干净后校零。

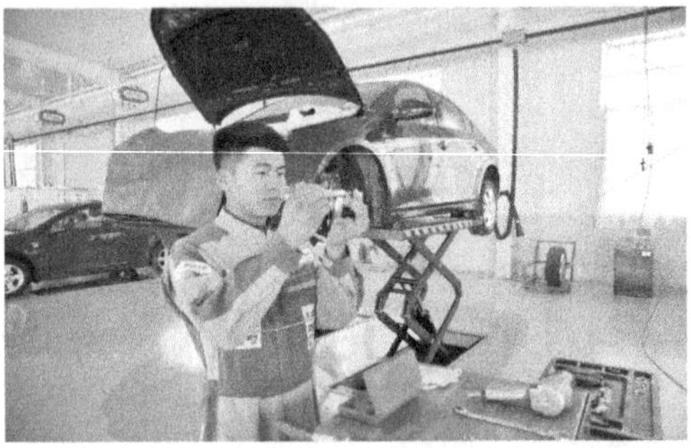

提示

外径千分尺是精密测量仪器,轻拿轻放,注意维护。

4 1号使用外径千分尺,测量前轮制动盘的厚度。

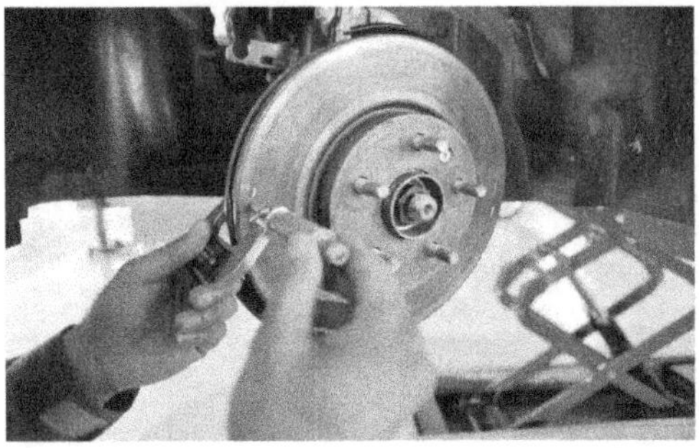

提示

(1)在垂直和水平方向选取4个点。

(2)制动盘标准厚度因车而异,一般为20mm厚。

5 测量完毕,2号将外径千分尺擦拭干净涂油后,放置到包装盒内。

6 1号清洁并检查百分表灵敏度。

7 1号组装并调整磁性表座。

8 1号将百分表座吸附在减振器支柱的适当位置。

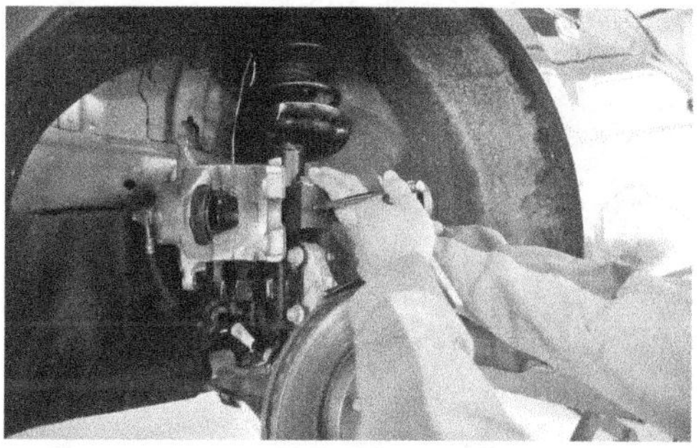

9 1号安装并调整百分表，使百分表触头垂直于制动盘端面上。

提示

百分表是精密测量仪器，轻拿轻放，注意维护。

10 1号调整百分表的位置，使触头抵住前轮制动盘摩擦表面，并使指针指向0刻度线。

11 1号用手缓慢转动前轮制动盘一周，同时观察百分表指针摆动情况。根据百分表指针的最大偏摆量，计算前轮制动盘端面跳动量。

12 2号将百分表及座分解，擦净涂油后，放回包装盒。

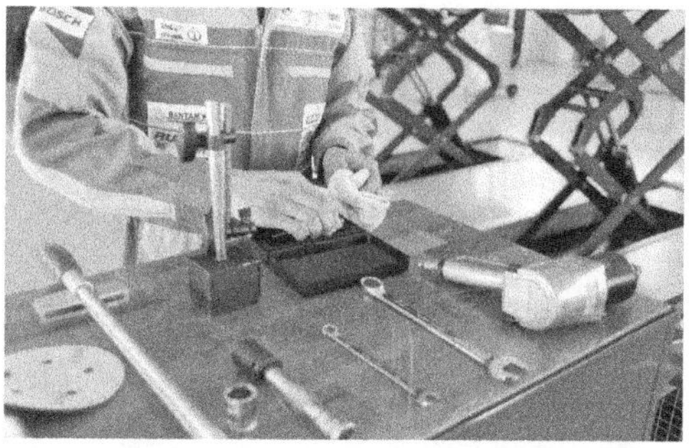

第六步 拆卸前轮制动盘

1 2号组装快速扳手和TX30后递给1号。

2 1号使用工具TX30拆卸前轮制动盘的螺丝。2号辅助配合。

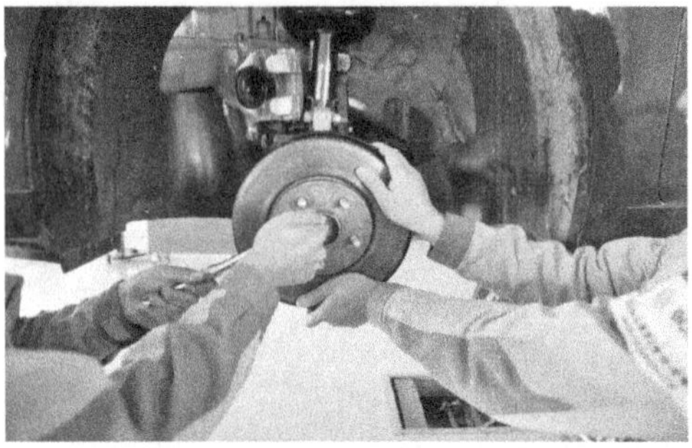

3 拆卸完毕后,把制动盘和螺栓等整齐地摆放到零件车上。

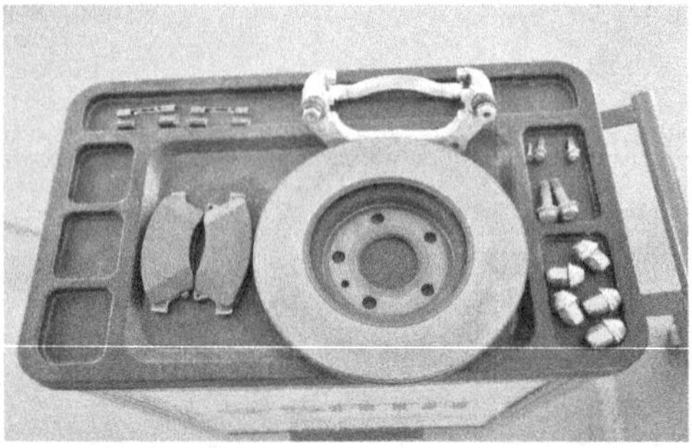

第七步 安装前轮制动盘

1 2号将前轮制动盘传递给1号。

2 1号将前轮制动盘上的定位孔对正轮毂上的螺栓孔之后,用手将定位螺栓旋入螺栓孔中。

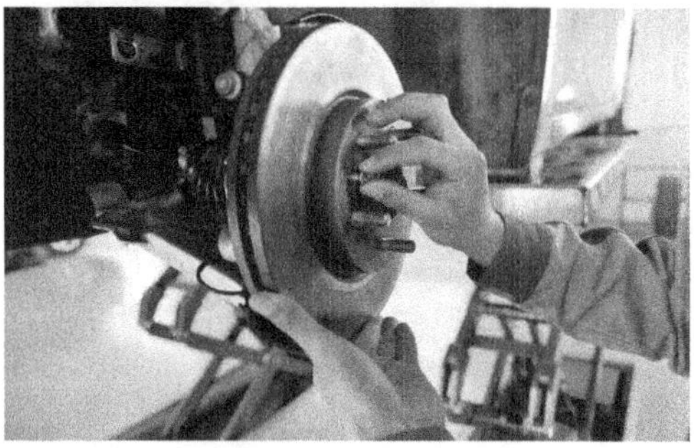

3 1号使用2号传递来的扭力扳手,将螺栓拧紧至规定力矩14N·m。

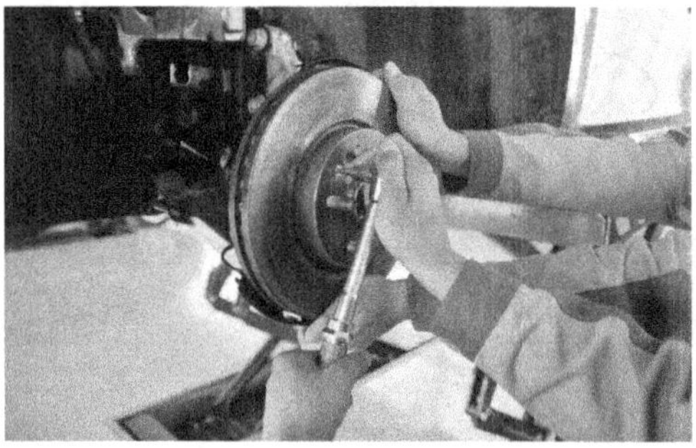

第八步 安装前轮制动轮缸、支架和制动摩擦片

1 1号装配制动钳支架,并按规定力矩拧紧。

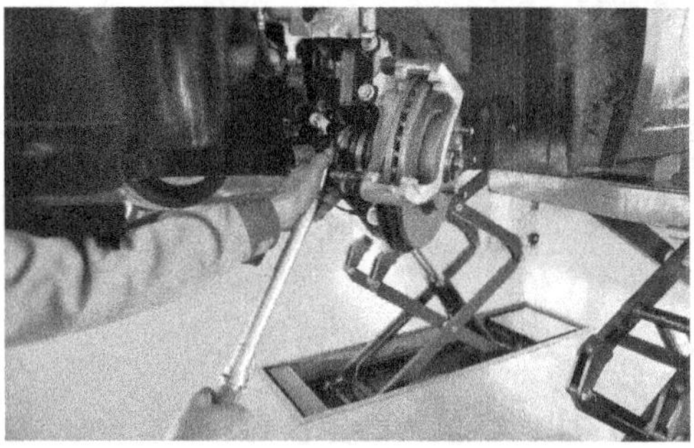

提示

拧紧力矩为28N·m。

2 1号安装固定弹簧和制动摩擦片。

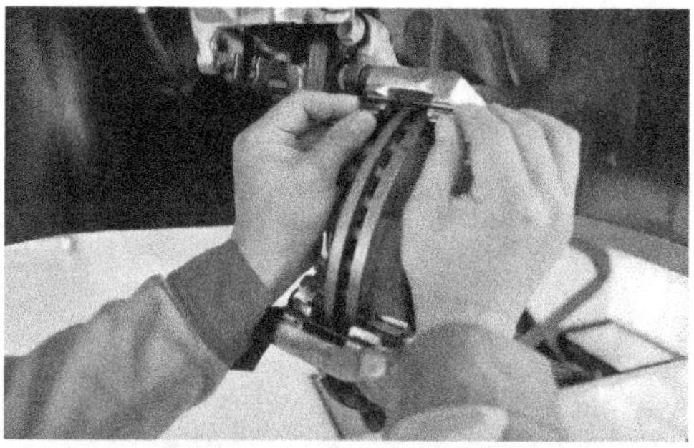

3 1号和2号配合,将前轮制动轮缸及制动蹄安装完毕。

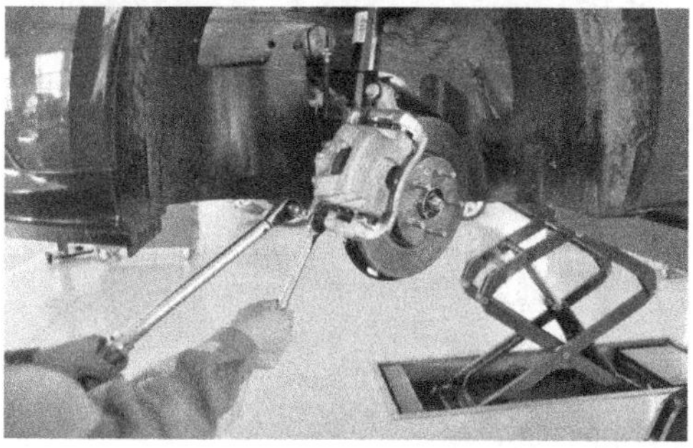

4 安装完毕后,2号进驾驶室踩制动踏板,1号检查制动轮缸活塞是否复位。

第九步　拆卸后轮制动鼓

1 1号用粉笔做好轮胎位置标记(RL)。

2 2号将风动扳手+M19套头组装好后,传递给1号。

3 1号使用风动扳手+M19号套头对角拆卸轮胎。

提示

注意风动扳手的旋向、接口是否漏气、挡位,分2~3拆卸。

4 2号取下轮胎,并放置到车轮的支架上。

5 使用TX30拆卸后轮制动鼓的固定螺钉,之后把制动鼓放到零件车上。

第十步 检查后轮制动鼓

1 1号使用汽油、毛刷、棉纱等,将制动鼓清洁干净。

2 在制动鼓深度10mm处的内径上确定3~5个测量点。

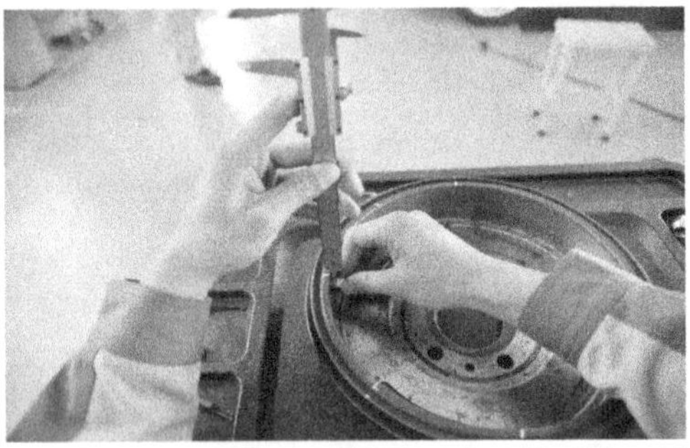

3 2号将闸瓦卡尺擦拭干净后传递给1号。

4 1号校零闸瓦卡尺,以减少测量误差。

5 1号使用闸瓦卡尺测量制动鼓的内径,计算出制动鼓的圆度误差值。

提示

使用闸瓦卡尺测量内径,在同一截面的不同方向测量3~5个制动鼓的内径值,然后计算制动鼓的圆度误差值。

6 测量完毕之后,将闸瓦卡尺擦拭干净放到工具盒里。

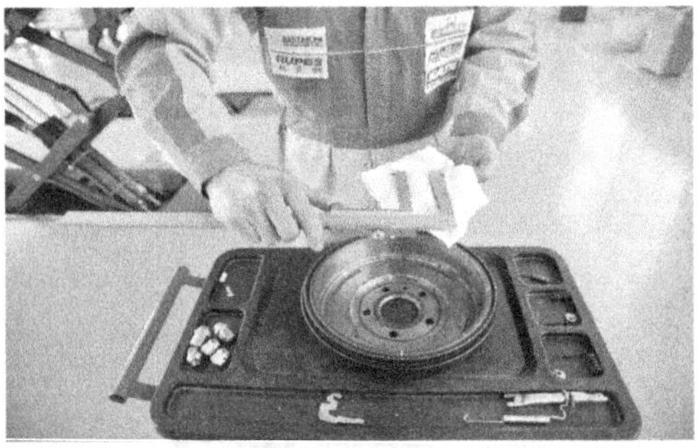

第十一步 安装后轮制动鼓

1号和2号配合,将后轮制动鼓安装完毕。

第十二步　车轮制动性能的试验

1 2号进入驾驶室,连续踏制动踏板数次后,踩住制动踏板保持制动位置。

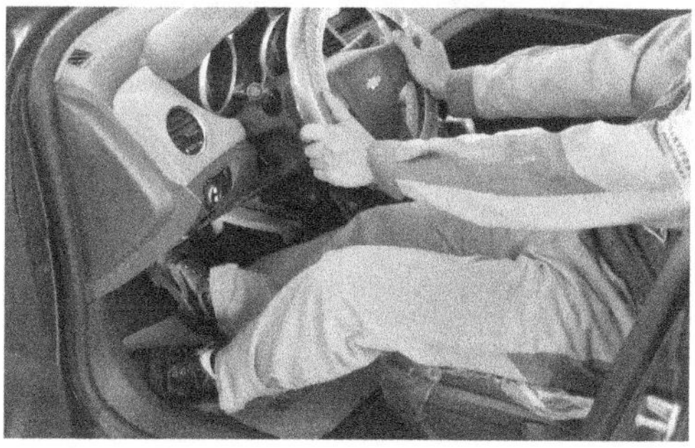

2 1号用力转动前后车轮的制动盘和制动鼓,观察能否有效制动。

3 2号拉紧驻车制动器操纵杆,并保持在制动状态。

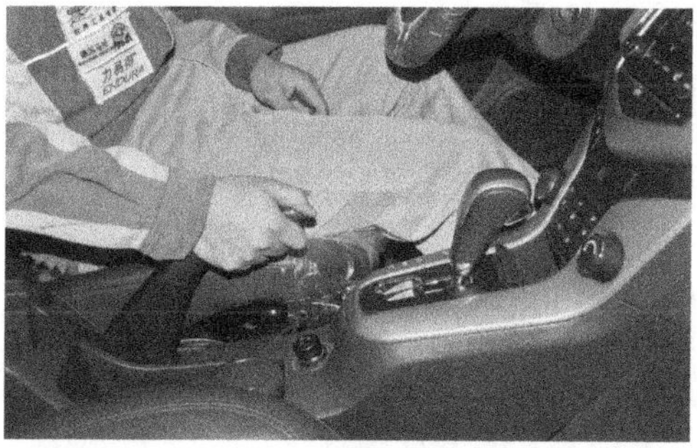

4 1号用力转动后轮制动鼓,检查驻车制动器的制动性能。

5 2号彻底放松驻车制动器操纵杆,释放驻车制动。

第十三步　安装车轮

1 1号将车轮安装到轮毂上,用手将螺栓旋入螺纹孔内,并用棘轮扳手拧紧。

2 操作举升机,将车轮降落到地面上。

3 1号使用2号传递来的扭力扳手,将车轮固定螺栓的力矩拧紧至140N·m。

4 确认安装无误后,擦除轮胎安装标记。

第十四步 整理工位

参见“整理工位”。

八、考核标准

考核标准表

考核时间	序号	考核项目	满分	评分标准	得分
30min	1	作业前整理工位	2	酌情扣分	
	2	安装汽车内防护套	3	操作不当扣3分	
	3	安装汽车外防护罩	4	酌情扣分	
	4	轮胎上做装配记号	4	检查错误扣4分	
	5	正确举升车辆	4	操作不当扣8分	
	6	拆卸车轮	8	操作不当扣9分	
	7	拆卸制动轮缸	8	操作不当扣10分	
	8	拆卸制动摩擦片和固定弹簧	5	举升机操作不当不得分	
	9	检查制动轮缸活塞是否漏油	5	检查不到位扣5分	
	10	用千分尺测量制动盘厚度	5	检查不到位扣5分	
	11	组装百分表及表座吸附于减振器支柱上	5	检查不到位扣5分	
	12	测量制动盘端面圆跳动量	5	操作不当扣5分	
	13	用专用工具使制动轮缸活塞复位	5	操作不当扣5分	
	14	更换制动盘	5	操作不当扣5分	
	15	安装制动摩擦片制动轮缸	5	力矩不当扣5分	
	16	检查制动轮缸活塞复位情况	7	操作不当扣7分	
	17	安装车轮	6	操作不当扣6分	

续上表

考核时间	序号	考核项目	满分	评分标准	得分
30min	18	预紧车轮,擦除标记	8	力矩不当扣8分	
	19	整理并擦拭工具	4	操作不当扣4分	
	20	作业后整理工位	2	操作不当扣2分	
	21	遵守相关安全规范	因违规操作造成人身和设备事故的,总分按0分计		
		分数合计	100		

项目八　检查、添加或更换手动变速器油

一、项目说明

变速器具有变速、变矩和变向功能，使汽车能够满足各种复杂路况下的行驶需要。但由于频繁换挡、长期在高转速、大负荷工况下工作，变速器的零件会产生磨损或损伤，致使其使用性能下降。为了减轻零件磨损、延长变速器使用寿命，应定期对变速器进行维护。定期检查、添加或更换变速器油，是维护变速器的重要措施之一。下面以桑塔纳 2000Gsi 型轿车为例，来说明检查、添加或更换手动变速器油的操作步骤和技术规范。

二、技术标准与要求

(1)加注桑塔纳 2000GSi 型轿车规定型号变速器油(变速器油型号 APIGL－5 或 SAE75W－90)。

(2)变速器油检查或更换周期规定：30000km 检查变速器油位；变速器油不需要更换或视情更换。

(3)变速器油液容量为 2L。

(4)加油塞、放油塞拧紧力矩为 25N·m。

(5)变速器油面应位于放油口下边沿。

三、实训时间:30min

四、实训教学目标

(1)了解检查、添加或更换变速器油的重要性。

(2)掌握检查、添加或更换变速器油的操作技能。

(3)培养良好的工作态度，坚持科技创新是第一动力。

五、实训器材

加油机

ϕ17mm 专用接头

回收桶

其他工具及器材：

驾驶室内保护罩、棉纱、防护手套及防护帽、变速器油等。

六、教学组织

1. 教学组织形式

每辆车安排4名学生参与实训，两名学生为一组。一组操作，一组观察学习。

2. 学生站位分工和要求

两名学生一组，按照1号、2号进行编号，1号为主，2号辅助。

3. 实训教师职责

讲解操作步骤和注意事项；下达“操作开始”口令；工位间巡视；检查、指导和纠正错误。

4. 学生职责变换

两名学生实行职责变换制度，即第一遍1号为主，2号辅助；第二遍2号为主，1号辅助。

七、操作步骤

第一步　事前准备

参见“事前准备”。

更换手动变速器油

第二步　检查变速器油面

1 2号操纵举升机，将车辆举升至适当高度，并可靠锁止提手臂。

2 2号将 ϕ17mm 专用接头、棘轮扳手，传递给1号。

3 1号使用 ϕ17mm 专用接头、棘轮扳手，拧松变速器放油塞。然后，2号接收工具并摆前到工具车上。

提示

(1)拧松放油塞时，保持工具与螺母内螺方配合可靠到位。

(2)禁止使用已严重磨损的工具，拆卸放油塞。否则，容易造成滑方，给拆卸带来更大困难。

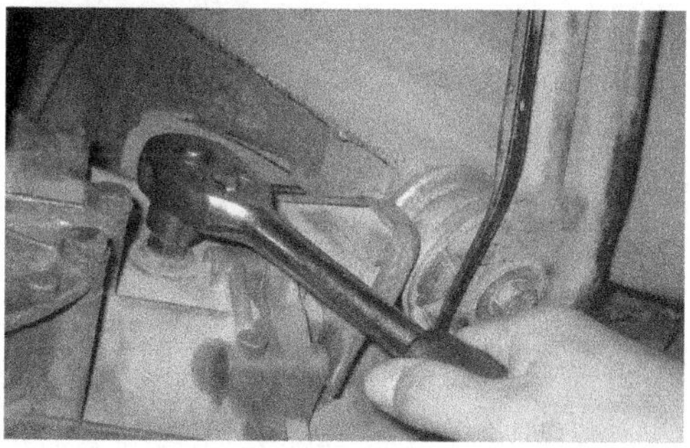

4 1号用手旋下放油塞并传递给2号。

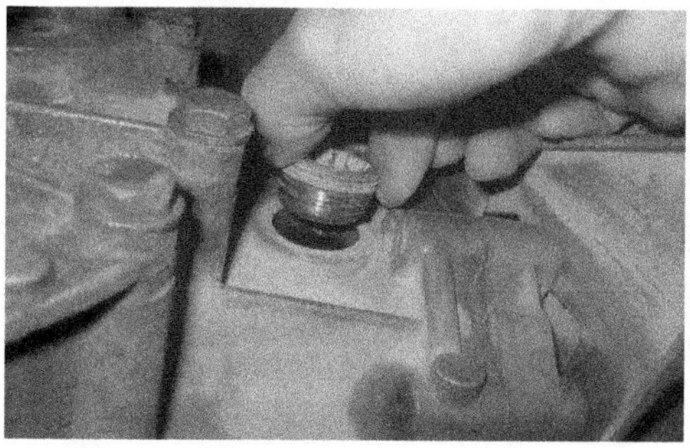

5 2号将放油塞摆放到零件车上。

6 1号查看变速器内的油面位置。

提示

(1)为便于看清油面位置，可配合灯光照明。

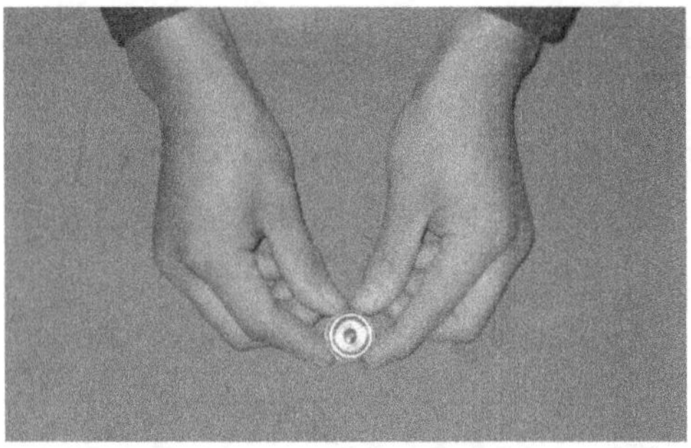

(2)变速器油面应位于放油口下边沿。如果油面低于放油口下边沿,应添加补充变速器油,直到油面达到规定要求为止。

(3)如果变速器油面正常,则将放油塞按照规定力矩拧紧。

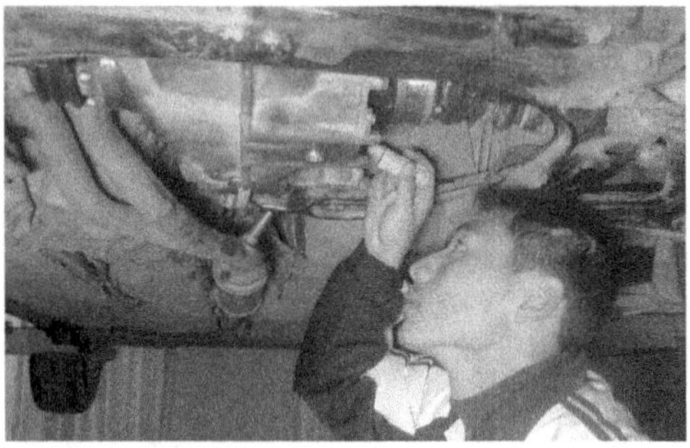

第三步 变速器漏油检查

1 1号检查变速器内换挡杆油封处是否有漏油现象。

提示

(1)内换挡杆操纵换挡拨叉,实现变速器挡位变换。变速器后端盖上安装有橡胶油封,保证变速器与内换挡杆之间可靠密封,防止变速器油泄漏。

(2)如有泄漏现象,应更换内换挡杆油封。

2 1号检查变速器壳体接合处是否有漏油现象。

提示

如果变速器壳体接合处存在漏油现象,应更换衬垫。

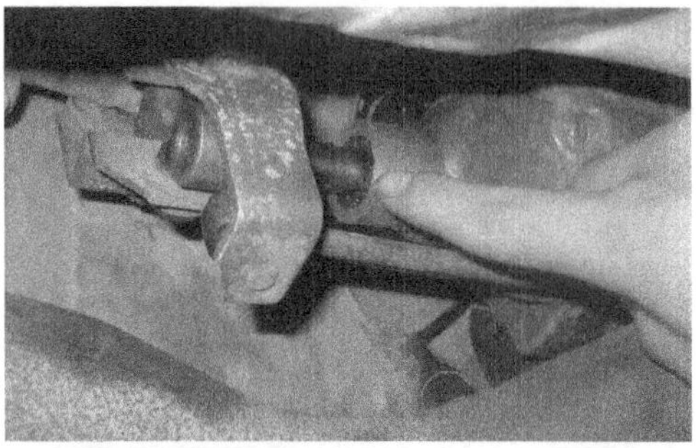

3 1号检查变速器前油封是否有漏油现象。

提示

(1)变速器前油封,用于保证变速器输入轴与壳体之间可靠密封。

(2)检查变速器前油封漏油,可通过离合器防护板下端有无油滴来判断。

(3)如果变速器前油封存在漏油现象,应更换前油封。

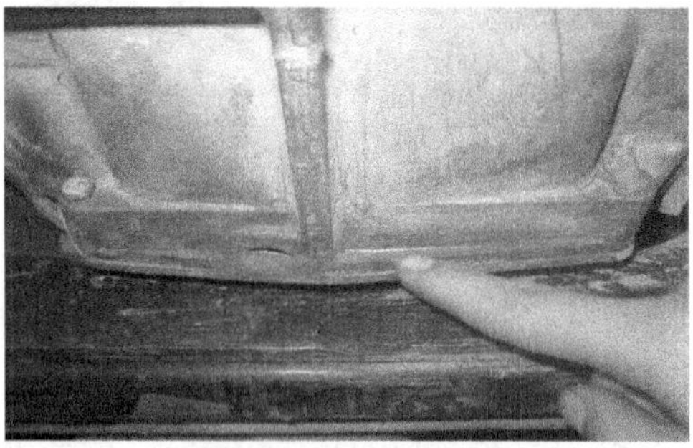

4 1号检查两侧半轴油封处是否存在漏油现象。

提示

(1)半轴油封,用于保证半轴连接凸缘

与主减速器和差速器壳体之间可靠密封。

(2)如果有漏油现象,应更换半轴油封。

第四步　添加变速器油

1　1号将变速器加油塞旋下后,2号将加油机推移到变速器下方。

2　1号将加油管插入变速器加油口中。

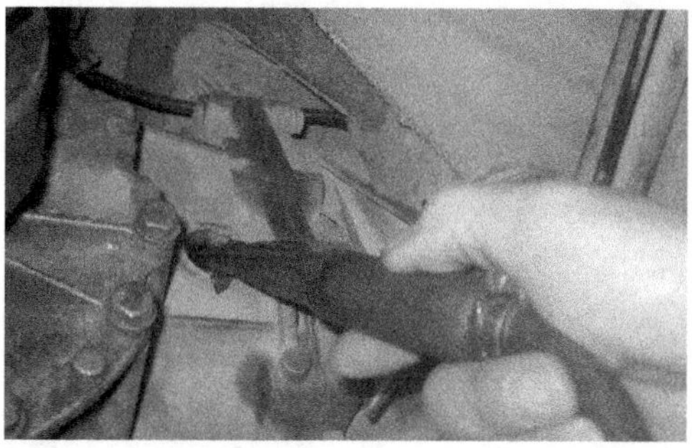

3　2号反复按压加油机加压手柄,将油液注入变速器中。

提示

按压加油机加压手柄时,操作频率不要过快,防止过量油液洒落损失。

4　1号观察变速器加油口,如有油液溢出,则告知2号停止注油。

提示

(1)变速器油面应位于加油口下边沿。

(2)添加变速器油时,为便于确定油面是否达到规定位置,以变速器加油口油液刚刚溢出作为判断依据。

(3)在加油口下方放置棉纱,防止油液滴落到地面上。

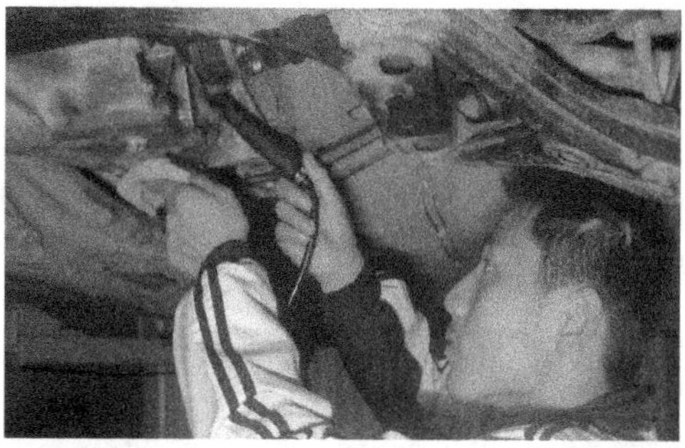

5　2号接收加油管,并将其管口插入加油机上的承孔内,最后将加油机移至规定位置。

提示

接收加油管时,在管口要覆以棉纱,避免油液滴落到地面上。

6　1号用手将加油塞旋入变速器加油口螺纹孔内。

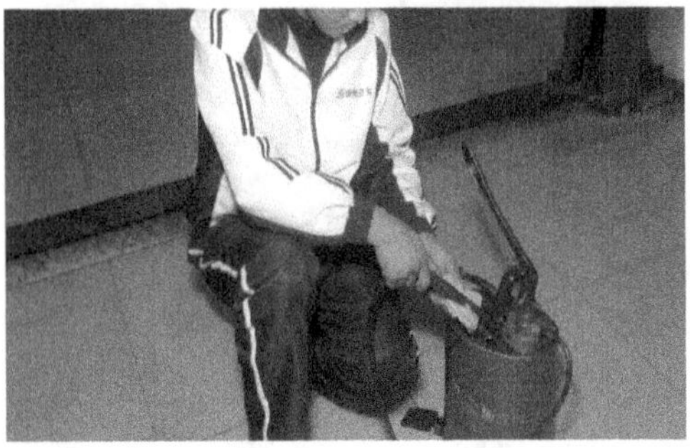

提示

(1)加油管取下后,迅速旋入加油塞,避免油液滴落到地面上。

(2)旋入加油塞时,确保对正螺纹,防止螺纹损伤,导致漏油。

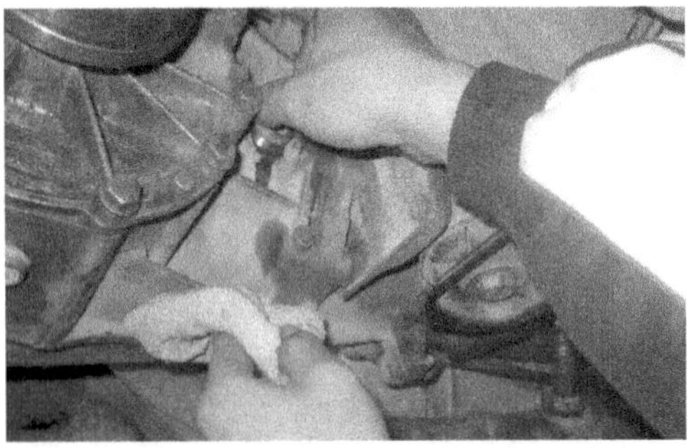

7 2号将 ϕ17mm 专用接头、棘轮扳手传递给1号。

8 1号使用 ϕ17mm 专用接头、棘轮扳手,将加油塞拧紧至适当力矩。加油塞拧紧力矩为25N·m。

提示

加油塞拧紧力矩要符合规定要求。若力矩过大,造成加油塞滑扣;若力矩过小,导致加油塞处漏油。

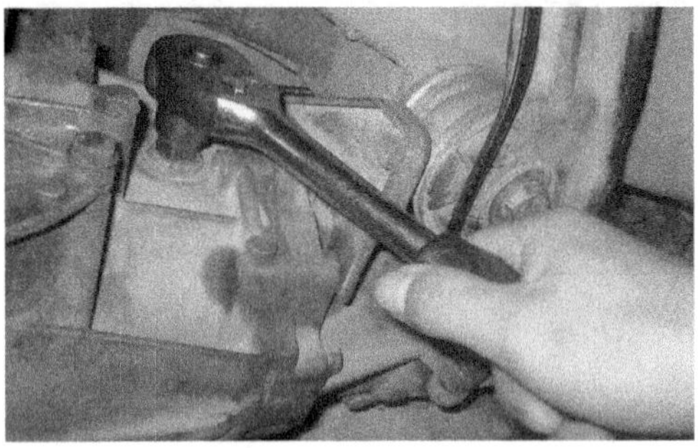

9 2号接收工具,擦拭后摆放到零件车上。

提示

注意维护工具。

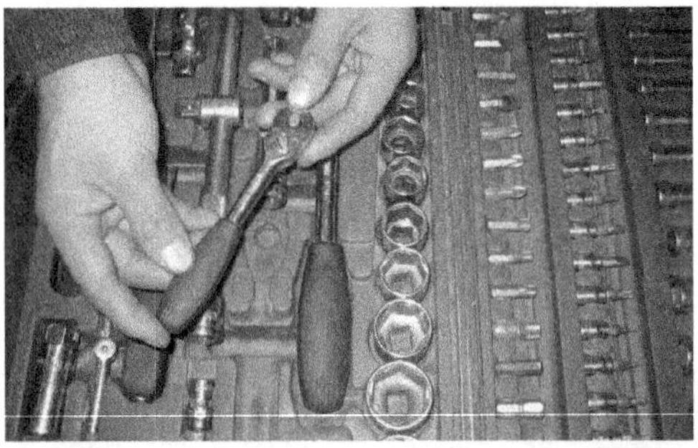

10 1号使用棉纱擦净加油塞周围的油迹。

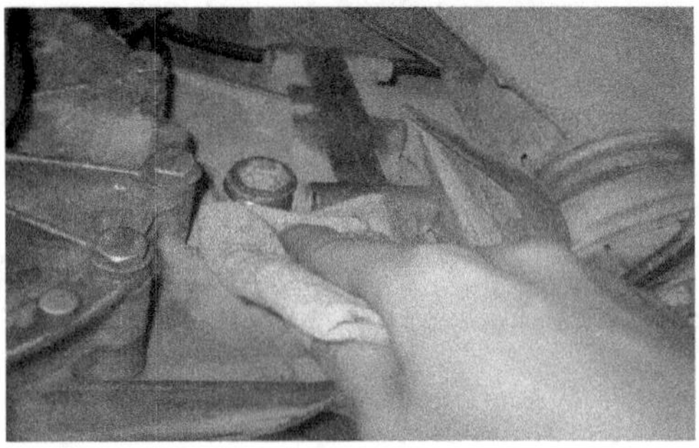

提示

加油塞安装完毕，注意擦净其周围油迹，便于检查漏油。

第五步　更换变速器油

1　2 号操纵举升机，将车辆举升到轮胎最低点距离地面约 20cm 的高度，并可靠锁止提升臂。

2　1 号进入驾驶室，打开点火开关并起动发动机，保持发动机怠速运转。

3　1 号操纵变速手柄，将变速器挂入 1 挡，保持车辆带挡运行状态。2～3min 后，将变速器置于空挡，并关闭点火开关，停止发动机运转。

提示

(1)车辆带挡短时间空载运行，目的是提高变速器温度，降低油液黏稠度，有利于彻底排放变速器油，减少变速器内残余油量。

(2)寒冷季节，预热变速器油，尤其重要。

4　2 号操纵举升机，将车辆举升至适当高度后，可靠锁止提升臂。

5　2 号将回收桶，推移至变速器下方，并对正放油塞。

6　1 号使用 2 号传递来的 ϕ17mm 专用接头、棘轮扳手，拧松变速器放油塞和加油塞。

提示

同时拧松加油塞和放油塞，可以减少操作时间。

7　2 号接收工具，擦拭后摆放到零件车上。

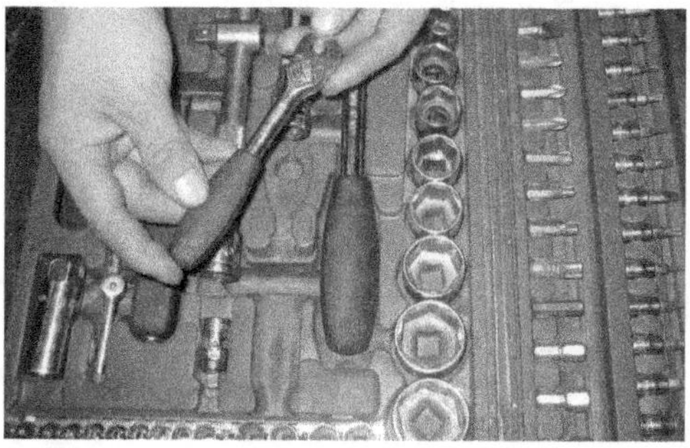

8　1 号用手旋下变速器放油塞。

提示

旋下放油塞时,注意感觉剩余螺纹多少。当感知剩余1~2圈螺纹时,转动并同时上推放油塞,螺纹全部旋出后,快速移开放油塞,油液急速流入回收桶。如此操作,可以防止油液流到手上和身上。

9 1号用手旋下加油塞,并传递给2号。

提示

排放变速器油时,同时取下加油塞,可以加快油液排放速度。

10 待变速器放油口处,油液不再滴落时,1号用手旋上放油塞。

提示

旋入放油塞时,确保对正螺纹,防止螺纹损伤,导致漏油。

11 2号将回收桶,移至规定位置。

12 1号使用2号传递来的ϕ17mm专用接头、棘轮扳手,将放油塞拧紧至适当力矩。放油塞拧紧力矩为25N·m。

提示

放油塞拧紧力矩要符合规定要求。若力矩过大,造成放油塞滑扣;若力矩过小,导致加放油塞处漏油。

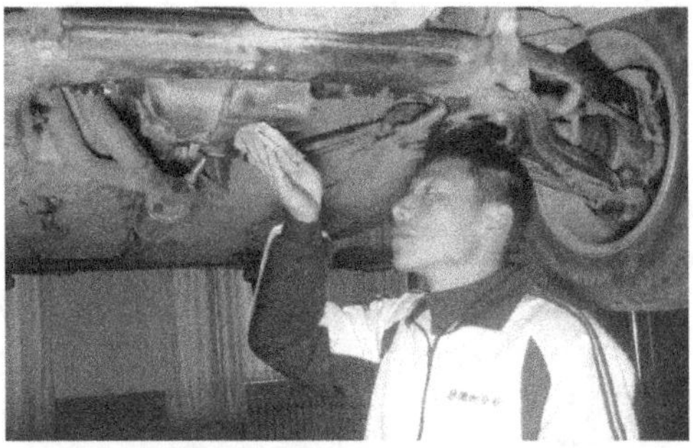

13 2号接收工具,擦拭后摆放到零件车上。之后,将加油机推移至变速器下方。

14 1号、2号配合，将变速器油加注到规定液位，并将加油塞拧紧至规定力矩。加油塞的拧紧力矩为25N·m。

提示

加注变速器油的详细操作步骤和注意事项，请参阅“第四步　添加变速器油”。

15 1号使用棉纱，擦净放油塞和加油塞周围的油迹。

提示

擦净放油塞和加油塞周围的油迹，便于检查漏油。

第六步　检查油液泄漏

1 2号操纵举升机，将车辆降落到轮胎最低点距离地面约20cm的高度，并可靠锁止提升臂。

2 1号进入驾驶室，起动发动机，操纵变速手柄，变换变速器挡位，并保持车辆带挡运行状态。3～5min后，将变速器置于空挡，并关闭点火开关，停止发动机运转。

提示

车辆带挡运行，一是检验变速器换挡性能；二是提高变速器油温，便于检查泄漏。

3 2号操纵举升机，将车辆举升至适当高度，并可靠锁止提升臂。

4 1号检查变速器的放油塞和加油塞处，是否存在油液泄漏。

提示

如果存在泄漏现象，应修复后，车辆再投入使用。

5 2号操纵举升机,将车辆降落到地面上。

第七步 整理工位

参见“整理工位”。

八、考核标准

考核标准表

考核时间	序号	考核项目	满分	评分标准	得分
30min	1	作业前整理工位	5	酌情扣分	
	2	安装汽车保护罩	6	酌情扣分	
	3	举升或降落车辆	8	操作不当扣8分	
	4	检查变速器油面	10	检查不当扣10分	
	5	内换挡杆油封漏油检查	7	检查不当扣7分	
	6	变速器壳体接合面漏油检查	7	检查不当扣7分	
	7	变速器前油封漏油检查	7	检查不当扣7分	
	8	半轴油封漏油检查	7	检查不当扣7分	
	9	添加变速器油	10	操作不当扣10分	
	10	擦拭加、放油塞周围油迹	6	操作遗漏扣6分	
	11	带挡运行车辆	8	操作不当扣8分	
	12	拆装加油塞、放油塞	8	操作不当扣8分	
	13	工具维护	6	维护不当扣6分	
	14	作业后整理工位	5	酌情扣分	
	15	遵守相关安全规范	因违规操作造成人身和设备事故的,总分按0分计		
		分数合计	100		

项目九　检查、添加或更换转向助力液

一、项目说明

1. 概述

目前,汽车上安装的动力转向装置有液压式和电动式两种。采用动力转向装置的汽车,转向操纵性能大幅度提高,使汽车转向变得既轻便又灵活。液压式动力转向装置广泛应用于高速轿车和重型载货汽车。

对于液压动力转向装置而言,在使用过程中会出现助力油变白、起泡、浑浊、液位下降等现象,致使动力转向装置性能下降或丧失,造成汽车转向沉重。其主要原因是助力油与空气混合、转向助力液达到更换周期和管路存在泄漏。因此,应定期检查、添加或更换转向助力液,保证转向助力装置能够正常工作。下面以桑塔纳2000GSi型轿车为例来说明检查、添加或更换转向助力液的操作步骤和技术规范。

2. 液压式动力转向装置的组成和工作原理

(1)液压式动力转向装置的组成。

液压式动力转向装置是在原有机械式转向系统基础上,增设了一套液压助力装置,主要由转向盘、转向柱、转向器、转向油泵、储液罐、油管等组成。

(2)液压式动力转向装置的工作原理。

汽车转向时,驾驶员只需在转向盘上作用较小的力,此时,由发动机驱动的转向油泵建立的高油压便在控制阀的控制下进入动力油缸,推动转向轮偏转,实现汽车转向。

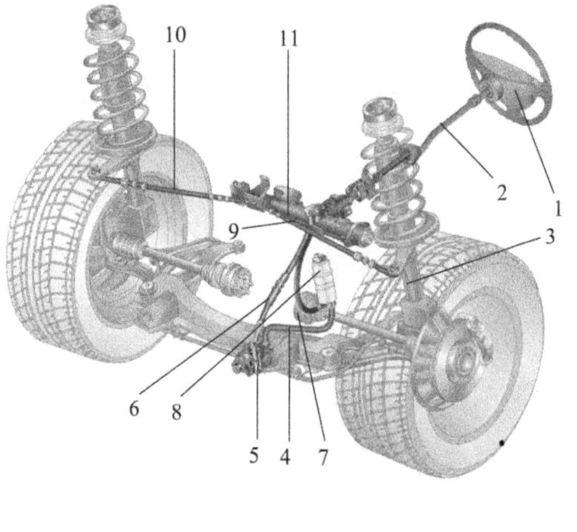

液压式动力转向装置

1-转向盘;2-转向轴;3-转向臂(焊接在前悬架支柱上);4-吸油管;5-叶片泵;6-高压油管;7-低压油管;8-储油罐;9-左横拉杆;10-右横拉杆;11-动力转向器

二、技术标准与要求

(1)加注桑塔纳2000GSi型轿车规定型号转向助力液。

(2)助力液在工作温度下(50℃),液面应位于标尺的"MAX"和"MIN"刻度线之间。

(3)转向助力油检查周期为7500km或6个月。

(4)液压动力转向装置的助力油容量为0.7~0.9L。

三、实训时间:30min

四、实训教学目标

(1)了解检查、添加或更换助力油的重要性。

(2)熟悉转向助力系统的组成和工作原理。

(3)掌握检查、添加或更换转向助力油的操作技能。

五、实训器材

接油容器

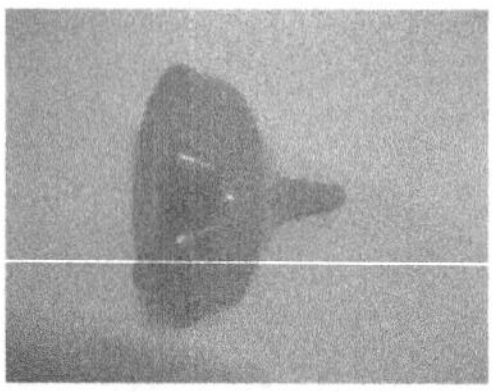

漏斗

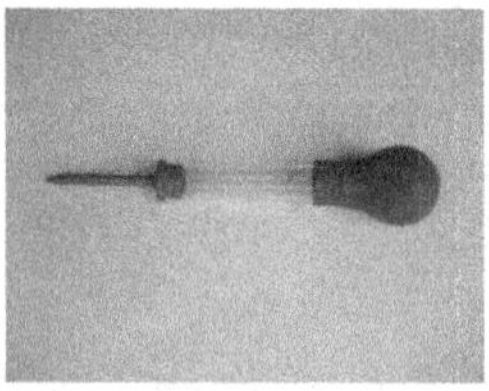

吸管

其他工具及器材:

鲤鱼钳、棉纱、防护手套、油管、护裙、转向助力油、驾驶室内保护罩等。

六、教学组织

1. 教学组织形式

每辆车安排4名学生参与实训,两名学生为一组。一组操作,一组观察学习。

2. 学生站位分工和要求

两名学生一组,按照1号、2号进行编号,1号为主,2号辅助。

3. 实训教师职责

讲解操作步骤和注意事项;下达“操作开始”口令;工位间巡视、检查、指导和纠正错误。

4. 学生职责变换

两名学生实行职责变换制度,即第一遍1号为主,2号辅助;第二遍2号为主,1号辅助。

七、操作步骤

第一步 事前准备

参见“事前准备”。

第二步 检查助力液面

1 2号进入驾驶室,将转向盘调正,使转向盘上的车标朝向正前方向。

提示

调整转向盘时,可将转向盘从一端极限位置旋转到另一端极限位置,然后退回到中间位置。此时,转向盘上的车标应朝向车辆正前方向。

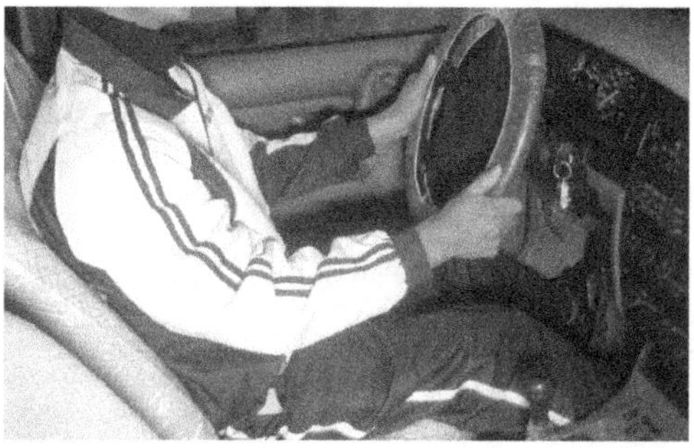

2 1号在车辆前方，观察车辆两前车轮应保持直线行驶状态。

提示

车辆在直线行驶状态下，液压动力转向系统不工作，系统内助力液不受挤压。只有在此条件下，方可进行液压动力转向系统内的液面检查作业。

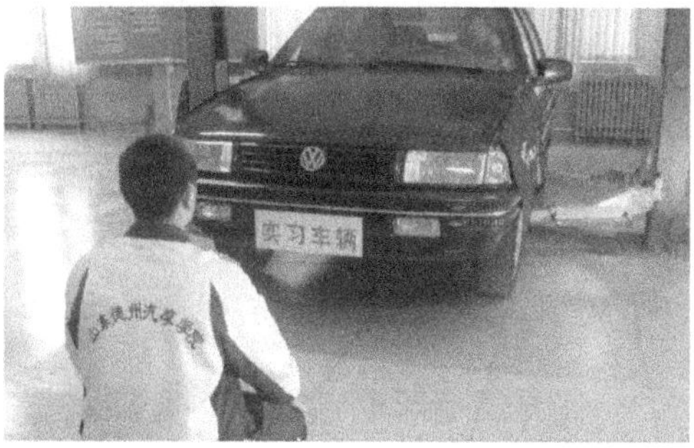

3 转向助力系统的储液罐，安装在发动机舱内靠近蓄电池的位置。

4 1号用手旋下储液罐盖，使用棉纱擦净标尺上的油迹。

提示

擦净标尺上的油迹，防止油液滴落到车身、地面上。同时为检查油面位置做好准备。

5 1号观察标尺上的刻度线。

提示

标尺与储液罐盖制成一体，标尺上标注有“MAX”和“MIN”刻度线，分别指示液面的最高和最低极限位置。

6 1号先将盖旋紧在储液罐上，然后将盖旋下，察看标尺上显示的液面位置。

提示

(1)旋下储液罐盖后，在标尺下方放置一块棉纱，防止油液滴落到车身和地面上。

(2)助力液在冷态下，液面应位于标尺的“MIN”刻度线附近；助力液在工作温度下

(50℃),液面应位于标尺的“MAX”与“MIN”刻度线之间。

若液面高于规定刻度线,应吸出多余助力油;若液面低于规定刻度线,应进行系统泄漏检查,然后添加适量助力油。

第三步　系统泄漏检查

1 2号进入驾驶室,起动发动机并保持怠速运转。

2 2号转动转向盘至极限位置并保持不变。

提示

发动机运转,转向盘处于转向极限位置。此时液压动力转向系统中的油压最大,便于进行泄漏检查。

3 1号操纵举升机,将车辆举升至适当高度,并可靠锁止提升臂。

4 1号检查转向器壳及各油管接头处是否有漏油现象。

提示

(1)转向器上有两根油管。一根是来自转向油泵的高压油管,另一根是通向储液罐的回油管。

(2)造成转向器漏油的重要因素之一是在发动机运转情况下,转向盘处于极限位置并保持较长时间,使得动力油缸内油压过大。

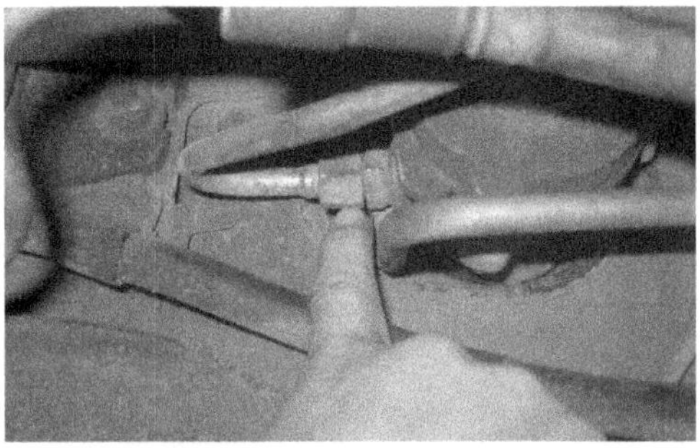

5 1号检查转向油泵及各管接头处是否有漏油现象。

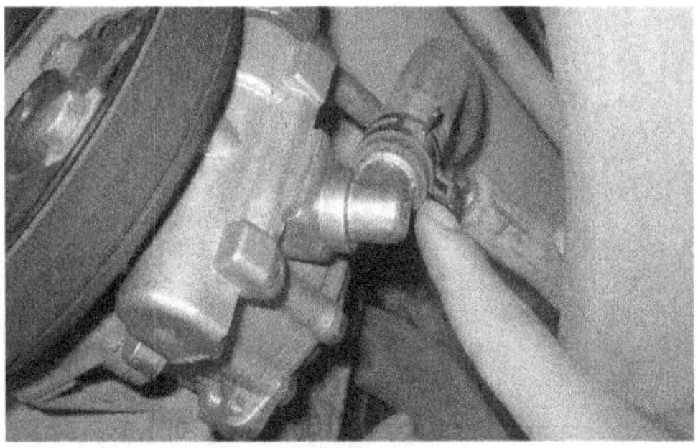

提示

转向油泵上有高低压两根油管。一根是来自储液罐的进油软管,另一根是通向转向器的高压油管。转向油泵漏油,主要是轴承及油封损坏所致。

6 1号检查储液罐及各管接头处是否有漏油现象。

提示

储液罐上有两根油管。一根是为转向油泵提供助力油的供油软管,另一根是转向器的回油管。

7 2号将转向盘回正,发动机熄火后使用尖嘴钳,拆卸转向器上的波纹管卡箍。

8 1号拨开波纹管与转向器连接端,检查波纹管内是否存留助力液。

提示

如果波纹管内存留助力液,证明转向器的动力油缸漏油,应更换转向器总成。

第四步 添加助力液

1 车辆停驻在平坦地面上,保持前转向车轮处于直线行驶状态。

提示

液压助力系统不工作的情况下,可保证储液罐中显示液面的可靠性。

2 1号用手旋下储液罐盖,用棉纱擦净标尺上的油迹后,传递给2号。

提示

擦净标尺上的油迹,防止油液滴落到车身、地面上。

3 2号将储液罐盖摆放到零件车上。

提示

传递和摆放储液罐盖的过程中,注意不

要掉落和重压,避免损坏标尺和储液罐盖。

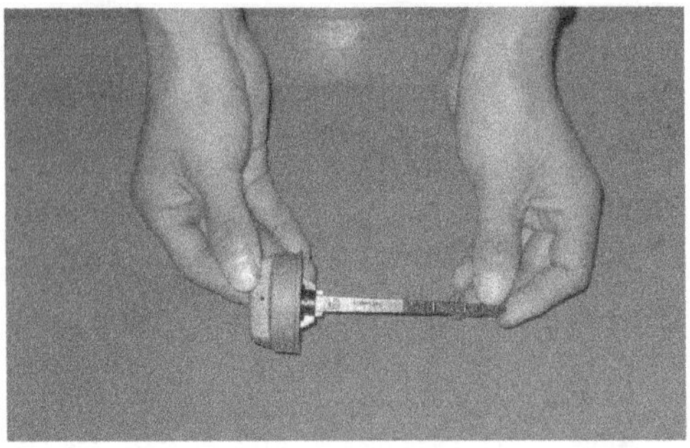

4 2号将转向助力液桶传递给1号。

5 2号将漏斗插入储液罐内;1号旋下助力液桶盖,稍稍倾斜油桶,将加油口对准漏斗,缓缓地将助力液加入储液罐内。

提示

在加注助力液时,油流不要过急,同时注意观察液面高度变化,防止油液溢出损失。

6 加注一定数量助力液后,1号将盖旋紧在储液罐上,然后再旋下储液罐盖,查看标尺上显示的液面位置。若液量不足,则继续添加;若液量超出,则用吸管吸出。如此反复操作,直到液面符合规定要求为止。

提示

(1)旋下储液罐盖后,在标尺下方放置一块棉纱,防止油液滴落到车身和地面上。

(2)助力液在冷态下,液面应位于标尺的"MIN"刻度线附近;助力液在工作温度下(50℃),液面应位于标尺的"MAX"与"MIN"刻度线之间。

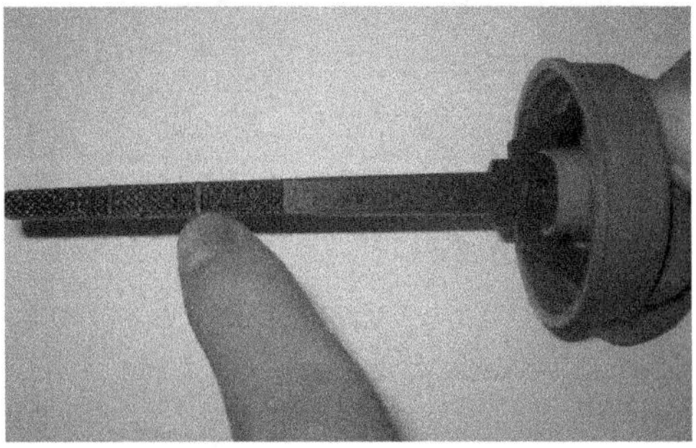

第五步 排放助力液

如果助力液出现变白、起泡、浑浊等现象,应及时更换助力液。

1 1号用手旋下储液罐盖,擦净标尺上的油迹后,传递给2号。2号将储液罐盖摆放到零件车上。

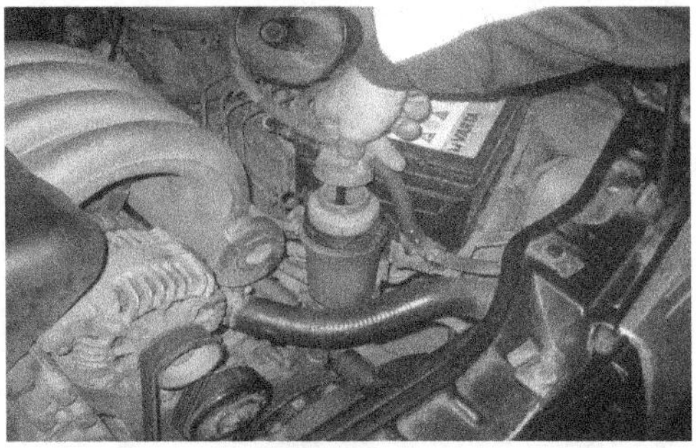

2 2号将吸管和接油容器传递给1号。

3 1号使用吸管,吸出储液罐内的助力液,盛放到接油容器内。

提示

尽量吸净储液罐内的助力液，减少拆卸油管时的洒失量。

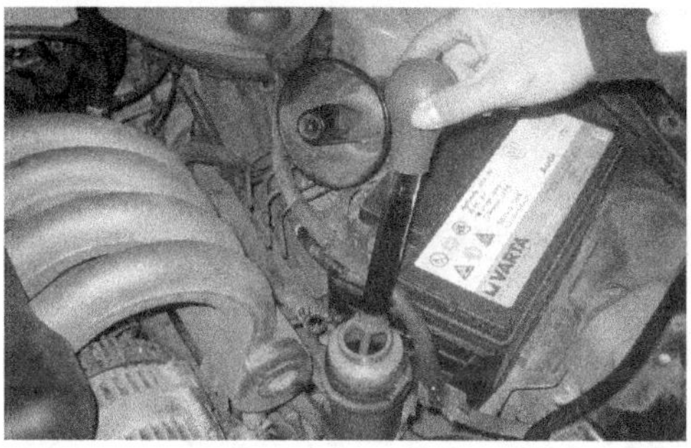

4 2号接收吸管和接油容器，并摆放到零件车上。

提示

注意不要将油液洒落到身上和地面上。

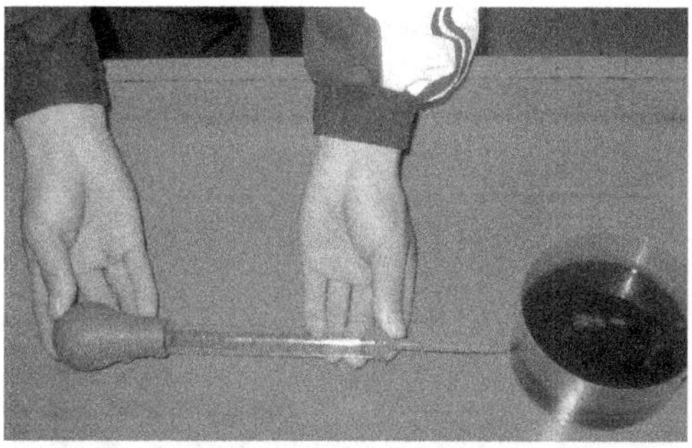

5 2号操纵举升机，将车辆举升至轮胎最低点距离地面约30cm的高度，并可靠锁止提升臂。

6 2号将鲤鱼钳传递给1号。

7 1号使用鲤鱼钳，将转向器回油管与储液罐连接端的压紧卡箍，拉离油管与管接头接触部位。

提示

(1)回油管压紧卡箍，因弹力较大，张开和移动时，注意保持用力持久均衡。

(2)压紧卡箍所处空间狭小，拆卸难度较大，应佩戴防护手套，防止碰伤手。

8 2号将接油容器置于助力油泵下方；1号用手转动并拉出回油管，助力液流入接油容器中。

提示

(1)此时排放的是回油管中的助力液。

(2)进油软管即将拉出时,2号注意调整接油容器位置,避免助力液洒落到地面上。

9 待回油管中的助力液排放完后,1号将一适当长度软管与回油管和接油容器连接起来。

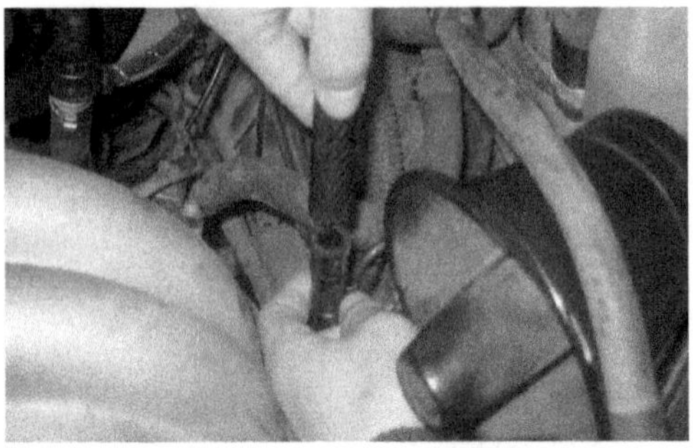

提示

通过一根软管将回油管和接油容器连接起来,以便于接收助力系统中的剩余助力液。

10 将管路连接完毕。2号进入驾驶室,起动发动机并保持怠速运转,同时左右转动转向盘至极限位置10次左右。

提示

通过转动转向盘,可以将转向油泵和转向器动力油缸内的助力液排放出来。

11 1号观察接油容器内无助力液排出后,告知2号停止发动机运转和转动转向盘。

提示

此时液压助力系统中的助力油排放完毕。

第六步 清洗系统油路

1 1号将适当的堵头安装到储液罐的回油管接口上。

2 1号、2号配合,将新的助力液加注

到储液罐内，直到液面达到标尺的“MAX”刻度线。

3 2号进入驾驶室，起动发动机并保持怠速运转，同时左右转动转向盘至极限位置10次左右。

提示

(1)通过新的助力液在液压管路内循环流动，可将系统中残留助力液和管路、动力油缸内的油渍等冲洗干净。

(2)1号注意观察储液罐内助力液存量，不足时及时添加。

4 1号观察接油容器内，系统中排出的助力液状况。如果助力液呈清亮透明色泽，则证明系统油路已清洗干净。告知2号停止发动机运转和转动转向盘。

提示

至此液压助力系统的油路清洗完毕。

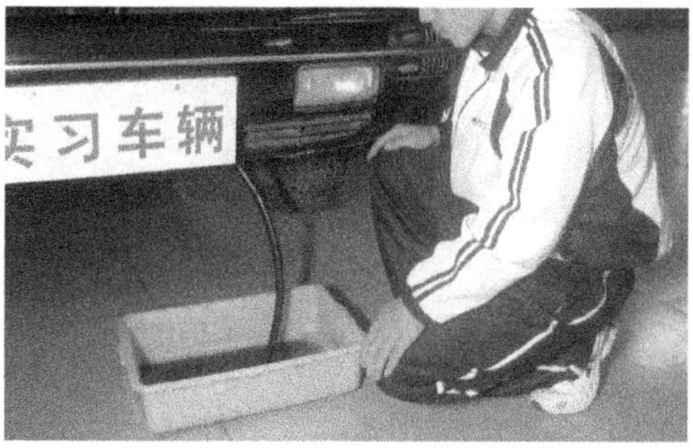

第七步　加注助力液

1 1号取下连接油管堵头后，将转向器的回油管连接到储液罐的回油管接头上。

2 1号使用2号传递来的鲤鱼钳，将回油管卡箍安装到位。

1号、2号共同配合，将助力液加注到储液罐内，并保持液面达到“MAX”刻度线。

提示

加注助力液的操作步骤和规范要求，请参阅前文。

第八步　系统排气

1 2号进入驾驶室,左右转动转向盘至极限位置10次左右。

提示

(1)保持车轮离地状态,排放系统内空气,使转向省力。

(2)发动机不运转,转向助力系统不工作,更有利于系统内大量空气排放。

(3)注意观察储液罐中的油量变化,必要时添加补充。

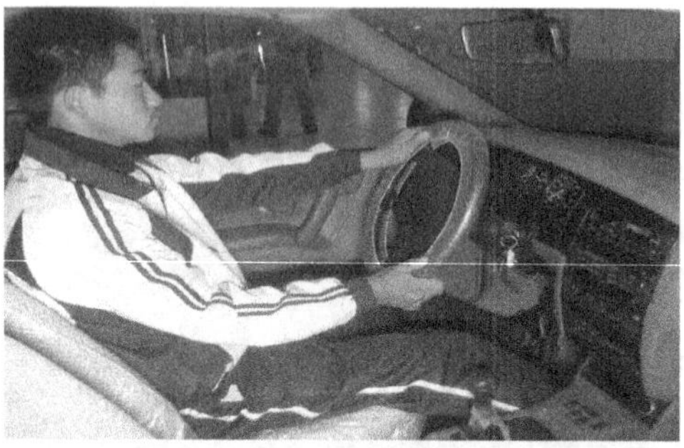

2 1号观察储液罐中空气排放情况。

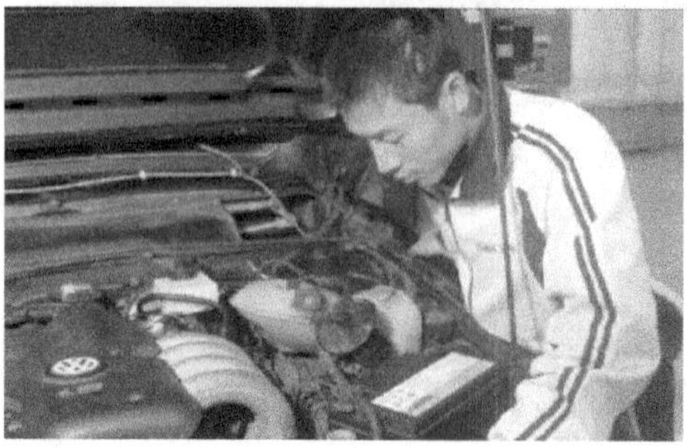

提示

当系统中存有空气时,随着转向盘的转动,储液罐内会有气泡冒出。

3 当储液罐中不再有气泡出现后,1号操纵举升机,将车辆降落到地面上。

4 2号起动发动机并保持怠速运转。

提示

起动发动机前注意3点:

(1)确认驻车制动器操纵杆已拉紧。

(2)变速器处于空挡位置。

(3)安全确认口令“起动”“正常”。

5 2号再次左右转动转向盘至极限位置10次左右。

提示

起动发动机后,液压助力系统建立起油压。转动转向盘时,既有利于排出系统内的残余空气,又可以检验系统的工作性能。

6 1号检查储液罐内助力液面，应位于“MAX”和“MIN”刻度线之间。若液面低于“MIN”刻度线，应添加补充助力油；若液面高于“MAX”刻度线，应吸出多余助力液。

提示

系统中还存留极少量空气，但在行车10～20km后，空气会自动溢出。

第九步　整理工位

参见“整理工位”。

八、考核标准

考核标准表

考核时间	序号	考核项目	满分	评分标准	得分
30min	1	作业前整理工位	2	酌情扣分	
	2	打开并支撑发动机舱盖	2	操作不当扣2分	
	3	安装汽车保护罩	2	酌情扣分	
	4	车辆工位可靠停驻	2	停驻不到位扣2分	
	5	检查助力液面	7	检查不当扣7分	
	6	保持前转向车轮直线行驶状态	5	调整不当扣5分	
	7	调整转向盘于中间位置	5	调整不当扣5分	
	8	举升或降落车辆	6	操作不当扣6分	
	9	建立最大转向助力油压	6	操作不当扣6分	
	10	检查油泵及软管接头密封性	5	检查遗漏扣5分	
	11	检查储液罐及软管接头密封性	5	检查遗漏扣5分	
	12	检查转向器及软管接头密封性	5	检查遗漏扣5分	
	13	添加助力液	7	操作不当扣7分	
	14	排放助力液	8	操作不当扣8分	
	15	清洗系统管路	8	操作不当扣8分	
	16	加注助力液	6	操作不当扣6分	
	17	液压系统排气	12	操作不当扣12分	
	18	说明助力液面高度标准	5	说明错误扣5分	
	19	作业后整理工位	2	操作不当扣2分	
		遵守相关安全规范	因违规操作造成人身和设备事故的，总分按0分计		
		分数合计	100		

项目十　检查或更换前后轮轴承

一、项目说明

1. 概述

汽车前后轮轴承承载汽车质量并承受来自车轮的旋转力和地面的冲击力。一般，车轮轴承有推力球轴承和圆锥滚柱轴承两种，安装在轮毂轴承孔中或车轮支撑轴上。推力球轴承采用扭矩紧固，圆锥滚柱轴承采用预紧力调整。

在车辆使用过程中，因摩擦、拆装及润滑等因素，会使车轮轴承产生磨损或损伤，造成车辆行驶摇摆、振动、异响、轮胎异常磨损等故障，给车辆行驶安全性、乘坐舒适性及使用经济性带来严重影响。因此，应定期对车轮轴承进行检查与维护，并及时更换已损坏的轴承，以恢复和提高车辆使用性能。下面以桑塔纳2000GSi型轿车为例，说明检查或更换前后轮轴承的操作步骤和技术规范。

2. 前后轮轴承安装位置

二、技术标准与要求

(1)安装桑塔纳2000GSi型轿车配套车轮轴承。

(2)后轮轴承预紧力标准为，在手指压力下用一字形螺丝刀刚好能够拨动止推垫圈。

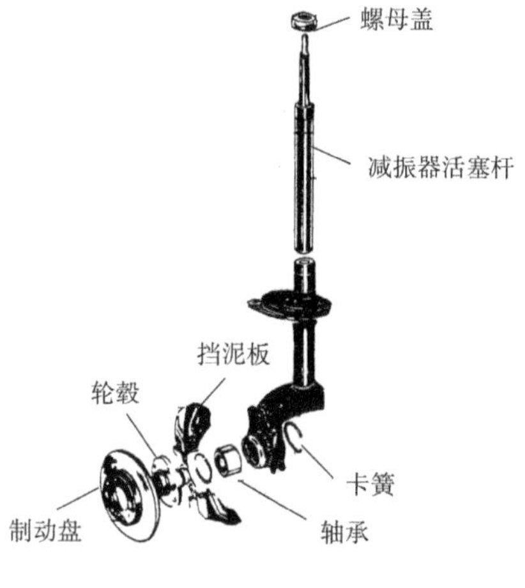

前轮轴承安装位置

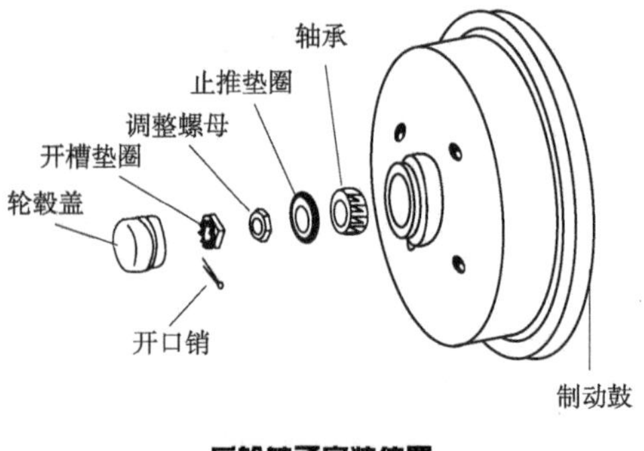

后轮轴承安装位置

(3)使用铜棒冲出后轮轴承外圈。

(4)使用压力机具压出或安装前轮轴承和轮毂；使用压力机安装后轮轴承外圈。

(5)前轮轴承自锁螺母拧紧力矩230N·m；车轮螺栓拧紧力矩 110N·m。

三、实训时间:40min

四、实训教学目标

(1)了解检查或更换前后轮轴承的重要性。

(2)掌握检查或更换前后轮轴承的操作技能。

(3)培养爱党报国、敬业奉献精神。

五、实训器材

压力机

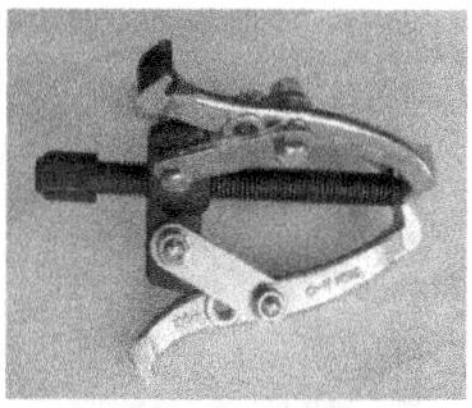

顶拔器

拆卸球头专用工具

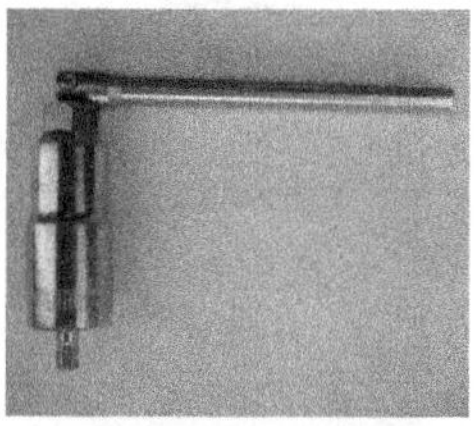

拆装减振器专用工具

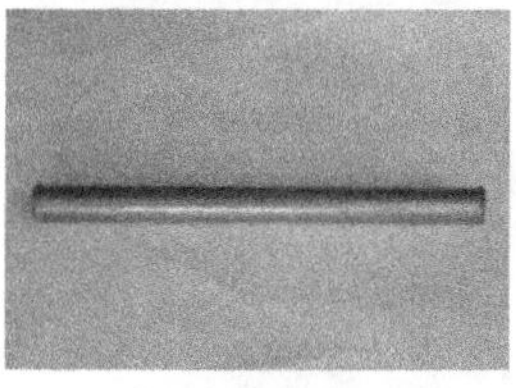

铜棒

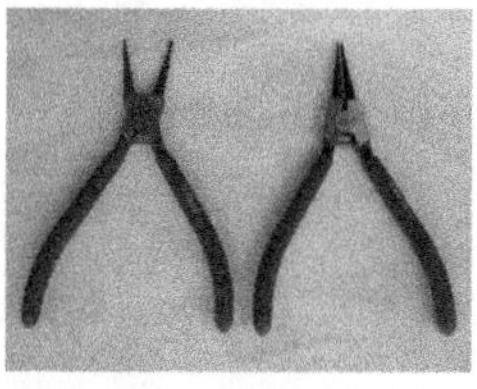

卡簧钳

其他工具及器材：

ϕ30mm 套筒、ϕ15mm 套筒、ϕ17mm 套筒、ϕ24mm 套筒、扭力扳手、接杆、棘轮扳手、20-22mm 开口扳手、ϕ7mm 内六角扳手、ϕ5mm 内六角扳手、铁锤、一字螺丝刀、冲击螺丝刀、车轮扳手、铁锤、撬棒、棉纱、清洗油、毛刷、防护手套、粗砂布等。

六、教学组织

1. 教学组织形式

每辆车安排 4 名学生参与实训，两名学生为一组。一组操作，一组观察学习。

2. 学生站位分工和要求

两名学生一组，按照 1 号、2 号进行编号，1 号为主，2 号辅助。

3. 实训教师职责

讲解操作步骤和注意事项；下达“操作开始”口令；工位间巡视、检查、指导和纠正错误。

4. 学生职责变换

两名学生实行职责变换制度，即第一遍 1 号为主，2 号辅助；第二遍 2 号为主，1 号辅助。

七、操作步骤

第一步　事前准备

参见“事前准备”。

第二步　拧松前车轮轮毂固定螺母

1　2 号将一字螺丝刀传递给 1 号。

2 1号使用一字螺丝刀,取下两前车轮装饰罩并传递给2号。

提示

取下车轮防护罩时,使用螺丝刀插入防护罩上的拆卸孔中,撬出防护罩。

3 2号将车轮装饰罩摆放到零件车上之后,将 ϕ30mm 套筒、扭力扳手传递给1号。

4 1号使用 ϕ30mm 套筒、扭力扳手,拧松两前车轮轮毂固定螺母。

提示

轮毂固定螺母拧紧力矩为 230N · m。拧松螺母时,要使车轮着地,使用符合扭矩要求的扭力扳手。

第三步 拆卸前后车轮

1 1号、2号配合,拆卸前轮。

2 1号、2号配合,拆卸后轮。

3 1号将拆卸后的车轮摆放到车轮支架上。

第四步　拆卸前轮制动轮缸及制动蹄

1 1号、2号配合，将前轮制动轮缸及制动蹄取下。

2 1号将制动轮缸可靠悬挂于车身的适当位置。2号将制动蹄摆放到零件车上。

第五步　拆卸前轮制动轮缸支架

1 2号将 ϕ15mm 套筒、棘轮扳手传递给1号。

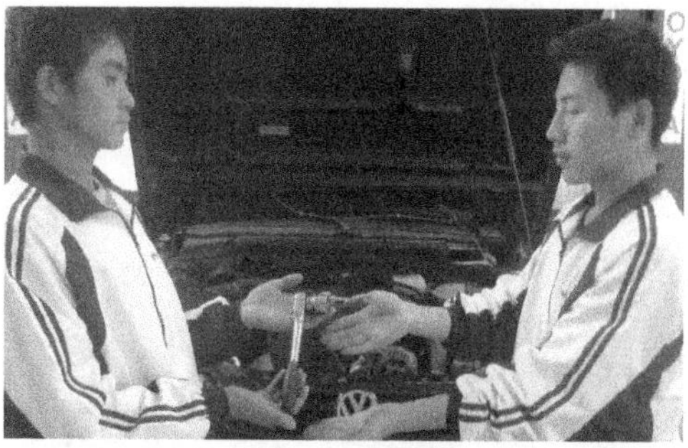

2 1号使用 ϕ15mm 套筒、棘轮扳手，拧松制动轮缸支架的两条固定螺栓。

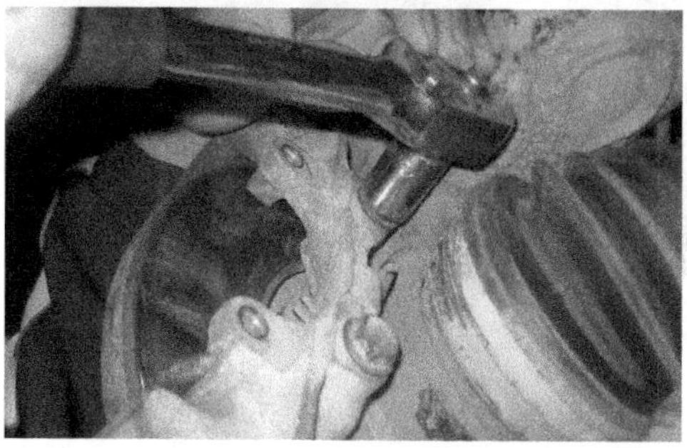

3 2号将支架及其螺栓摆放到零件车上。

提示

部件及其固定螺栓，要整齐地摆放在一起，可提高安装效率。

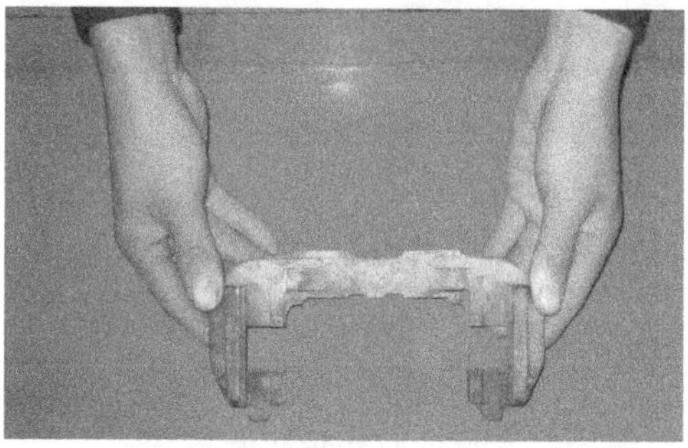

第六步　拆卸前轮制动盘

1 1号使用冲击螺丝刀、铁锤，拧松前轮制动盘的定位螺栓。

提示

（1）压缩并转动冲击头部，便可改变冲

击螺丝刀松紧方向。

(2)制动盘上有一个十字头定位螺栓。使用普通螺丝刀拆卸,难以松动且容易滑方。而选用冲击螺丝刀则变得快速、省力。

(3)详细操作步骤,请参阅“项目六 检查或更换制动摩擦片”。

2 2号将制动盘、定位螺栓摆放到零件车上。

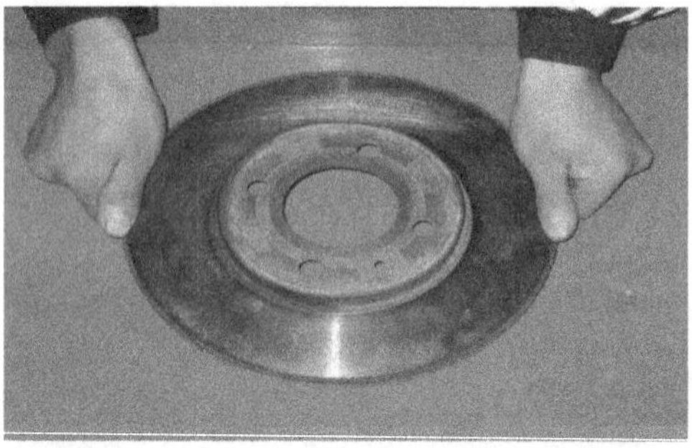

第七步 拆卸轮速传感器

1 1号用手拔下轮速传感器电插头,并从减振器卡箍内脱出传感器线束。

提示

(1)插拔电器元件电插头时,保持点火开关处于关闭状态,避免产生的电动势损坏电控单元

(2)拔下电器元件电插头时,严禁使用螺丝刀等类似器具撬别,防止损伤电插头和电器元件。

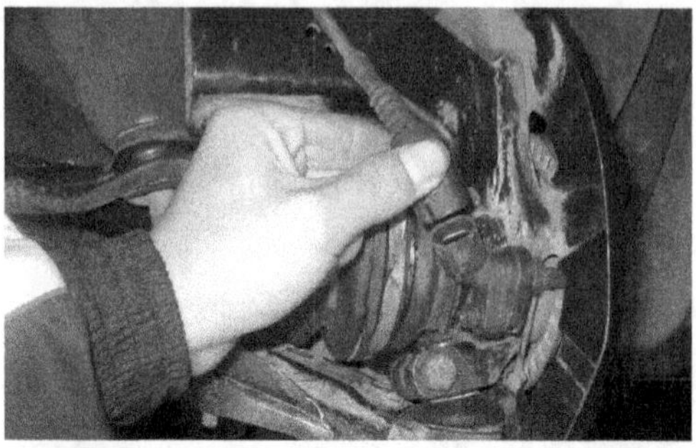

2 1号使用1号传递来的ϕ5mm内六角扳手,拧松轮速传感器上的1条固定螺栓。2号接收工具,擦拭后摆放到工具车上。

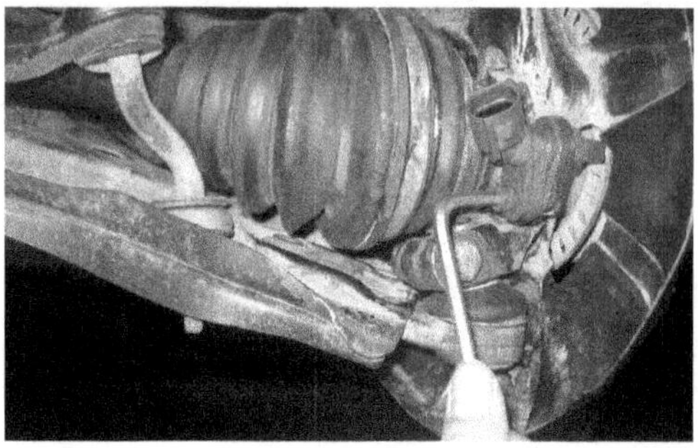

3 1号取下固定螺栓后,用手转动并拔出轮速传感器,并传递给2号。

提示

取下轮速传感器时,禁止使用螺丝刀等类似器具撬别,防止损伤传感器。

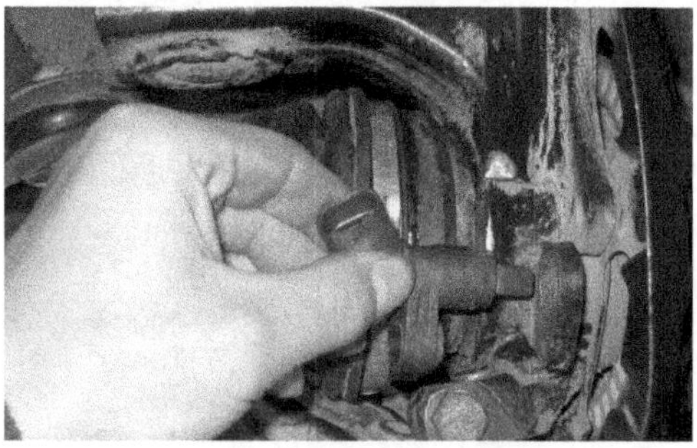

4 2号将轮速传感器摆放到零件车上。

提示

传感器在拆卸、传递及安装过程中,严

禁敲击、掉落和重压。否则，容易导致传感器损坏。

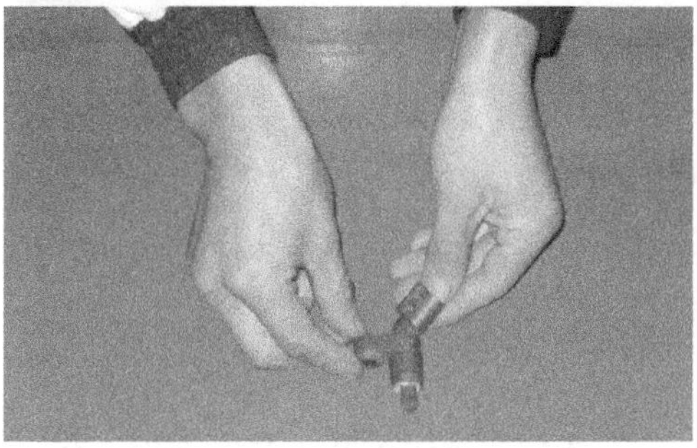

第八步　拆卸悬架下摆臂球头

1 2号将 ϕ17mm 套筒、短接杆、棘轮扳手组合后传递给1号。

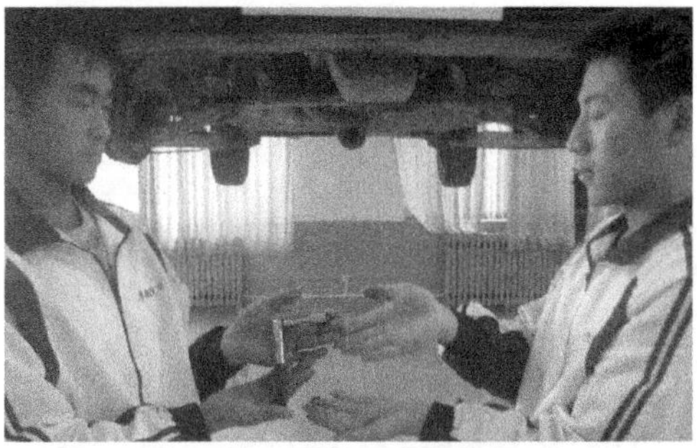

2 2号使用16－17mm 梅花扳手将螺栓固定，1号使用工具拧松螺母。

提示

将固定螺栓穿过转向节下端螺栓孔，使螺杆与球头销轴上加工的周向凹槽相配合，将安装于承孔中的球头固定在转向节上。

3 1号取出固定螺栓并传递给2号，2号将工具、螺栓摆放到工具车、零件车上。

提示

如果固定螺栓取出困难时，可用铜锤等软金属器具敲击螺杆尾部，使其松动后，便容易取出螺栓。严禁使用铁锤等直接敲击螺栓尾部，否则将造成螺栓损伤。

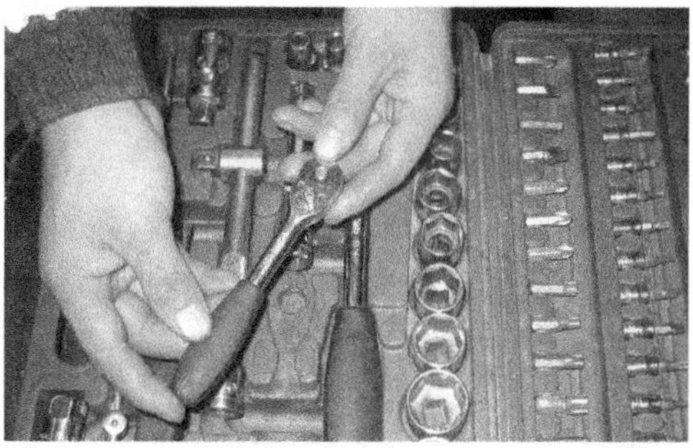

4 1号将2号传递来的一字螺丝刀插入球头销轴承孔的立槽中，用力扩张承孔。

提示

承孔扩张后，球头销轴在承孔内变得松旷，取出时会省力些。

5 1号双手用力下拉悬架下摆臂，2号内外推拉制动盘，调整转向节位置。1号、2号配合取出悬架下摆臂球头。

提示

如果球头取下困难时，可使用铁锤适当用力敲击球头壳，然后再配合拆卸。

第九步　拆卸转向横拉杆球头

1 2号将16－17mm梅花扳手传递给1号。

2 1号使用16－17mm梅花扳手，拧松转向横拉杆球头固定螺母。2号接收工具擦拭后摆放到工具车上。

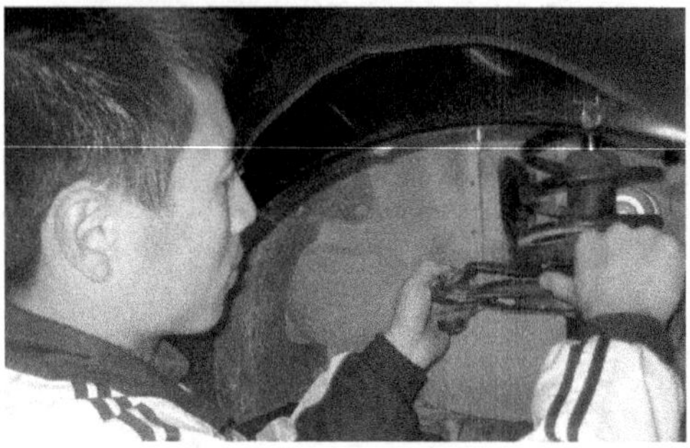

3 1号用手旋下球头固定螺母，并传递给2号。2号将螺母摆放到零件车上。

提示

球头固定螺母，只作一次性使用，拆卸后更换新品。

4 2号将球头拆卸工具传递给1号。

提示

(1)使用专用工具压出球头，既安全又省力。同时可避免机件损伤。

(2)拆卸球头时，严禁捶击球头销轴及转向节臂。否则，将导致销轴螺纹损伤和转向节臂变形。

5 1号将球头拆卸工具，固定在球头销和转向节上。

提示

球头拆卸工具的使用方法：

(1)调整丝杆长度，使拉爪抓住转向节边沿。

(2)旋入丝杆，使压头与球头销端面接触。

(3)使用工具旋入丝杆，将球头销压出承孔。

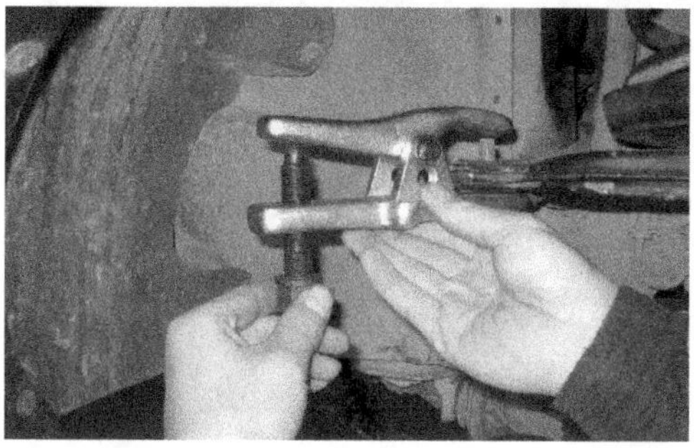

6 1号一手扶住球头拆卸工具，另一手使用19－21mm梅花扳手旋入丝杆，直到压出球头为止。

提示

拆卸球头时，注意以下4点：

(1)球头拆卸工具连接可靠。

(2)要保持压头与球头销端面接触良好。

(3)缓慢旋转丝杆。

(4)用手扶住拆卸工具，防止掉落砸伤。

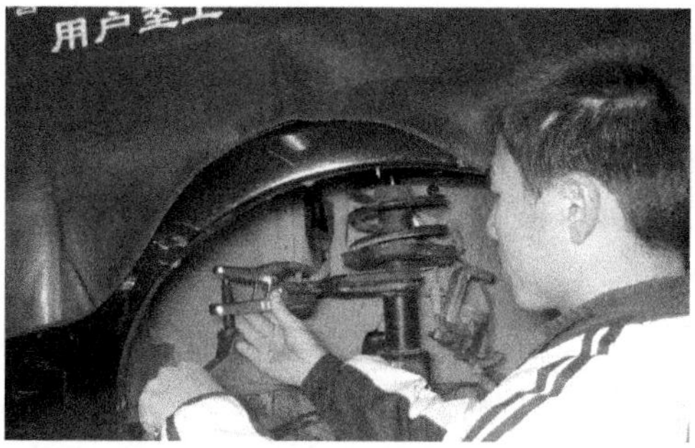

7 球头取出后，1号取下拆卸工具。2号将拆卸工具擦拭后摆放到工具车上。

第十步　拆卸左右半轴

1 2号将ϕ30mm套筒、棘轮扳手传递给1号。

2 1号使用ϕ30mm套筒、棘轮扳手，旋出轮毂固定螺母。2号接收工具擦拭后摆放到工具车上。

3 1号用手取下螺母、垫片。2号将螺母、垫片摆放到零件车上。

提示

固定螺母只作一次性使用，拆卸后应更换新品。

4 2号将顶拔器传递给1号。

5 1号将顶拔器固定到轮毂上。

提示

顶拔器使用方法:

(1)调整丝杆长度,使拉爪抓住轮毂边沿。

(2)旋入丝杆,使丝杆圆锥端抵住轴类端面圆孔内。

(3)使用工具旋转丝杆,将轴类压出承孔。

6 1号使用2号传递来的16-17mm梅花扳手,转动丝杆。直到将传动轴压出轮毂内孔为止。

提示

拆卸传动轴时,注意以下4点:

(1)顶拔器与轮毂连接可靠。

(2)要保持丝杆与传动轴的外万向节轴同心。

(3)缓慢旋入丝杆。

(4)用手扶住顶拔器,防止掉落砸伤。

第十一步　拆卸前轮减振器总成

1 2号将拆卸减振器活塞杆固定螺母的专用工具传递给1号。

2 2号将专用工具套装到减振器活塞杆固定螺母上。

提示

专用工具为内六角和套筒的组合工具,两者可相对转动。内六角有连接手柄;套筒上端加工有螺母。

使用时,将内六角插入减振器活塞杆的内螺方中,通过手柄将其固定。套筒套装到固定螺母上,通过工具旋转套筒,将固定螺母旋松或拧紧。

3　2 号将 20 - 22mm 开口扳手传递给 1 号。

4　1 号一手握住手柄,一手使用开口扳手转动套筒,拧松活塞杆固定螺母。2 号托住减振器总成。

提示

为防止减振器总成掉落到地面上,1 号拧松固定螺母的同时,2 号要托住减振器。

5　将减振器取下后,1 号将固定螺母及垫片安装到活塞杆上。

提示

防止固定螺母和垫片丢失。

6　2 号将减振器总成放置到零件车上。

提示

减振器总成质量较大,在拆卸、搬抬及安装过程中应注意安全,防止掉落砸伤。

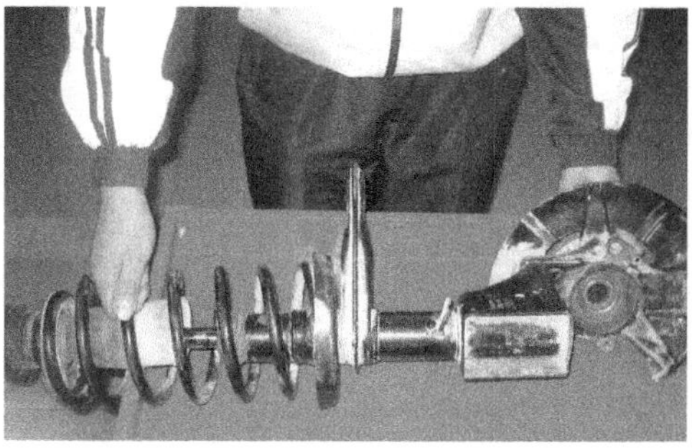

第十二步　拆卸后轮制动鼓

1　1 号、2 号配合,取下后车轮制动鼓的轴承及垫片。

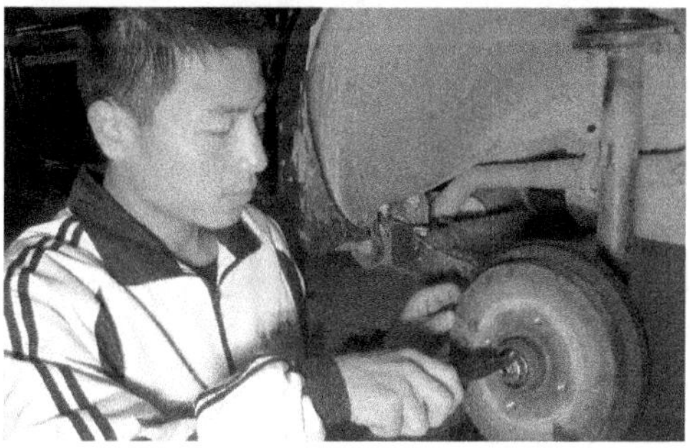

2　1 号转动制动鼓,通过观察孔查找楔形件的安装位置。

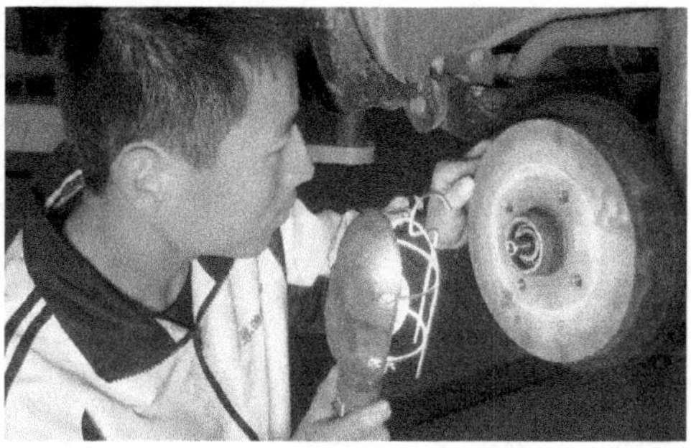

提示

(1)楔形件安装于压力杆和后制动蹄之间,呈上大下小,用于自动调整后轮制动器的制动蹄与制动鼓之间的间隙。

(2)为便于查找楔形件,应配合灯光照明。

3 1号使用一字螺丝刀,将楔形件最大限度向上拨动。

提示

向上拨动楔形件,目的是减小压力杆外推力,收缩制动蹄,取出制动鼓省力些。

4 1号双手端平制动鼓,将其水平外移,取下制动鼓。

提示

(1)保持整体水平外移,会比较省力地取下制动鼓。

(2)制动鼓较沉重,拆卸、安装或传递过程中,注意不要掉落砸伤。

5 2号将制动鼓摆放到零件车上。

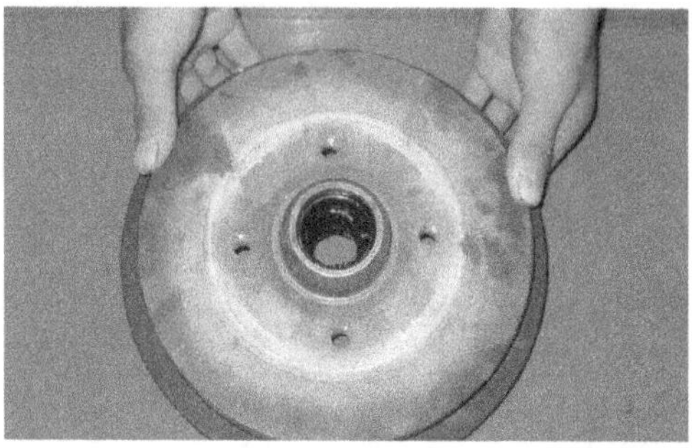

第十三步 取出前轮轴承及轮毂

1 1号将报废的下摆臂球头安装到转向节上。

提示

将下摆臂球头安装到转向节上,增加转向节承压点,便于使用压力机压出轴承。

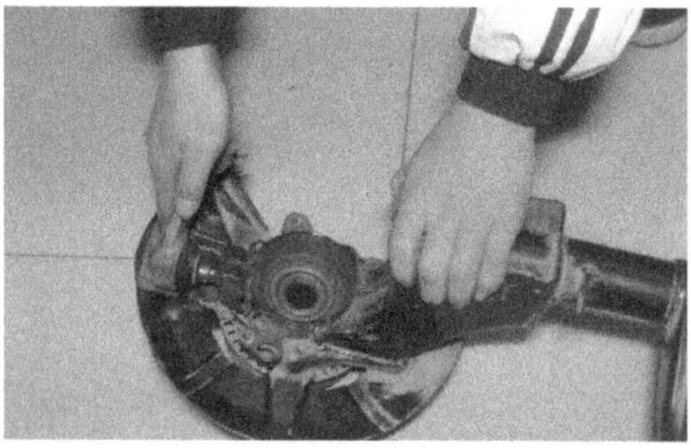

2 2号将转向节放置到压力机的承压梁上。

提示

转向节放置在压力机上后,转向节和球头分别横搭在承压梁上,并且轮毂和ABS齿圈位于两承压梁之间。

3 1号选择合适压具，放置到轴承孔与压力机的压头之间。

提示

（1）所选择压具的外圆应略小于轮毂轴套的外圆，这样可先压出轮毂。

（2）调整压具、压头及轮毂轴套在同一轴线上。

4 2号扶稳转向节。1号操纵压力机，将轮毂缓缓压出。

提示

操纵压力机使压头缓慢下行，并注意观察压具是否保持正直。否则，放松压头进行调整，防止发生危险。

5 当轮毂即将被压出时，2号用手托住轮毂，摆放到零件车上。

6 2号将转向节放置到操作台上。1号选择适当压具放置到轴承孔内。

提示

选择压具的外圆略小于车轮轴承外圆。

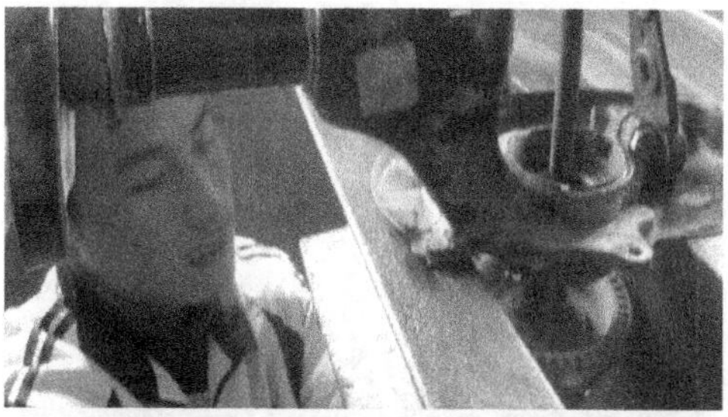

7 1号使用铁锤敲击压具上端面，使轴承挡圈松动。

提示

通过敲击使挡圈松动，便于取下挡圈。

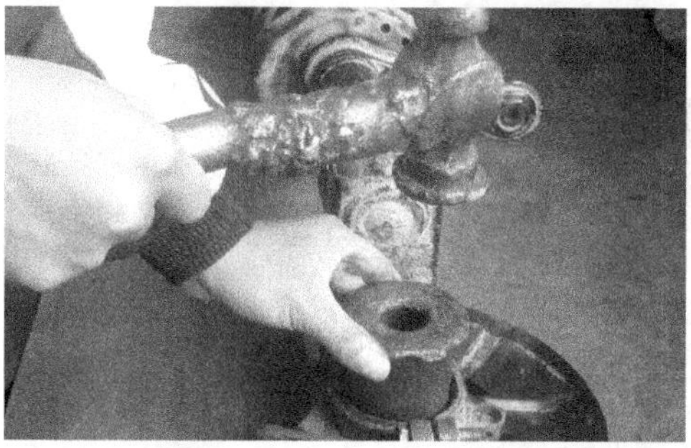

8 取出压具后，1号使用卡簧钳取出轴承内挡圈。

提示

卡簧钳分为内卡簧钳和外卡簧钳两种。其使用方法为：

（1）将两钳锥端插入挡圈拆装孔中。

（2）缓慢用力握紧手柄，使钳口张开或收缩，压缩挡圈，将挡圈脱出或嵌入环槽，从而取出或装入挡圈。

9 2号翻转转向节,1号用相同的方法取出轴承外挡圈。

提示

振动使挡圈松动,便于取出挡圈。

10 1号将垫板安放到压力机上。

提示

垫板上加工有圆孔,便于压出轴承。

11 2号将转向节安放到压力机的垫板上,使轴承孔与垫板的圆孔对正。

提示

对正轴承孔和垫板上的圆孔,使轴承被压出时不受阻挡。

12 1号选择合适压具,安放到轴承孔内。

提示

所选压具的外圆应略小于轴承外套。否则,在压出轴承时,会损伤轴承内孔。

13 1号选择合适压具,使压力机的压头与下方压具连接起来。

提示

调整压具、压头及轴承外圈在同一轴线上。

14 2号扶稳转向节。1号操纵压力机,将轴承缓缓压出。

提示

操纵压力机使压头缓慢下行，并注意观察压具是否保持正直。否则，放松压头进行调整，防止发生危险。

15 当轴承即将被压出时，2 号用手接住轴承；1 号操纵压力机将轴承缓慢压出。2 号将轴承摆放到零件车上。

第十四步 检查前轮轴承

1 1 号检查轴承壳体是否有裂纹，油封是否有变形损伤。

提示

如果轴承存在裂纹、油封变形损伤，应更换新品。

2 2 号缓慢转动轴承，检查是否存在卡滞现象。

提示

如果轴承存在转动卡滞现象，证明钢球和滚道之间有麻点、斑痕或拉伤等，应更换新品。

3 1 号固定轴承外圈，用手扳动内圈。如果有明显旷量，证明轴承存在严重磨损，应更换新品。

提示

如果轴承存在明显旷量并继续使用，那么车轮滚动时就会产生噪声，同时轮胎会异常磨损。

第十五步 安装前轮轴承

1 1 号使用卡簧钳，将轴承外挡圈安装到环槽中。

提示

(1) 如果轴承孔内壁上有脏物或毛刺，

要用细砂布清理干净。

(2)确保挡圈安装到位。挡圈安装后，可用一字螺丝刀拨动，确认可靠落入环槽。

(3)轴承内外挡圈，作一次性使用，拆卸后应更换新品。

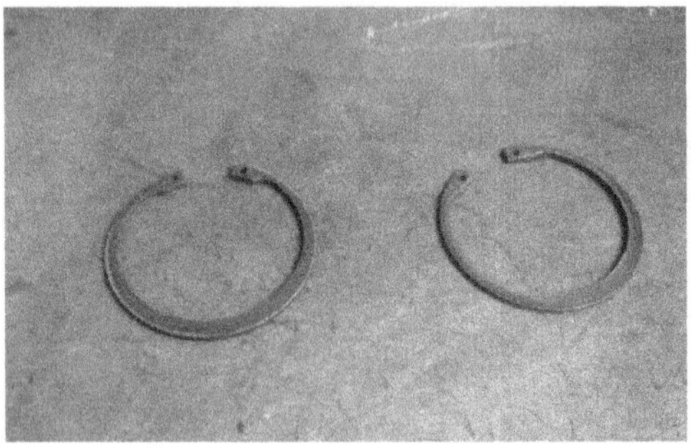

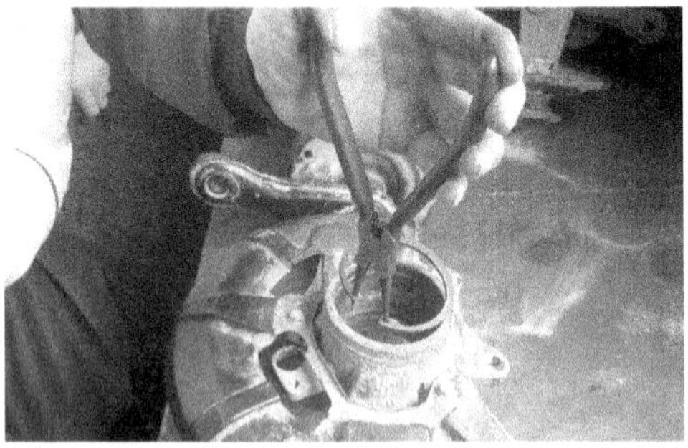

2 1号在轴承外圆面上均匀涂抹一薄层润滑脂。

提示

在轴承外圆面上涂抹润滑脂，有利于减小轴承安装时的摩擦阻力。

3 1号将轴承平放于承孔上部，然后使用铜锤周向敲击轴承外圈上边沿。

提示

通过敲击轴承外圈上边沿，可使轴承下端微量进入承孔，将轴承在承孔中正确定位。

4 2号将转向节放置在压力机的垫板上。

5 1号选择合适的压具将轴承和压力机的压头连接起来。

提示

与轴承接触压具的外圆应略小于轴承外圈。

6 2号扶稳转向节。1号操纵压力机，

将轴承缓缓压入承孔中。

提示

操纵压力机使压头缓慢下行，并注意观察压具是否保持正直。否则，放松压头进行调整，防止发生危险。

7 1号确认轴承安装到位后，使用卡簧钳将轴承内挡圈安装到承孔内的环槽中。

提示

(1)确保挡圈安装可靠，可用一字螺丝刀转动挡圈来检验。

(2)将轴承内、外挡圈的开口，调整为相互错开180°。

8 1号在轮毂轴套的外圆面上均匀地涂抹一层润滑脂后，将轮毂定位于轴承内孔，然后翻转转向节，使轮毂平放在压力机垫板上。

提示

(1)在轮毂轴套的外圆面上涂抹润滑脂，有利于减小轴套压入时的摩擦阻力。

(2)轮毂的定位方法，请参阅“轴承定位”。

9 1号选择合适压具将压头和轴承内圈连接起来。

提示

选择压具时，与轴承接触的压具外圆应略小于轴承内圈，即压具应抵在轴承内圈上。

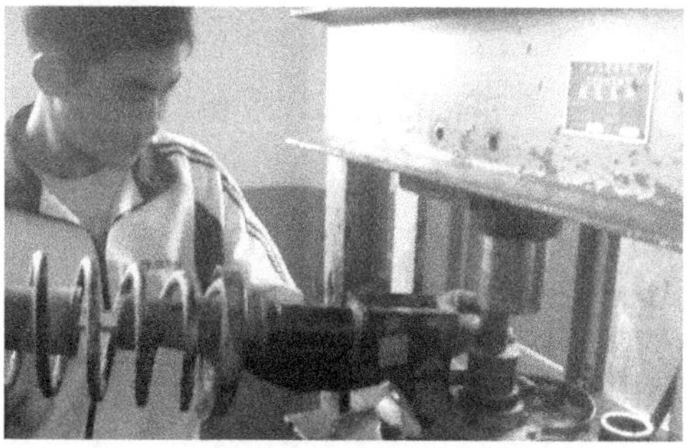

10 2号扶稳转向节。1号操纵压力机，将轮毂缓缓压入到位。

提示

操纵压力机使压头缓慢下行，并注意观察压具是否保持正直。否则，放松压头进行调整,防止发生危险。

11 1号确认轮毂是否安装到位。

提示

轮毂轴套外端面与轴承内圈保持基本平齐,则证明轮毂安装到位。

第十六步　拆卸后轮轴承外圈及油封

1 2号将一字螺丝刀传递给1号。

2 1号使用一字螺丝刀,撬出后轮油封。2号将油封置入废件回收桶内。

提示

(1)油封只作一次性使用,拆卸后应更换新品。

(2)油封失效后,因润滑脂缺失,会导致轴承润滑不良而加剧磨损。

(3)油封失效后,使轴承承孔内的润滑脂甩出粘附到制动鼓和制动蹄的摩擦表面上,造成制动打滑或失效。

3 1号取出车轮内轴承,擦拭油脂后并传递给2号。2号将轴承摆放到零件车上。

提示

后轮安装内外两个圆锥滚柱轴承。两个轴承型号不同,外轴承小,内轴承大,要注意区分。

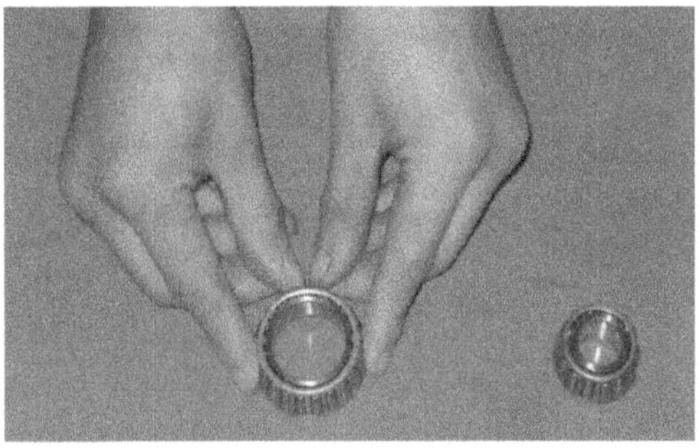

4 1号使用棉纱,擦净轴承内孔中的油脂后,2号将铜冲头、铁锤传递给1号。

5 1号使用铜冲头、铁锤,冲出后轮内外轴承的外圈。

提示

(1)轴承外圈的承座上加工有两个缺口,便于拆卸轴承外圈。

(2)冲出轴承外圈时,要保持轴承外圈

水平移动。否则，轴承外圈偏斜，将造成承孔内壁损伤，甚至制动鼓报废。

(3)使用铜冲头，可保证不会造成轴承孔内壁损伤。

6 2号将内外轴承的外圈摆放到零件上。

第十七步 检查后轮轴承

1 1号使用汽油、毛刷，将轴承及其外圈清洗干净。

提示

轴承清洗干净后，便于检查损伤情况。

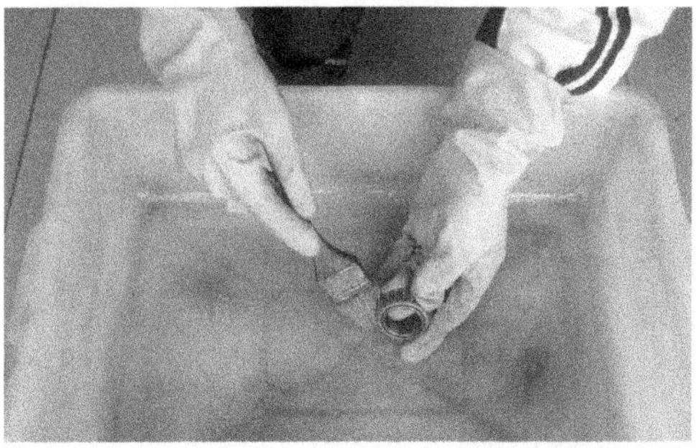

2 1号检查轴承的外圈是否存在裂纹，工作表面上是否有麻点、斑痕及划痕等。

提示

如果外圈有裂纹，工作表面存在麻点、斑痕等，应更换轴承。

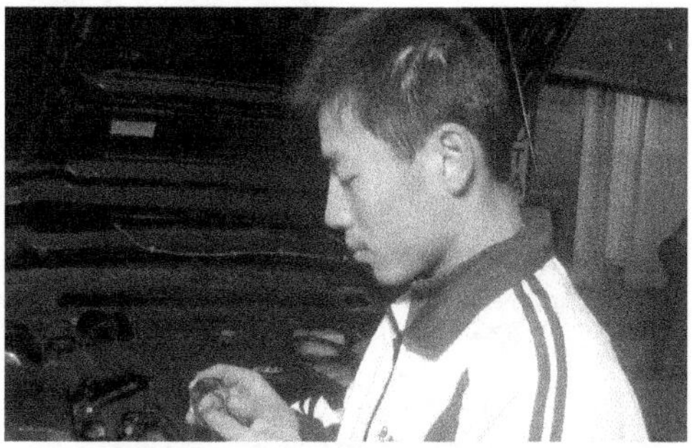

3 1号检查轴承内滚柱架是否断裂变形；转动轴承滚柱，检查滚柱圆面上是否有麻点、斑痕及划痕等。

提示

如果滚柱圆面上有麻点、斑痕等，应更换轴承。

第十八步 安装后轮内外轴承外圈

1 2号将制动鼓平放到压力机上。

2 1号将轴承孔内壁上均匀涂抹一层润滑脂。

提示

在轴承孔内壁上涂抹润滑脂,有利于减小外圈安装时的摩擦阻力。

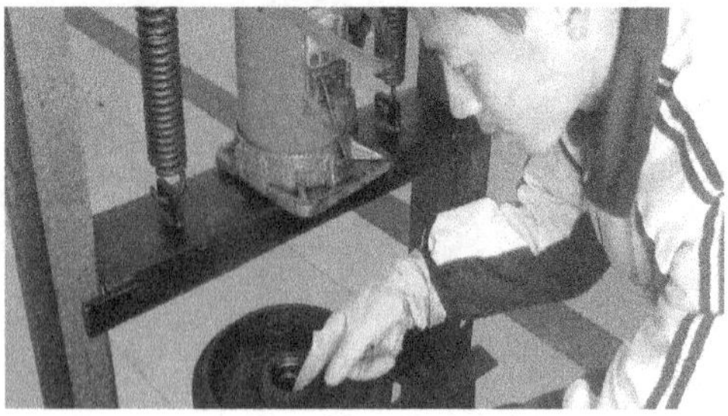

3 1号将轴承外圈平放于承孔上部,然后一手扶住外圈,一手使用轻金属锤或铜棒周向敲击轴承外圈上边沿。

提示

通过敲击轴承外套上边沿,可使其下端微量进入承孔,将轴承外圈在承孔中正确定位。

4 1号选择合适的压具,将轴承外圈和压力机的压头连接起来。

提示

选择压具的外圆应略小于轴承外圈。

5 2号扶稳制动鼓。1号操纵压力机,将轴承外圈缓缓压入承孔中。

提示

操纵压力机使压头缓慢下行,并注意观察压具是否保持正直。否则,放松压头进行调整,防止发生危险。

6 释放压力机后,1号翻转制动鼓,观察轴承外圈是否安装到位。否则,再次压入,直到轴承外圈完全落座为止。

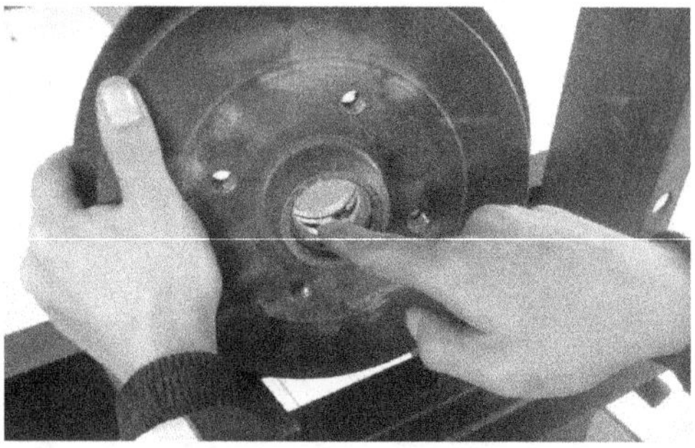

提示

(1)通过轴承孔底座上的缺口,可以观察轴承外圈落座情况。如果轴承外圈下端面与其承孔底座之间可靠接触无缝隙,则证明轴承外圈落座。

(2)如果轴承外圈没有落座,那么在汽车使用过程中,会导致车轮滚动摇摆和轴承加剧磨损,甚至是轴承外圈滑转,制动鼓报废。

(3)用相同的方法和要求，安装制动鼓外轴承的外圈。

第十九步 安装后轮油封

1 1号将适量锂基润滑脂涂抹到内轴承的滚柱上。

提示

(1)使用高性能润滑脂，确保轴承得到良好润滑。

(2)保证清洁安装，严禁将沙粒、尘土等杂物混入润滑脂。

2 1号将涂油后的内轴承安放到轴承外圈的锥面上。

3 1号将后轮油封平放在安装孔上部，然后使用橡皮锤周向轻敲油封上端面，使油封定位于安装孔中。

4 1号一手扶住油封，一手使用橡皮锤对称敲击油封上部边沿，使油封直线下行，直到油封上端面与轴承承孔边沿平齐为止。

提示

安装油封时，要对称敲击，保持油封直线下行，防止油封变形报废。

第二十步 安装前轮减振器总成

1 1号在半轴花键齿前端圆周上涂抹一层D6防护剂。然后，2号托起减振器总成，1号将半轴花键插入轮毂花键槽中。

提示

D6防护剂用于防止半轴与轮毂花键之间产生锈蚀，主要起到防护作用。

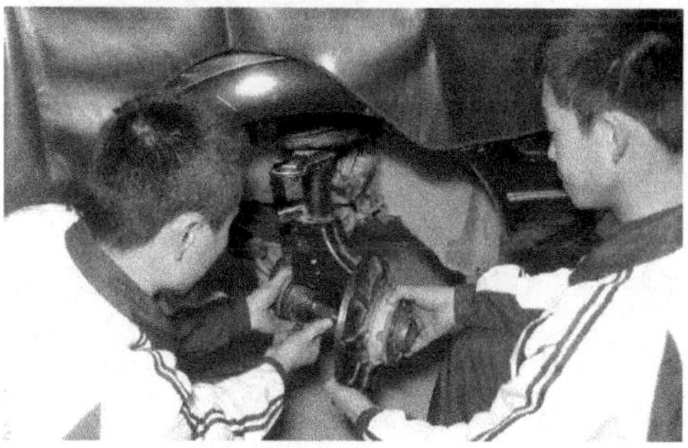

2 2号调整减振器位置，将活塞杆插入车身上的安装孔中。

提示

安插减振器活塞杆时,1号、2号配合进行。1号在上方观察指挥,2号调整减振器位置。

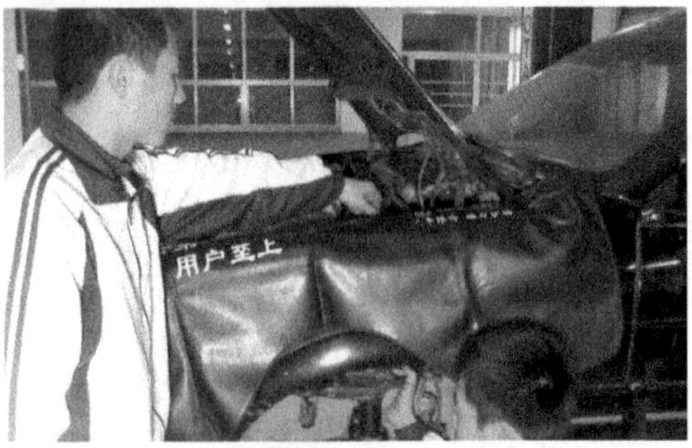

3 1号将垫圈套装到活塞杆上,然后用手旋入固定螺母。2号松开减振器。

提示

减振器活塞杆固定螺母,只作一次性使用,拆卸后应更换新品。

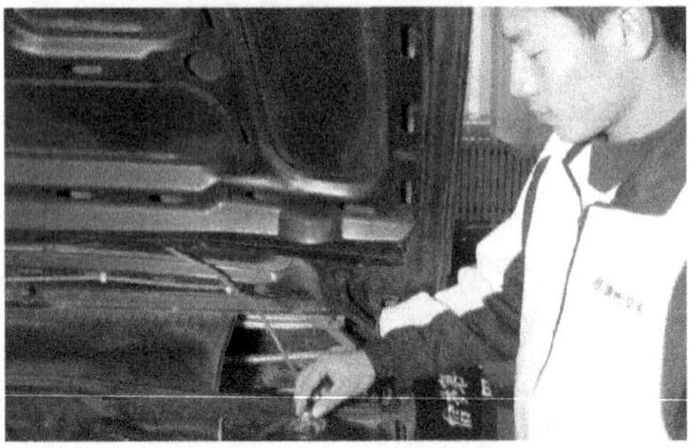

4 2号将拆装活塞杆固定螺母的专用工具传递给1号。

5 1号使用专用工具,将活塞杆固定螺母拧紧到适当力矩。螺母规定力矩为60N·m。

6 1号将2号传递来的垫圈套装到半轴螺杆上,将固定螺母用手旋入半轴螺杆上。

提示

用手旋入螺母,确保对正螺纹。严禁使用工具直接旋入螺母,容易造成螺纹损伤。

7 1号使用2号传递来的ϕ30mm套筒、棘轮扳手,旋入半轴固定螺母。

提示

(1)旋入半轴固定螺母时,2号扶住制动鼓。

(2)此时螺母旋入到位即可,无拧紧力

矩要求。

第二十一步　安装转向横拉杆球头

1 2号调整减振器位置，1号将球头销轴插入承孔内。

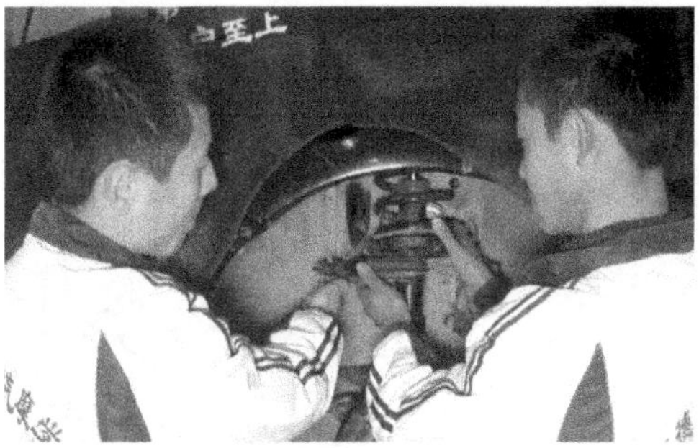

2 1号将球头固定螺母，用手旋到销轴

提示

（1）球头固定螺母，仅作一次性使用，拆卸后应更换新品。

（2）用手旋入螺母，确保对正螺纹。严禁使用工具直接旋入螺母，容易造成螺纹损伤。

3 1号使用2号传递来的16-17mm梅花扳手，将螺母拧紧到适当力矩。螺母规定力矩为30N·m。

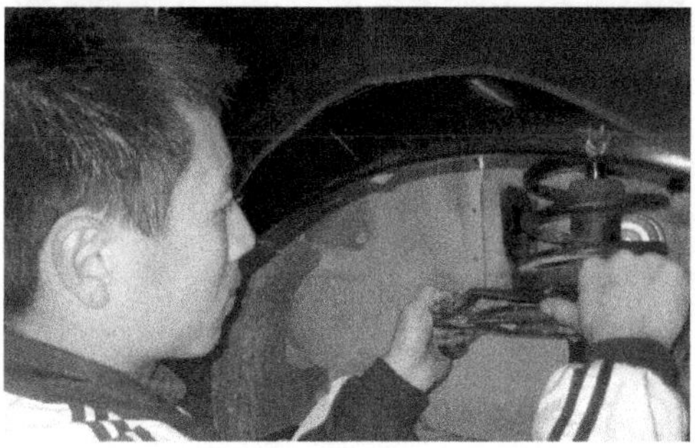

第二十二步　安装悬架下摆臂球头

1 2号下拉悬架下摆臂；1号调整球头销轴和转向节的相对位置，使销轴对正转向节上的承孔，将销轴安装到承孔内。

提示

安装球头时，1号、2号要配合默契，用力大小应适当。

2 1号观察球头销轴上的周向凹槽是否与承孔上的螺栓孔对正。否，进行调整。

提示

（1）必须保证销轴上的凹槽与螺栓孔对正，才能够穿过锁紧螺栓。

（2）调整球头销轴位置时，可用铁锤敲击球头外壳。

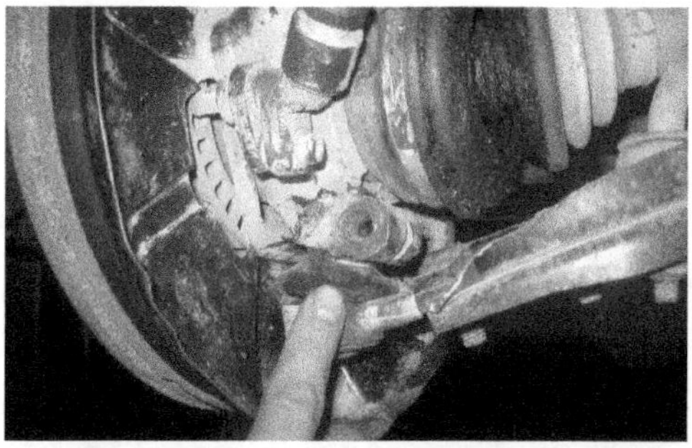

3 1号将2号传递来的螺栓穿过螺栓孔，旋上螺母。

提示

如果螺栓的螺纹上有锈蚀，可在螺纹上

涂抹适量的润滑油或润滑脂。

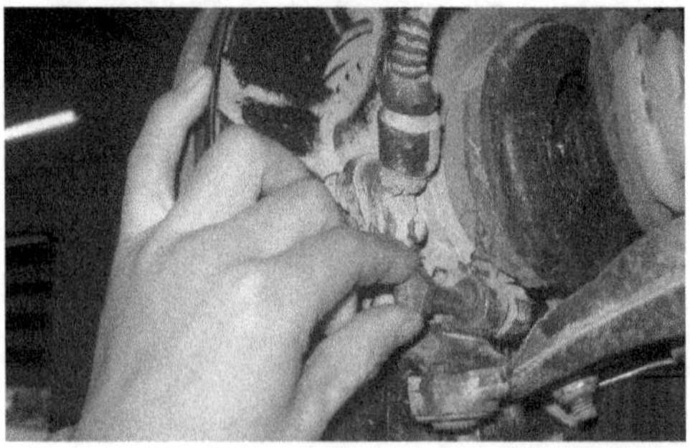

4 2号使用16-17mm梅花扳手将螺栓固定,1号使用工具拧紧螺母。最后使用扭力扳手将螺栓力矩拧紧至65N·m。

提示

(1)螺栓力矩要达到规定值。控制臂及其球头性能状况,将直接影响到车辆行驶安全。

(2)按照相同操作和要求,安装另一侧悬架下摆臂球头。

第二十三步　安装轮速传感器

1 1号使用棉纱,擦净轮速传感器触头。

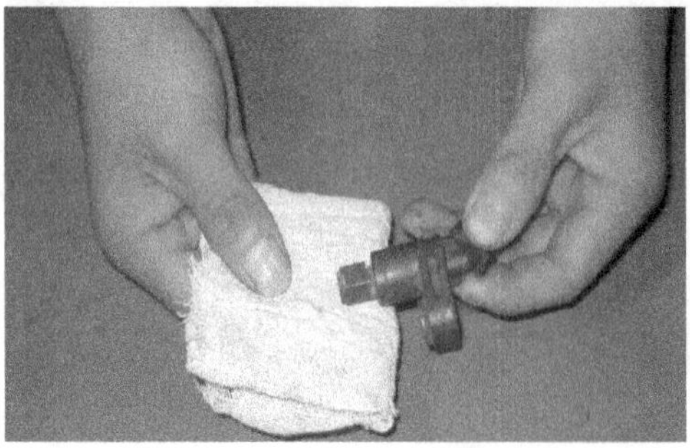

提示

保持轮速传感器触头洁净,保证触发信号可靠产生。

2 1号将轮速传感器插入转向节上的安装孔中。

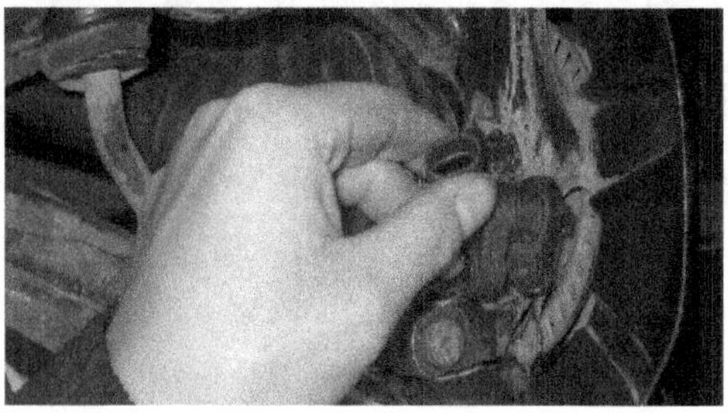

3 1号用手旋入传感器固定螺栓。

4 1号使用2号传递来的ϕ5mm内六角扳手,将螺栓拧紧到适当力矩。

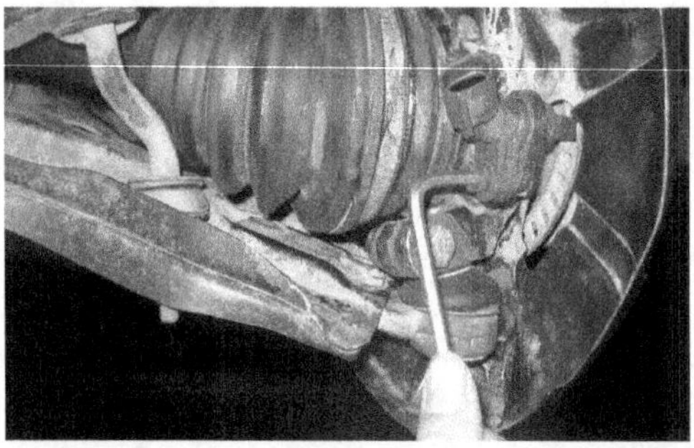

5 1号将传感器电插头,安插到传感器插座上。

提示

电插头要安插到位并锁止可靠,否则,将影响传感器正常工作。

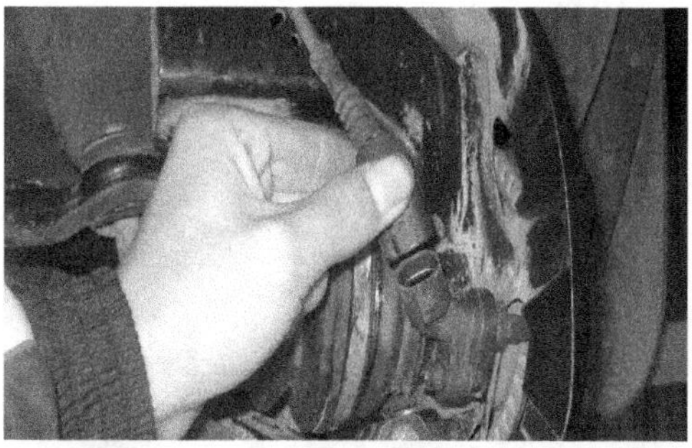

6 1号将轮速传感器的导线安装到减振器的支架上。

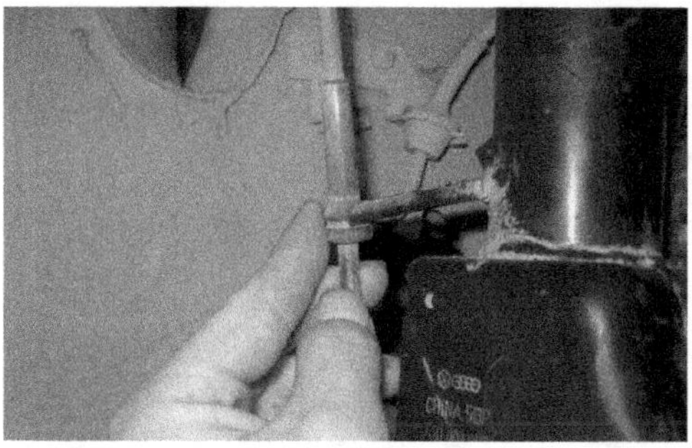

第二十四步　安装前轮制动盘

1 1号将前轮制动盘上的定位孔对正轮毂上的螺栓孔，然后用手将定位螺栓旋入螺栓孔中。

2 1号使用2号传递来的冲击螺丝刀和铁锤，将定位螺栓拧紧至适当力矩。

提示

压缩并转动冲击头部，便可改变冲击螺丝刀松紧方向。

第二十五步　安装前轮制动轮缸和制动蹄

1号、2号配合，将前轮制动轮缸及制动蹄安装完毕。

第二十六步　安装后轮制动鼓

1号、2号配合，将后车轮制动鼓安装完毕。

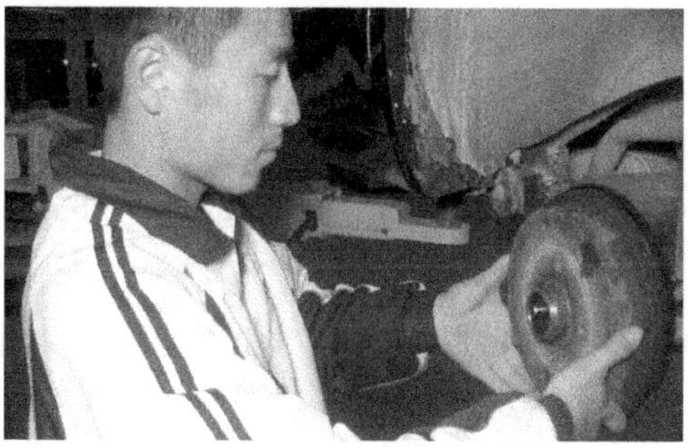

提示

(1)把楔形件调整到最上端，便于安装制动鼓。

(2)安装制动鼓之前，应在轴承承孔中注入适量锂基润滑脂，确保轴承得到良好的润滑。

(3)轴承预紧力的调整要适当,否则,将会加剧零部件的磨损和影响到行车安全。

第二十七步 安装前后车轮

1 1号将车轮安放到制动盘凸缘上,对齐螺栓孔后,用手将车轮固定螺栓旋入螺纹孔内。

2 2号扶住车轮。1号使用车轮扳手,将车轮4条固定螺栓拧紧到适当力矩。

提示

拧紧车轮固定螺栓时,要按照"对角多遍"的要求进行,防止车轮变形。

3 2号操纵举升机,将车辆降落到地面上。

4 1号使用2号传递来的扭力扳手,将车轮固定螺栓的力矩拧紧至110N·m。

提示

(1)拧紧车轮固定螺栓时,要按照"对角多遍"的要求进行,防止车轮变形。

(2)按照相同要求,安装其他车轮。

第二十八步 紧固轮毂螺母

1 2号将ϕ30mm套筒、扭力扳手传递给1号。

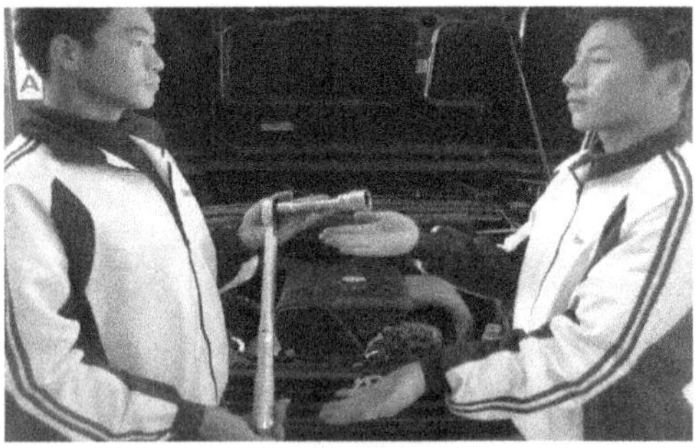

2 1号使用ϕ30mm套筒、扭力扳手,将轮毂固定螺母拧紧力矩至230N·m。

提示

轮鼓固定螺栓要按照规定力矩拧紧。否则,将给行车安全带来严重危险。

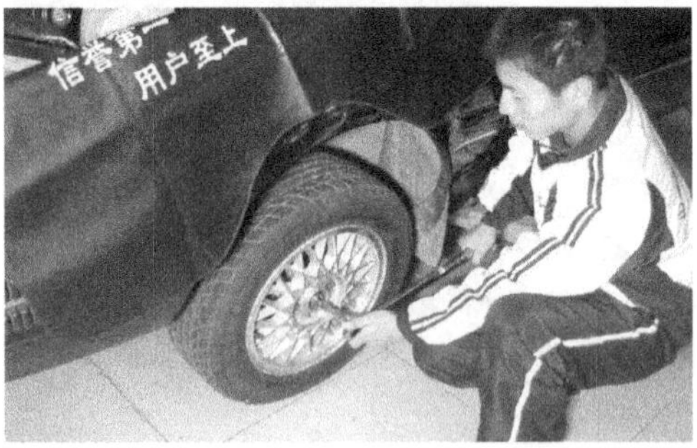

3 1号将2号传递来的车轮装饰罩,对正定位销和定位孔后,安装到车轮承座上。

第二十九步 整理工位

参见“整理工位”。

八、考核标准

考核标准表

考核时间	序号	考核项目	满分	评分标准	得分
30min	1	作业前整理工位	1	酌情扣分	
	2	打开并支撑发动机舱盖	1	操作不当扣1分	
	3	安装汽车保护罩	1	酌情扣分	
	4	拧松或紧固轮毂固定螺母	5	操作不当扣5分	
	5	拆装车轮	5	操作不当扣5分	
	6	拆装前轮制动轮缸和制动蹄	5	操作不当扣5分	
	7	拆装前轮制动轮缸支架	4	操作不当扣4分	
	8	部件摆放	2	酌情扣分	
	9	工具维护与摆放	2	酌情扣分	
	10	拆装前轮制动盘	3	操作不当扣3分	
	11	拆装轮速传感器	3	操作不当扣3分	
	12	拆装悬架控制臂球头	6	操作不当扣6分	
	13	拆装转向横拉杆球头	5	操作不当扣5分	
	14	拆装左右半轴	5	操作不当扣5分	
	15	拆装前轮减振器总成	7	操作不当扣7分	
	16	拆装后轮制动鼓	6	操作不当扣6分	
	17	检查前轮轴承	4	检查不当扣4分	
	18	取出或安装前轮轮毂	7	操作不当扣7分	
	19	取出或安装前轮轴承	10	操作不当扣10分	
	20	检查后轮轴承	4	检查不当扣4分	
	21	拆装后轮轴承外圈	8	操作不当扣8分	
	22	拆装后轮油封	5	操作不当扣5分	
	23	作业后整理工位	1	酌情扣分	
	24	遵守相关安全规范	因违规操作造成人身和设备事故的，总分按0分计		
		分数合计	100		

项目十一　检查或更换传动轴、等速万向节及橡胶护套

一、项目说明

1. 概述

发动机前置、前轮驱动的汽车，驱动桥和驱动轮之间通过两根较短的传动轴连接起来，每根传动轴两端均由等速万向节分别连接驱动轮和驱动桥，传动系统结构简单、工作可靠。这种结构形式广泛应用于中高级轿车上。

随着汽车行驶里程的增加，传动轴相关部件会产生磨损或损伤，这会给车辆行驶稳定性、乘坐舒适性及安全驾驶带来严重影响。例如：传动轴变形或动不平衡，会导致汽车共振；等速万向节松旷，将造成传动发响，特别是在车辆颠簸或车速急剧变化时尤为明显；橡胶护套老化、破裂，导致润滑脂流失与变质，使等速万向节磨损加剧。因此，应定期对传动轴进行检查与维护，并及时更换已损坏的部件，保持车辆正常使用性能。下面以桑塔纳2000GSi型轿车为例来说明检查或更换传动轴、等速万向节及橡胶护套的操作步骤和技术规范。

2. 传动轴的结构

桑塔纳2000GSi型轿车传动轴，外端是固定式等速万向节，内端是补偿轴距式等速万向节，传动轴两端分别与两个等速万向节的球毂花键连接，在等速万向节外面有橡胶护套。外等速万向节通过花键轴与驱动轮连接，内等速万向节通过螺栓与差速器凸缘盘连接，并具有补偿轴距的作用。

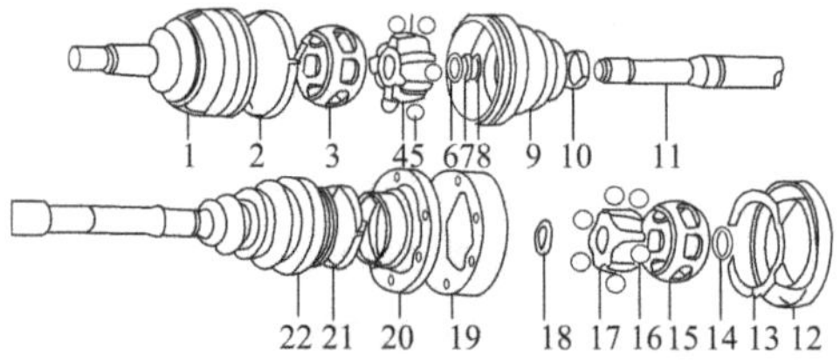

传动轴分解图

1-外等速万向节；2、21-夹箍；3、15-球笼；4、17-球毂；5、16-钢球；6、14-弹簧挡圈；7-隔离套；8、18-碟形座圈；9、22-橡胶护套；10-卡箍；11-花键轴；12-塑料护套；13-密封垫片；19-内等速万向节；20-防护套

二、技术标准与要求

(1)安装桑塔纳2000GSi型轿车配套传动轴、等速万向节及橡胶护套。

(2)安装传动轴时，应保持传动轴与轮毂花键的齿面清洁。

(3)涂抹D6防护剂的传动轴，60min后车辆方可使用。

(4)螺栓和螺母紧固力矩应符合规定，自锁螺母必须更换新件。

三、实训时间：40min

四、实训教学目标

(1)了解检查或更换传动轴、等速万向节及橡胶护套的重要性。

(2)熟悉传动轴的结构特点。

(3)掌握检查或更换传动轴、等速万向节及橡胶护套的操作技能。

(4)培养学生努力学习,立志成才的决心。

五、实训器材

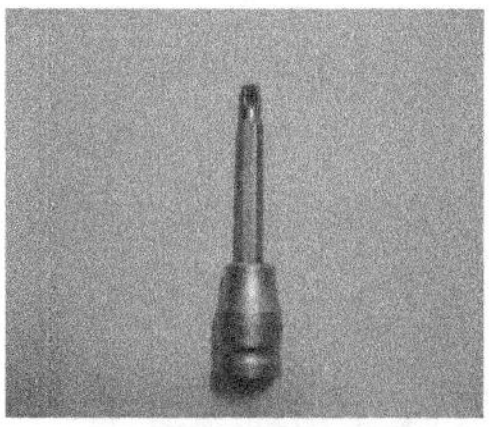

凸缘盘拆装接头

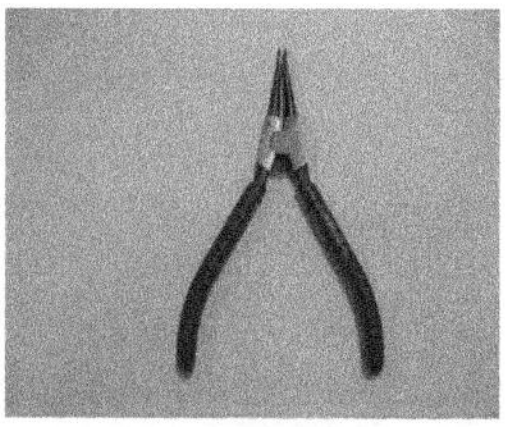

卡簧钳

橡胶锤

其他工具及器材:

一字螺丝刀、ϕ17mm 套筒、ϕ30mm 套筒、接杆、棘轮扳手、扭力扳手、顶拔器、16-17mm 梅花扳手、鲤鱼钳、棉纱、防护手套、传动轴挡块、D6 防护剂、润滑脂、清洗油、毛刷、洗件盒等。

六、教学组织

1. 教学组织形式

每辆车安排 4 名学生参与实训,两名学生为一组。一组操作,一组观察学习。

2. 学生站位分工和要求

两名学生一组,按照 1 号、2 号进行编号,1 号为主,2 号辅助。

3. 实训教师职责

讲解操作步骤和注意事项;下达“操作开始”口令;工位间巡视、检查、指导和纠正错误。

4. 学生职责变换

两名学生实行职责变换制度,即第一遍 1 号为主,2 号辅助;第二遍 2 号为主,1 号辅助。

七、操作步骤

第一步　事前准备

拆装驱动轴

参见“事前准备”。

第二步　拆卸轮毂固定螺母

1 2 号将一字螺丝刀传递给 1 号。

2 1 号将一字螺丝刀插入车轮装饰罩拆卸缺口中,撬起装饰罩,然后用手将装饰罩取下,并传递给 2 号。

提示

拆卸车轮装饰罩时,用力要适当,不要

过猛,以免造成装饰罩损坏。

3 2号接收工具、装饰罩,分别摆放到工具车、零件车上。

4 2号将 ϕ30mm 套筒、接杆、扭力扳手组合后传递给1号。

5 1号使用 ϕ30mm 套筒、接杆、扭力扳手,拧松轮毂固定螺母。

提示

轮毂固定螺母拧紧力矩较大,拧松或旋紧时选择工具要符合扭矩要求。

6 1号用手旋出螺母、取下垫圈,并传递给2号。

7 2号将螺母、垫圈摆放到零件车上。

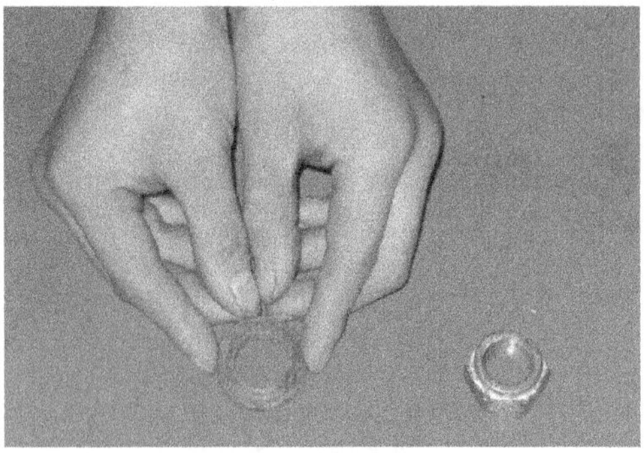

第三步　拆卸前左右车轮

1 2号将车轮扳手传递给1号。

2 1号使用车轮扳手，拧松车轮的4条固定螺栓。

提示

（1）拧松车轮固定螺栓时，要按照“对角多遍”的要求进行，防止车轮变形。

（2）车轮螺栓以拧松2~3个丝扣为度，避免车轮负重倾斜，造成螺栓螺纹损伤。

3 2号操纵举升机，将车辆举升至轮胎最低点距离地面约20cm的高度。

4 2号扶住车轮，1号使用车轮扳手，快速旋出车轮固定螺栓，然后将工具、螺栓传递给2号。

提示

1号、2号配合拆卸车轮，可以防止车轮倾斜损伤螺栓螺纹和车轮不慎脱落。

5 2号接收工具、螺栓，并摆放到工具车、零件车上。

6 1号取下车轮，并将其放置到车轮支架上。

提示

（1）按照相同的操作步骤和规范要求，拆卸另一侧车轮，不再赘述。

（2）两侧车轮做好区分标记，不要混装。

第四步　拆卸悬架控制臂球头

1 2号操纵举升机，将车辆再次举升到适当高度后，可靠锁止提升臂。

2 2号将ϕ17mm套筒、短接杆、棘轮扳手组合后传递给1号。

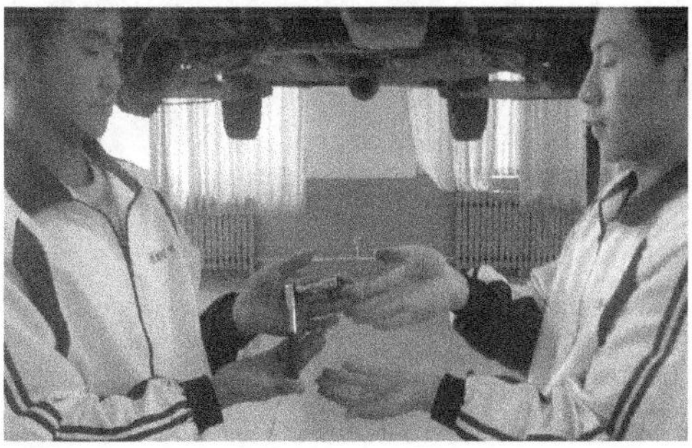

3 2号使用16-17mm梅花扳手将螺栓

固定,1号使用工具拧松螺母。

提示

固定螺栓穿过转向节下端螺栓孔,使螺杆与悬架控制臂球头销轴上加工的周向凹槽相配合,将安装于承孔中的悬架控制臂球头固定在转向节上。

4 1号取出固定螺栓并传递给2号,2号将工具、螺栓摆放到工具车、零件车上。

提示

如果固定螺栓取出时较困难,可用铜锤等软金属器具敲击螺杆尾部,使其松动后,便容易取出螺栓。严禁使用铁锤等直接敲击螺栓尾部,否则将造成螺栓损伤。

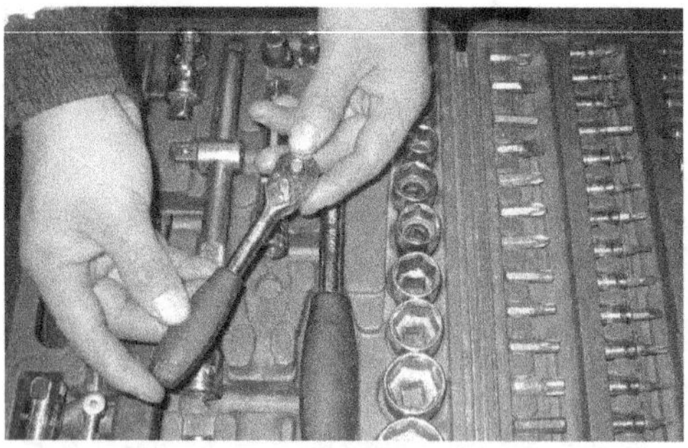

5 1号将2号传递来的一字螺丝刀插入球头销轴承孔的立槽中,用力扩张承孔。

提示

承孔扩张后,球头销轴在承孔内变得松旷,取出时会省力些。

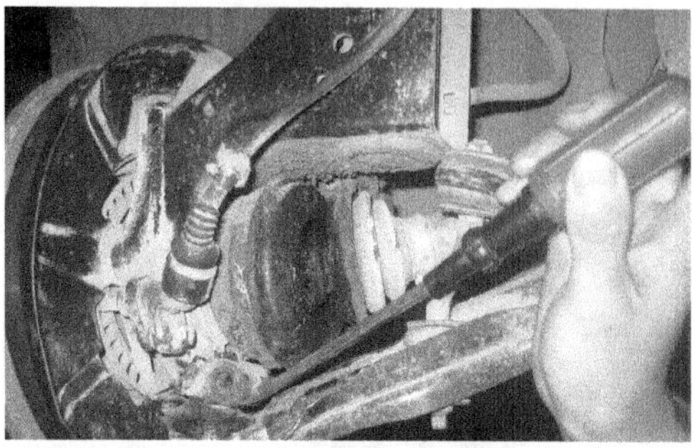

6 1号双手用力下拉悬架控制臂,2号内外推拉制动盘,调整转向节位置。1号、2号配合取出悬架控制臂球头。

提示

如果取下球头比较困难,可使用铁锤适当用力敲击球头壳,然后再配合拆卸。

第五步　断开传动轴与驱动桥连接

1 2号将挡块插入制动盘一散热孔内,转动制动盘使挡块与制动钳体支架接触,限制传动轴单向转动。

提示

安装挡块的目的是，在拆卸传动轴凸缘固定螺栓时限制传动轴单向转动，便于拧松固定螺栓。

2 2号将 ϕ8mm 专用接头、接杆、扭力扳手组合后传递给1号。

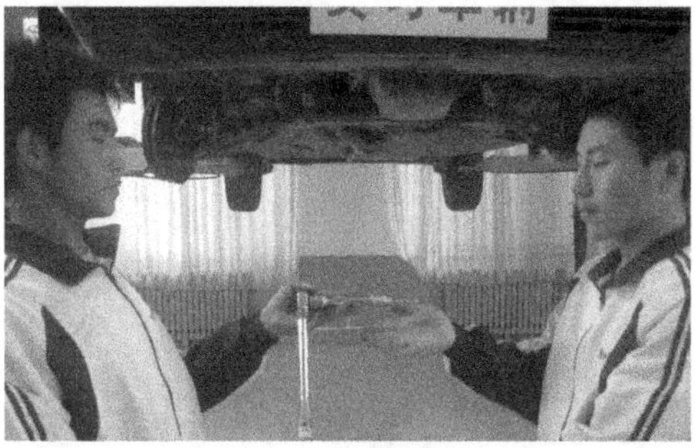

3 1号将工具从翼子板下方穿过，2号将 ϕ8mm 专用接头插入传动轴凸缘螺栓的螺方孔内，并用手扶住专用接头。

提示

拆卸传动轴凸缘固定螺栓时，1号、2号共同配合，防止因工具歪斜，造成螺栓螺母损坏，给拆卸作业带来更大难度。

4 1号使用工具将传动轴凸缘上的6条固定螺栓拧松后，换用棘轮扳手快速旋出固定螺栓。

提示

拧松传动轴凸缘固定螺栓时，要适时变换传动轴固定位置，保持工具位置基本不变。

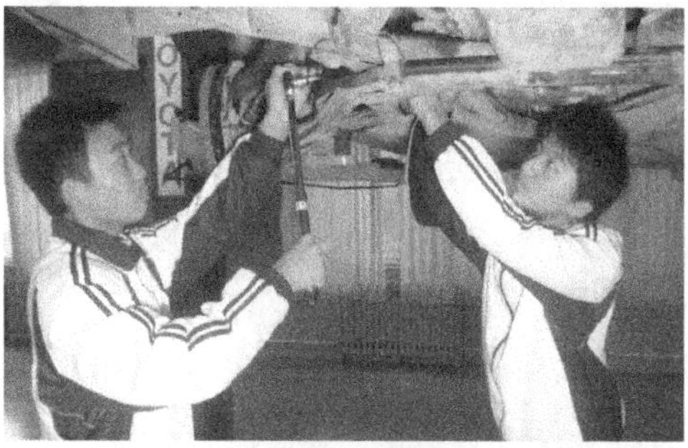

5 2号将工具摆放到零件车上。

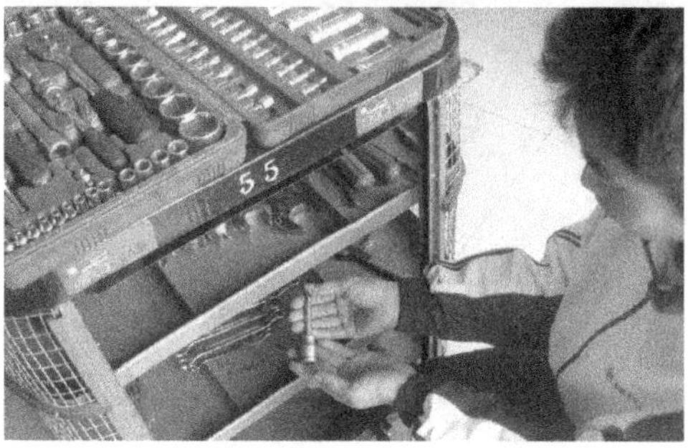

6 1号向外拉动制动盘，断开传动轴与驱动桥的连接。

提示

用相同方法拆卸另一根传动轴凸缘固定螺栓。

第六步　取下左右传动轴

1 2号将顶拔器传递给1号。

2 1号将顶拔器的螺杆旋入车轮螺栓孔中，然后调整丝杆长度使丝杆锥端顶住传动轴中心孔，最后将螺杆紧固。

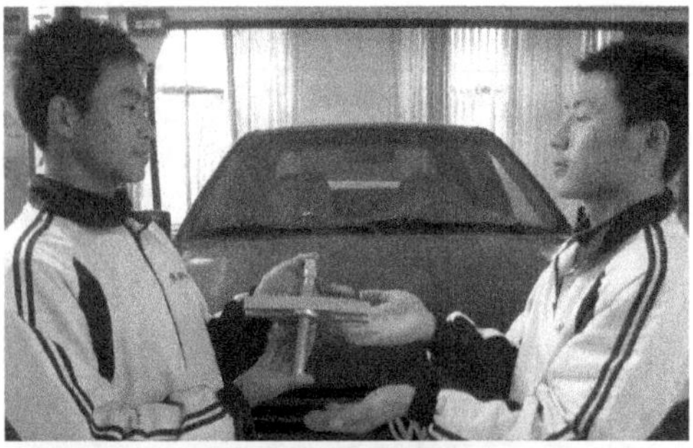

3 1号使用2号传递来的16-17mm开口扳手转动顶拔器的丝杆,顶出传动轴。

提示

(1)顶出传动轴时,要保证传动轴的内等速万向节与驱动桥之间有足够空间。否则,将造成传动轴和万向节损伤。

(2)拆卸传动轴时,严禁捶击传动轴或加热轮毂。否则,将造成外等速万向节轴损伤或轮毂变形。

4 1号取出传动轴,并摆放到操作台上。

提示

(1)用相同方法和要求,拆卸另一侧传动轴,此处不再重复。

(2)左右传动轴的长度不同,应注意区分。左传动轴长,右传动轴短。

第七步　拆卸内外等速万向节

1 2号将鲤鱼钳传递给1号。

2 1号使用鲤鱼钳,拆卸外等速万向节橡胶护罩上的两个夹箍。

提示

拆卸夹箍时,将调整片拉起,从锁孔中脱出锁片,即可松开夹箍。

3 1号从外等速万向节的球壳上脱出橡胶护罩,并将橡胶护罩沿传动轴拉离万

向节。

4 2 号将橡胶锤传递给 1 号。

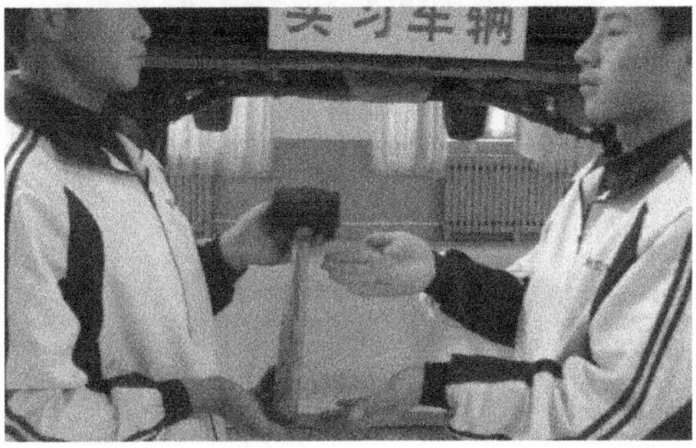

5 2 号抬起传动轴，1 号一手握住并外拉万向节轴，一手使用橡胶锤敲击万向节球壳，将外万向节取下。

提示

(1)禁止使用硬金属器具敲击球壳，以免损伤万向节。

(2)外万向节，通过安装在传动轴外端轴向槽中的弹簧挡圈定位于传动轴上。敲击万向节球壳时，弹簧挡圈被压入槽中，从而可取下外万向节。

6 1 号从传动轴上取下隔套圈、碟形座圈及橡胶护罩，摆放到操作台上。

提示

(1)碟形座圈用于衰减外万向节的窜动能量。

(2)隔套圈用于吸收万向节的窜动能量，并消除冲击噪声。

(3)橡胶护罩用于防止润滑脂变质和流失，保证万向节得到可靠润滑。

7 1 号使用鲤鱼钳，取下内等速万向节橡胶护罩的夹箍，然后将橡胶护罩沿传动轴拉离万向节。

提示

橡胶护罩夹箍的拆卸方法，请参阅前文说明。

8 1 号使用 2 号传递来的卡簧钳，取下内等速万向节的弹簧挡圈。

提示

(1)弹簧挡圈安装在传动轴外端环槽中，起到对内等速万向节轴向定位作用。

(2)拆卸弹簧挡圈时，使用外卡簧钳。

(3)卡簧钳分为内卡簧钳和外卡簧钳两种。其使用方法为：

①将两钳锥端插入挡圈拆装孔中。

②缓慢用力握紧手柄,使钳口张开或收缩,压缩挡圈,将挡圈脱出或嵌入环槽,从而取出或装入挡圈。

9 1号从传动轴上取下内等速万向节、碟形座圈、橡胶护罩,并摆放在操作台上。

提示

碟形座圈、橡胶护罩的作用请参阅前文说明。

第八步　清洗零部件

1号将传动轴、内外等速万向节、碟形座圈、弹簧挡圈放入盛有清洗油的洗件盒中清洗干净。

提示

(1)清洗传动轴花键轴上的油脂与污物。

(2)清洗内外万向节内外部的油脂与污物。

要求零部件清洗干净彻底,显露出金属本色,其目的是便于进行零部件损伤检查。

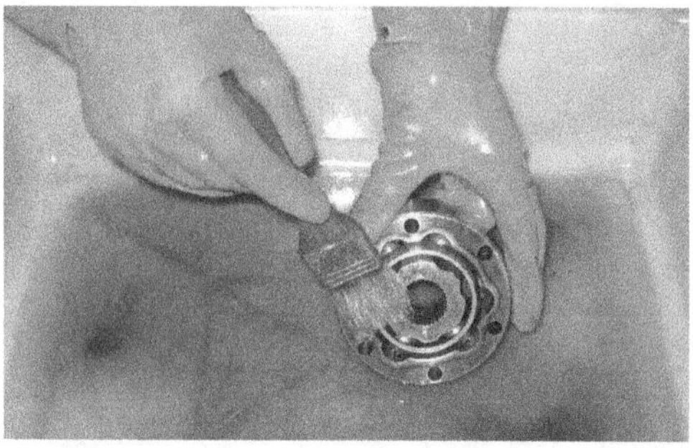

第九步　等速万向节损伤检查

1 1号检查球壳是否有破裂等损伤。

提示

(1)如果球壳存在裂痕,应更换万向节总成。

(2)球壳与球毂是配合组件,不可单独更换。

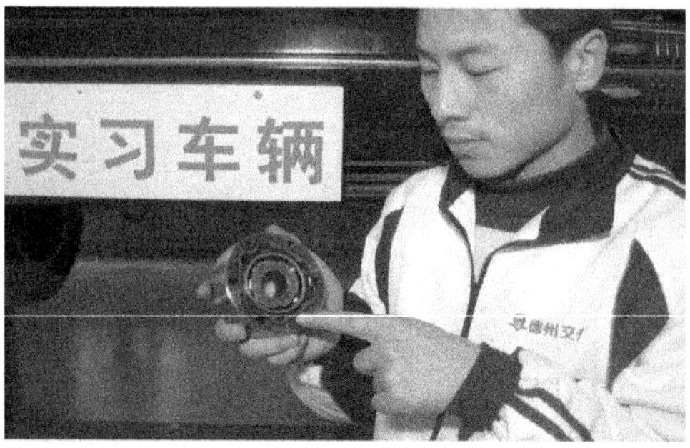

2 1号使用记号笔,在球壳与球毂上做好安装标记。

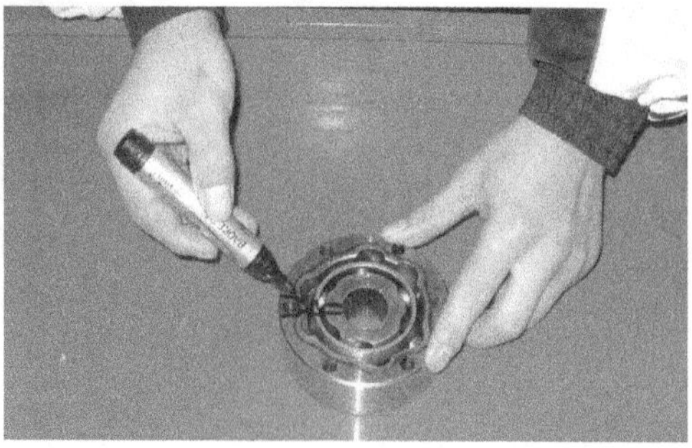

提示

安装万向节有方向性要求。因此，分解万向节之前，应做好球毂与球壳之间的配合标记，有利于快速正确组装万向节。

3 1号下压球毂及球笼使之倾斜，取出外露钢球，然后转动并倾斜球毂，再次取出外露钢球。如此操作，将6个钢球全部取出并摆放好。

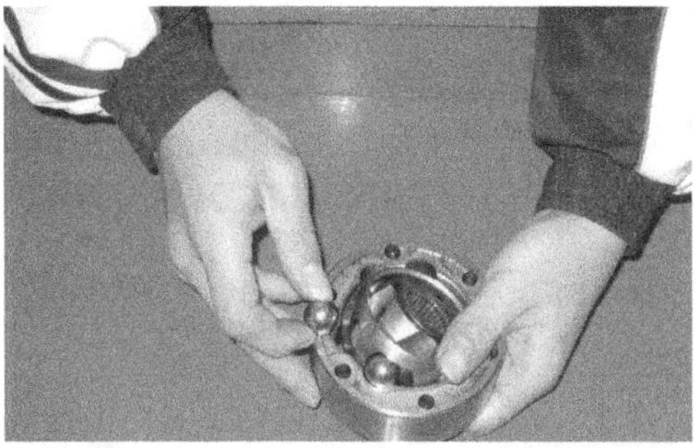

4 1号检查钢球圆面是否有斑点、凹陷、划痕及不规则磨损等。

提示

钢球圆面如果存在上述损伤，应更换万向节总成。

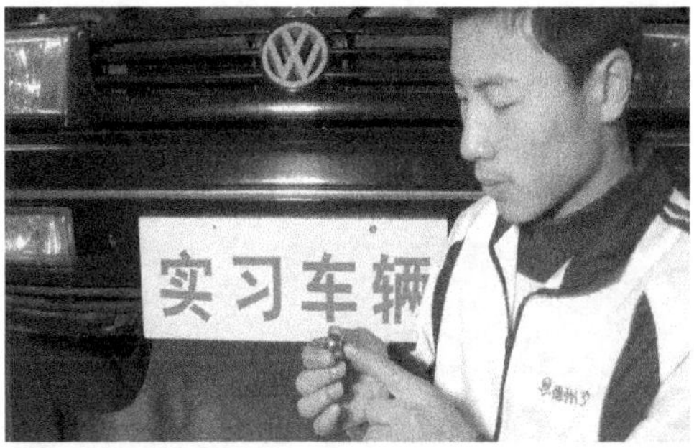

5 1号检查球笼是否有开裂、变形等。

提示

球笼如果存在上述损伤，应更换万向节总成。

6 1号检查球毂轨道是否有斑点、凹陷、划痕及不规则磨损等。

提示

钢球圆面如果存在上述损伤，应更换万向节总成。

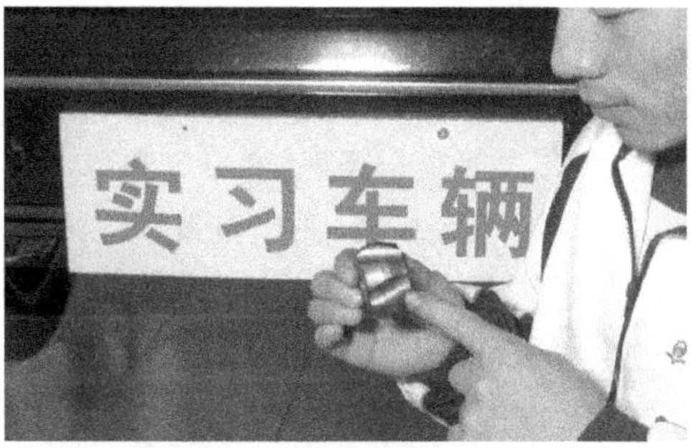

7 等速万向节检查完毕。1号按照安装记号，将球毂和球笼一起垂直安装到球壳内，然后转动球毂保持倾斜状态。

8 1号将粘有润滑脂的钢球安放到球毂与球壳相对应的轨道内。

提示

注意球毂安装方向，带有凸台的一面，

朝外安装。

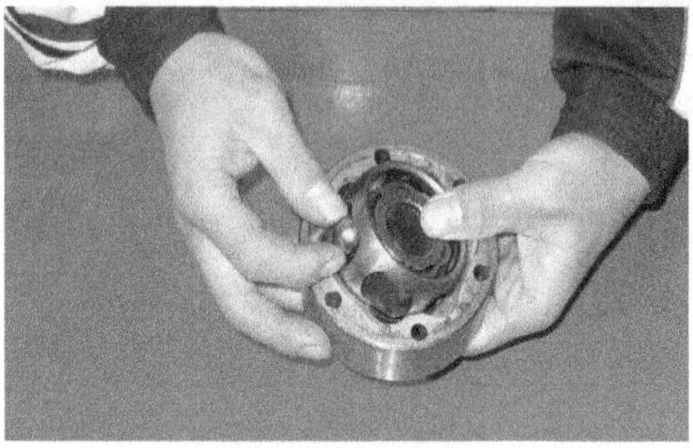

9 1号转动球毂,使已安装钢球位于轨道中下部,然后倾斜球毂,安装相邻轨道中的钢球。如此操作,安装其余的钢球。

提示

(1)转动球毂时,使已安装钢球在轨道中的位置不要过低。否则,钢球容易掉落。

(2)顺序安装钢球,便于调整球毂位置。

(3)严禁采用敲击方法安装钢球。

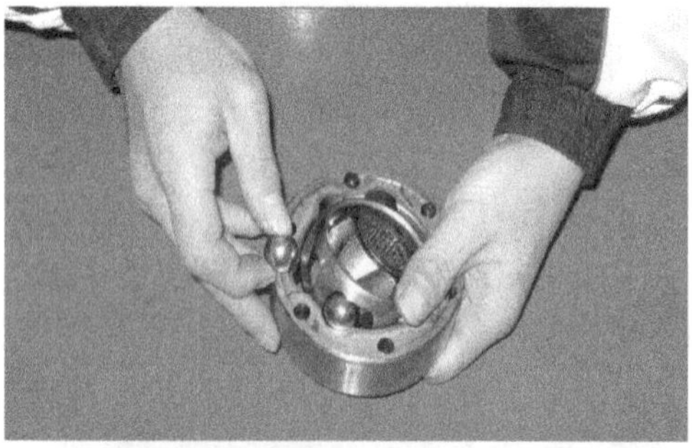

10 钢球全部安装完毕。1号内外扳动球毂,检查安装情况。

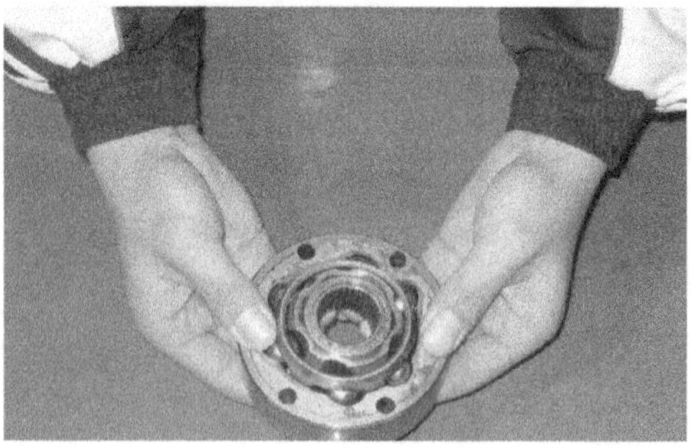

提示

如果扳动球毂时,球毂摆动顺滑无卡滞,则证明等速万向节安装正确。否则,重新组装等速万向节。

第十步　传动轴损伤检查

1号目视检查,传动轴是否有碰撞或敲击痕迹、较明显弯曲以及花键损伤等。

提示

(1)如果存在上述损伤,应更换传动轴。必要时,进行传动轴动平衡检验。

(2)传动轴损伤后,其动平衡被破坏,传动时导致车辆共振发生。

第十一步　橡胶护罩损伤检查

1号检查橡胶护罩是否有橡胶老化、破裂现象。

提示

如果存在上述损伤,应更换橡胶护罩。

第十二步　安装外等速万向节

1 1号将橡胶护罩安装到传动轴上。

2 1号将碟形座圈、隔套圈安装到传动轴上。

提示

(1)注意碟形座圈的安装方向,其凹面应朝向万向节。

(2)注意隔套圈的安装方向,其平面应朝向碟形座圈。

3 1号使用卡簧钳,将弹簧挡圈安装到传动轴的花键轴上的环槽内。

提示

(1)卡簧钳使用方法,请参阅前文说明。

(2)弹簧挡圈用于将外等速万向节定位在传动轴上。

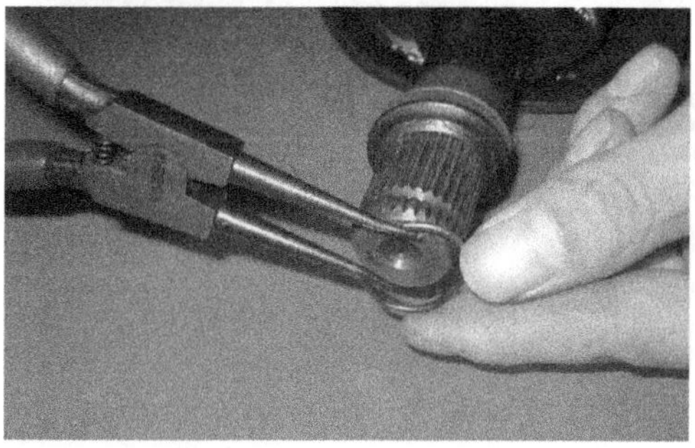

4 1号在花键轴上涂抹适量润滑脂。

提示

在花键轴上涂抹润滑脂,安装外等速万向节时可减小滑动阻力。

5 1号将适量润滑脂注入外等速万向节球壳内。

提示

(1)加注润滑脂时,注意保持清洁。

(2)润滑脂分两次加注。一次在万向节安装前;一次在万向节安装后。每次加注量约为45g。

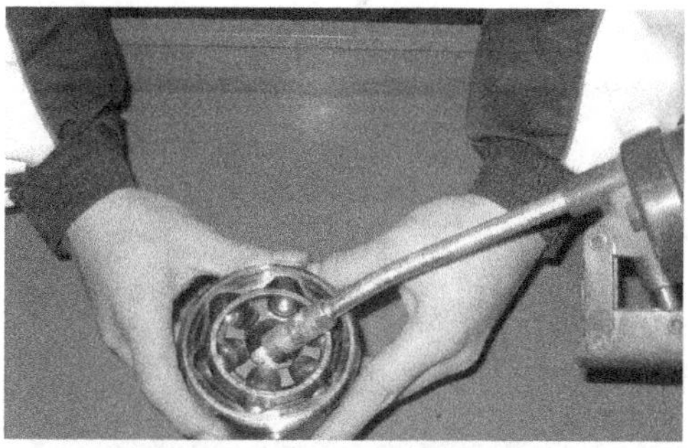

6 1号对齐传动轴与球毂的花键,将外等速万向节安装到传动轴上。

7 1号将传动轴竖直于操作台上，使用橡胶锤敲击外万向节球壳，使之安装到位。

提示

用力外拉万向节轴，确定外万向节是否安装到位。

8 1号将适量润滑脂加注到万向节上。

提示

(1)加注润滑脂时，注意保持清洁。

(2)润滑脂分两次加注。一次在万向节安装前；一次在万向节安装后。每次加注量约为45g。

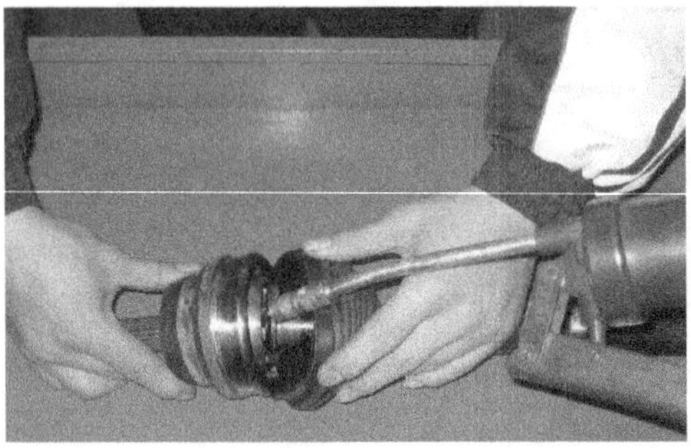

9 1号使用鲤鱼钳，将夹箍安装到橡胶护罩的小端。

10 1号将橡胶护罩套装到外等速万向节的球壳上。

提示

为防止橡胶护罩安装后形成内部真空，行车时产生内吸折痕，应在封闭橡胶护罩前充入少量空气，保持内外压力平衡。

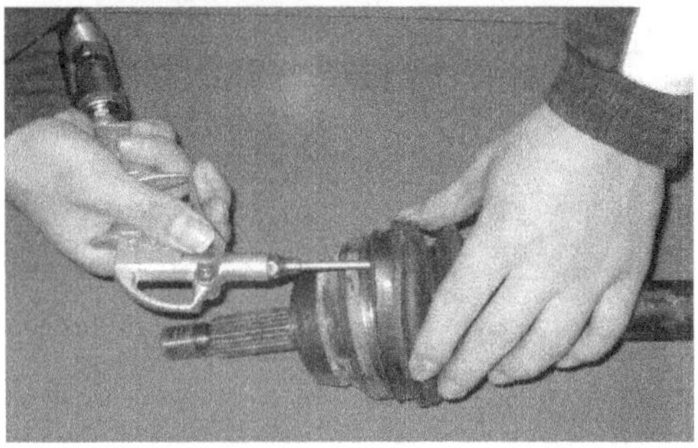

11 1号使用鲤鱼钳，将夹箍安装到橡胶护罩的大端。

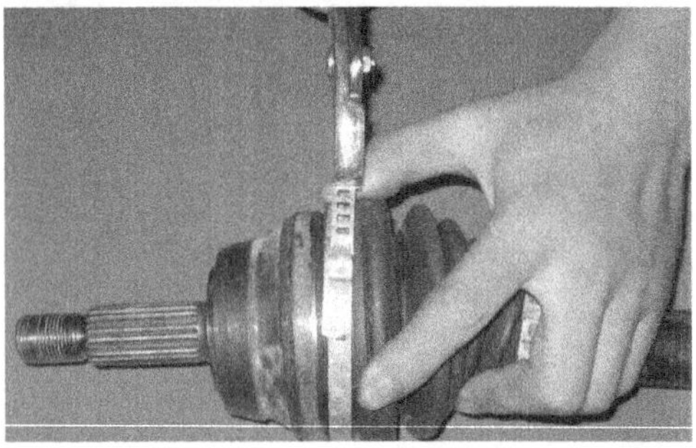

第十三步　安装内等速万向节

1 1号将橡胶护罩安装到传动轴上。

2 1号将碟形座圈安装到传动轴上。

提示

注意碟形座圈的安装方向，其凹面应朝向万向节。

3 1号在内等速万向节的朝向橡胶护罩一面，加注适量润滑脂。

提示

（1）加注润滑脂时，注意保持清洁。

（2）润滑脂分两次加注。一次在万向节安装前；一次在万向节安装后。每次加注量约为45g。

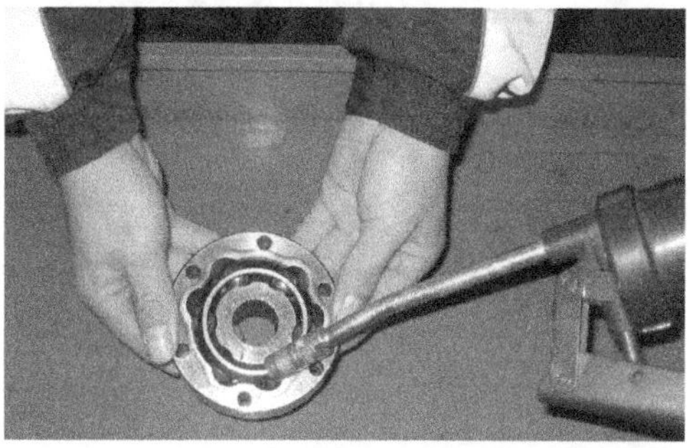

4 1号在传动轴的花键轴上涂抹适量润滑脂。

提示

在花键轴上涂抹润滑脂，安装内等速万向节时可减小滑动阻力。

5 1号将内等速万向节的球毂花键与传动轴上的花键对齐后，将内等速万向节安装到传动轴上。

提示

注意内等速万向节的安装方向，其球壳的凹面应朝向驱动桥，平面朝向橡胶护罩。

6 1号使用卡簧钳，将弹簧挡圈安装到传动轴的环槽内。

提示

如果弹簧挡圈难以进槽，可使用橡胶锤敲击内等速万向节使之到位。

7 1号使用鲤鱼钳，将夹箍安装到橡胶护罩的小端。

8 1号将橡胶护罩的金属圈套装到内万向节球壳上。

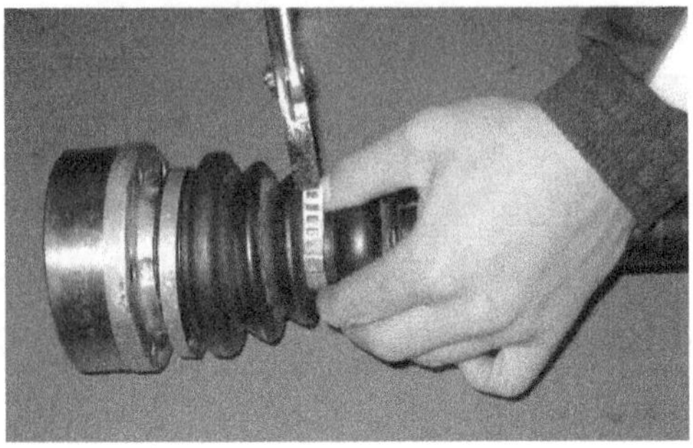

提示

安装金属圈时,注意对正螺栓孔。

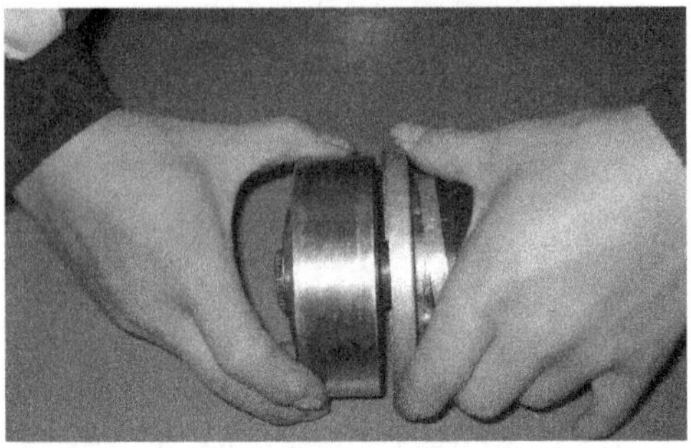

9 1号将适量润滑脂加注到万向节内。

提示

(1)加注润滑脂时,注意保持清洁。

(2)润滑脂分两次加注。一次在万向节安装前;一次在万向节安装后。每次加注量约为45g。

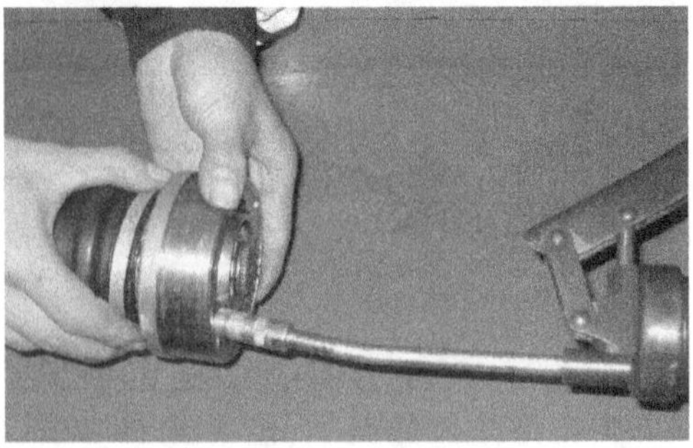

第十四步　安装传动轴

1 1号用棉纱将传动轴连接凸缘盘内的润滑脂清理干净。

提示

防止旧油污染新油。

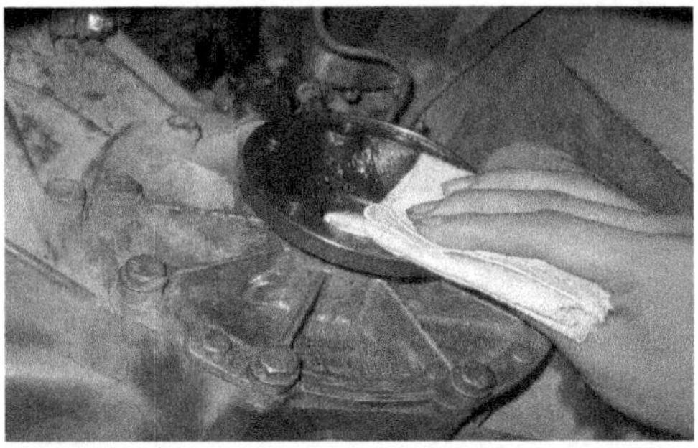

2 1号在外等速万向节轴的前端,涂上一周宽度约5mm的D6防护剂。

提示

防护剂起到防松动、防锈蚀作用。

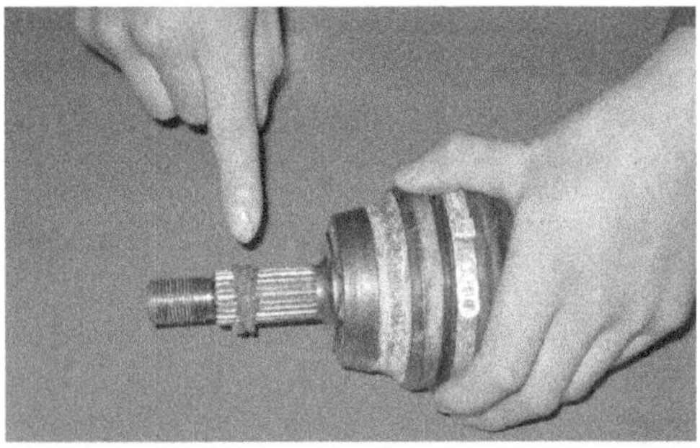

3 1号对齐外等速万向节轴与轮毂孔内的花键后,将万向节轴插入轮毂内孔中。

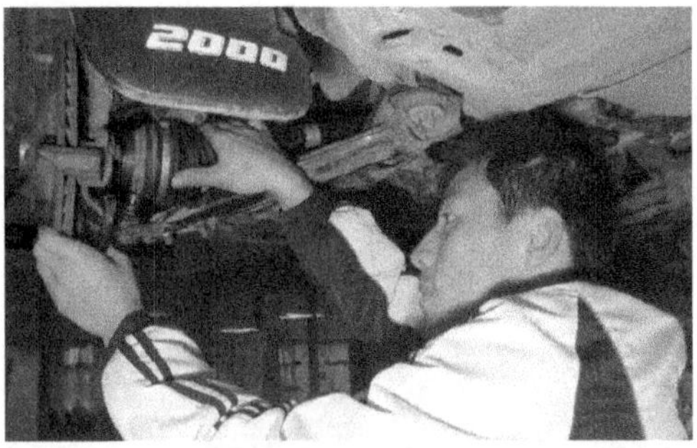

4 1号对齐传动轴内万向节球壳与连接凸缘盘上的螺栓孔后,用手旋入2号传递来的6条固定螺栓,将两者连接起来。

5 2号将ϕ8mm专用接头、接杆、棘轮扳手组合后传递给1号。

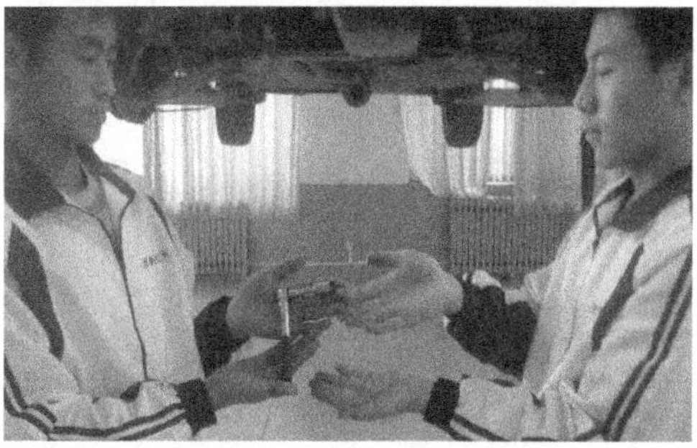

6 2号将挡块插入制动盘一散热孔内，转动制动盘使挡块与制动钳体支架接触，限制传动轴转动。

提示

挡块用于限制传动轴转动，便于拧紧固定螺栓。

7 1号将工具从翼子板下方穿过，2号将ϕ8mm专用接头插入传动轴固定螺栓的螺方孔内，并用手扶住专用接头。

提示

安装传动轴固定螺栓时，1号、2号共同配合，避免因工具歪斜，造成螺栓螺方损坏。

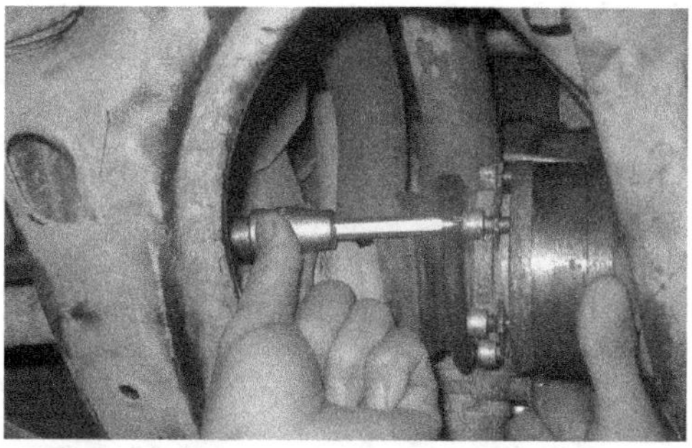

8 1号使用工具将传动轴的6条固定螺栓拧紧后，换用扭力扳手将固定螺栓力矩拧紧至40N·m。

提示

拧松传动轴固定螺栓时，要适时变换传动轴的固定位置，保持工具位置基本不变。

9 2号将工具摆放到工具车上。

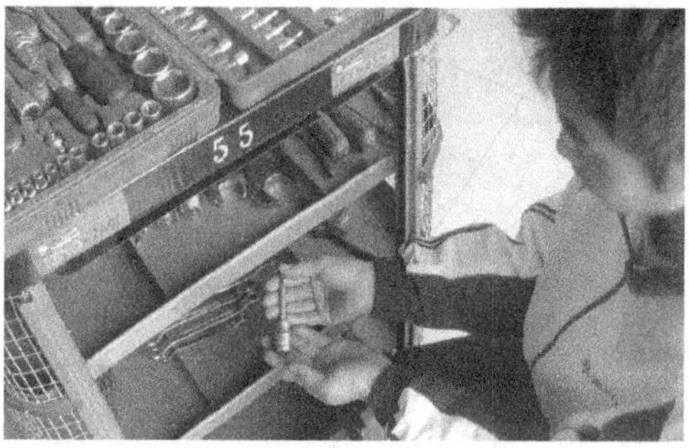

第十五步　安装悬架控制臂球头

1 2号下拉悬架控制臂；1号调整球头销轴和转向节的相对位置，使销轴对正转向节上的承孔，将销轴安装到承孔内。

提示

安装球头时,1号、2号要默契配合,用力大小应适当。

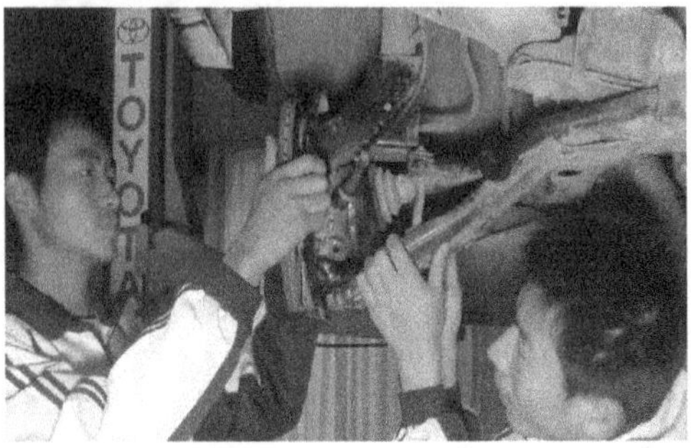

2 1号观察球头销轴上的周向凹槽是否与承孔上的螺栓孔对正。否,进行调整。

提示

(1)必须保证销轴上的凹槽与螺栓孔对正,才能够穿过锁紧螺栓。

(2)调整球头销轴位置时,可用铁锤敲击球头外壳。

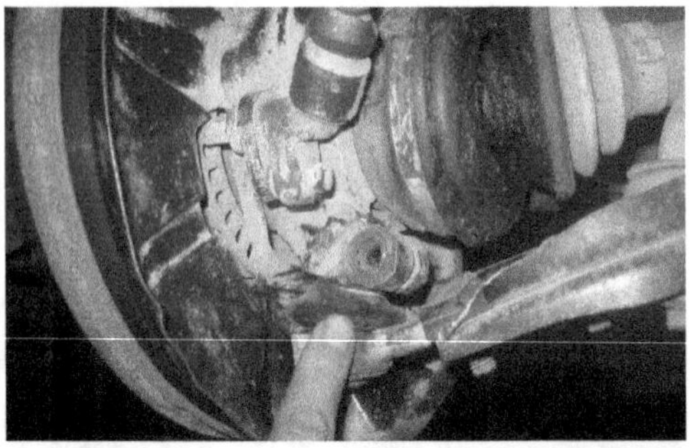

3 1号将2号传递来的螺栓穿过螺栓孔,旋上螺母。

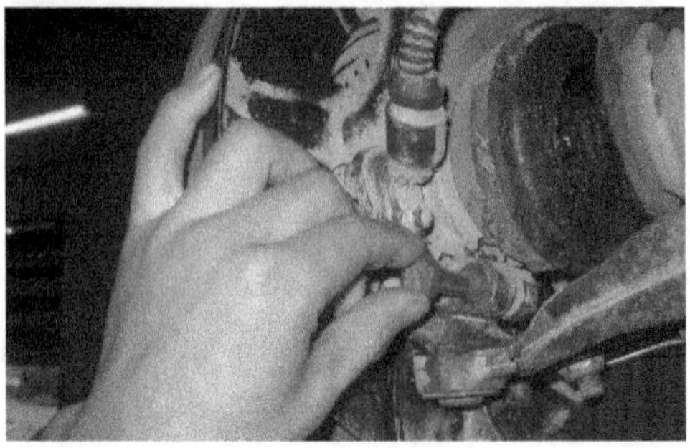

提示

如果螺栓的螺纹上有锈蚀,可在螺纹上涂抹适量润滑油或润滑脂。

4 2号使用16-17mm梅花扳手将螺栓固定,1号使用工具拧紧螺母。最后使用扭力扳手将螺栓力矩拧紧至65N·m。

提示

(1)螺栓力矩要达到规定值。控制臂及其球头性能状况,将直接影响到车辆行驶安全。

(2)按照相同操作要求,安装另一侧悬架控制臂球头。

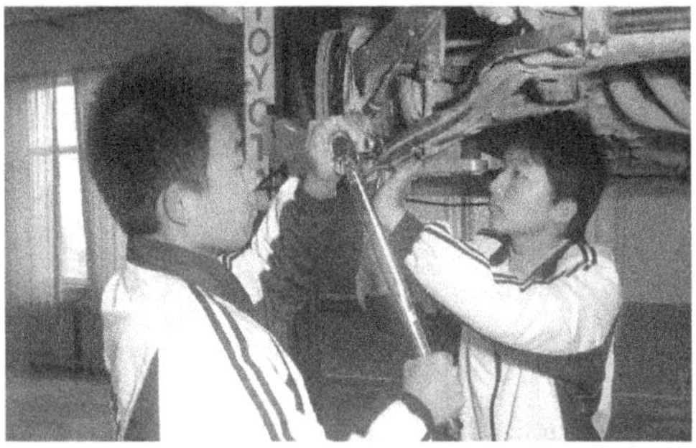

第十六步　安装前左右车轮

1 2号操纵举升机,将车辆降落到距离地面适当高度。

提示

车辆高度以便于安装车轮为度。

2 1号将车轮安放到制动盘的凸缘

上，并对齐螺栓孔，然后将 2 号传递来的 4 条固定螺栓用手旋入螺栓孔内。

提示

左、右侧车轮不要换位，保持原安装位置，以免影响车辆行驶性能。

3 1 号使用 2 号传递来的车轮扳手，将固定螺栓拧紧到适当力矩。

提示

紧固车轮螺栓，应按照“对角多遍”的要求进行。

4 2 号操纵举升机，将车辆降落到地面上。

提示

便于将车轮固定螺栓，拧紧到规定力矩。

5 1 号使用扭力扳手，按照规定要求将车轮固定螺栓拧紧到 110N · m。

提示

(1) 紧固车轮螺栓，应按照“对角多遍”的要求进行。

(2) 按照相同的要求，安装另一侧车轮。

第十七步　紧固轮毂固定螺母

1 1 号将垫圈套装到万向节轴上。

2 1 号用手将螺母旋入万向节轴螺纹上。

提示

用手旋入螺母，可有效保证对正螺纹。严禁使用工具直接拧入螺母，一旦螺纹歪斜，将造成螺母和轴损坏。

3 2号将 $\phi30mm$ 套筒、扭力扳手组合后传递给1号。

4 1号使用扭力扳手、$\phi30mm$ 套筒,将轮毂固定螺母的力矩拧紧至230N·m。

提示

轮毂固定螺母要按照规定力矩拧紧。否则,将给行车安全带来严重危险。

5 1号将2号传递来的车轮装饰罩,对正定位销和定位孔后,安装到车轮承座上。

第十八步　整理工位

参见“整理工位”。

八、考核标准

考核标准表

考核时间	序号	考核项目	满分	评分标准	得分
30min	1	作业前整理工位	3	酌情扣分	
	2	工位停车	3	停车不当扣3分	
	3	车辆可靠停驻	3	操作不当扣3分	
	4	安装驾驶室内保护罩	3	酌情扣分	
	5	拆装轮毂固定螺母	5	操作不当扣5分	
	6	拆装前左右车轮	6	操作不当扣6分	
	7	拆装悬架控制臂球头	8	操作不当扣8分	
	8	断开或连接传动轴与驱动桥	6	操作不当扣6分	
	9	取下或安装传动轴	5	操作不当扣5分	
	10	拆卸外等速万向节	8	操作不当扣8分	
	11	拆卸内等速万向节	8	操作不当扣8分	
	12	清洗零部件	4	清洗不彻底酌情扣分	

续上表

考核时间	序号	考核项目	满分	评分标准	得分
30min	13	等速万向节损伤检查	5	检查不当扣5分	
	14	传动轴损伤检查	5	检查不当扣5分	
	15	橡胶护罩损伤检查	5	检查不当扣5分	
	16	安装外等速万向节	10	操作不当扣10分	
	17	安装内等速万向节	10	操作不当扣10分	
	18	作业后整理工位	3	酌情扣分	
	19	遵守相关安全规范	因违规操作造成人身和设备事故的,总分按0分计		
		分数合计	100		

项目十二　检查或更换悬架下摆臂及其球头

一、项目说明

1. 概述

汽车悬架是车架(或承载车身)与车桥(或车轮)之间传力装置的总称。其功用是将路面作用到车轮上的各种力及力矩传递到车架上,以保证汽车正常行驶。根据悬架结构特点的不同,汽车悬架分为独立悬架和非独立悬架两大类。

下摆臂及其球头属于汽车独立悬架的组成部件,连接车桥车轮和车架。在汽车长期使用过程中,下摆臂会产生变形、衬套磨损和球头磨损。下摆臂及其球头的损伤,将导致汽车前轮定位失准、轮胎异常磨损、颠簸异响及行驶跑偏等故障发生,使汽车行驶安全性、乘坐舒适性及使用经济性明显下降。因此,应定期检查悬架下摆臂及其球头,并及时更换损坏部件,保持车辆正常使用性能。下面以桑塔纳2000GSi型轿车为例来说明检查或更换悬架下摆臂及其球头的操作步骤和技术规范。

2. 桑塔纳2000GSi型轿车悬架结构特点

桑塔纳2000GSi型轿车采用麦弗逊式独立悬架,悬架中增设了横向稳定杆,将车身与下摆臂连接起来。三叉形下摆臂内端两叉与车身铰接,外端与转向节铰接,形成稳定的三角形结构。减振器通过活塞杆弹性支撑在车身上。

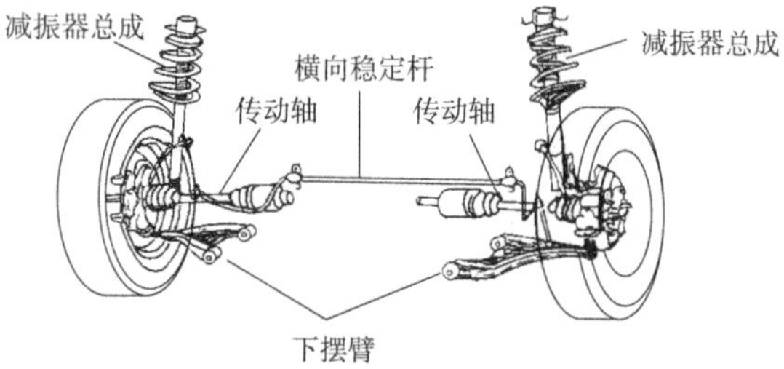

麦弗逊式独立悬架

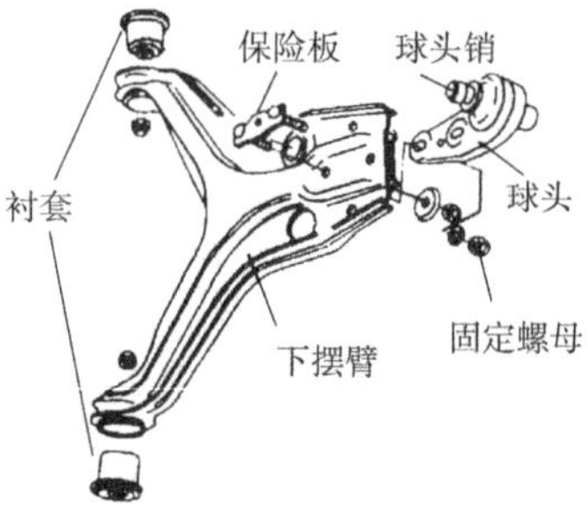

下摆臂及其球头

二、技术标准与要求

(1)安装桑塔纳2000GSi型轿车配套的悬架下摆臂及其球头。

(2)更换悬架下摆臂及其球头后,必须进行车轮定位测量与调整。

(3)车轮固定螺栓应按照“对角多遍”的要求拧松或拧紧。

(4)凡是自锁螺母只作一次性使用,拆

卸后更换新品。

(5)相关螺栓(螺母)紧固力矩为:车轮螺栓力矩110N·m;下摆臂螺栓力矩60N·m;下摆臂球头螺栓力矩65N·m;球头定位螺栓力矩50N·m;稳定杆的侧倾杆螺母力矩25N·m。

三、实训时间:50min

四、实训教学目标

(1)了解检查或更换悬架下摆臂及其球头的重要性。

(2)熟悉桑塔纳2000GSi型轿车悬架的结构特点。

(3)掌握检查或更换悬架下摆臂及其球头的操作技能。

(4)弘扬民族精神,展现可信、可爱、可敬的中国形象。

五、实训器材

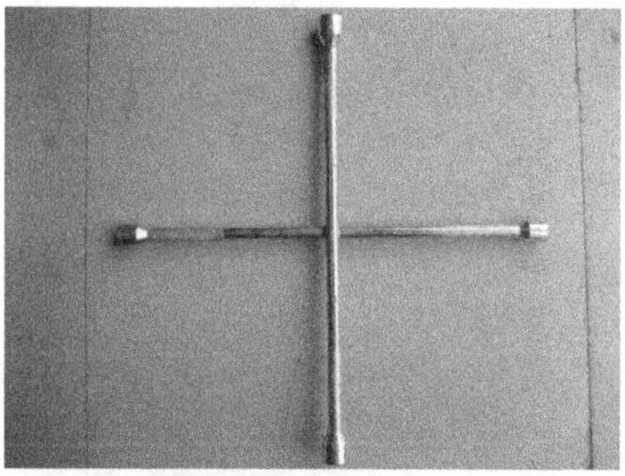

车轮扳手

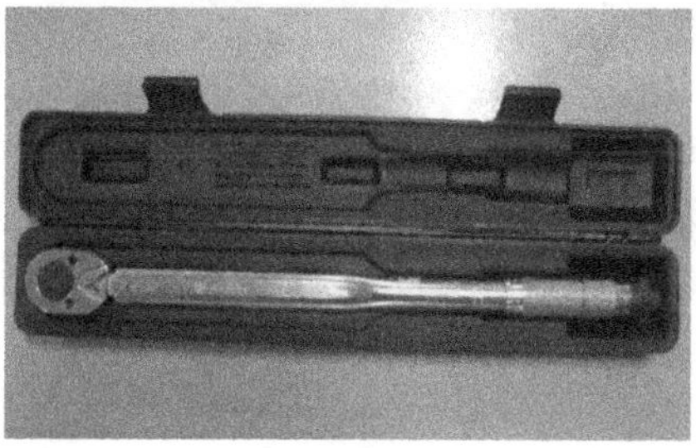

扭力扳手

其他工具及器材:

ϕ17mm套筒、ϕ13mm套筒、接杆、棘轮扳手、16-17mm梅花扳手、一字螺丝刀、扭力扳手、防护手套等。

六、教学组织

1. 教学组织形式

每辆车安排4名学生参与实训,两名学生为一组。一组操作,一组观察学习。

2. 学生站位分工和要求

两名学生一组,按照1号、2号进行编号,1号为主,2号辅助。

3. 实训教师职责

讲解操作步骤和注意事项;下达“操作开始”口令;工位间巡视、检查、指导和纠正错误。

4. 学生职责变换

两名学生实行职责变换制度,即第一遍1号为主,2号辅助;第二遍2号为主,1号辅助。

七、操作步骤

第一步　事前准备

参见“事前准备”。

第二步　拆卸前车轮

1　2号将一字螺丝刀传递给1号。

2　1号将一字螺丝刀插入车轮装饰罩拆卸缺口中,撬起装饰罩,然后用手将装饰罩取下,并传递给2号。

提示

拆卸车轮装饰罩时,用力要适当,不要过猛,以免造成装饰罩损坏。

3 2 号将车轮扳手传递给 1 号。

4 1 号使用车轮扳手,拧松车轮的 4 条固定螺栓。

提示

(1)拧松车轮固定螺栓时,要按照“对角多遍”的要求进行,防止车轮变形。

(2)车轮螺栓以拧松 2 ~3 个丝扣为度,避免车轮负重倾斜,造成螺栓螺纹损伤。

5 2 号操纵举升机,将车辆举升至轮胎最低点距离地面约 20cm 的高度。

6 2 号扶住车轮,1 号使用车轮扳手快速旋出车轮固定螺栓,然后将工具、螺栓传递给 2 号。

提示

1 号、2 号配合拆卸车轮,可以防止车轮倾斜损伤螺栓螺纹和不慎车轮脱落。

7 2 号接收工具、螺栓,并摆放到工具车、零件车上。

8 1 号取下车轮,并将其放到车轮支架上。

提示

(1)按照相同的操作步骤和规范要求，拆卸另一侧车轮。

(2)两侧车轮做好区分标记，不要混装。

第三步 拆卸稳定杆固定螺栓

1 2号操纵举升机，将车辆再次举升到适当高度后，可靠锁止提升臂。

2 2号将ϕ13mm套筒、接杆、棘轮扳手组合后传递给1号。

3 1号使用ϕ13mm套筒、接杆、棘轮扳手，拧松稳定杆两端固定螺母。2号接收工具擦拭后摆放到工具车上。

提示

稳定杆两端的侧倾杆穿过胶套弹性固定在下摆臂上。

4 1号用手旋下螺母，取下垫片传递给2号。2号将螺母及垫片摆放到零件车上。

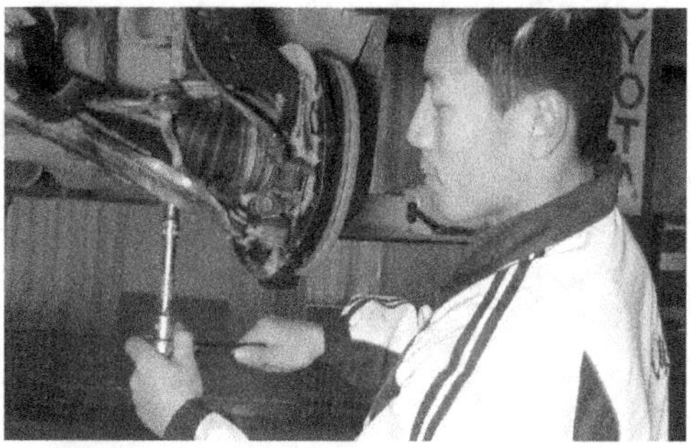

第四步 拆卸下摆臂及其球头

1 2号将ϕ17mm套筒、短接杆、棘轮扳手组合后传递给1号。

2 2号使用16-17mm梅花扳手将螺栓固定，1号使用工具拧松螺母。

提示

定位螺栓穿过转向节下端螺栓孔，使螺杆与悬架下摆臂球头销轴上的周向凹槽相配合，将安装于承孔中的悬架下摆臂球头定位在转向节上。

3 1号取出定位螺栓并传递给2号,2号将工具、螺栓摆放到工具车、零件车上。

提示

如果取出定位螺栓比较困难,可用铜锤等软金属器具敲击螺杆尾部,使其松动后,便容易取出螺栓。严禁使用铁锤等直接敲击螺栓尾部,否则将造成螺栓损伤。

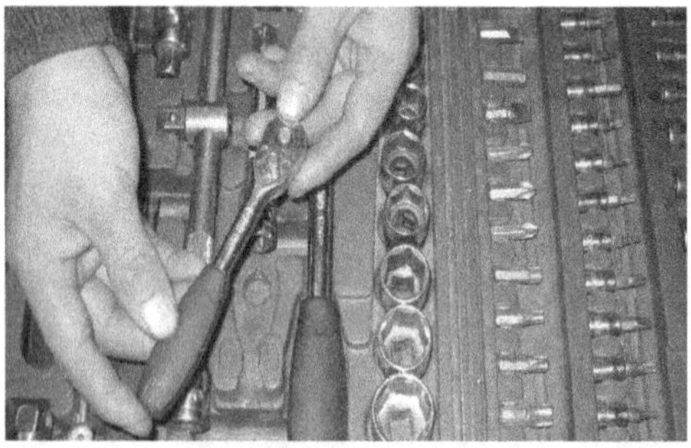

4 1号使用记号笔,在球头底板与下摆臂最外端平齐处,做出相对安装记号。

提示

球头的安装位置,决定了车轮定位角度。因此,球头从下摆臂上拆卸之前,应做好相对安装标记,便于球头安装后保持车轮定位角度基本不变。

5 2号将 ϕ13mm 套筒、短接杆、扭力扳手组合后传递给1号。

6 1号使用 ϕ13mm 套筒、短接杆、扭力扳手,拧松球头底板的两条固定螺栓。2号接收工具,擦拭后摆放到工具车上。

提示

(1)球头底板的固定螺栓紧固力矩较大,为65N·m。如果将下摆臂及其球头,从车上拆卸后再拧松球头底板的固定螺栓会比较困难。因此,事先松开其固定螺栓,取下球头时省力许多。

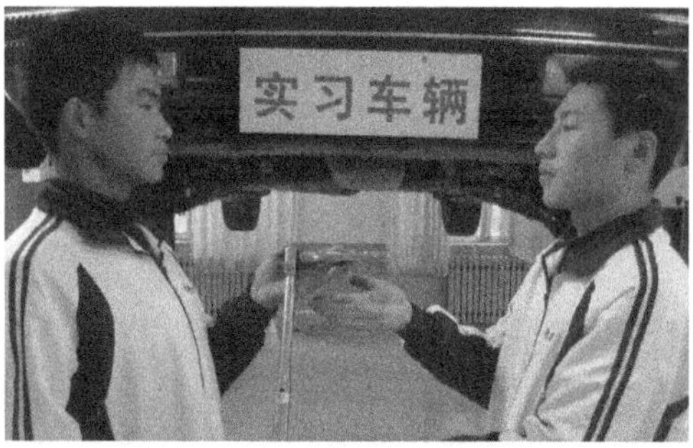

(2)球头底板插入下摆臂夹缝中,带保险板的两条螺栓将球头底板固定在下摆臂上。

7 1号将2号传递来的一字螺丝刀插入球头销轴承孔的立槽中,用力扩张承孔。

提示

承孔扩张后,球头销轴在承孔内变得松

旷，取出时会省力些。

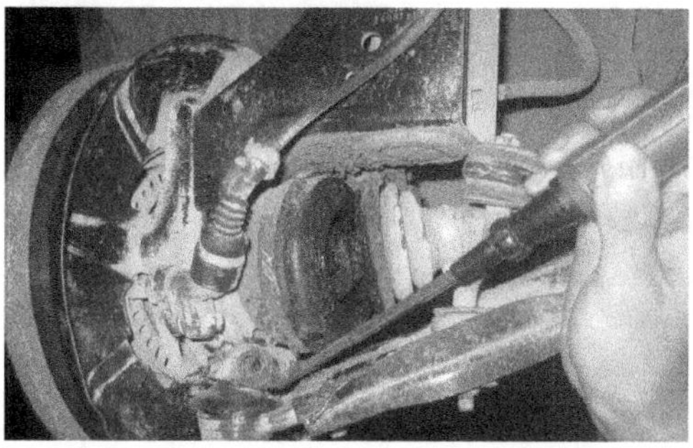

8 1号双手用力下拉悬架下摆臂，2号内外推拉制动盘，调整转向节位置。1号、2号配合取出悬架下摆臂球头。

提示

如果球头取下困难时，可使用铁锤适当用力敲击球头壳，然后再配合拆卸。

9 2号将 ϕ17mm 套筒、短接杆、扭力扳手组合后传递给1号。

10 2号使用16-17mm 梅花扳手，将其中1条下摆臂与车身连接螺栓固定；1号使用将 ϕ17mm 套筒、短接杆、扭力扳手拧松固定螺栓。

提示

用相同方法拧松下摆臂的另外一条固定螺栓。

11 2号接收工具，擦拭后摆放到工具车上。

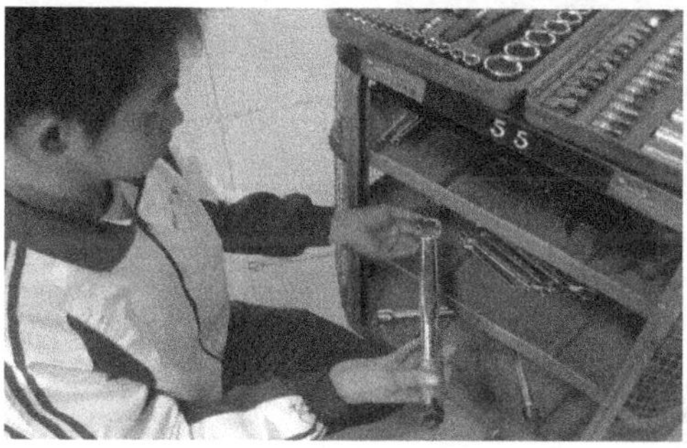

12 1号取出螺栓传递给2号后，用手摆动并取下下摆臂。

提示

取下下摆臂时，由于车身上的支架及稳定杆的侧倾杆阻挡，有一定困难。注意不要碰伤手臂，必要时，2号要协助拆卸。

13 2号将下摆臂放置到操作台上。

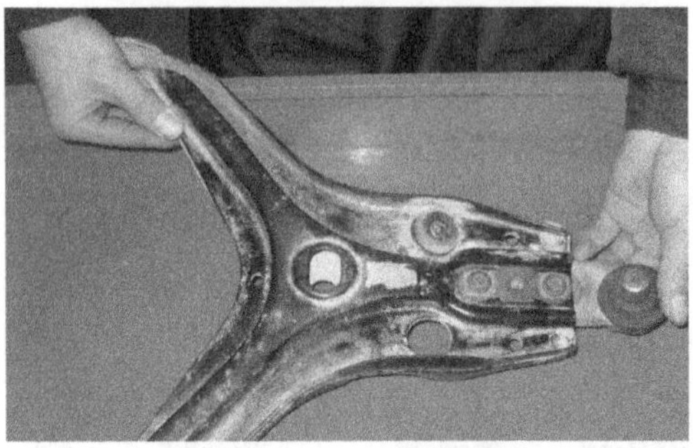

14 1号用手旋下球头底板固定螺母,然后取出带保险板的固定螺栓。

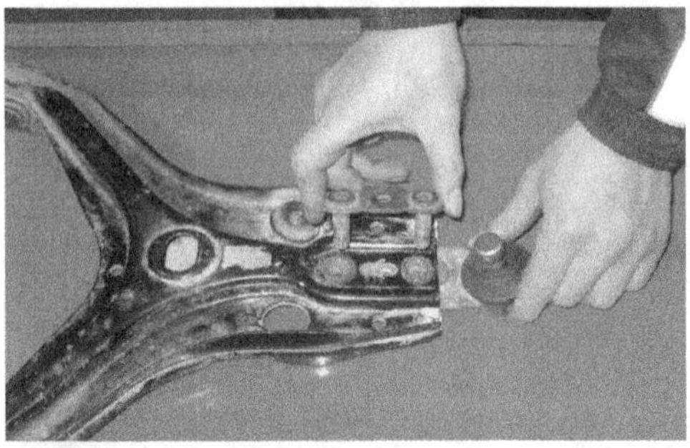

15 1号从下摆臂上取下球头,并摆放到操作台上。

提示

取下球头前,注意确认安装记号。

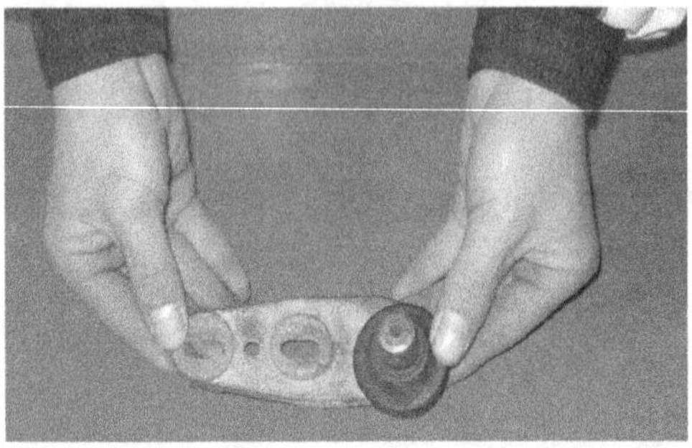

第五步　下摆臂及其球头损伤检查

1 1号检查下摆臂是否有碰撞、敲击痕迹及变形现象。

提示

如果有上述损伤,应更换下摆臂。

2 1号检查橡胶衬套是否有偏磨、断裂及橡胶老化现象。

提示

如果存在上述损伤,应更换橡胶衬套或下摆臂。

3 1号用手前后左右方向摆动球头销,检查是否有卡滞及阻力过大现象。

提示

(1)如果存在上述现象,应更换球头。

(2)桑塔纳2000GSi型轿车采用免维护球头,无法注油维护。

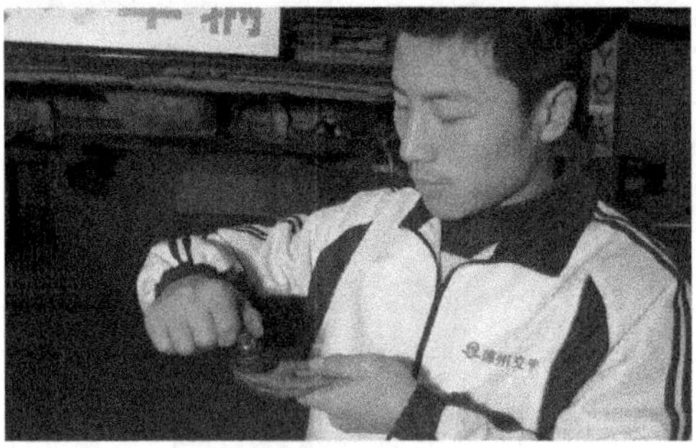

4 1号一手握紧球头壳,一手上下方向推拉球头销,检查球头与球壳之间是否存

在明显旷量。

提示

如果球头与球壳之间存在明显旷量，应更换球头。

5 1号检查球头的橡胶防护罩是否有老化、破裂现象。

提示

如果球头的橡胶防护罩存在老化、裂纹，应更换球头。

第六步　安装下摆臂及其球头

1 球头底板上加工有两个长条形螺栓孔。

提示

长条形螺栓孔可以使球头底板在一定范围内水平移动，用于调整车轮定位角度。

2 1号将球头底板插入下摆臂夹缝中，调整底板位置，对齐螺栓孔，然后将带有保险板的固定螺栓穿过下摆壁和球头底板，最后用手旋入螺母。

提示

为防止螺栓锈蚀和便于旋入螺母，应在螺栓螺纹上涂抹适量润滑脂或润滑油。

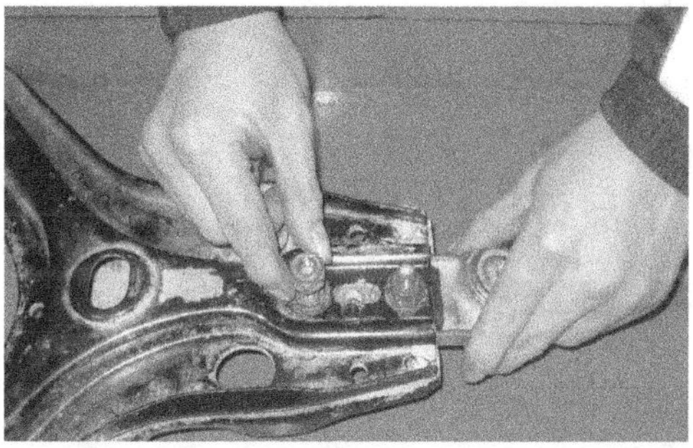

3 1号调整球头底板位置，使安装记号与下摆臂最外端面对齐。

提示

保持球头底板与原安装位置不变，则车轮角度保持基本不变。

4 1号使用 ϕ13mm 套筒、棘轮扳手，将两条固定螺栓拧紧到适当力矩。

提示

此时,螺栓力矩以保持球头底板固定不动为标准。

5 1号将下摆臂内端两叉插入车身支架内,对齐螺栓孔后,将螺栓穿过支架和叉孔,最后用手旋上螺母。

提示

为防止螺栓锈蚀和便于旋入螺母,应在螺栓螺纹上涂抹适量润滑脂或润滑油。

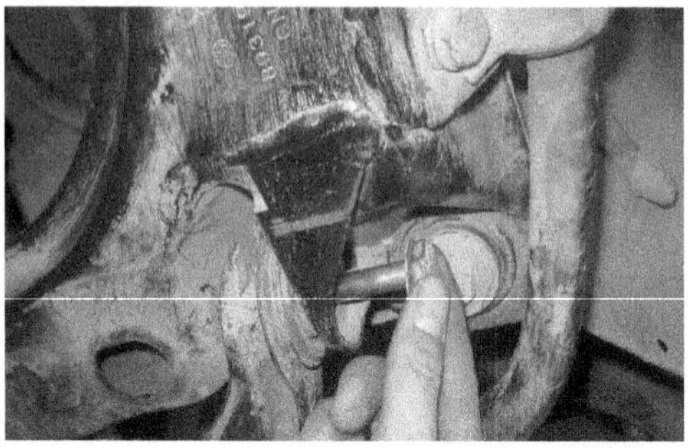

6 1号向上抬起下摆臂,2号调整稳定杆的侧倾杆,两人共同配合将侧倾杆插入下摆臂的安装孔内。

提示

为减轻磨损和便于安装,应在稳定杆的侧倾杆上涂抹适量润滑脂或润滑油。

7 1号将垫片安装到螺杆上,然后用手旋入固定螺母。

8 2号下拉悬架控制臂;1号调整球头销轴和转向节的相对位置,使销轴对正转向节上的承孔,将销轴安装到承孔内。

提示

安装球头时,1号、2号要默契配合,用力大小应适当。

9 1号观察球头销轴上的周向凹槽是否与承孔上的螺栓孔对正。否,进行调整。

提示

(1)必须保证销轴上的凹槽与螺栓孔对正,才能够穿过锁紧螺栓。

(2)调整球头销轴位置时,可用铁锤轻

敲击球头外壳。

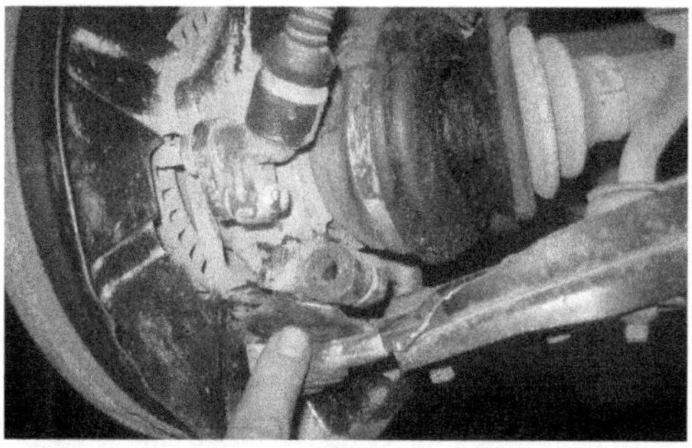

10 1号将2号传递来的螺栓穿过螺栓孔，旋上螺母。

提示

如果螺栓的螺纹上有锈蚀，可在螺纹上涂抹适量润滑油或润滑脂。

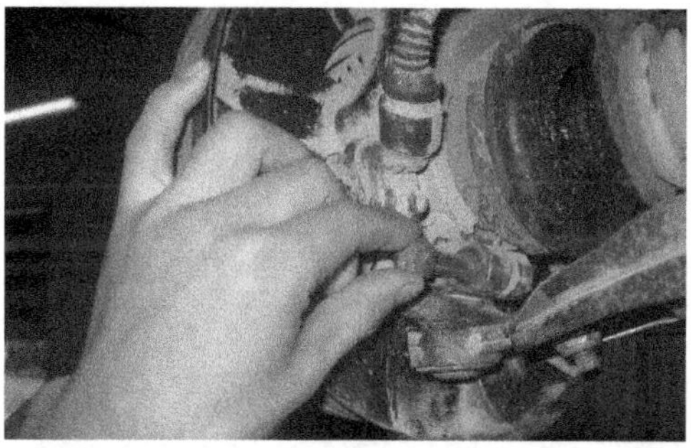

11 2号使用16-17mm梅花扳手将螺栓固定；1号使用ϕ17mm套筒、接杆、棘轮扳手，将螺母拧紧到适当力矩。最后使用扭力扳手将两条螺栓力矩拧紧至65N·m。

提示

(1)螺栓力矩要达到规定值。控制臂及其球头性能状况，将直接影响到车辆行驶安全。

(2)按照相同操作和要求，安装另一侧悬架控制臂球头。

12 1号使用ϕ17mm套筒、接杆、扭力扳手，将球头底板的两条固定螺栓力矩拧紧至50N·m。

13 2号使用16-17mm梅花扳手，将下摆臂一内叉的螺栓固定；1号使用ϕ17mm套筒、接杆、扭力扳手，将螺栓力矩拧紧至60N·m。按照同样方法与要求，将下摆臂另一叉的螺栓力矩拧紧至60N·m。

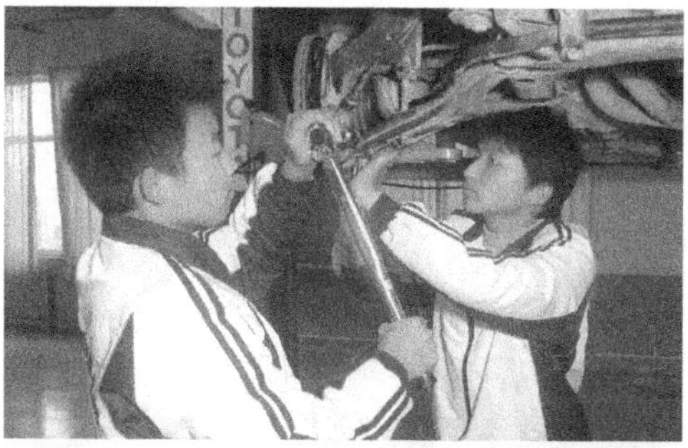

14 1号使用ϕ13mm套筒、接杆、棘轮扳手，将稳定杆的侧倾杆固定螺栓拧紧至适当力矩。螺栓规定力矩为25N·m。

提示

按照相同的操作步骤和要求,安装另一侧悬架下摆臂及其球头。

第七步　安装前车轮

1 2号操纵举升机,将车辆举升至轮胎最低点距离地面约20cm的高度。

2 1号将车轮安放到制动盘的凸缘上,并对齐螺栓孔,然后将2号传递来的4条固定螺栓用手旋入螺栓孔内。

提示

左、右侧车轮不要换位,保持原安装位置,以免影响车辆行驶性能。

3 1号使用2号传递来的车轮扳手,将固定螺栓拧紧到适当力矩。

提示

紧固车轮螺栓,应按照“对角多遍”的要求进行。

4 2号操纵举升机,将车辆降落到地面上。

提示

便于将车轮固定螺栓拧紧到规定力矩。

5 1号使用扭力扳手,按照规定要求将车轮固定螺栓拧紧到110N·m。

提示

(1)紧固车轮螺栓,应按照“对角多遍”的要求进行。

(2)按照相同的要求,安装另一侧车轮。

6 1号将2号传递来的车轮装饰罩,对正定位销和定位孔后,安装到车轮承座上。

第八步 整理工位

参见“整理工位”。

八、考核标准

考核标准表

考核时间	序号	考核项目	满分	评分标准	得分
30min	1	作业前整理工位	3	酌情扣分	
	2	工位停车	3	停车不当扣3分	
	3	车辆可靠停驻	3	操作不当扣3分	
	4	拆装前左右车轮	8	操作不当扣8分	
	5	拆装稳定杆	5	操作不当扣5分	
	6	从转向节上拆卸球头	10	操作不当扣10分	
	7	拆卸下摆臂	10	操作不当扣10分	
	8	工具使用与维护	5	使用与维护不当扣5分	
	9	零部件摆放	5	酌情扣分	
	10	下摆臂损伤检查	9	检查不当扣9分	
	11	球头损伤检查	9	检查不当扣9分	
	12	将球头安装到下摆臂上	6	操作不当扣6分	
	13	将球头安装到转向节上	10	操作不当扣10分	
	14	安装下摆臂	11	操作不当扣11分	
	15	作业后整理工位	3	酌情扣分	
	16	遵守相关安全规范	因违规操作造成人身和设备事故的，总分按0分计		
		分数合计	100		

项目十三　检查或更换前后减振器

一、项目说明

1. 概述

汽车悬架中通常装设有减振器，其作用是对悬架运动施加适当阻力，衰减车身与车架振动，并吸收一部分来自路面的冲击力，以改善汽车行驶的平顺性。目前汽车上多采用双向作用液力减振器，与弹性元件属于并联安装。

汽车长期使用过程中，减振器会产生衬套磨损、漏油、阻尼力下降现象，导致汽车行驶颠簸振动、方向跑偏、异响、轮胎异常磨损及转向侧倾严重等故障发生。为确保汽车具有正常的缓冲减振性能及操控性能，并减缓其他机件的磨损和损伤，应定期检查并及时更换减振器。下面以桑塔纳2000GSi型轿车为例，来说明检查或更换减振器的操作步骤和技术规范。

2. 减振器的结构和工作原理

(1)减振器及其相关部件。

(2)减振器工作原理。

减振器的工作原理是利用液体流动阻力来消耗振动能量，其工作过程包括压缩和伸张两个行程。带有活塞杆的活塞插入充满油液的缸筒内，活塞上安装有节流孔。当活塞在缸筒内作压缩和伸张运动时，具有一定黏性的油液流经节流孔产生阻尼力，活塞运动速度可改变阻尼力的大小。减振器动作缓慢，产生的阻尼力小；反之，产生的阻尼力大。节流孔越大，产生的阻尼力越小；反之，产生的阻尼力越大。

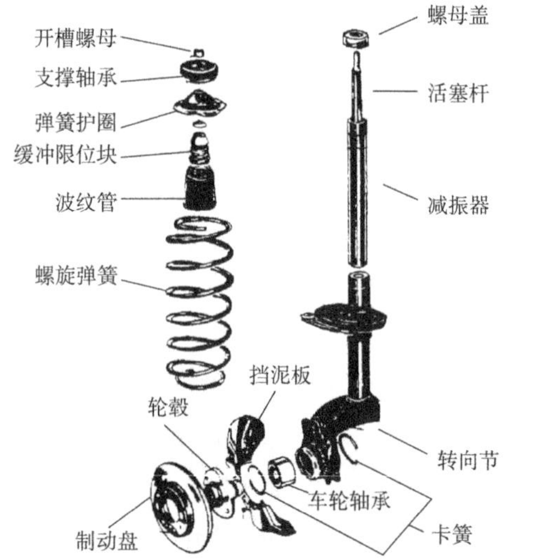

前减振器及相关部件

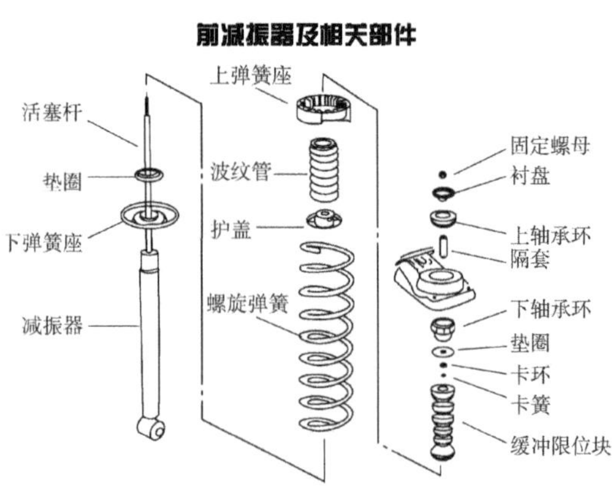

后减振器及相关部件

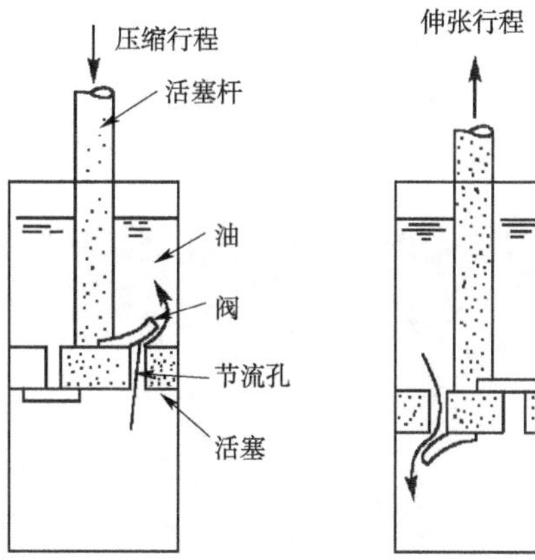

减振器工作原理

二、技术标准与要求

(1)安装桑塔纳 2000GSi 型轿车配套减振器。

(2)用手推拉减振器活塞杆时,应有较大阻力且阻力均匀无空行程,伸张阻力大于压缩阻力。

(3)减振器轻微渗油时,可以继续使用。若严重漏油,应更换新件。

(4)自锁螺母仅作一次性使用,拆卸后更换新品。

三、实训时间:60min

四、实训教学目标

(1)了解检查或更换减振器的重要性。

(2)熟悉减振器的工作原理。

(3)掌握检查或更换减振器的操作技能。

(4)培养学生奉献精神、创造精神。

五、实训器材

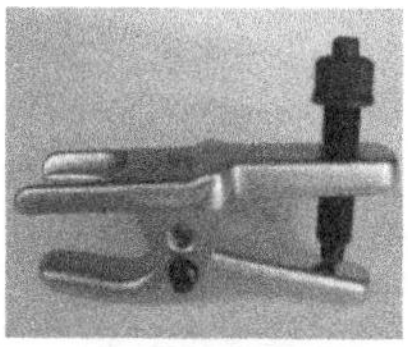

弹簧压缩器

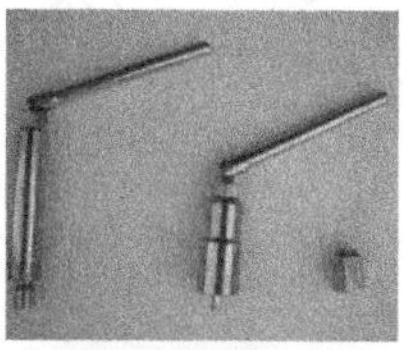

减振器拆装专用工具

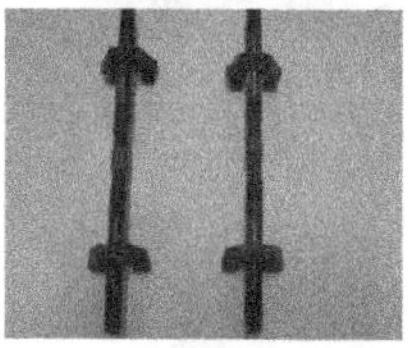

球头拆卸工具

管钳

其他工具及器材:

ϕ30 套筒、ϕ17 套筒、接杆、棘轮扳手、扭力扳手、车轮扳手、翼子板护裙、一字螺丝刀、16-17mm 开口扳手、20-21mm 开口扳手、16-17mm 梅花扳手、顶拔器、棉纱等。

六、教学组织

1. 教学组织形式

每辆车安排 4 名学生参与实训,两名学生为一组。一组操作,一组观察学习。

2. 学生站位分工和要求

两名学生一组,按照 1 号、2 号进行编号,1 号为主,2 号辅助。

3. 实训教师职责

讲解操作步骤和注意事项;下达“操作开始”口令;工位间巡视、检查、指导和纠正错误。

4. 学生职责变换

两名学生实行职责变换制度,即第一遍

1 号为主,2 号辅助;第二遍 2 号为主,1 号辅助。

七、操作步骤

第一步　事前准备

前减震器总成拆装

参见“事前准备”。

第二步　拆卸轮毂固定螺栓

1　2 号将一字螺丝刀传递给 1 号。

2　1 号将一字螺丝刀插入车轮装饰罩拆卸缺口中,撬起装饰罩,然后用手将装饰罩取下,并传递给 2 号。

提示

拆卸车轮装饰罩时,用力要适当,不要过猛,以免造成装饰罩损坏。

3　2 号接收工具、装饰罩,分别摆放到工具车、零件车上。

4　2 号将 ϕ30mm 套筒、接杆、扭力扳手组合后传递给 1 号。

5　1 号使用 ϕ30mm 套筒、接杆、扭力扳手,拧松轮毂固定螺母。

提示

轮毂固定螺母拧紧力矩较大,拧松或旋紧时选择工具要符合扭矩要求。

6　1 号用手旋出螺母、取下垫圈,并传递给 2 号。

7 2号将螺母、垫圈摆放到零件车上。

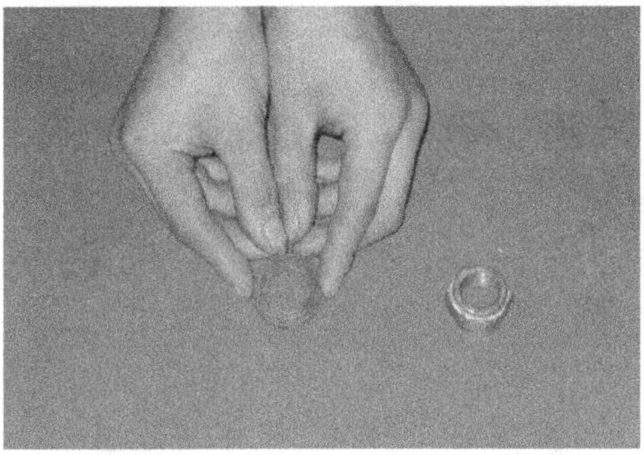

第三步　拆卸前左右车轮

1 2号将车轮扳手传递给1号。

2 1号使用车轮扳手拧松车轮的4条固定螺栓。

提示

(1)拧松车轮固定螺栓时，要按照“对角多遍”的要求进行，防止车轮变形。

(2)车轮螺栓以拧松2~3个丝扣为度，避免车轮负重倾斜，造成螺栓螺纹损伤。

3 2号操纵举升机，将车辆举升至轮胎最低点距离地面约20cm的高度。

4 2号扶住车轮，1号使用车轮扳手，快速旋出车轮固定螺栓，然后将工具、螺栓传递给2号。

提示

1号、2号配合拆卸车轮，可以防止车轮倾斜损伤螺栓螺纹和车轮不慎脱落。

5 2号接收工具、螺栓，并摆放到工具车、零件车上。

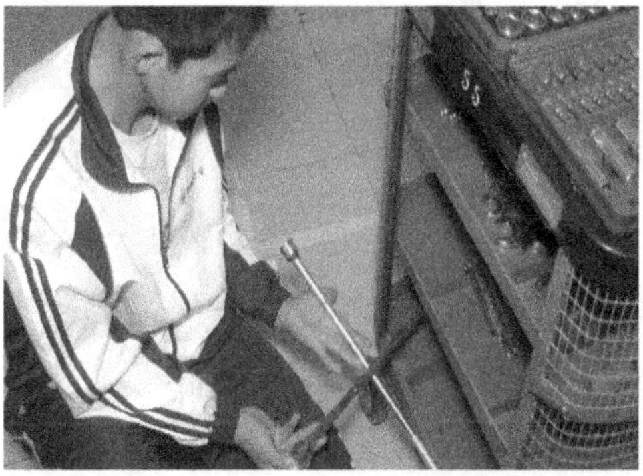

6 1号取下车轮，并将其放到车轮支架上。

提示

(1)按照相同的操作步骤和规范要求，拆卸另一侧车轮，不再赘述。

(2)两侧车轮做好区分标记，不要混装。

第四步　拆卸前轮制动轮缸及制动蹄

1 1号、2号配合,将前轮制动轮缸及制动蹄取下。

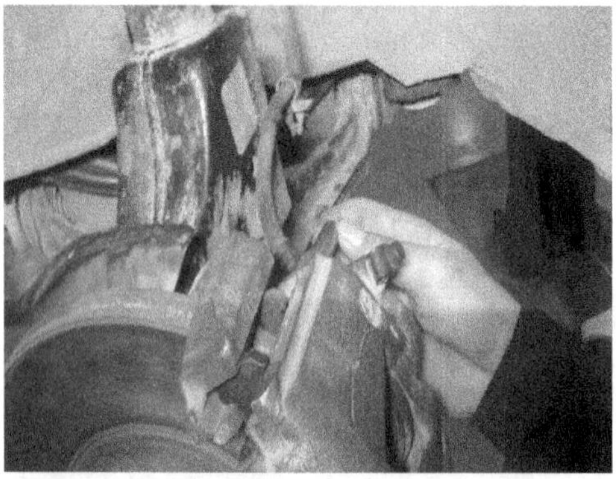

2 1号将制动轮缸可靠悬挂于车身的适当位置。2号将制动蹄摆放到零件车上。

第五步　拆卸轮速传感器

1 1号用手拔下轮速传感器电插头,并从减振器卡箍内脱出传感器线束。

提示

(1)插拔电器元件电插头时,保持点火开关处于关闭状态,避免产生的电动势损坏电控单元。

(2)拔下电器元件电插头时,严禁使用螺丝刀等类似器具撬别,防止损伤电插头和电器元件。

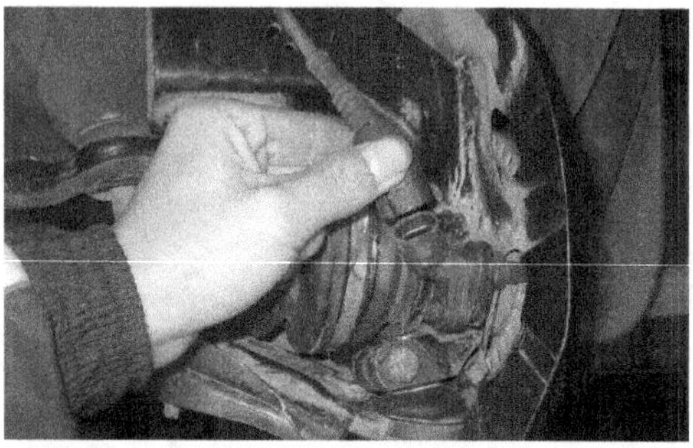

2 1号使用2号传递来的ϕ5mm内六角扳手,拧松轮速传感器的一条固定螺栓。2号接收工具,擦拭后摆放到工具车上。

3 1号取下固定螺栓后,用手转动并拔出轮速传感器,并传递给2号。

提示

取下轮速传感器时,禁止使用螺丝刀等类似器具别撬,防止传感器损伤。

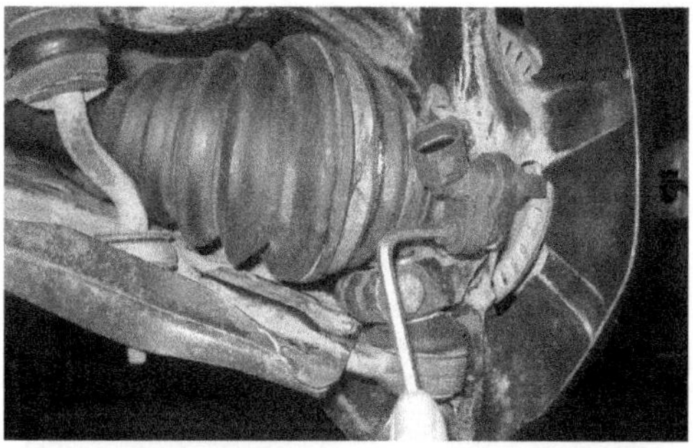

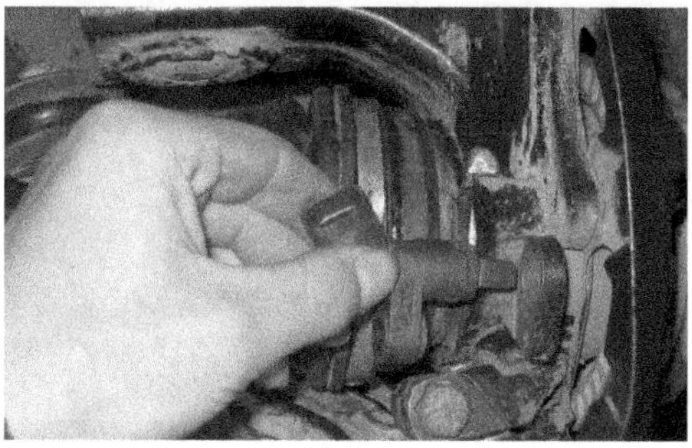

4 2号将轮速传感器摆放到零件车上。

提示

传感器在拆卸、传递及安装过程中，严禁敲击、掉落和重压。否则，容易导致传感器损坏。

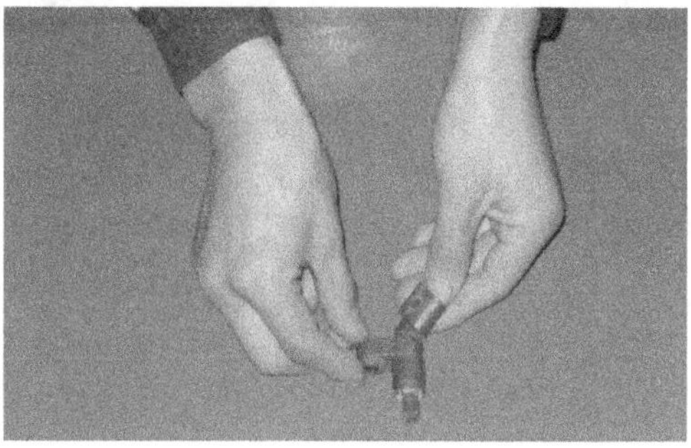

第六步　拆卸悬架下摆臂球头

1 2号将 ϕ17mm 套筒、短接杆、棘轮扳手组合后传递给1号。

2 2号使用16-17mm梅花扳手将螺栓固定，1号使用工具拧松螺母。

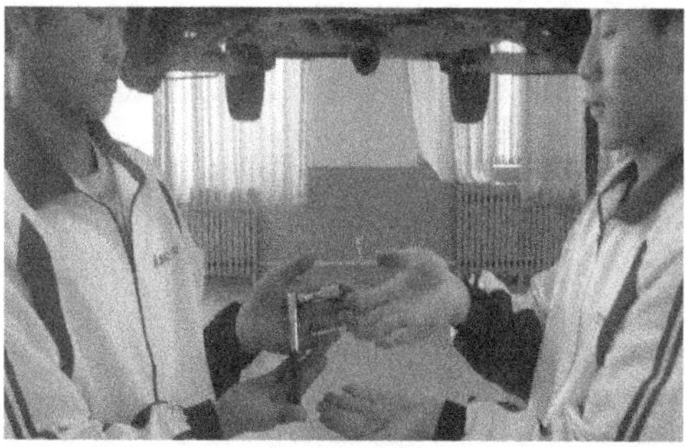

提示

固定螺栓穿过转向节下端螺栓孔，使螺杆与球头销轴上加工的周向凹槽相配合，将安装于承孔中的球头固定在转向节上。

3 1号取出固定螺栓并传递给2号，2号将工具、螺栓摆放到工具车、零件车上。

提示

如果固定螺栓取出困难时，可用铜锤等软金属器具敲击螺杆尾部，使其松动后，便容易取出螺栓。严禁使用铁锤等直接敲击螺栓尾部，否则将造成螺栓损伤。

4 1号将2号传递来的一字螺丝刀插入球头销轴承孔的立槽中,用力扩张承孔。

提示

承孔扩张后,球头销轴在承孔内变得松旷,取出时会省力些。

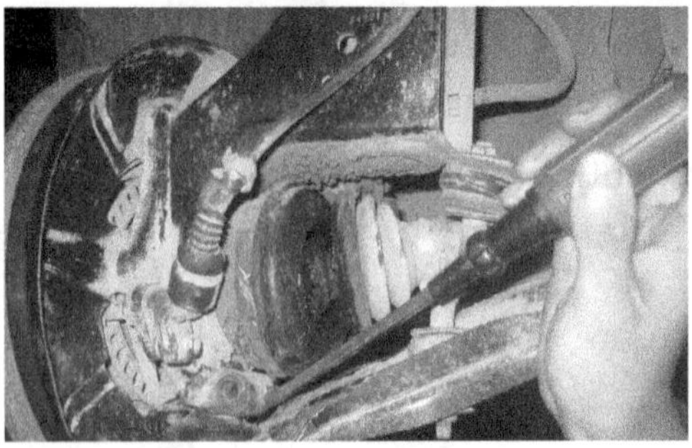

5 1号双手用力下拉悬架控制臂,2号内外推拉制动盘,调整转向节位置。1号、2号配合取出悬架控制臂球头。

提示

如果球头取下困难时,可使用铁锤适当用力敲击球头壳,然后再配合拆卸。

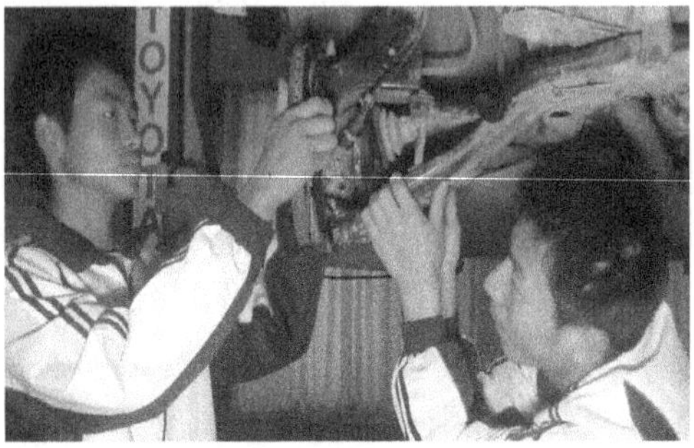

第七步 拆卸转向横拉杆球头

1 2号将16-17mm梅花扳手传递给1号。

2 1号使用16-17mm梅花扳手,拧松转向横拉杆球头固定螺母。2号接收工具擦拭后摆放到工具车上。

3 1号用手旋下球头固定螺母,并传递给2号。2号将螺母摆放到零件车上。

提示

球头固定螺母,只作一次性使用,拆卸后更换新品。

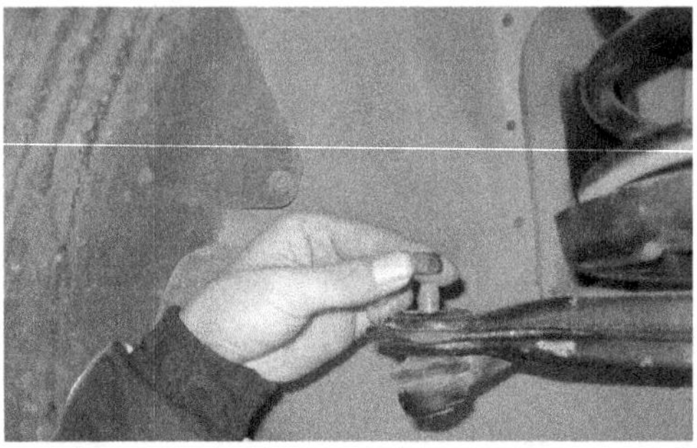

4 2号将球头拆卸工具传递给1号。

提示

(1)使用专用工具压出球头,既安全又省力,同时可避免机件损伤。

(2)拆卸球头时,严禁捶击球头销轴及转向节臂。否则,将导致销轴螺纹损伤或转向节臂变形。

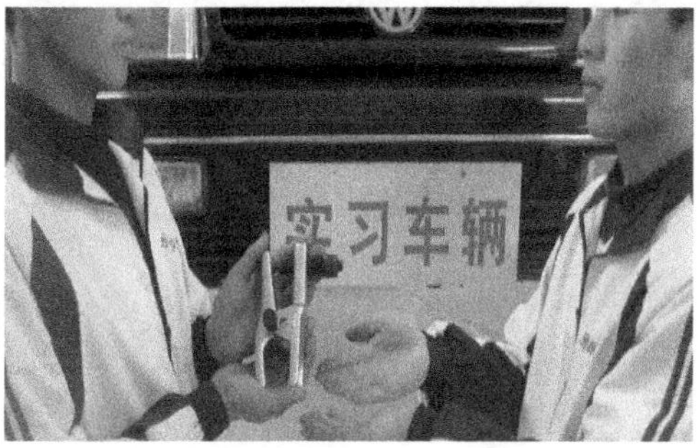

5 1号将球头拆卸工具固定在球头销和转向节上。

提示

球头拆卸工具的使用方法：

(1)调整丝杆长度，使拉爪抓住转向节边沿。

(2)旋入丝杆，使压头与球头销端面接触。

(3)使用工具旋入丝杆，将球头销压出承孔。

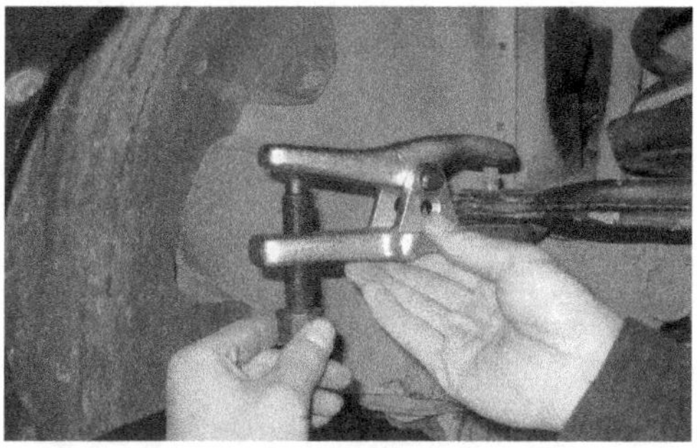

6 1号一手扶住球头拆卸工具，一手使用19-21mm梅花扳手旋入丝杆，直到压出球头为止。

提示

拆卸球头时，注意以下4点：

(1)球头拆卸工具连接可靠。

(2)要保持压头与球头销端面接触良好。

(3)缓慢旋转丝杆。

(4)用手扶住拆卸工具，防止掉落砸伤。

7 球头取出后，1号取下拆卸工具。2号将拆卸工具擦拭后摆放到工具车上。

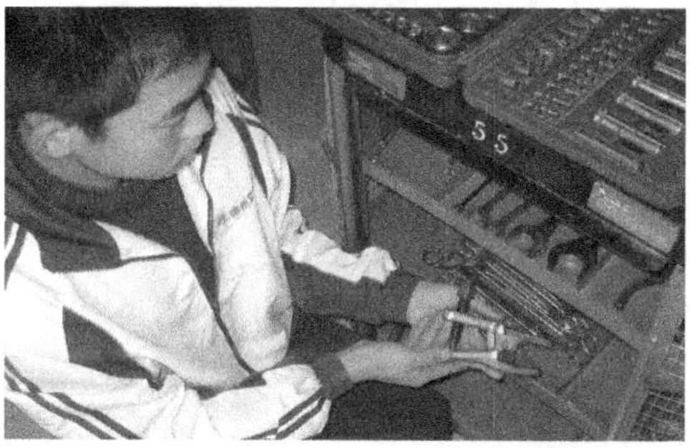

第八步　压出传动轴

1 2号操纵举升机，将车辆降落到适当高度后，可靠锁止提升臂。

2 2号将顶拔器传递给1号。

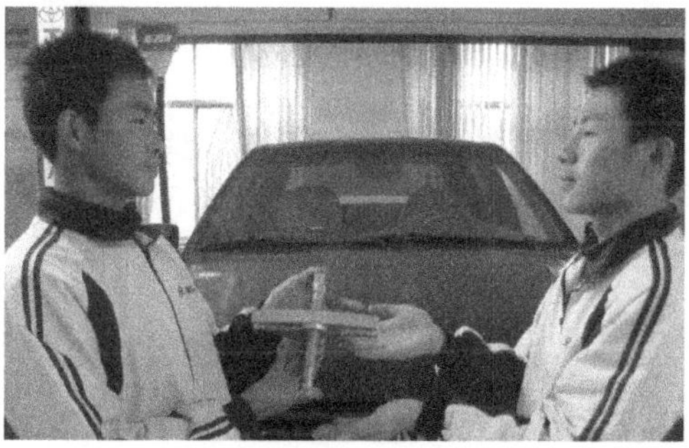

3 1号将顶拔器的螺杆旋入轮毂螺栓孔中，然后调整丝杆长度，使丝杆锥端顶住传动轴中心孔，最后将螺杆紧固。

4 1号使用2号传递来的16-17mm开口扳手,转动顶拔器上的丝杆,顶出传动轴。

提示

(1)顶出传动轴时,要保证传动轴的内等速万向节与驱动桥之间有足够空间。否则,将造成传动轴和万向节损伤。

(2)拆卸传动轴时,严禁捶击传动轴或加热轮毂。否则,将造成外等速万向节轴损伤或轮毂变形。

第九步　拆卸前轮减振器总成

1 2号将拆卸减振器活塞杆固定螺母的专用工具传递给1号。

2 2号将专用工具套装到减振器活塞杆固定螺母上。

提示

该专用工具为内六角和套筒的组合工具,两者可相对转动。内六角有连接手柄;套筒上端加工有螺母。

使用时,将内六角插入减振器活塞杆的内螺母中,通过手柄将其固定。套筒套装到固定螺母上,通过工具旋转套筒,将固定螺母旋松或拧紧。

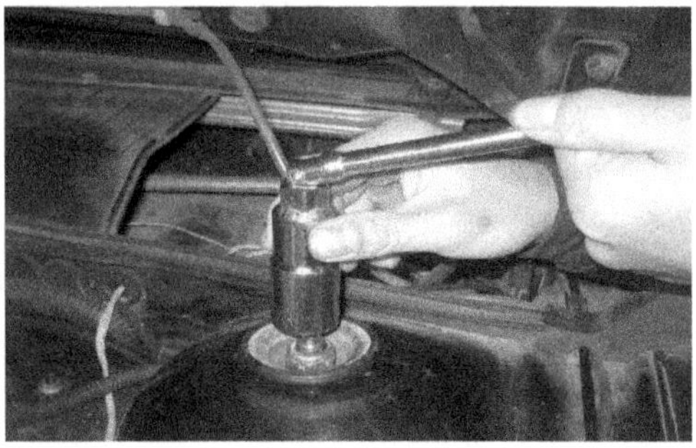

3 2号将20-22mm开口扳手传递给1号。

4 1号一手握住手柄,另一手使用开口扳手转动套筒,拧松活塞杆固定螺母。2号托住减振器总成。

提示

为防止减振器总成掉落到地面上,1号

拧松固定螺母的同时,2 号要托住减振器。

5 将减振器取下后,1 号将固定螺母及垫片安装到活塞杆上。

提示

防止固定螺母和垫片丢失。

6 2 号将减振器总成放置到零件车上。

提示

减振器总成质量较大,在拆卸、搬抬及安装过程中要注意安全,防止掉落砸伤。

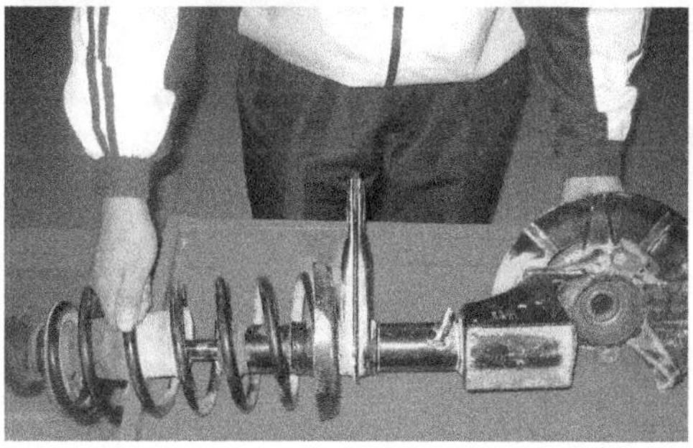

第十步　拆卸减振器总成

1 1 号将 2 号传递来的防护罩套装到后座椅上。

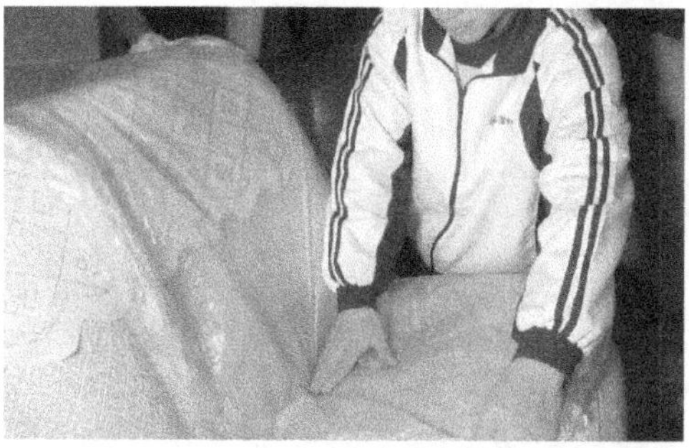

2 1 号打开后轮减振器拆卸口护盖。

3 2 号将后轮减振器活塞杆固定螺母拆装专用扳手传递给 1 号。

4 1 号将专用扳手安装到活塞杆及其固定螺母上。之后,2 号将 20-21mm 开口扳手传递给 1 号。

5 1 号右手握住专用工具手柄,左手使用开口扳手转动套筒,将减振器活塞杆的

固定螺母拧松并旋下。

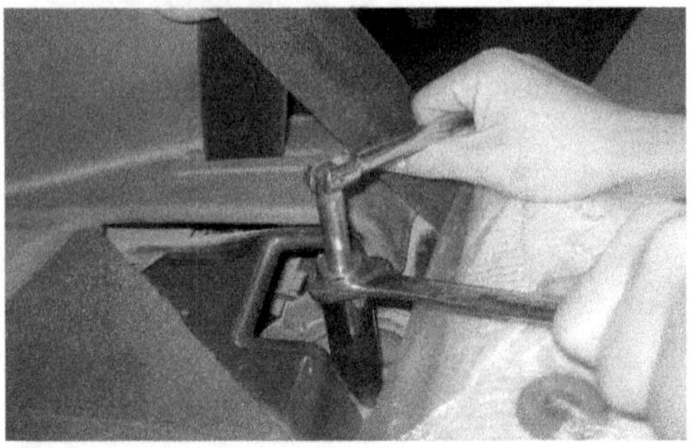

6 2号接收工具,擦拭后摆放到工具车上。

7 2号操纵举升机,将车辆举升到适当高度后,可靠锁止提升臂。

8 2号将 ϕ17mm 套筒、扭力扳手组合后传递给1号。

9 2号使用16-17mm开口扳手,固定螺栓的螺母;1号使用 ϕ17mm 套筒、扭力扳手,拧松减振器下端固定螺栓。

10 取下螺母后,2号将鲤鱼钳传递给1号。

11 2号将撬棒插入后桥的圆孔中,并下压后桥;1号使用鲤鱼钳转动,并向外用力拉出减振器下端固定螺栓。

提示

减振器活塞杆固定螺栓拆卸后,受螺旋弹簧弹力作用,直接取出减振器下端的固定螺栓会非常困难。因此,需要下压后桥,使螺旋弹簧处于自由状态,这样取下固定螺栓便可以省力些。

12 2号继续保持下压后桥,1号摆动

并取下减振器总成。

提示

如果减振器总成取下困难时，可用铁锤适当用力敲击减振器下座。

13 1号将减振器总成摆放到零件车上。

第十一步　分解前轮减振器总成

1 1号、2号配合，将减振器总成固定到台虎钳上。

2 1号、2号共同配合，将弹簧压缩器对称安装到减振器上的螺旋弹簧上。

提示

(1)弹簧压缩器由4个拉爪和2根两端螺纹旋向相反的螺杆组成。每根螺杆的两端各旋入1个拉爪，2个拉爪抓于不同螺旋的螺旋杆上。对称安装4个拉爪，旋转螺杆便可以压缩螺旋弹簧。

(2)保证弹簧压缩器安装可靠。

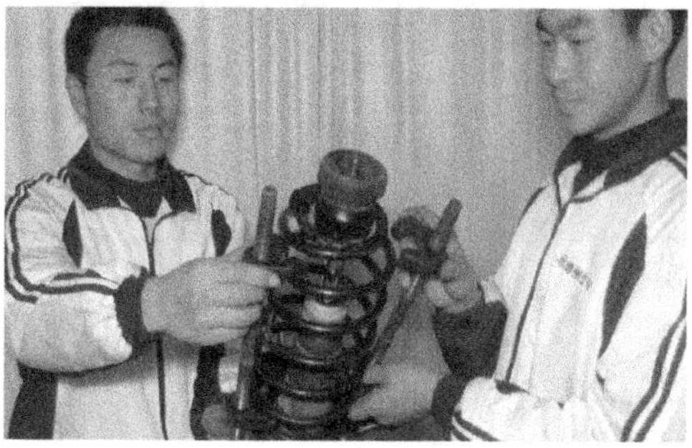

3 1号、2号各自使用16-17mm开口扳手，同时旋转弹簧压缩器的2根螺杆，将螺旋弹簧压缩，直到螺旋弹簧与其上下座之间产生一定距离为止。

提示

保持螺旋弹簧整体被均匀压缩。否则，螺旋弹簧倾斜，弹簧压缩器脱出，容易造成人身伤害事故发生。

4 螺旋弹簧压缩后，1号将专用接头套装到减振器轴承固定螺母上。

提示

专用接头的外圆面上加工有螺方,可与套筒工具配合;下端面上加工有两个条形凸起,可插入轴承固定螺母的条形槽内,转动专用接头便可以旋松或拧紧轴承固定螺母。

5 1号使用专用工具,拧松并旋下轴承固定螺母。

6 1号用手取出轴承固定螺母,并摆放到零件车上。

7 1号依次取下轴承、弹簧护盖、螺旋弹簧、缓冲限位器及防尘罩,并摆放到零件车上。

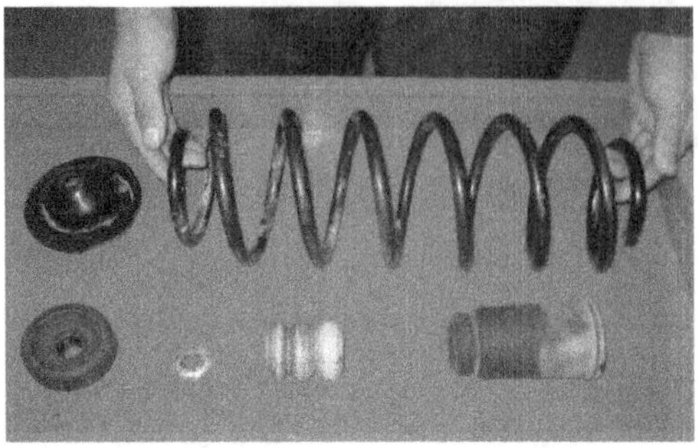

8 2号扶住减振器。1号使用管钳,拧松减振器螺母盖。

提示

(1)调整管钳钳口,使钳口与螺母盖可靠配合,可稍用力拉动钳柄进行检验。

(2)严禁使用钳口已严重磨损的管钳,避免因滑转而损伤螺母盖。

9 1号用手旋下螺母盖后,从套筒内取出减振器。

10 2号将减振器、螺母盖摆放到零件车上。

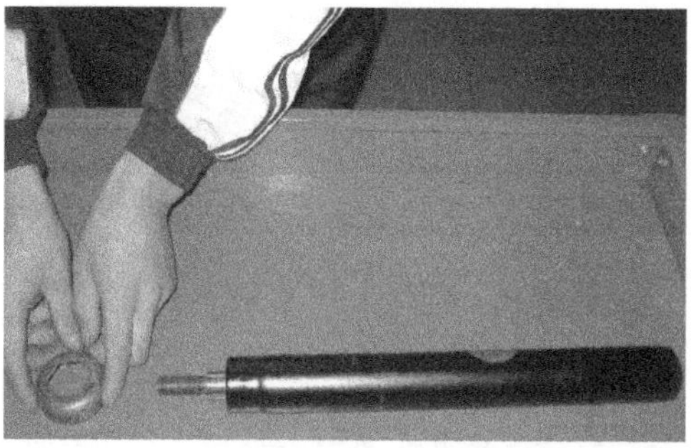

第十二步　拆卸后减振器

1号将支撑环、隔套、垫片、缓冲限位器、波纹管、螺旋弹簧及垫片，依次取出，与减振器一起摆放到零件车上。

提示

注意螺旋弹簧的安装方向，螺旋弹簧小端应朝向减振器底座。

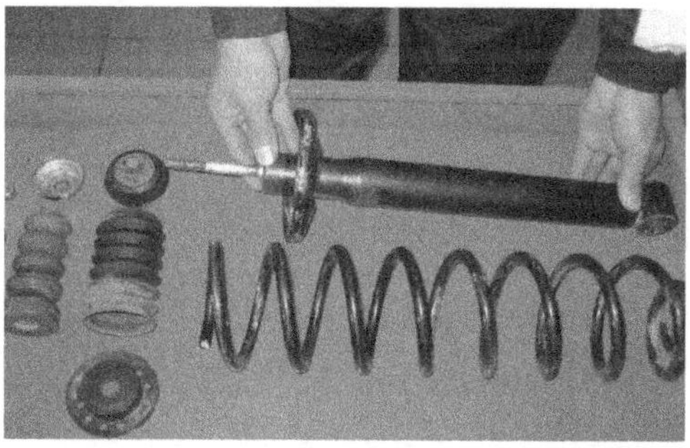

第十三步　检查减振器及相关部件

1 1号检查减振器是否存在漏油现象。

提示

减振器轻微渗油，可以继续使用，若严重漏油，必须更换减振器。

2 1号将固定螺母旋到减振器活塞杆上之后，用力拉出活塞杆，然后再推入活塞杆，检查减振器的性能。

提示

(1)性能正常的减振器，当拉出活塞杆时，全行程阻力较大且均匀，无空行程及卡滞现象，伸张行程的阻力应大于压缩行程的阻力。否则，应更换减振器。

(2)减振器不允许添加或更换油液后继续使用。

(3)推拉减振器活塞杆时，应佩戴防护手套，以免伤手。

3 检查活塞杆圆面是否有拉伤或划痕等损伤。

提示

如果活塞杆圆面存在上述损伤,应更换减振器。

4 1号检查缓冲限位器是否有老化、破裂、折断等损伤。

提示

如果缓冲限位器存在上述损伤,应更换新品。

5 1号检查波纹管是否有老化、破裂、折断等损伤。

提示

如果波纹管存在上述损伤,应更换新品。

6 1号检查支撑轴承是否有转动卡滞、异响、旷动现象。

提示

如果支撑轴承存在上述损伤,应更换新品。

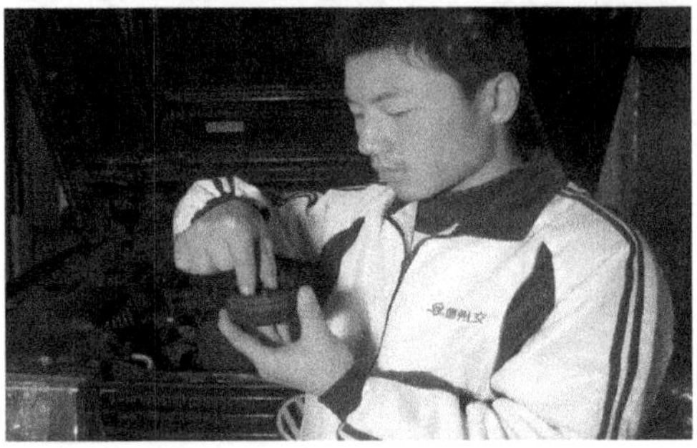

7 1号将螺旋弹簧放置到平台上,检查是否存在塑性变形及表面损伤。

提示

(1)如果存在上述损伤,应更换新品。

(2)采用新旧弹簧相对照或使用直角尺测量相结合的方法,检查螺旋弹簧的塑性变形。

(3)如果条件允许,进行螺旋弹簧的弹力试验。

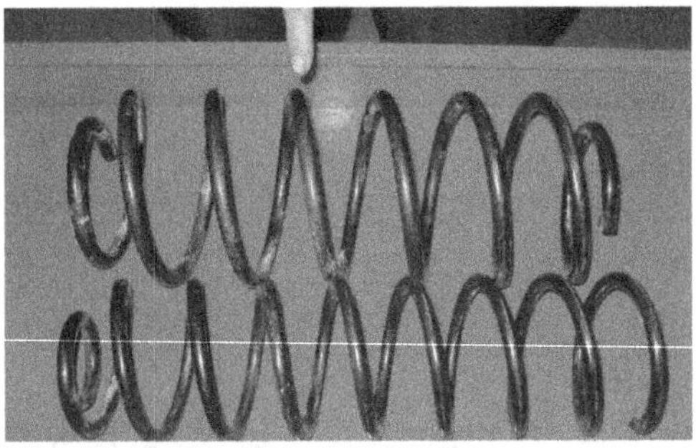

第十四步　组装前减振器总成

1 1号、2号共同配合,将螺旋弹簧压缩到适当高度。

提示

(1)弹簧压缩器的使用方法,请参阅前文说明。

(2)保持螺旋弹簧整体被均匀压缩,防止意外伤害事故发生。

2 1号将棉纱缠绕于长柄螺丝刀上，将减振器套筒擦拭干净。

提示

套筒内清洁无杂物，有利于保持减振器的正确安装位置。

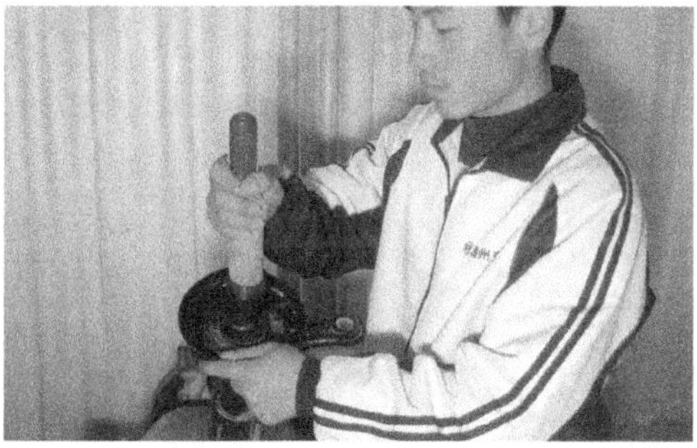

3 1号将减振器竖直放置到套筒内，然后用手旋入螺母盖。

提示

旋入螺母盖时，要保证对正螺纹。严禁使用工具直接旋入螺母盖。否则，一旦螺纹损伤，将导致转向节整体更换。

4 1号使用管钳，将螺母盖拧紧至适当力矩。螺母盖规定力矩为150N·m。

提示

(1)螺母盖拧紧力矩应符合规定要求。否则，减振器松动将导致车轮定位角度发生变化及减振器的早期损坏。

(2)应使用专用工具，拧紧螺母盖至规定力矩。

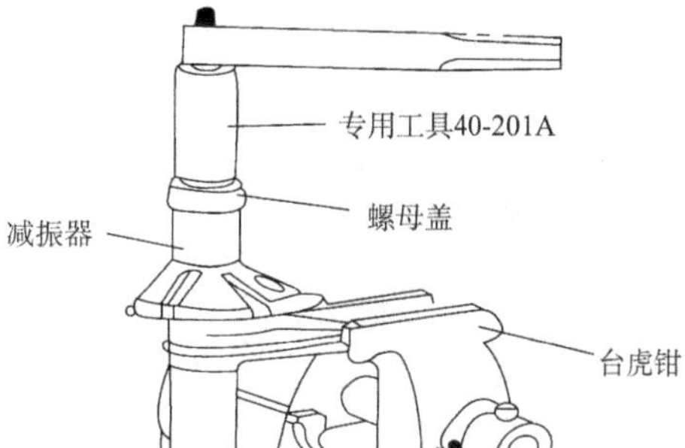

5 1号将缓冲限位器、波纹管安装到减振器活塞杆上。

6 1号将压缩后的螺旋弹簧安放到弹簧座上。

提示

确保螺旋弹簧可靠落座。螺旋弹簧的初始端要顶在弹簧座的挡壁上,这样可防止减振器工作时螺旋弹簧转动。

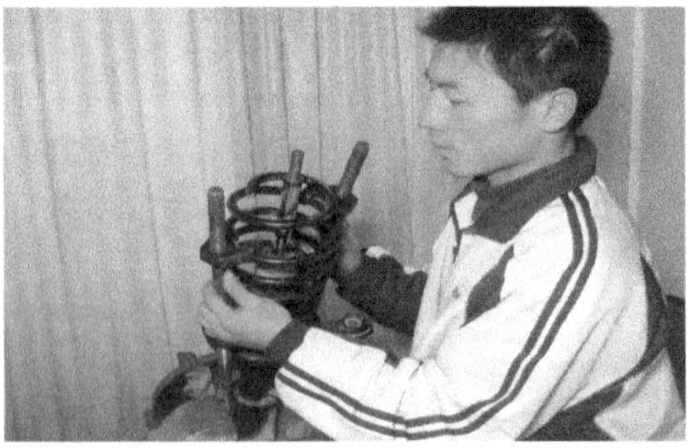

7 1号将弹簧护盖套装到活塞杆上,然后调整弹簧护盖,使螺旋弹簧与弹簧护盖上的弹簧座可靠配合。

提示

(1)螺旋弹簧有上下座,下座与活塞套筒制成一体,上座即为弹簧护盖。

(2)确保螺旋弹簧与其上下座之间可靠配合。否则,减振器工作时螺旋弹簧会转动,影响垂直方向的力及力矩传递和吸收,导致车辆振动加剧。

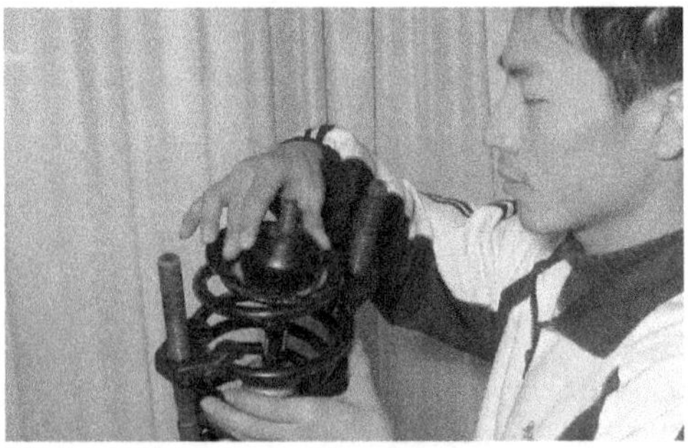

8 1号将支撑轴承安装到减振器活塞杆上。

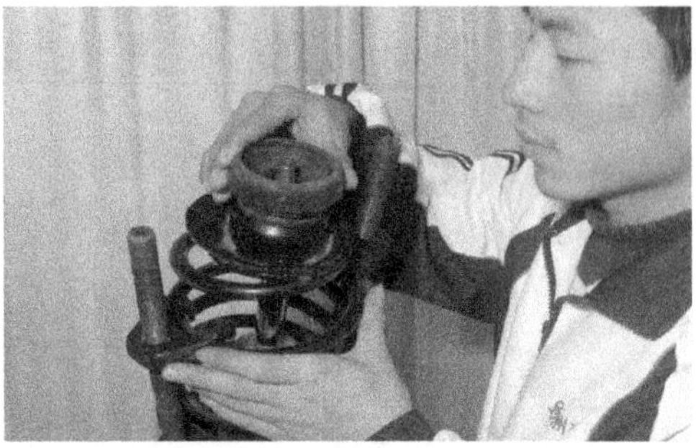

9 1号将开槽螺母用手旋入活塞杆螺纹上。

10 1号将2号传递来的专用接头套装到开槽螺母上。

提示

专用接头的结构和使用方法,请参阅前文说明。

11 1号使用2号传递来的专用工具及20-21mm开口扳手,将开槽螺母拧紧到适当力矩。开槽螺母规定力矩为50N·m。

提示

专用工具的使用方法，请参阅前文说明。

12 1号、2号分别使用16-17mm开口扳手，旋松并取下弹簧压缩工具。

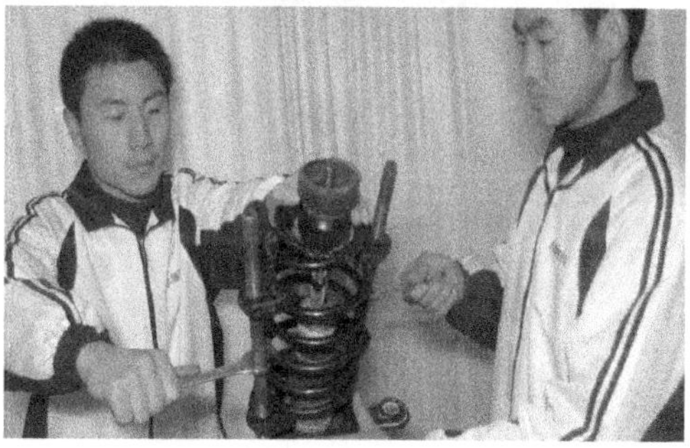

13 取下弹簧压缩工具后，1号检查螺旋弹簧是否可靠落座与上下座。否则，转动螺旋弹簧，确保可靠落座。

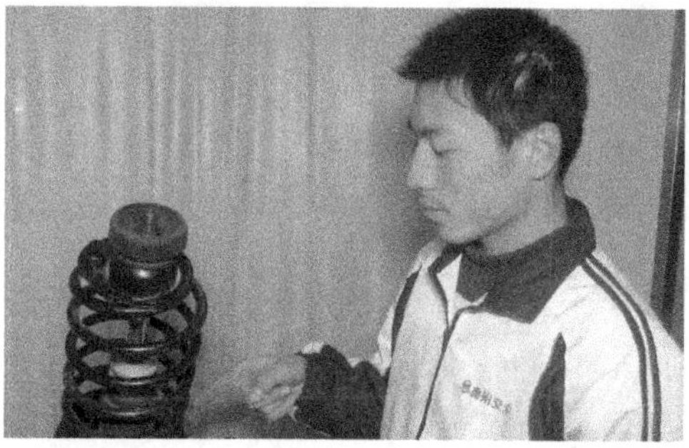

提示

确保螺旋弹簧与其上下座之间可靠配合。否则，减振器工作时螺旋弹簧会转动，影响垂直方向的力及力矩的传递和吸收，导致车辆振动加剧。

第十五步　组装后减振器总成

1 1号将螺旋弹簧按照正确安装方向，套装到减振器上。

提示

螺旋弹簧有安装方向要求，小螺旋端应朝向减振器壳上的下弹簧座。

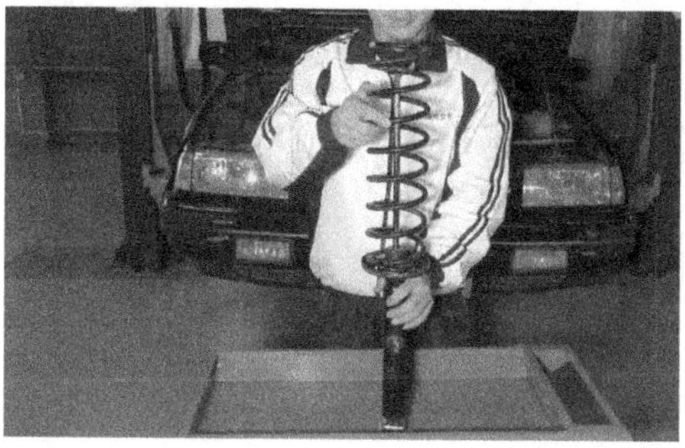

2 1号将护盖、缓冲限位块、波纹管套装到活塞杆上。

提示

注意观察护盖是否落座。否则，进行调整。

3 1号将卡环、垫片、下轴承环及隔套，安装到活塞杆上。

第十六步　安装前轮减振器总成

1 1号在半轴花键齿前端圆周上涂抹一层D6防护剂。之后,2号托起减振器总成,1号将半轴花键插入轮毂花键槽中。

提示

D6防护剂用于防止半轴与轮毂花键之间产生锈蚀,并具有加强固定作用。

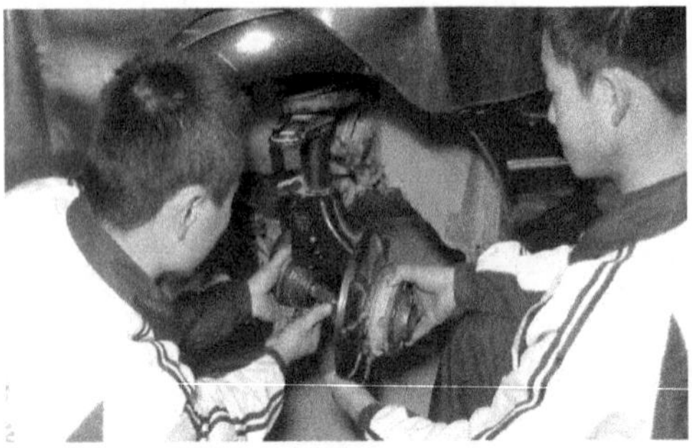

2 2号调整减振器位置,将活塞杆插入车身上的安装孔中。

提示

安插减振器活塞杆时,1号、2号配合进行。1号在上方观察指挥,2号调整减振器位置。

3 1号将垫圈套装到活塞杆上,然后用手旋入固定螺母。2号松开减振器。

提示

减振器活塞杆固定螺母,只做一次性使用,拆卸后应更换新品。

4 2号将拆装活塞杆固定螺母的专用工具传递给1号。

5 1号使用专用工具,将活塞杆固定螺母拧紧到适当力矩。螺母规定力矩为60N·m。

提示

使用专用工具,将固定螺母拧紧至规定力矩。

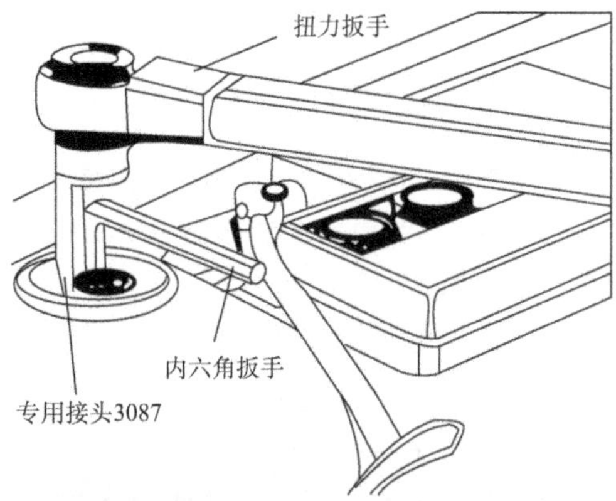

第十七步　安装转向横拉杆球头

1 1、2号操纵举升机，将车辆再次举升到适当高度后，可靠锁止提升臂。

2 2号调整减振器位置，1号将球头销轴插入承孔内。

3 1号将球头固定螺母用手旋到销轴上。

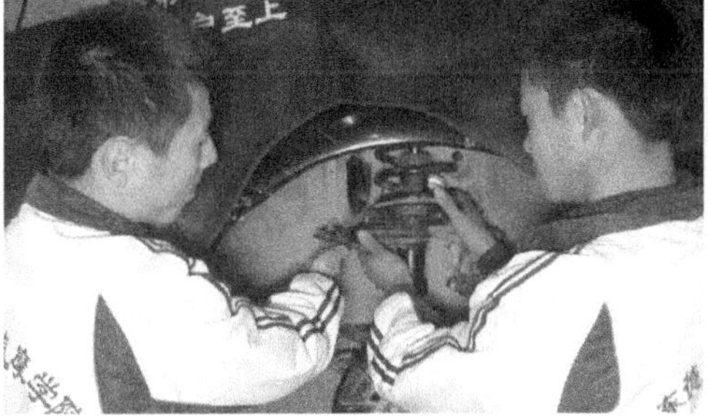

提示

(1)球头固定螺母，仅作一次性使用，拆卸后应更换新品。

(2)用手旋入螺母，确保对正螺纹。严禁使用工具直接旋入螺母，容易造成螺纹损伤。

4 1号使用2号传递来的16-17mm梅花扳手，将螺母拧紧到适当力矩。螺母规定力矩为30N·m。

第十八步　安装悬架控制臂球头

1 2号下拉悬架控制臂；1号调整球头销轴和转向节的相对位置，使销轴对正转向节上的承孔，将销轴安装到承孔内。

提示

安装球头时,1号、2号要默契配合,用力大小应适当。

2 1号观察球头销轴上的周向凹槽是否与承孔上的螺栓孔对正。否,进行调整。

提示

(1)必须保证销轴上的凹槽与螺栓孔对正,才能够穿过锁紧螺栓。

(2)调整球头销轴位置时,可用铁锤敲击球头外壳。

3 1号将2号传递来的螺栓穿过螺栓孔,旋上螺母。

提示

如果螺栓的螺纹上有锈蚀,可在螺纹上涂抹适量润滑油或润滑脂。

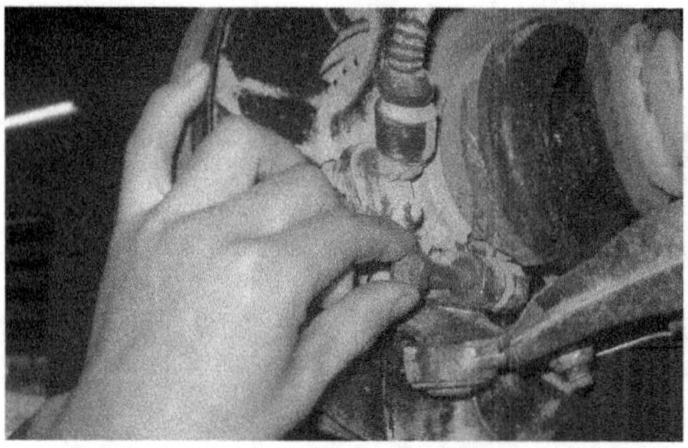

4 2号使用16-17mm梅花扳手将螺栓固定,1号使用工具拧紧螺母。最后使用扭力扳手将螺栓力矩拧紧至65N·m。

提示

(1)螺栓力矩要达到规定值。控制臂及其球头性能状况,将直接影响到车辆行驶安全。

(2)按照相同操作和要求,安装另一侧悬架控制臂球头。

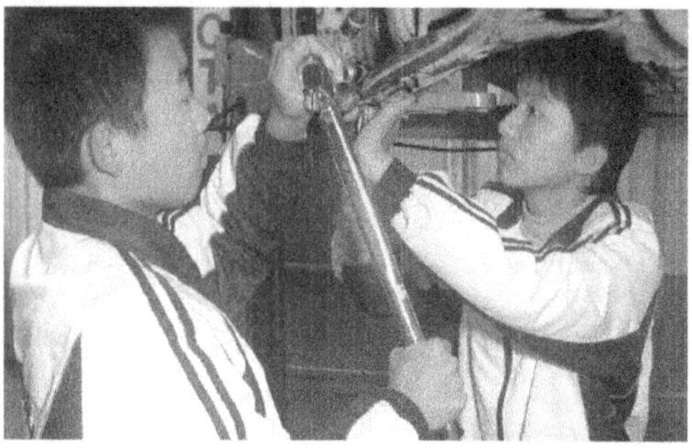

第十九步　安装轮速传感器

1 1号使用棉纱擦净轮速传感器触头。

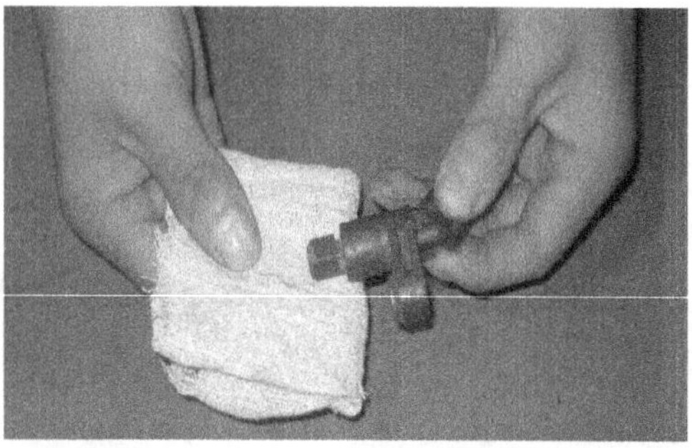

提示

保持轮速传感器触头洁净,保证触发信号可靠产生。

2 1号将轮速传感器插入转向节上的安装孔中。

3 1号用手旋入传感器固定螺栓。

4 1号使用2号传递来的ϕ5mm内六角扳手将螺栓拧紧到适当力矩。

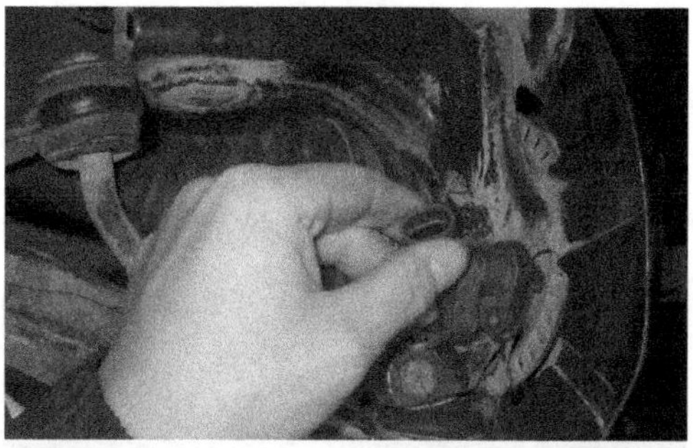

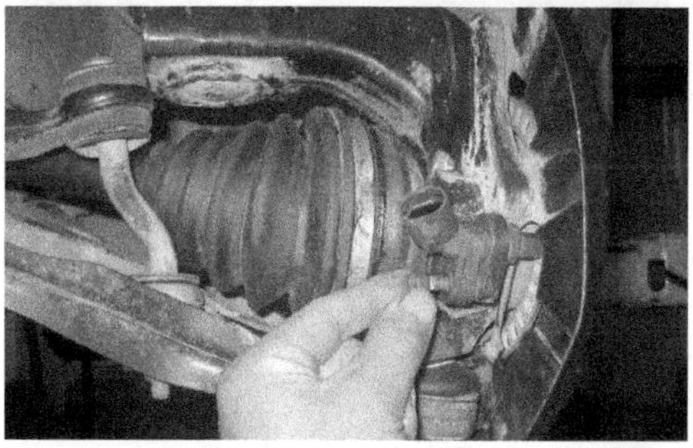

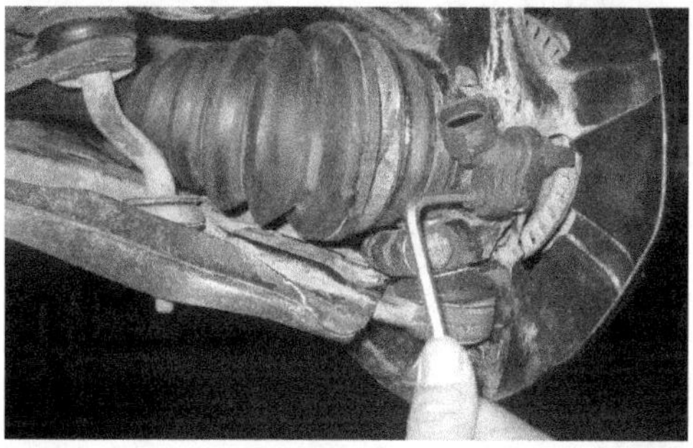

5 1号将传感器电插头安插到传感器插座上。

提示

电插头要安插到位并锁止可靠，否则，将影响传感器正常工作。

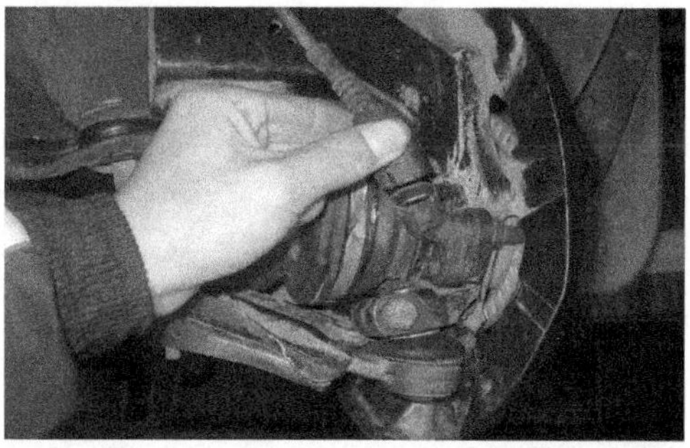

6 1号将轮速传感器的导线安装到减振器的支架上。

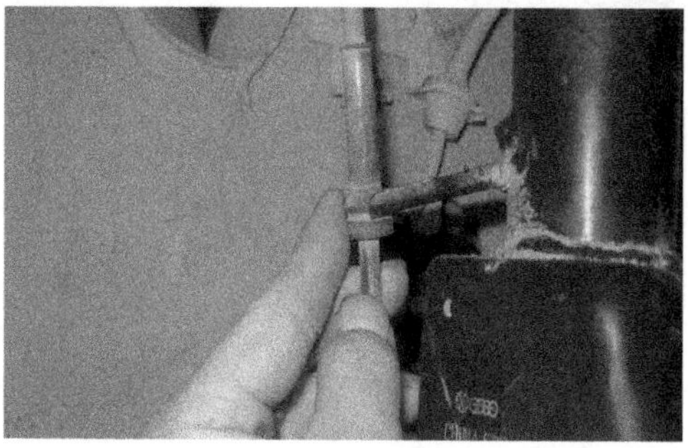

第二十步　安装前车轮

1 2号操纵举升机，将车辆举升至轮胎最低点距离地面约20cm的高度。

2 1号将车轮安放到制动盘的凸缘上，并对齐螺栓孔，然后将2号传递来的4条固定螺栓用手旋入螺栓孔内。

提示

左、右侧车轮不要换位，保持原安装位置，以免影响车辆行驶性能。

3 1号使用2号传递来的车轮扳手，将固定螺栓拧紧到适当力矩。

提示

紧固车轮螺栓，应按照“对角多遍”的要求进行。

4 2号操纵举升机,将车辆降落到地面上。

提示

便于将车轮固定螺栓拧紧到规定力矩。

5 1号使用扭力扳手,按照规定要求将车轮固定螺栓拧紧到110N·m。

提示

(1)紧固车轮螺栓,应按照“对角多遍”的要求进行。

(2)按照相同的要求,安装另一侧车轮。

第二十一步 紧固轮毂固定螺母

1 1号将垫圈套装到万向节轴上。

2 1号用手将螺母旋入万向节轴螺纹上。

提示

用手旋入螺母,可有效保证对正螺纹。严禁使用工具直接拧入螺母,一旦螺纹歪斜,将造成螺母和轴损坏。

3 2号将 ϕ30mm 套筒、扭力扳手组合后传递给1号。

4 1号使用扭力扳手、ϕ30mm 套筒,将轮毂固定螺母的力矩拧紧至230N·m。

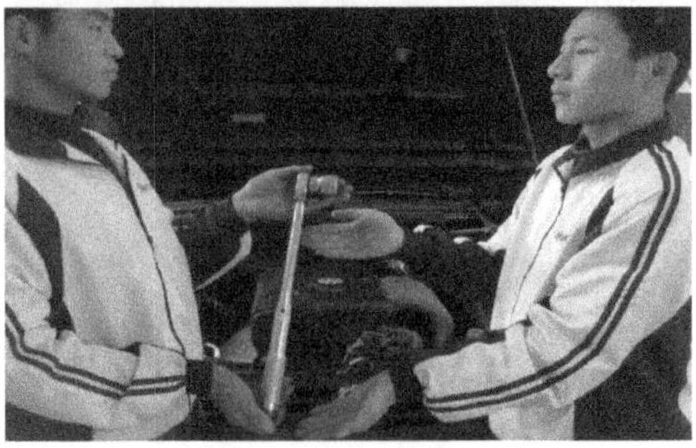

提示

轮毂固定螺母要按照规定力矩拧紧。否则,将给行车安全带来严重危险。

5 1号将2号传递来的车轮装饰罩,对正定位销和定位孔后.安装到车轮承座上。

第二十二步　安装后减振器总成

1 2号操纵举升机,将车辆再次举升到适当高度后,可靠锁止提升臂。

2 2号将撬棒插入后桥的圆孔中,并下压后桥;1号将减振器下座安放到支架上。

提示

此时螺旋弹簧处于自由状态,直接将减振器下座安装到其支架上,非常困难。因此,需要下压后桥,增大减振器总成上下方位空间。

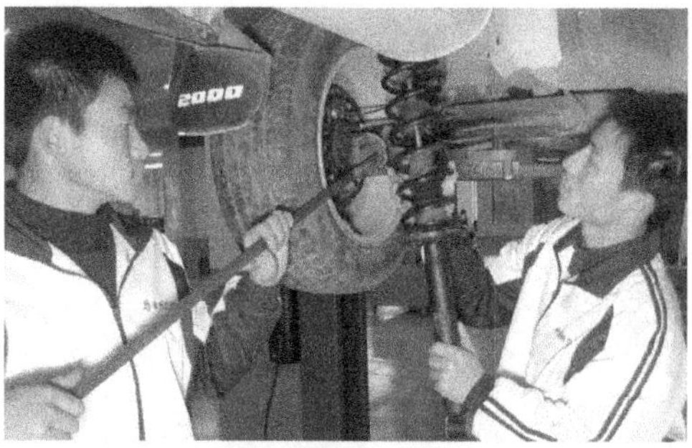

3 1号对齐减振器下座与支架上的螺栓孔后,将固定螺栓插入螺栓孔中。

提示

可使用螺丝刀或杆件调整减振器下座在支架中的位置,来对正螺栓孔。

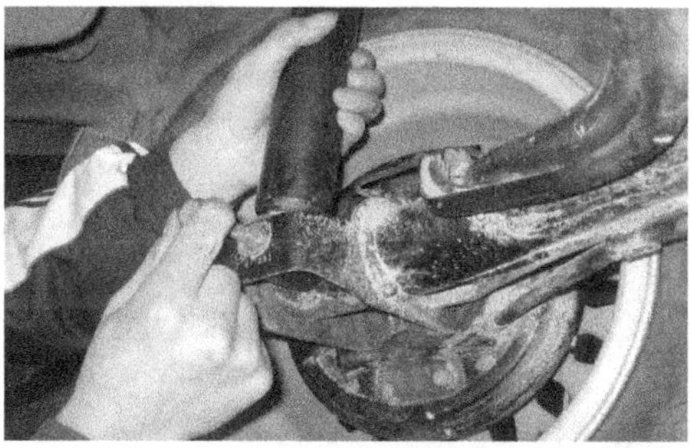

4 2号将螺纹涂油后的螺母放入支架孔中,对正螺杆后扶住螺母;1号使用ϕ17mm套筒、棘轮扳手,转动螺栓。

提示

螺母的安装位置非常隐蔽,在一个方孔中。为了正确无误地将螺母旋到螺杆上,需要1号和2号共同配合完成。

5 1号转动螺栓的同时,2号适时调整

螺母位置,当感知螺母已正确旋到螺杆上之后,使用16－17mm梅花扳手固定螺母。1号使用ϕ17mm套筒、棘轮扳手,将螺栓拧紧到适当力矩。

6 适当降低车辆高度后,1号进入乘客舱,观察活塞杆位置;2号上抬后桥,并按照1号要求调整活塞杆位置。

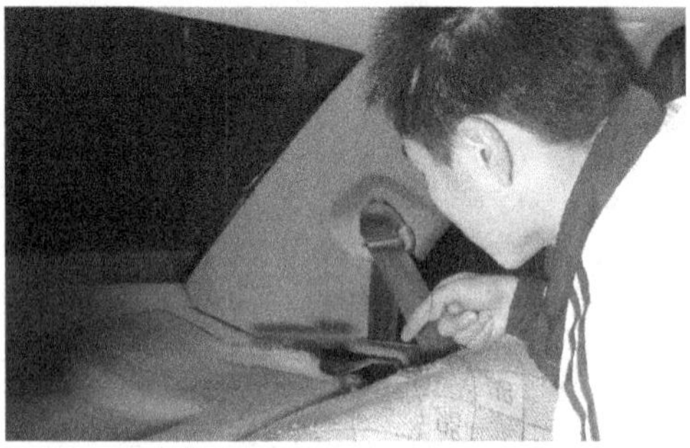

7 当活塞杆穿过位于车身上的轴承孔后,1号将上轴承环套装到活塞杆上,然后旋入固定螺母。

8 2号观察螺旋弹簧是否正确落座于上下弹簧座内。否,调整螺旋弹簧位置。

9 1号使用专用工具,将活塞杆固定螺母拧紧到适当力矩。螺母规定力矩为35N·m。最后,关闭减振器拆装孔盖。

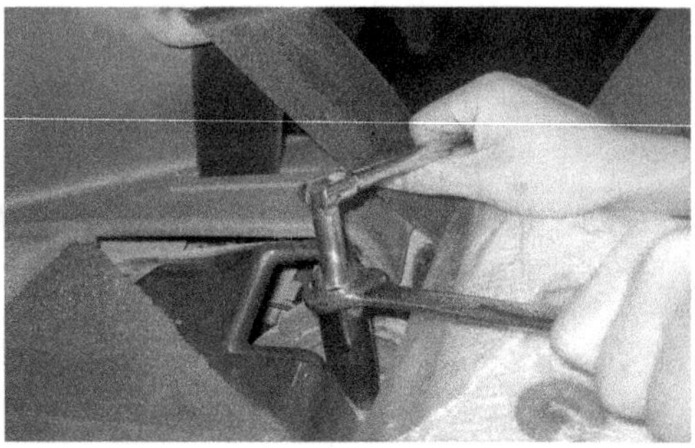

10 2号操纵举升机,将车辆降落到地面上。

11 2号将工具摆放到工具车上。

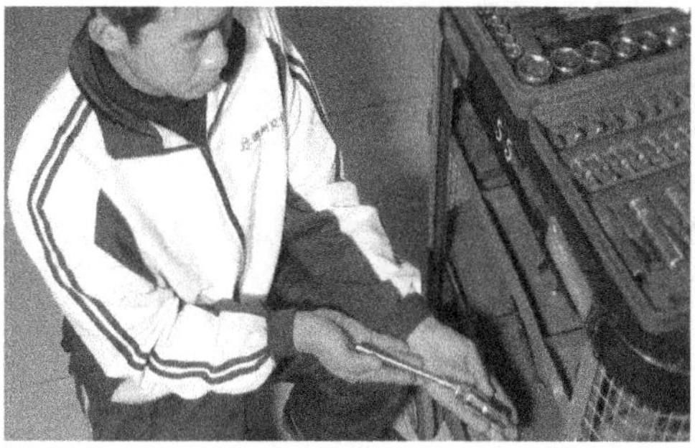

第二十三步　整理工位

参见“整理工位”。

后轮减振器的更换

八、考核标准

考核标准表

考核时间	序号	考核项目	满分	评分标准	得分
30min	1	作业前整理工位	1	酌情扣分	
	2	工位停车	1	停车不当扣1分	
	3	车辆可靠停驻	1	操作不当扣1分	
	4	粘贴翼子板护裙	1	操作不当扣1分	
	5	拆装轮毂固定螺母	5	操作不当扣5分	
	6	拆卸或安装前左右车轮	5	操作不当扣5分	
	7	拆卸或安装拆装前轮制动轮缸及制动蹄	6	操作不当扣6分	
	8	拆装轮速传感器	5	操作不当扣5分	
	9	拆卸或安装悬架下摆臂球头	8	操作不当扣8分	
	10	拆卸或安装转向横拉杆球头	6	操作不当扣6分	
	11	压出或安装传动车轴	7	操作不当扣7分	
	12	拆卸或安装前轮减振器总成	12	操作不当扣12分	
	13	拆装后轮减振器总成	12	操作不当扣12分	
	14	分解或组装前轮减振器	10	操作不当扣10分	
	15	分解或组装后轮减振器	8	操作不当扣8分	
	16	检查减振器及相关零部件	10	检查不当扣10分	
	17	作业后整理工位	2	酌情扣分	
	18	遵守相关安全规范	因违规操作造成人身和设备事故的，总分按0分计		
		分数合计	100		

项目十四　检查汽车制动系统固定螺栓紧固情况

一、项目说明

汽车上装设了一系列专门装置，以便驾驶员能够根据道路和交通情况，借以外力在汽车某些部位（主要是车轮）施加一定的可控制的制动力，对汽车进行不同程度的强制制动。这样一系列的专门装置称为汽车制动系统。

汽车制动系统的作用是使行驶中的汽车减速甚至停车，使下坡行驶的汽车速度保持稳定，以及使已停驶的汽车可靠停驻。

一般，汽车制动系统至少装设两套各自独立的制动装置：一套是行车制动装置，主要用于汽车行驶中的减速和停车；另一套是驻车制动装置，主要用于汽车停驶后防止溜滑。两套制动装置都有产生制动作用的制动器和操纵制动器的传动机构组成的。

制动系统的性能直接关系到汽车行驶安全，它是汽车安全行驶的重要保障。因此，应定期对汽车制动系统进行检查与维护，及时发现并排除存在的故障隐患，如油气泄漏、固定螺栓松动等，以保证汽车制动系统正常工作。特别是对制动系统固定螺栓紧固情况检查，在汽车维护中是常常被忽略的作业项目。

下面以桑塔纳2000GSi型轿车为例来说明检查汽车制动系统固定螺栓紧固情况的操作步骤和技术规范。

二、技术标准与要求

(1)制动系统固定螺栓拧紧力矩符合规定要求。

(2)制动系统相关固定螺栓拧紧力矩：

①制动钳支架螺栓70N·m；

②制动钳定位螺栓70N·m；

③制动助力泵螺栓15N·m；

④制动主缸螺母20N·m；

⑤油管锁紧螺母25N·m；

⑥后轮分泵螺栓25N·m；

⑦分泵放气螺栓5N·m。

三、实训时间：20min

四、实训教学目标

(1)了解检查汽车制动系统固定螺栓紧定情况的重要性。

(2)熟悉汽车制动系统的作用和组成。

(3)掌握检查汽车制动系统固定螺栓紧定情况的操作技能。

五、实训器材

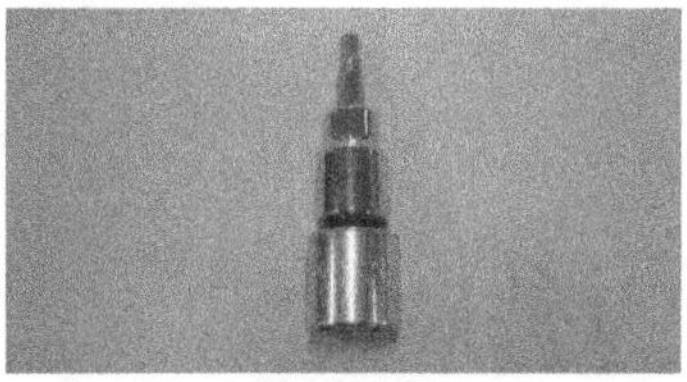

ϕ7mm 接头

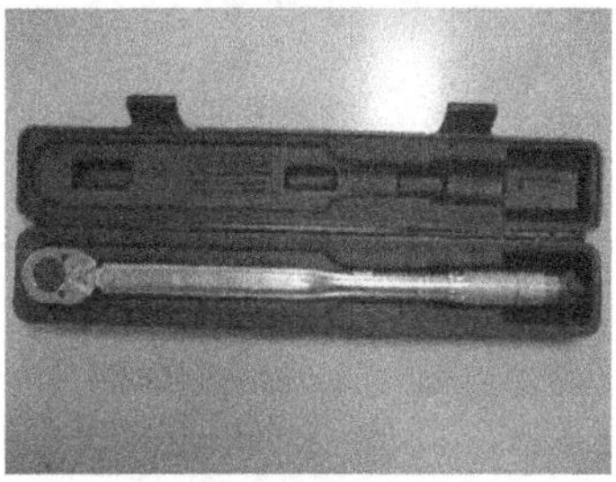

扭力扳手

其他工具及器材：

ϕ13mm 套筒、ϕ17mm 套筒、接杆、一字螺丝刀、翼子板护裙、驾驶室内保护罩、防护手套及防护帽等。

六、教学组织

1. 教学组织形式

每辆车安排 4 名学生参与实训，两名学生为一组。一组操作，一组观察学习。

2. 学生站位分工和要求

两名学生一组，按照 1 号、2 号进行编号，1 号为主，2 号辅助。

3. 实训教师职责

讲解操作步骤和注意事项；下达“操作开始”口令；工位间巡视、检查、指导和纠正错误。

4. 学生职责变换

两名学生实行职责变换制度，即第一遍 1 号为主，2 号辅助；第二遍 2 号为主，1 号辅助。

七、操作步骤

第一步　事前准备

参见“事前准备”。

第二步　检查制动主缸固定螺栓

1 2 号将 ϕ13mm 套筒、接杆、扭力扳手组合后传递给 1 号。

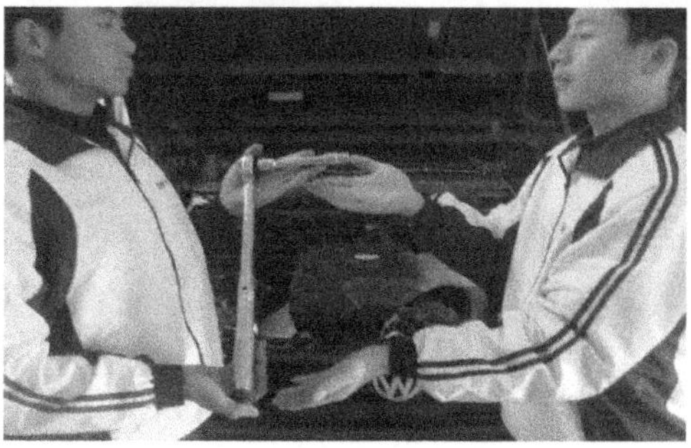

2 1 号将扭力扳手的预紧力矩调整为 20N · m。

3 1 号使用 ϕ13mm 套筒、接杆、扭力

扳手,检查制动主缸的两条固定螺母紧固情况。

第三步 检查前轮制动轮缸定位螺栓

1 2号将ϕ7mm专用接头、接杆、扭力扳手组合后传递给1号。

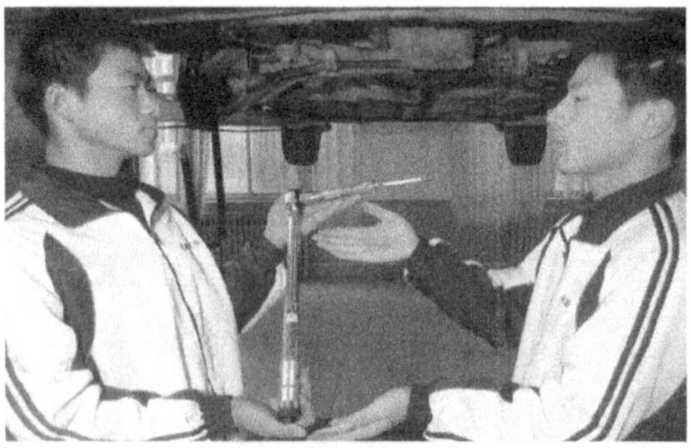

2 1号将扭力扳手的预紧力矩调整为40N·m。

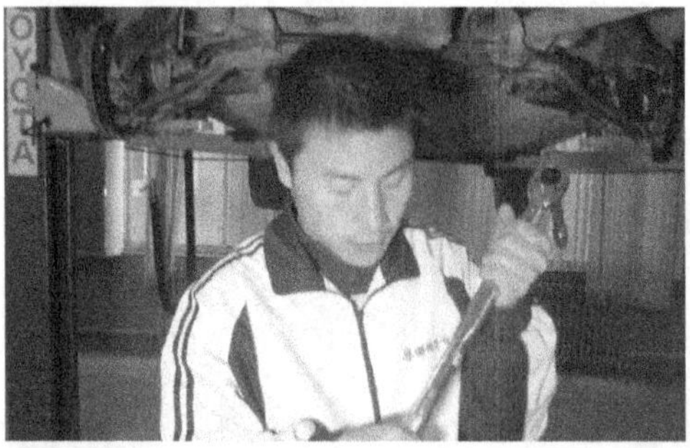

3 1号使用ϕ7mm专用接头、接杆、扭力扳手,检查前轮制动轮缸的两条定位螺栓紧固情况。

第四步 检查前轮制动轮缸支架固定螺栓

1 2号将ϕ15mm套筒、扭力扳手传递给1号。

2 1号将扭力扳手的预紧力矩调整为70N·m。

3 1号使用ϕ15mm套筒、扭力扳手,检查前轮制动轮缸的两条定位螺栓紧定情况。

第五步　检查轮速传感器固定螺栓

1 2号将 ϕ5mm 内六角扳手传递给1号。

2 1号使用 ϕ5mm 内六角扳手，检查轮速传感器固定螺栓。

第六步　检查后轮制动轮缸固定螺栓

1 2号将 ϕ5mm 专用接头、接杆、扭力扳手组合后传递给1号。

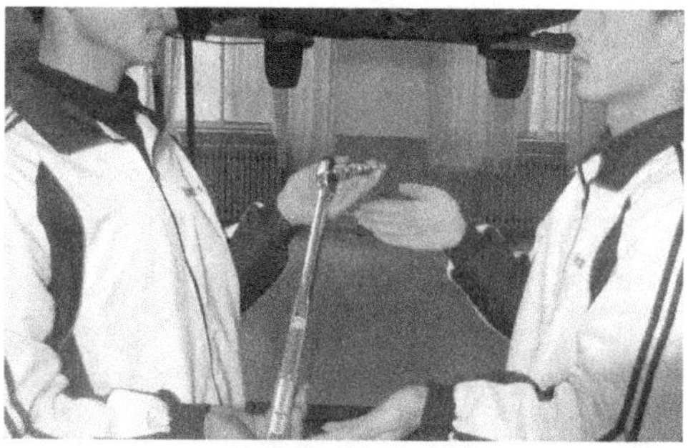

2 1号将扭力扳手的预紧力矩调整为25N·m。

3 1号使用 ϕ5mm 专用接头、接杆、扭力扳手，检查后轮制动轮缸的一条固定螺栓紧固情况。

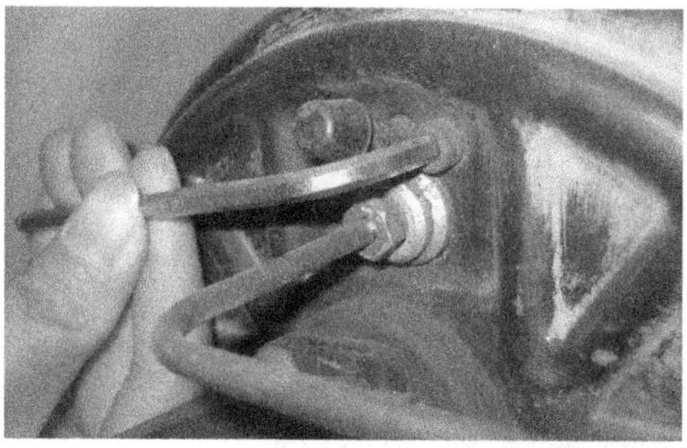

第七步　拆卸后车轮及制动鼓

1 2号操纵举升机，将车辆举升到轮胎最低点距离地面约20cm的高度。

2 1号取下车轮装饰罩并传递给2号。

提示

取下车轮防护罩时，使用螺丝刀插入防护罩上的拆卸孔中，撬出防护罩。

3 2 号将车轮装饰罩摆放到零件车上。

4 2 号将尖嘴钳传递给 1 号。

5 1 号使用尖嘴钳，取下车轮轴承压紧螺母开口销，然后取下开槽垫圈。2 号将尖嘴钳、开口销、开槽垫圈分别摆放到工具车、零件车上。

6 2 号将 ϕ24mm 套筒、棘轮扳手组合后传递给 1 号。

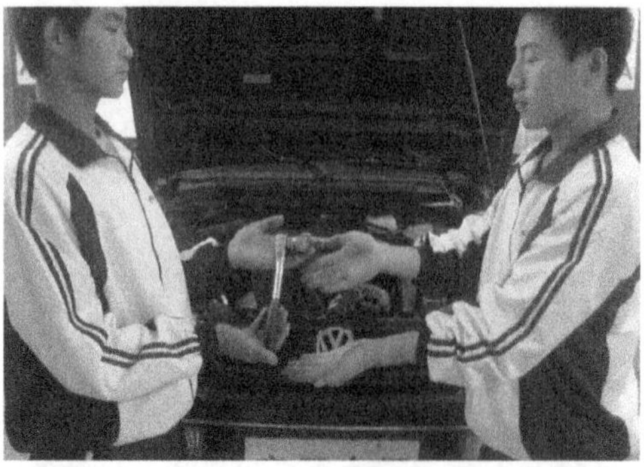

7 1 号使用 ϕ24mm 套筒、棘轮扳手，旋出车轮轴承调整螺母。

提示

由于采用锥度滚柱轴承，所以轴承调整螺母拧紧力矩较小。

8 1 号用手旋下调整螺母、取出止推垫圈、车轮外轴承，传递给 2 号。

9 2 号将螺母、轴承及止推垫圈摆放到零件车上。

提示

轴承取出后，要注意清洁和防尘，最好放置在可封闭的器具内。

10 1号取下车轮及制动鼓。

提示

(1)取下车轮及制动鼓时,要整体水平外移,这样会省力些。

(2)如果车轮及制动鼓取下非常困难,可使用一字螺丝刀,插入制动鼓观察孔中,拨动驻车制动推杆上的楔形件,使制动蹄收缩,便可轻松取下车轮及制动鼓。

11 1号将车轮及制动鼓放置在车轮支架上。

第八步　检查后轮制动底板固定螺栓

1 2号将 $\phi15$mm 套筒、扭力扳手传递给1号。

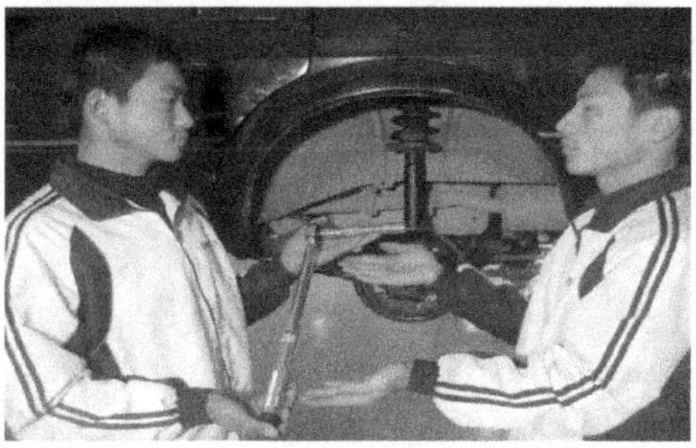

2 1号将扭力扳手的预紧力矩调整为60N·m。

提示

预紧力的调整方法,请参阅前文说明,此处不再重复。

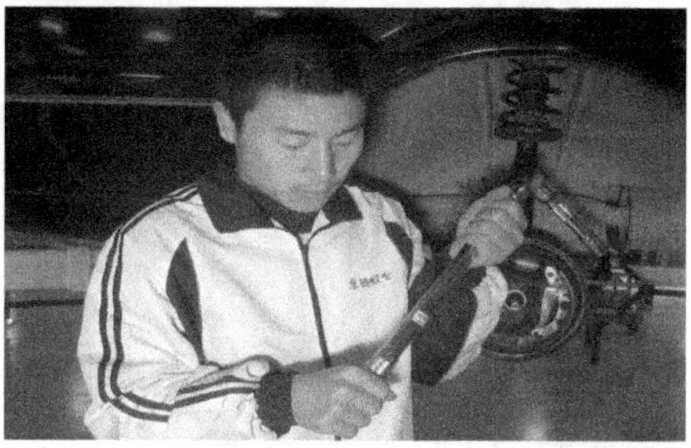

3 1号使用 $\phi15$mm 套筒、接杆、扭力扳手,检查后轮制动轮缸的4条固定螺栓紧固情况。

提示

制动底板的4条固定螺栓,应按照"对角多遍"的要求依次检查拧紧情况。

第九步　安装后车轮及制动鼓

1 1号使用粗砂布打磨制动鼓和制动蹄的工作表面。

提示

保持制动蹄和制动鼓工作表面洁净、粗糙,可防止制动打滑,提高制动性能。

2 1号使用2号传递来的尖嘴钳,将驻车制动压力杆上的楔形件向上推,使制动蹄收缩。

提示

调整制动压力杆上的楔形件的目的是,收缩制动蹄,便于安装制动鼓。

3 1号对正制动鼓轴承内孔和车轮支撑短轴后,将车轮及制动鼓一起安装到支撑短轴上。

提示

安装车轮及制动鼓时,要使车轮纵向平面垂直于心轴,水平前移。

4 1号将车轮外轴承安装到心轴上。

提示

(1)安装外轴承时,带锥度的一端朝向车轮。

(2)检查润滑脂质量状况,如果已脏污或变质,则清洗轴承及其承孔后,加注新的高性能润滑脂。

5 1号将2号传递来的止推垫圈安装到短轴上,并将调整螺母旋入短轴螺纹上。

6 1号使用将 ϕ24mm 套筒、棘轮扳手，旋紧调整螺母，然后将调整螺母后退1/4圈。

提示

(1)锥度轴承的压紧力矩应适当。若力矩过大，轴承会早期损坏；若力矩过小，轴承松旷，车轮行驶摇摆。

(2)轴承预紧力的调整方法一：

①一边转动车轮，一边拧紧调整螺栓，直到车轮不能够转动为止。这样既使锥度轴承处于正确位置，又使轴承压紧力达到最大。

②将调整螺母后退1/4圈，之后，用开槽垫圈和开口销锁止调整螺母。

③如果车轮转动自如、无摇摆，并且上下方向扳动车轮无明显旷量，则证明轴承预紧力调整适当。

(3)轴承预紧力调整方法二：

使用螺丝刀用手指力量刚好能够拨动止推垫圈，证明轴承预紧力适当。

7 1号将开槽垫圈安装到压紧螺母上，然后将开口销穿过开槽垫圈和短轴上的销孔，最后将开口销锁止在短轴上。

8 1号将2号传递来的车轮装饰罩，对正定位销和定位孔后，将装饰罩安装到车轮承座上。

9 车轮安装完毕。2号进入驾驶室，连续踩制动踏板若干次后，放松制动踏板。

提示

(1)连续踩制动踏板若干次，目的是使制动器自动将制动盘和制动蹄间的间隙调整到最佳。

(2)保持驻车制动器处于释放状态。

第十步 整理工位

参见“整理工位”。

八、考核标准

考核标准表

考核时间	序号	考核项目	满分	评分标准	得分
20min	1	作业前整理工位	4	酌情扣分	
	2	工位停车	3	停车不当扣3分	
	3	车辆可靠停驻	3	操作不当扣3分	
	4	粘贴翼子板护裙	4	操作不当扣4分	
	5	安装驾驶室内保护罩	4	操作不当扣4分	
	6	检查制动主缸固定螺栓	9	操作不当扣9分	
	7	预紧力扳手的使用方法	10	操作不当扣10分	
	8	检查前轮制动轮缸固定螺栓	9	操作不当扣9分	
	9	检查前轮制动轮缸定位螺栓	9	操作不当扣9分	
	10	检查轮速传感器固定螺栓	8	操作不当扣8分	
	11	检查后轮制动轮缸固定螺栓	8	操作不当扣8分	
	12	检查后轮制动底板固定螺栓	10	操作不当扣10分	
	13	拆装后车轮及制动鼓	15	操作不当扣15分	
	14	作业后整理工位	4	酌情扣分	
	15	遵守相关安全规范	因违规操作造成人身和设备事故的,总分按0分计		
		分数合计	100		

项目十五　检查汽车悬架组件固定螺栓紧固情况

一、项目说明

汽车悬架是车架或承载车身与车桥或车轮之间的弹性传力装置。其作用为把车架或承载车身与车桥或车轮连接起来，以缓和吸收车轮在不平路面上行驶时所产生的冲击和振动，保证汽车行驶的平顺性。

汽车悬架可分为独立悬架和非独立悬架两大类。现代汽车悬架有多种不同的结构形式，但是一般都由弹性元件、减振器和导向机构组成。

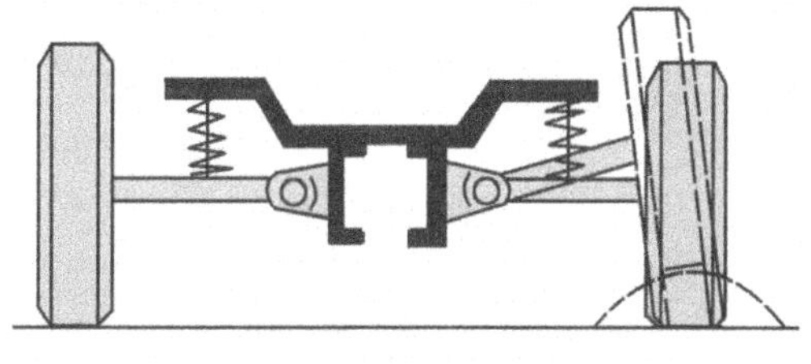

独立悬架结构示意图

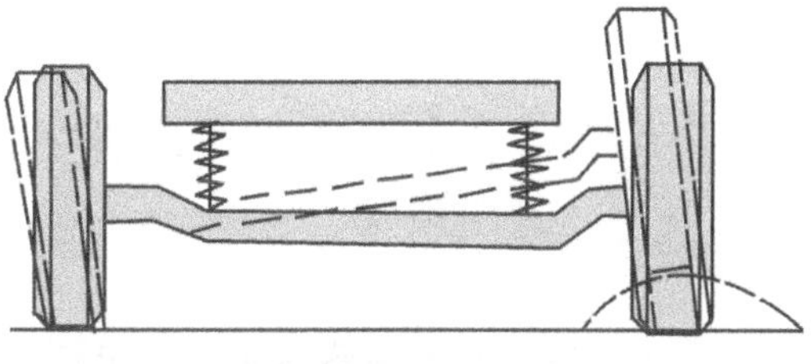

非独立悬架结构示意图

汽车悬架在使用过程中，不仅会出现弹性元件弹性下降和折断等损伤，减振器产生漏由及减振性能下降等故障，另外还会出现悬架固定螺栓松动或紧固力矩不符合规定要求等现象，同样使悬架的减振性能和汽车的操纵性能受到严重影响。所以，应定期检查汽车悬架固定螺栓紧固情况，及时发现并排除存在的故障隐患，确保汽车悬架具有良好工作性能。下面以桑塔纳 2000GSi 型轿车为例来说明检查汽车悬架固定螺栓紧固情况的操作步骤和技术规范。

二、技术标准与要求

(1)汽车悬架固定螺栓拧紧力矩符合规定要求。

(2)前车架螺栓紧固顺序：后左→后右→前左→前右。

(3)汽车悬架相关固定螺栓拧紧力矩：

①前减振器自锁螺母 60N·m；

②轮毂螺母 230N·m；

③前车架螺栓 70N·m；

④下摆臂球头固定螺母 65N·m；

⑤下摆臂球头定位螺母 60N·m；

⑥下摆臂叉螺栓 60N·m；

⑦稳定杆螺母 25N·m；

⑧稳定杆卡座螺母 25N·m；

⑨后减振器自锁螺母 35N·m；

⑩轴承支架螺栓 70N·m；

⑪减振器下座螺栓 65N・m。

三、实训时间:20min

四、实训教学目标

(1)了解检查汽车悬架固定螺栓紧固情况的重要性。

(2)熟悉汽车悬架的作用和类型。

(3)掌握检查汽车悬架固定螺栓紧固情况的操作技能。

(4)培养学生不怕困难、知难而进、迎难而上的奋斗精神。

五、实训器材

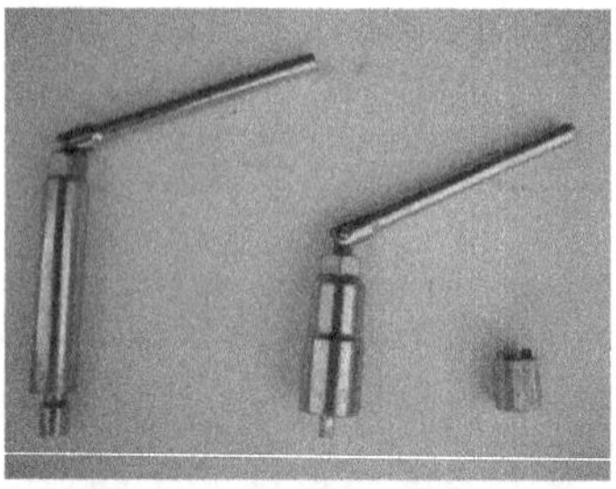

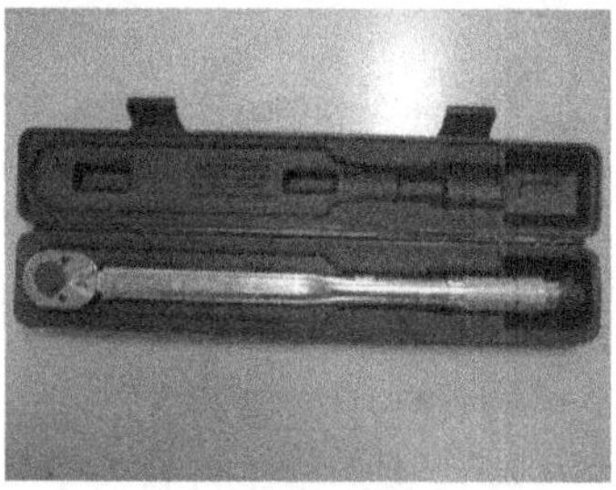

扭力扳手

其他工具及器材:

ϕ17mm 套筒、ϕ13mm 套筒、接杆、16-17mm梅花扳手、翼子板护裙、防护手套及防护帽等。

六、教学组织

1. 教学组织形式

每辆车安排 4 名学生参与实训,两名学生为一组。一组操作,一组观察学习。

2. 学生站位分工和要求

两名学生一组,按照 1 号、2 号进行编号,1 号为主,2 号辅助。

3. 实训教师职责

讲解操作步骤和注意事项;下达"操作开始"口令;工位间巡视、检查、指导和纠正错误。

4. 学生职责变换

两名学生实行职责变换制度,即第一遍 1 号为主,2 号辅助;第二遍 2 号为主,1 号辅助。

七、操作步骤

第一步 事前准备

参见"事前准备"。

第二步 检查前后减振器活塞杆固定螺栓

1 1 号取下前减振器活塞杆固定螺母的螺母盖。

2　2号将前减振器活塞杆固定螺栓拆装专用工具传递给1号。

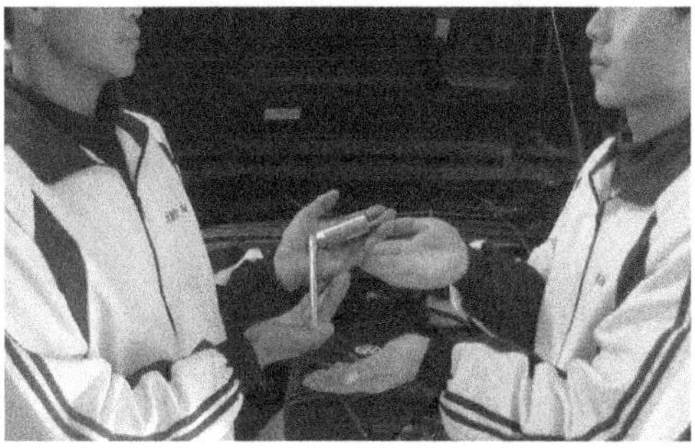

3　1号将专用工具套装到活塞杆固定螺母和活塞杆上。

4　1号使用2号传递来的20-22mm开口扳手，拧转专用工具，检查活塞杆固定螺母紧固情况。螺母拧紧力矩为60N·m。

提示

如果条件允许，应使用具有力矩指示的专用扳手检查固定螺母紧固情况。

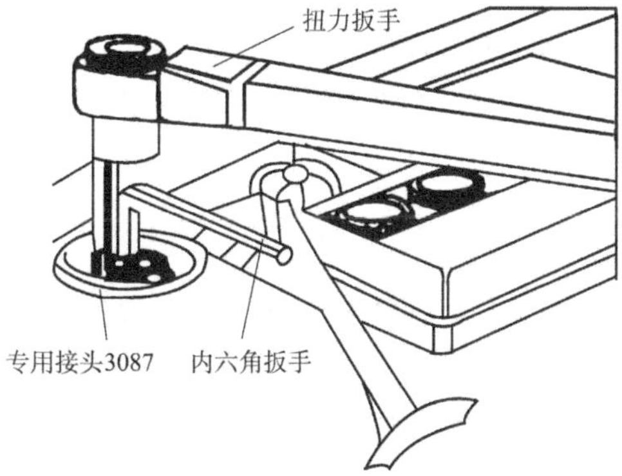

5　1号将螺母盖安装到减振器上。2号接收工具，擦拭后摆放到工具车上。

6　1号将2号传递来的防护罩套装到后座椅上。

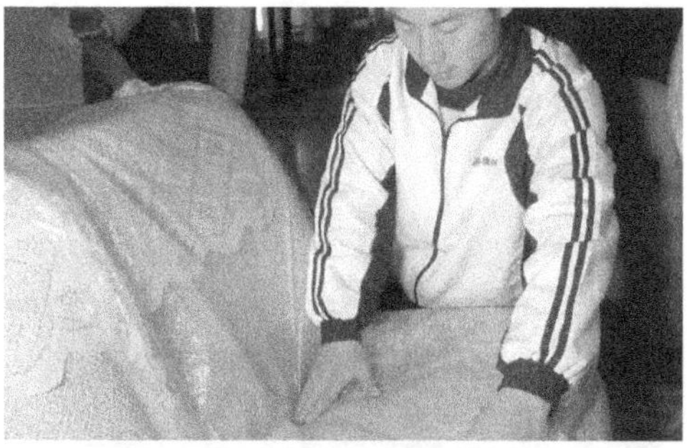

7　1号打开后轮减振器拆卸口护盖。

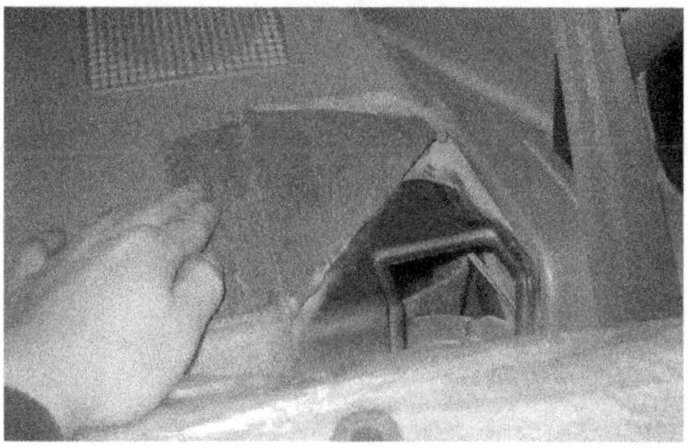

8 2号将后轮减振器活塞杆固定螺母拆装专用扳手传递给1号。

9 1号使用2号传递来的20-22mm开口扳手拧转专用工具,检查活塞杆固定螺母紧固情况。螺母拧紧力矩为35N·m。

提示

如果条件允许,使用具有扭矩指示的专用扳手检查固定螺母紧定情况。

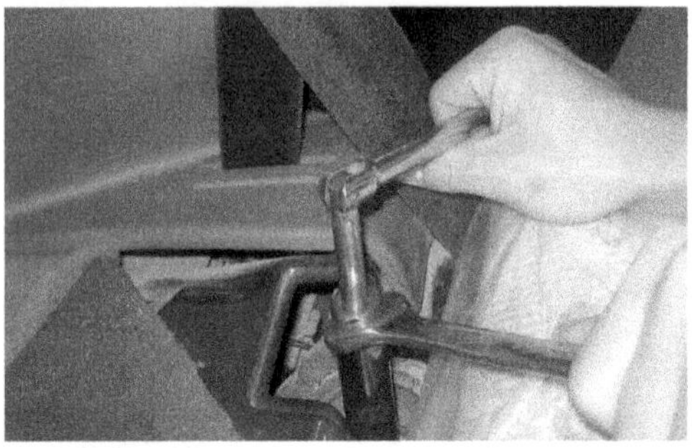

10 1号关闭减振器拆卸口护盖。2号接收工具,擦拭后摆放到工具车上。

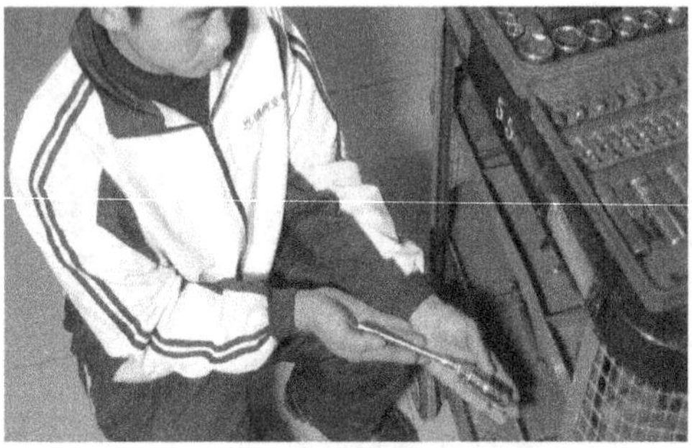

第三步　检查下摆臂及其球头固定螺栓

1 2号操纵举升机,将车辆举升到适当高度后,可靠锁止提升臂。

2 2号将ϕ17mm套筒、接杆、扭力扳手组合后传递给1号。

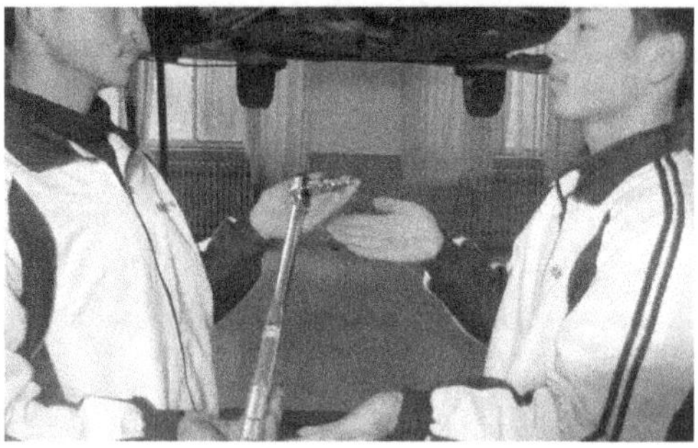

3 1号将扭力扳手的预紧力调整到60N·m。

4 2号使用16-17mm梅花扳手,将下摆臂一内叉的螺栓固定;1号使用ϕ17mm套筒、接杆、扭力扳手,检查固定螺栓紧的紧固程度。按照同样方法与要求,检查下摆臂另一叉固定螺栓紧固情况。

提示

用相同方法拧松下摆臂的另外一条固定螺栓。

5 2号使用16-17mm梅花扳手将下摆臂球头定位螺栓固定,1号使用ϕ17mm套筒、接杆、扭力扳手检查固定螺栓的紧固程度。

提示

(1)定位螺栓穿过转向节下端螺栓孔,使螺杆与悬架下摆臂球头销轴上加工的周向凹槽相配合,将安装于承孔中的悬架下摆臂球头定位在转向节上。

(2)保持扭力扳手的预紧力矩为60N·m。

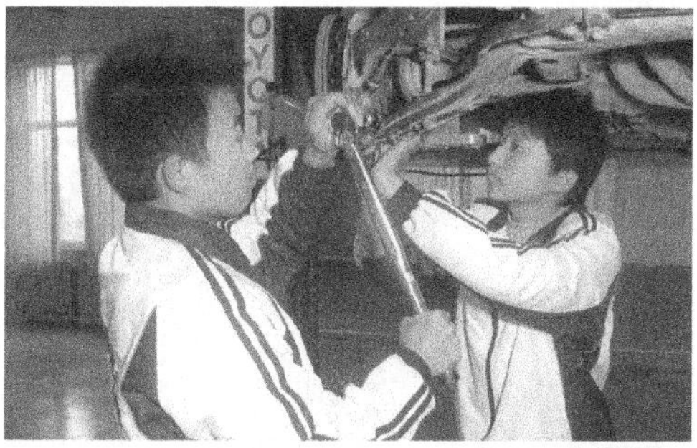

6 1号将扭力扳手的预紧力调整为65N·m。之后,使用ϕ17mm套筒、接杆、扭力扳手,检查球头底板的两条固定螺栓的紧固程度。

第四步　检查横向稳定杆固定螺栓

1 1号将扭力扳手的预紧力调整为25N·m。然后,使用ϕ13mm套筒、接杆、扭力扳手,检查稳定杆的侧倾杆固定螺栓的紧固程度。

2 保持扭力扳手25N·m预紧力矩不变。1号使用ϕ13mm套筒、接杆、扭力扳手,检查稳定杆夹箍固定螺栓的紧固程度。

第五步　检查前车架固定螺栓

1号将扭力扳手的预紧力调整为70N·m。之后,使用ϕ17mm套筒、接杆、扭力扳手,检查前车架4条固定螺栓的紧固程度。

提示

检查前车架4条固定螺栓的紧固顺序为:后左→后右→前左→前右。

第六步　检查后车架固定螺栓

1 1号将扭力扳手的预紧力调整为70N·m。之后,使用ϕ19mm套筒、接杆、扭力扳手,检查后车架两端轴承支架的3条固定螺栓的紧固程度。

2 1号将扭力扳手的预紧力调整为60N·m。之后,2号使用16-17mm梅花扳手固定螺母。1号使用ϕ17mm套筒、接杆、扭力扳手,检查后轮减振器下座固定螺栓的紧固程度。

3 2号接收工具,擦拭后具摆放到工具车上。

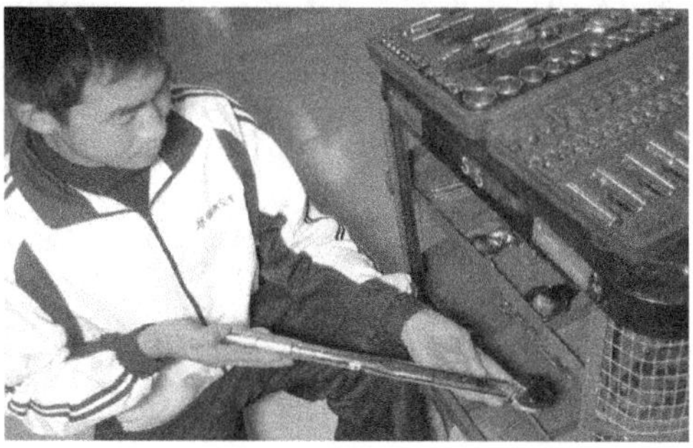

4 2号操纵举升机,将车辆降落到地面上。

第七步　整理工位

参见“整理工位”。

八、考核标准

考核标准表

考核时间	序号	考核项目	满分	评分标准	得分
20min	1	作业前整理工位	3	酌情扣分	
	2	工位停车	3	停车不当扣3分	
	3	车辆可靠停驻	3	操作不当扣3分	
	4	粘贴翼子板护裙	4	操作不当扣4分	
	5	打开并支撑发动机舱盖	3	操作不当扣3分	
	6	检查前后减振器活塞杆固定螺栓	9	操作不当扣9分	
	7	扭力扳手的预紧力调整方法	6	操作不当扣6分	
	8	拆装活塞杆固定螺母专用工具的用法	6	操作不当扣6分	

续上表

考核时间	序号	考核项目	满分	评分标准	得分
20min	9	检查下摆臂及其球头固定螺栓	15	操作不当扣15分	
	10	检查稳定杆固定螺栓	8	操作不当扣8分	
	11	检查前车架固定螺栓	12	操作不当扣12分	
	12	检查后车架固定螺栓	10	操作不当扣10分	
	13	举升或降落车辆	8	操作不当扣8分	
	14	工具使用与维护	6	酌情扣分	
	15	作业后整理工位	4	酌情扣分	
	16	遵守相关安全规范	因违规操作造成人身和设备事故的，总分按0分计		
		分数合计	100		

项目十六　检查转向系的间隙及固定螺栓紧固情况

一、项目说明

汽车转向系的作用是保证汽车在行驶中能够按照驾驶员的操作要求,适时地改变行驶方向,并且能够在受到路面干扰偏离行驶方向时,与行驶系配合,共同保持汽车稳定地沿直线行驶。汽车一般以前桥作为转向桥和转向驱动桥,靠前轮的偏转来实现汽车转向。

目前,汽车上广泛采用的转向系按照转向动力源的不同,可分为机械转向系和动力转向系两大类型。

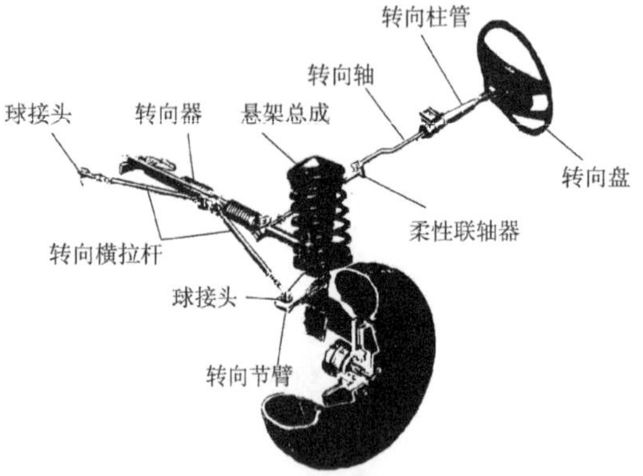

机械转向系组成

随着汽车行驶里程的增加,转向系各零部件会产生磨损、固定螺栓松动等现象,使转向系间隙变大,传力零部件松动,导致汽车转向沉重、行驶跑偏、转向盘抖振及异响等故障发生。为确保行车安全,应定期检查转向系的间隙和固定螺栓的紧固情况,及时发现并排出故障隐患,使汽车转向系保持良好的工作性能。下面以桑塔纳2000GSi型轿车为例,来说明检查汽车转向系的间隙和固定螺栓紧固情况的操作步骤和技术规范。

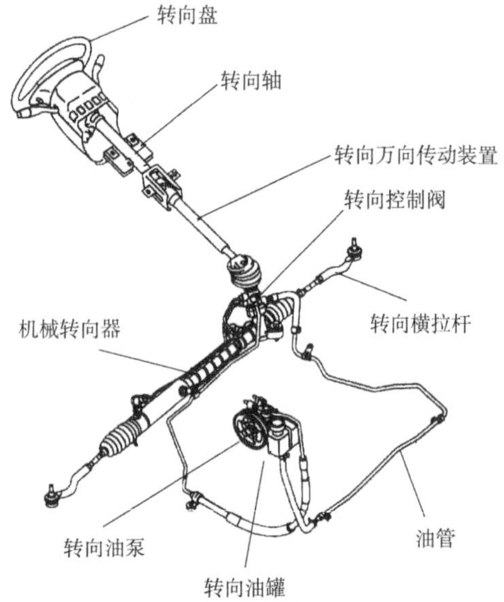

动力转向系组成

二、技术标准与要求

(1)汽车转向系的固定螺栓拧紧力矩符合规定要求。

(2)转向盘自由行程为0mm。

(3)汽车转向系相关固定螺栓拧紧力矩:

①横拉杆支架螺栓 45N·m；

②横拉杆螺栓 45N·m；

③转向器后横板螺栓 35N·m；

④转向器圆柱体内六角螺栓 20N·m；

⑤横拉杆球头螺母 30N·m。

三、实训时间:20min

四、实训教学目标

(1)了解检查转向系的间隙及固定螺栓紧固情况的重要性。

(2)熟悉转向系的两大类型。

(3)掌握检查转向系的间隙及固定螺栓紧固情况的操作技能。

(4)培养学生主动识变应变求变,主动防范化解风险的能力。

五、实训器材

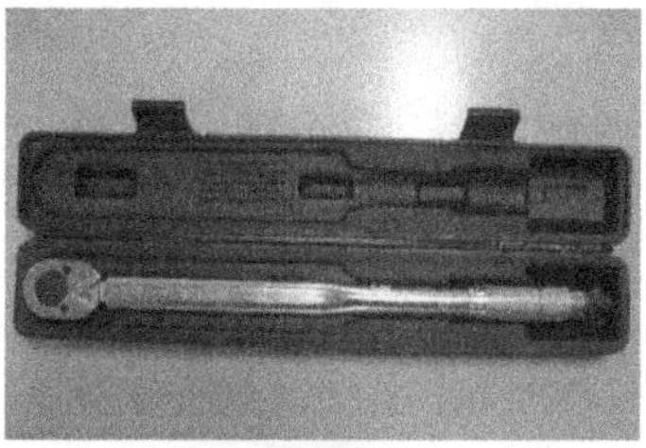

扭力扳手

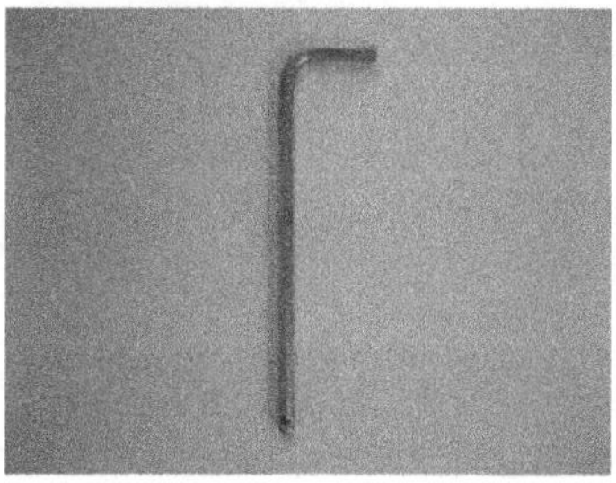

ϕ6mm 内六角扳手

其他工具及器材：

ϕ17mm 套筒、12-13mm 梅花扳手、接杆、驾驶室内保护罩、翼子板护裙、防护手套及防护帽等。

六、教学组织

1. 教学组织形式

每辆车安排 4 名学生参与实训,两名学生为一组。一组操作,一组观察学习。

2. 学生站位分工和要求

两名学生一组,按照 1 号、2 号进行编号,1 号为主,2 号辅助。

3. 实训教师职责

讲解操作步骤和注意事项;下达“操作开始”口令;工位间巡视、检查、指导和纠正错误。

4. 学生职责变换

两名学生实行职责变换制度,即第一遍 1 号为主,2 号辅助;第二遍 2 号为主,1 号辅助。

七、操作步骤

第一步　事前准备

参见“事前准备”。

第二步　检查转向系的间隙

1　1 号进入驾驶室,左右转动转向盘,检查转向盘是否存在空行程。

提示

(1)桑塔纳2000GSi型轿车,转向盘自由行程为0mm。

(2)如果转向盘有空行程,则证明转向系存在旷量,应做进一步检查,确定产生旷量部位。

2 2号进入驾驶室,左右转动转向盘;1号站立于汽车前方,察听有无松旷异响。

提示

如果转向系中有明显旷量,当左右转动转向盘时,可以听到松旷异响。

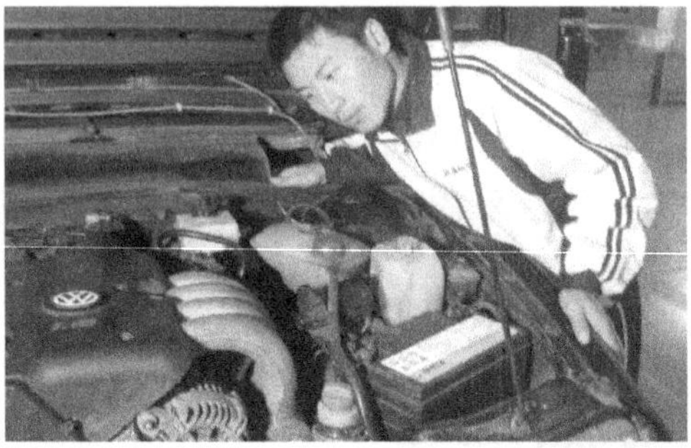

3 2号操纵举升机,将车辆举升至适当高度后,可靠锁止提升臂。

4 1号上下方向用力推拉球碗,检查球头磨损情况。

提示

推拉球碗时,如果有明显旷量,证明球头与球碗间隙过大,可采取调整或更换措施予以修复。

对于可调式球头而言,球头和球碗的间隙可通过调整达到正常值。对于一次性球头而言,应更换新件。

5 1号横向推拉转向横拉杆,检查转向横拉杆与其支架连接衬套是否存在旷量。

提示

推拉转向横拉杆时,如果有明显旷量,证明横拉杆上的衬套已严重磨损,应更换衬套或转向横拉杆。

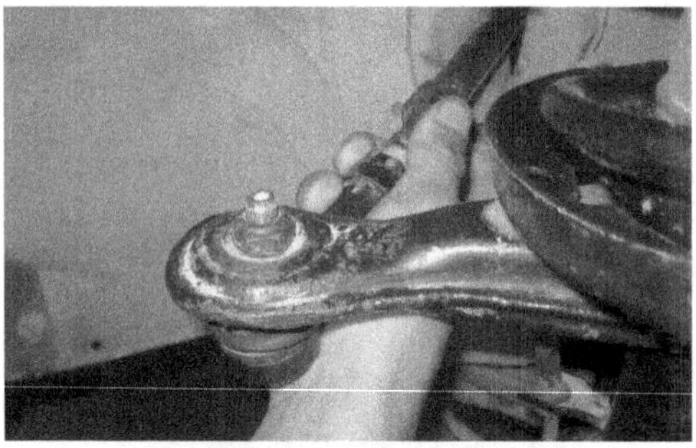

6 如果转向系还有旷量,1号、2号应配合调整转向器的间隙。

提示

调整转向器间隙的操作步骤:

(1)转向盘处于中间位置。

(2)松开转向器上的调整螺钉的锁紧螺母。

(3)旋入调整螺钉,直到螺钉与压块相接触。此时,如果方向沉重,则旋松调整螺钉;如果仍有旷量,则旋紧调整螺钉。如此反复调整，直到转动转向盘轻便灵活为止。

(4)使用两个工具配合，旋紧调整螺钉的锁紧螺母。

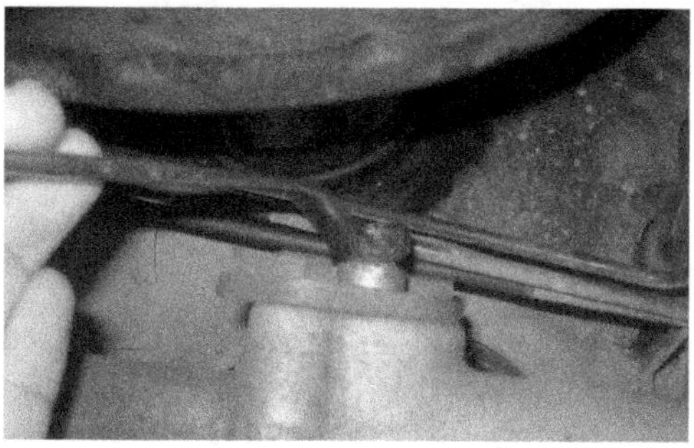

第三步　检查转向系固定螺栓紧固情况

1 2号将 ϕ17mm 套筒、扭力扳手组合后传递给1号。

2 1号将扭力扳手的预紧力调整为30N·m。

3 1号使用 ϕ17mm 套筒、扭力扳手，检查转向横拉杆球头固定螺母紧固情况。

4 1号将扭力扳手的预紧力调整为45N·m。之后，使用 ϕ17mm 套筒、扭力扳手，检查转向横拉杆支架两条固定螺母紧固情况。

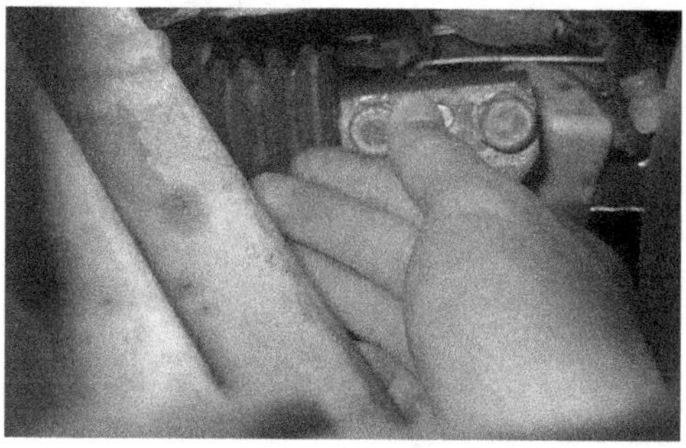

5 1号将扭力扳手的预紧力调整为35N·m。之后，使用 ϕ17mm 套筒、扭力扳手，检查转向器横板的两条固定螺栓紧固情况。

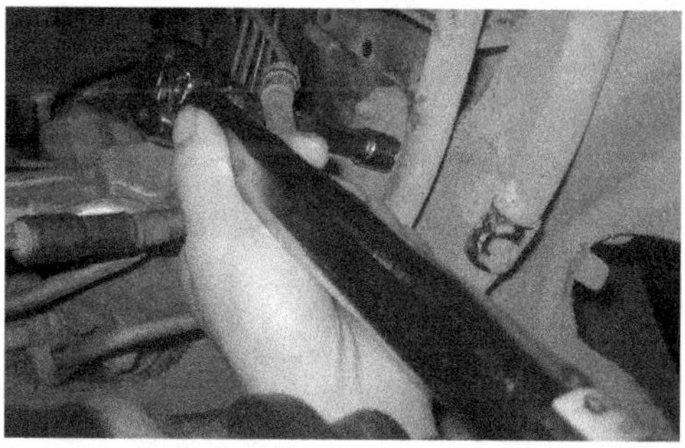

6 1号将扭力扳手的预紧力调整为20N·m。之后，使用 ϕ13mm 套筒、扭力扳手检查转向器的两条圆柱体内六角螺栓紧固情况。

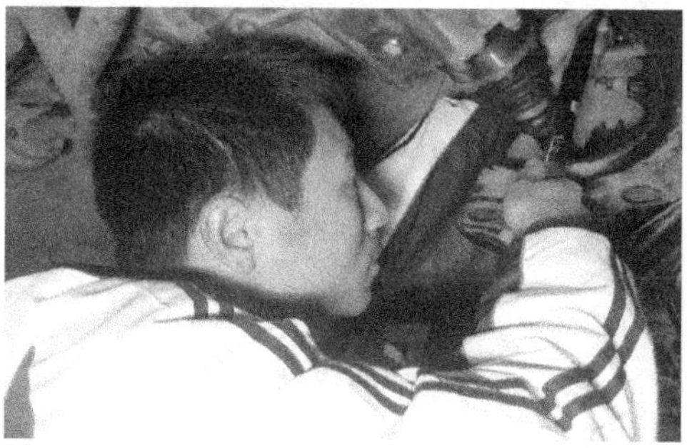

7 2号接收工具，擦拭后摆放到工具车上。

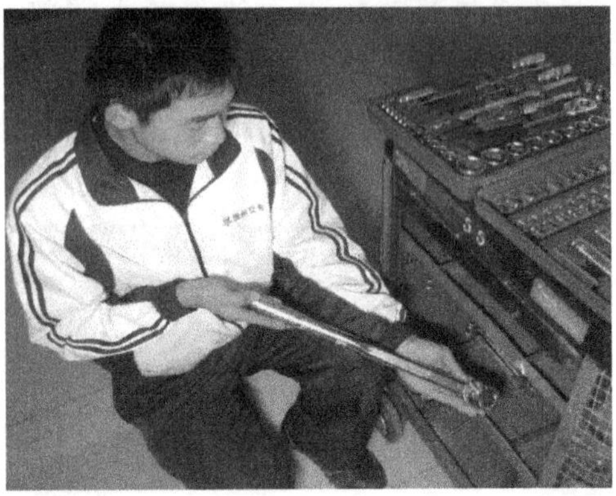

8 2号操纵举升机,将车辆降落到地面上。

第四步 整理工位

参见“整理工位”。

八、考核标准

考核标准表

考核时间	序号	考核项目	满分	评分标准	得分
20min	1	作业前整理工位	5	酌情扣分	
	2	工位停车	3	停车不当扣3分	
	3	车辆可靠停驻	3	操作不当扣3分	
	4	粘贴翼子板护裙	4	操作不当扣4分	
	5	打开并支撑发动机舱盖	3	操作不当扣3分	
	6	安装驾驶室内保护罩	4	操作不当扣4分	
	7	检查转向盘自由行程	7	操作不当扣7分	
	8	检查转向系的旷量	7	操作不当扣7分	
	9	检查转向横拉杆球头的磨损情况	8	操作不当扣7分	
	10	检查横拉杆衬套的磨损情况	8	操作不当扣8分	
	11	调整转向器的间隙	9	操作不当扣9分	
	12	检查转向横拉杆球头螺母紧固情况	6	操作不当扣6分	
	13	检查转向横拉杆支架螺栓紧固情况	6	操作不当扣6分	
	14	检查转向器横板固定螺栓紧固情况	6	操作不当扣6分	
	15	检查转向器圆柱体内六角螺栓紧固情况	6	操作不当扣6分	
	16	举升或降落车辆	5	操作不当扣5分	
	17	工具使用与维护	5	酌情扣分	
	18	作业后整理工位	5	酌情扣分	
	19	遵守相关安全规范	因违规操作造成人身和设备事故的,总分按0分计		
分数合计			100		

项目十七　检查或更换防尘罩、转向横拉杆及其球头

一、项目说明

防尘罩、转向横拉杆及其球头是汽车转向系的组成部件。在汽车长期使用过程中，防尘罩橡胶会老化、破裂，引起润滑脂流失与变质，影响转向器密封和润滑，造成转向器加速磨损；转向横拉杆弯曲变形，使转向车轮定位角度发生变化，导致汽车转向沉重、行驶跑偏、转向回正性能下降或丧失、转向操纵不稳定及轮胎异常磨损等故障发生；转向球头磨损后，使球头与球碗配合松旷，致使汽车转向或颠簸时发出异响、转向车轮定位角度发生变化等，严重磨损的转向球头，甚至会从球碗中脱出，使汽车失去方向控制。

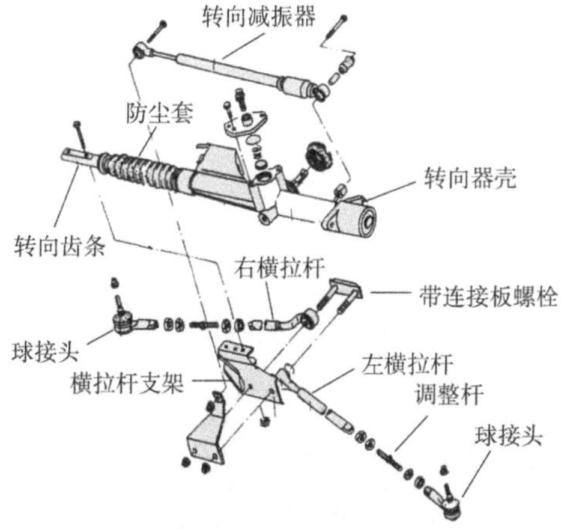

桑塔纳 2000GSi 轿车转向传动机构

综上所述，汽车转向系关系到行车安全和生命财产安全，必须定期检查与维护，并及时更换已严重磨损或损坏的零部件，确保汽车转向系的工作性能良好。下面以桑塔纳 2000GSi 型轿车为例来说明检查或更换汽车转向系中的防尘罩、横拉杆及其球头的操作步骤和技术规范。

二、技术标准与要求

(1)安装桑塔纳 2000GSi 型轿车配套防尘罩、转向横拉杆及其球头。

(2)更换转向横拉杆及其球头后，必须进行车轮定位的测量与调整。

(3)自锁螺母只作一次性使用，拆卸后应更换新品。

(4)转向球头拆卸前，自制与转向拉杆的装配记号。

(5)相关固定螺栓紧固力矩：

①横拉杆支架螺栓 45N · m；

②横拉杆螺栓 45N · m；

③横拉杆球头螺母 30N · m。

三、实训时间：50min

四、实训教学目标

(1)了解检查或更换防尘罩、转向横拉

杆及其球头的重要性。

(2)熟悉桑塔纳轿车转向传动机构的组成。

(3)掌握检查或更换防尘罩、转向横拉杆及其球头的操作技能。

五、实训器材

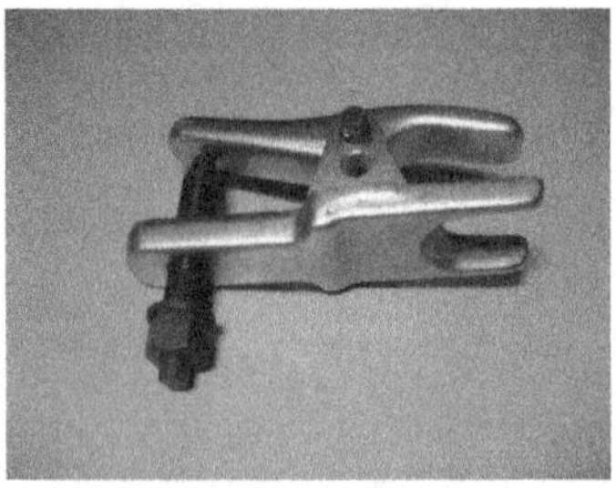

拆卸球头专用工具

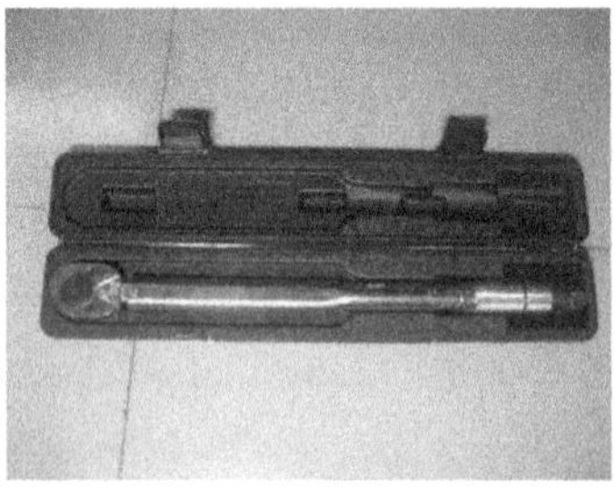

扭力扳手

其他工具及器材:

车轮支架、16-17mm 开口扳手、16-17mm 梅花扳手、22-24mm 开口扳手、车轮扳手、ϕ17mm 套筒、接杆、棘轮扳手、驾驶室内保护罩、翼子板护裙、防护手套及防护帽等。

六、教学组织

1. 教学组织形式

每辆车安排 4 名学生参与实训,两名学生为一组。一组操作,一组观察学习。

2. 学生站位分工和要求

两名学生一组,按照 1 号、2 号进行编号,1 号为主,2 号辅助。

3. 实训教师职责

讲解操作步骤和注意事项;下达“操作开始”口令;工位间巡视、检查、指导和纠正错误。

4. 学生职责变换

两名学生实行职责变换制度,即第一遍 1 号为主,2 号辅助;第二遍 2 号为主,1 号辅助。

七、操作步骤

转向横拉杆拆装与检查

第一步 事前准备

参见“事前准备”。

第二步 拆卸前车轮

1 1 号进入驾驶室,解除转向盘锁止后,将转向盘调整到中间位置,然后离开驾驶室并关闭车门。

提示

(1)保持前转向车轮直行状态,有利于接下来的操作。

(2)转动转向盘之前,应将点火开关旋至解锁挡位。否则,转向盘被锁止。

2 2 号将车轮扳手传递给 1 号。

3 1 号使用车轮扳手，拧松车轮的 4 条固定螺栓。

提示

(1) 拧松车轮固定螺栓时，要按照“对角多遍”的要求进行，防止车轮变形。

(2) 车轮螺栓以拧松 2～3 个丝扣为度，避免车轮负重倾斜，造成螺栓螺纹损伤。

4 2 号操纵举升机，将车辆举升至轮胎最低点距离地面约 20cm 的高度。

5 2 号扶住车轮，1 号使用车轮扳手，快速旋出车轮固定螺栓，然后将工具、螺栓传递给 2 号。

提示

1 号、2 号配合拆卸车轮，可以防止车轮倾斜损伤螺栓螺纹、车轮不慎脱落。

6 2 号接收工具、螺栓，并摆放到工具车、零件车上。

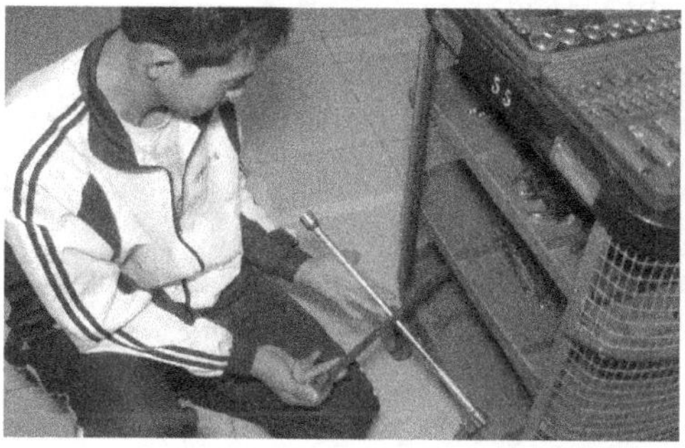

7 1 号取下车轮，并将其放到车轮支架上。

提示

(1) 按照相同的操作步骤和规范要求，拆卸另一侧车轮，不再赘述。

(2) 两侧车轮做好区分标记，不要混装。

第三步　拆卸转向横拉杆球头

1 2 号将 16-17mm 梅花扳手传递给 1 号。

2 1号使用16-17mm梅花扳手，拧松转向横拉杆球头固定螺母。2号将接收工具擦拭后摆放到工具车上。

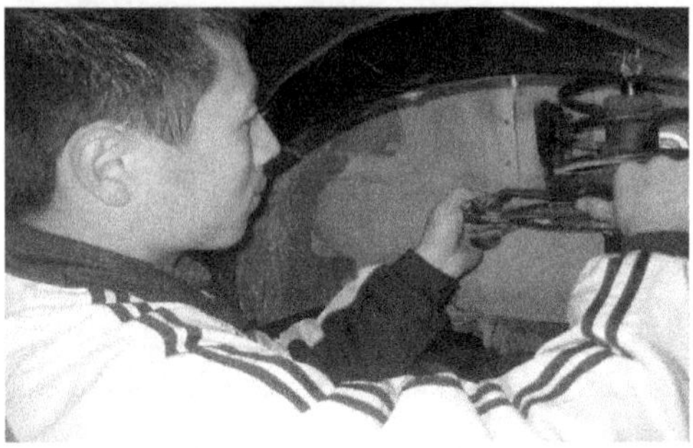

3 1号用手旋下球头固定螺母，并传递给2号。2号将螺母摆放到零件车上。

提示

球头固定螺母，只作一次性使用，拆卸后应更换新品。

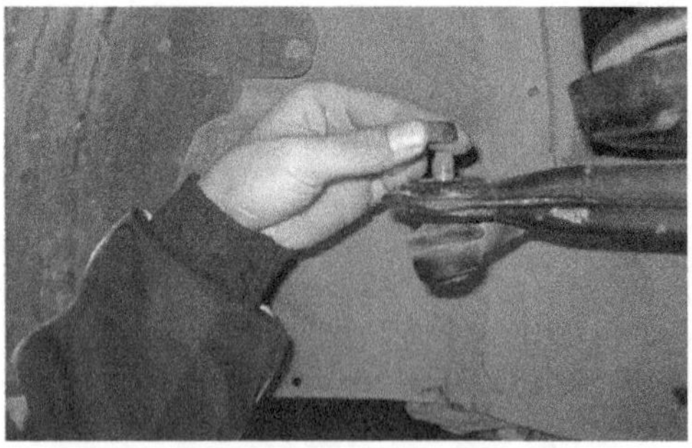

4 2号将球头拆卸工具传递给1号。

提示

(1)使用专用工具压出球头，既安全又省力。同时可避免机件损伤。

(2)拆卸球头时，严禁捶击球头销轴及转向节臂。否则，将导致销轴螺纹损伤和转向节臂变形。

5 1号将球头拆卸工具，固定在球头销和转向节上。

提示

球头拆卸工具的使用方法：

(1)调整丝杆长度，使拉爪抓住转向节边沿。

(2)旋入丝杆，使压头与球头销端面接触。

(3)使用工具旋入丝杆，将球头销压出承孔。

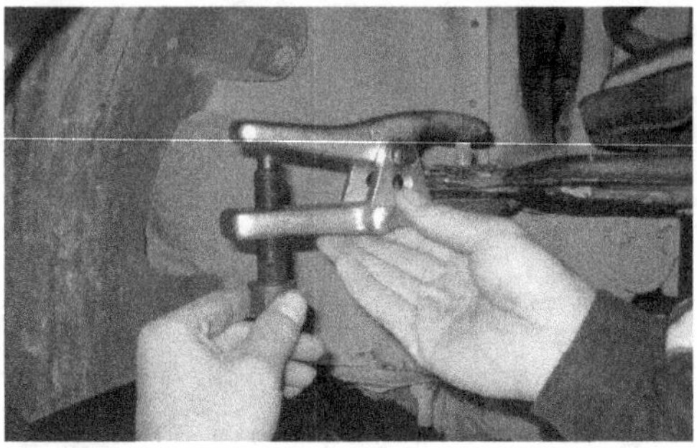

6 1号一手扶住球头拆卸工具，一手使用19-21mm梅花扳手旋入丝杆，直到压出球头为止。

提示

拆卸球头时，注意以下4点：

(1)球头拆卸工具连接可靠。

(2)要保持压头与球头销端面接触良好。

(3)缓慢旋转丝杆。

(4)用手扶住拆卸工具,防止掉落砸伤。

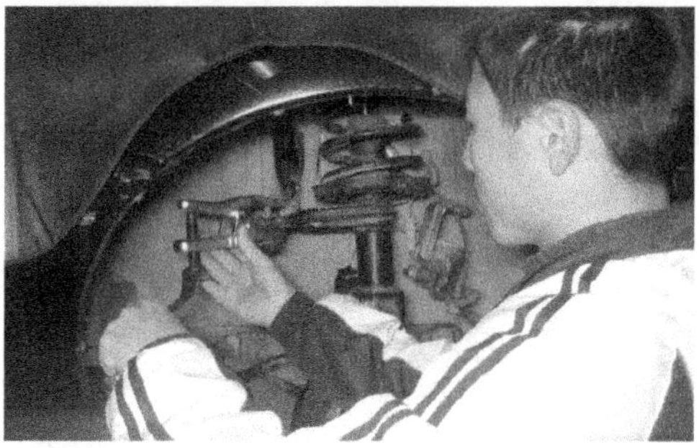

7 球头取出后,1号取下拆卸工具。2号将拆卸工具,擦拭后摆放到工具车上。

第四步　拆卸转向横拉杆支架

1 2号操纵举升机,将车辆举升到适当高度后,可靠锁止提升臂。

2 2号将 ϕ17mm 套筒、接杆、扭力扳手组合后传递给1号。

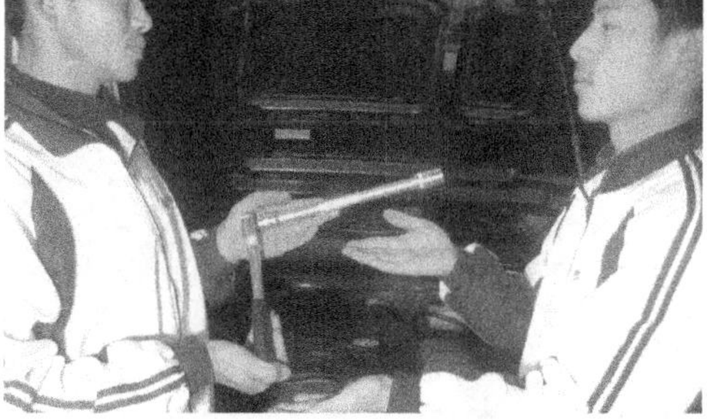

3 1号使用 ϕ17mm 套筒、接杆、扭力扳手,拧松转向横拉杆支架的两条固定螺母。

4 2号接收工具,擦拭后摆放到工具车上。

5 1号用手旋下螺母并传递给2号。2号将螺母摆放到零件车上。

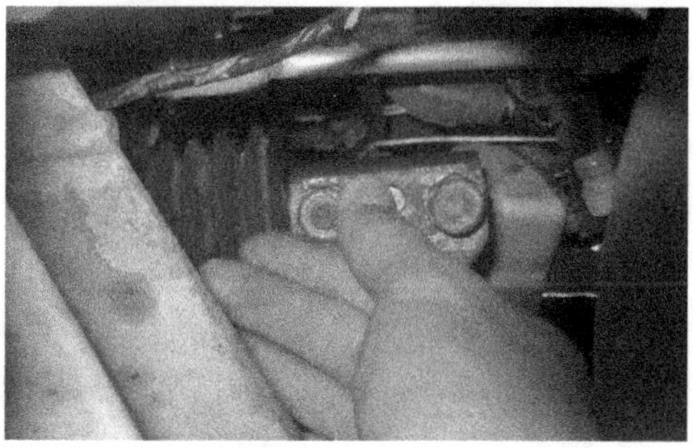

6 1号使用游标卡尺测量连接杆的外露长度,并记录。

提示

(1)连接杆一端旋入杆球头螺纹孔中,另一端旋入横拉杆螺纹孔中。调整连接杆的长度,便可改变前轮前束值的大小。

(2)转向球头拆卸前,测量并记录连接杆的外露长度,作为转向球头安装时的位置依据。这样车轮定位角度可保持基本不变。

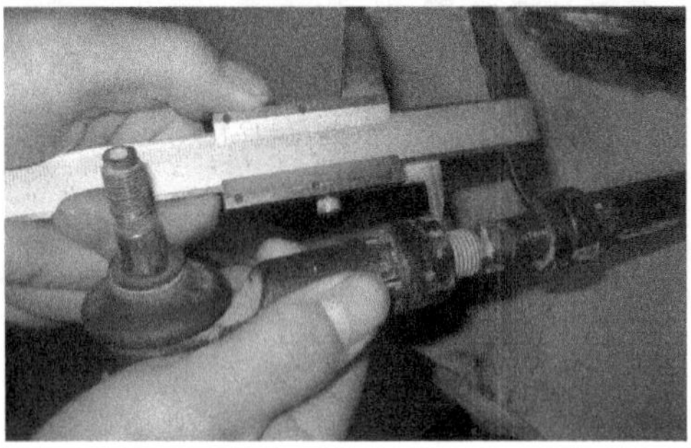

7 1号将转向球头销插入转向臂上的安装孔中。

提示

将转向球头与转向臂连接起来,目的是便于拧松杆球头的锁紧螺母。

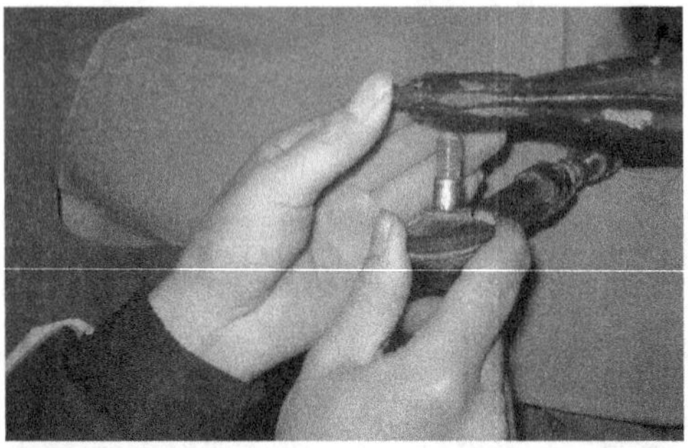

8 1号使用13-14mm开口扳手固定连接杆;使用22-24mm开口扳手拧松连接杆两端的锁紧螺母。最后从转向臂上脱出转向球头销。

提示

拧松连接杆两端锁紧螺母时,严禁使用已严重磨损的开口扳手。否则,将导致锁紧螺母滑方,给拆卸作业带来更大难度。

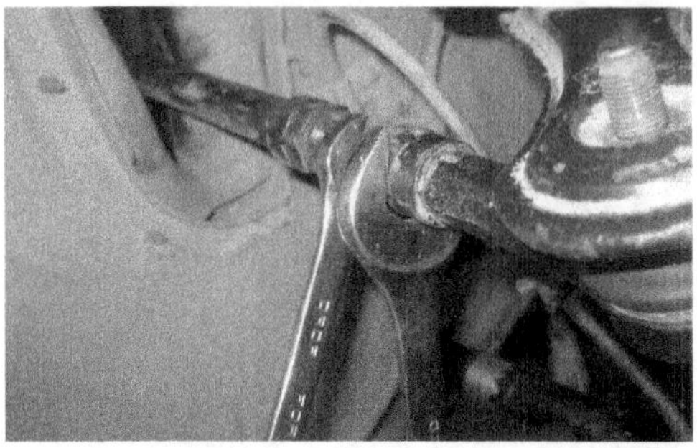

9 2号操纵举升机,将车辆降落至轮胎最低点距离地面适当高度后,并可靠锁止提升臂。

10 2号将ϕ17mm套筒、接杆、扭力扳手组合后传递给1号。

11 1号使用ϕ17mm套筒、接杆、扭力扳手,拧松转向横拉杆支架的两条固定螺栓。

提示

转向横拉杆支架固定螺栓,旋入转向器齿条的螺纹孔后再与其固定螺母旋紧。所以,固定螺母旋下后,不能直接取出固定螺栓。

12 1号换用棘轮扳手，快速旋出支架固定螺栓。

13 2号接收工具、螺栓，分别摆放到工具车、零件车上。

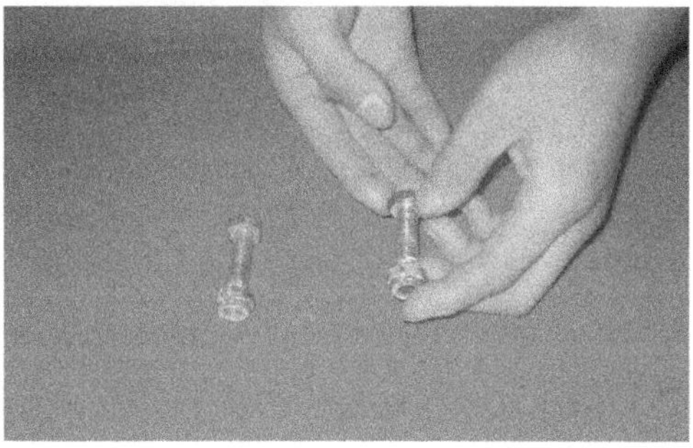

14 1号将转向横拉杆支架从转向器齿条上脱出后，1号、2号共同配合，将转向横拉杆及其支架从右侧翼子板的下护板孔中取出。

提示

取出转向横拉杆及其支架时，注意调整转向横拉杆支架和左侧球头位置。严禁生拉硬拽，避免损伤其他机件。

15 2号将转向横拉杆及其支架，摆放到操作台上。

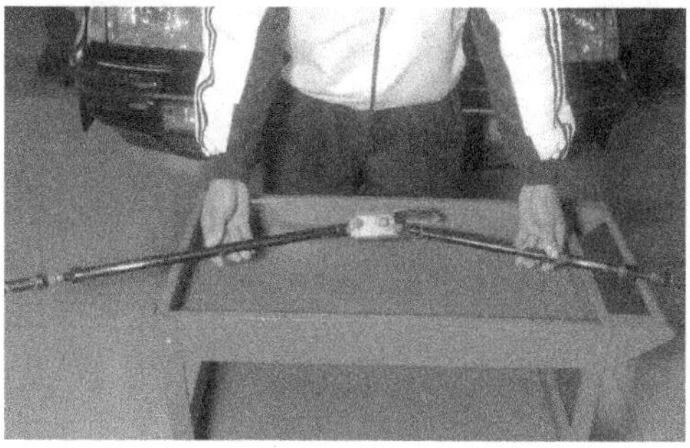

第五步　拆卸转向器防尘罩

1 2号操纵举升机，将车辆举升到适当高度后，可靠锁止提升臂。

2 1号使用2号传递来的鲤鱼钳，松开防尘罩与转向器端的压紧夹箍。

提示

拆卸压紧夹箍时，将调整片拉起，从锁孔中脱出锁片，即可松开压紧夹箍。

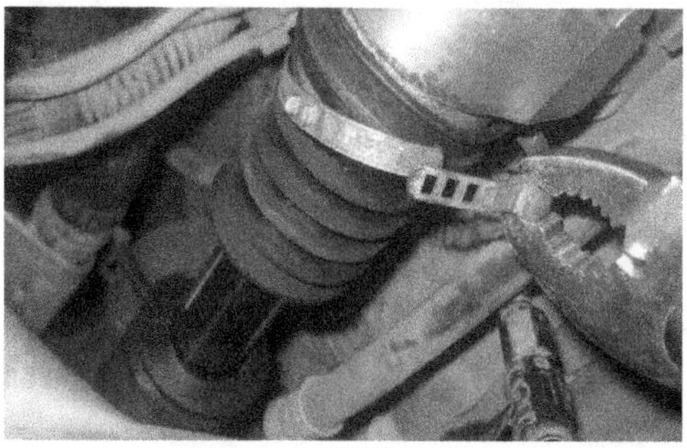

3 2号操纵举升机，将车辆降落至轮胎最低点距离地面适当高度后，并可靠锁止提升臂。

4 1号用手取下固定环、防尘罩。2号接收固定环、防尘罩并摆放到零件车上。

提示

固定环取下困难时，可首先清洁齿条表

面,然后在齿条表面涂一薄层机油,便可轻松取下固定环。

第六步　拆卸转向横拉杆及其球头

1　1号使用铁锤,敲松连接杆两端的箍紧帽。

提示

箍紧帽用于保证杆球头和转向横拉杆的开槽部位,在拧紧锁紧螺母时不扩张,使连接螺纹可靠接触。

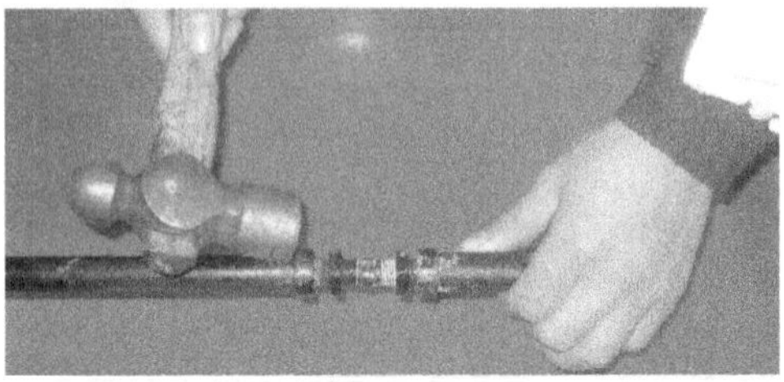

2　1号用手旋下左右转向拉杆球头、连接杆,取下箍紧帽,一起摆放到操作台上。

提示

左右转向球头螺纹旋向相反,拆卸或安装时注意判别。

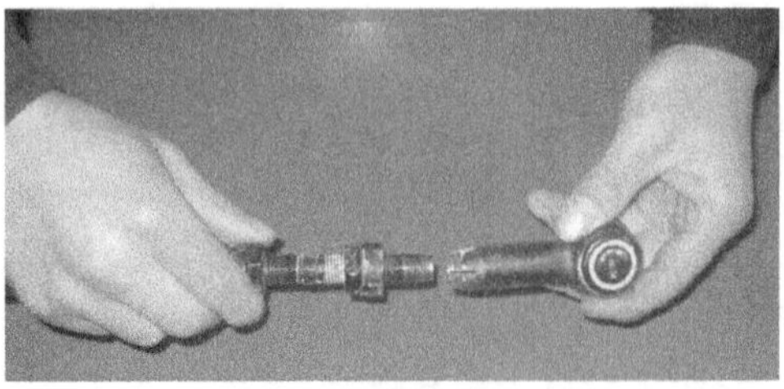

3　1号使用2号传递来的16-17mm梅花扳手,拧松转向横拉杆的固定螺母。

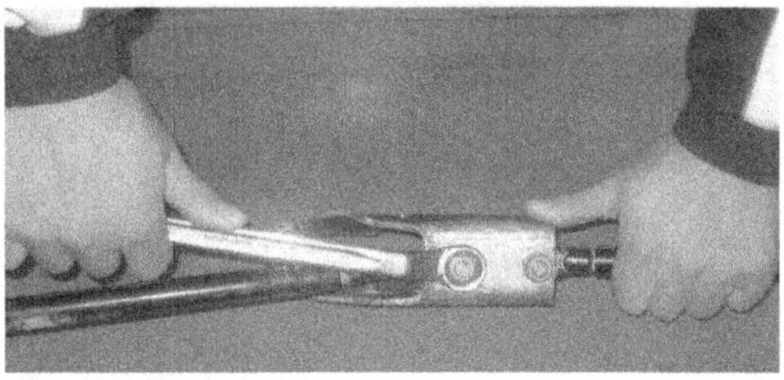

4　1号用手旋下固定螺母后,取出带连接板的两条固定螺栓。

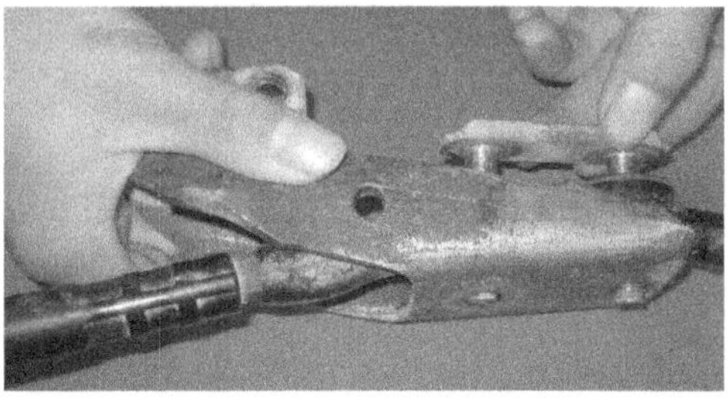

5　1号将支架、左右侧转向横拉杆、球头、连接杆及固定螺栓,按照其安装位置摆放到零件车上。

提示

左右侧转向横拉杆的长度不同,左侧长于右侧。注意区分,避免安装时出现错误。

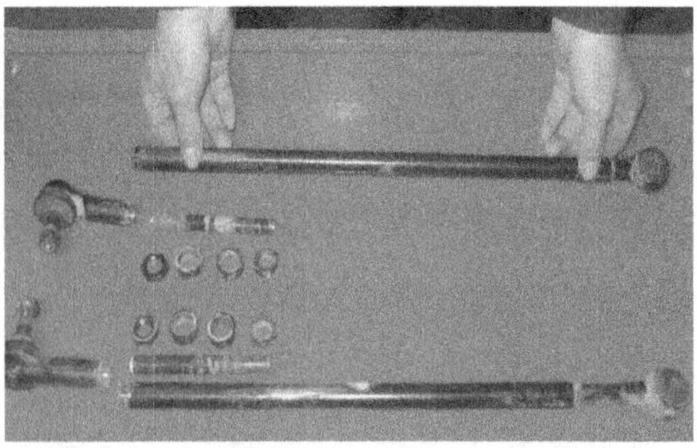

第七步　检查转向球头

1　1号检查球头销及杆球头的螺纹损伤情况。

提示

如果球头销或杆球头的螺纹，出现明显损伤，应更换球头总成。

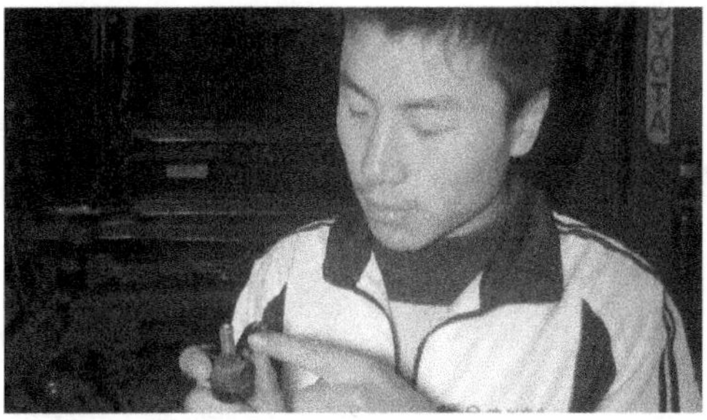

2 1号检查球头的防尘罩是否有橡胶老化、破裂等损伤。

提示

如果防尘罩已老化破裂，将会加剧球头磨损，应提前更换球头总成。

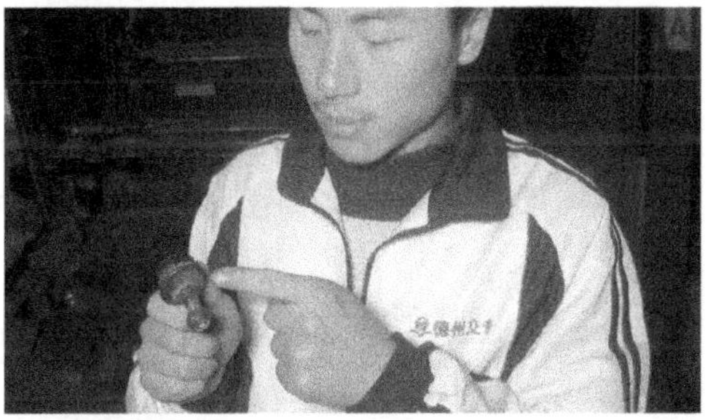

3 1号一手握紧球碗，一手上下方向推拉球头销，检查转向球头的磨损情况。

提示

如果球头与球碗之间存在明显旷量，应更换球头总成。对于可调式球头而言，调整球头与球碗之间的配合间隙达到正常值。

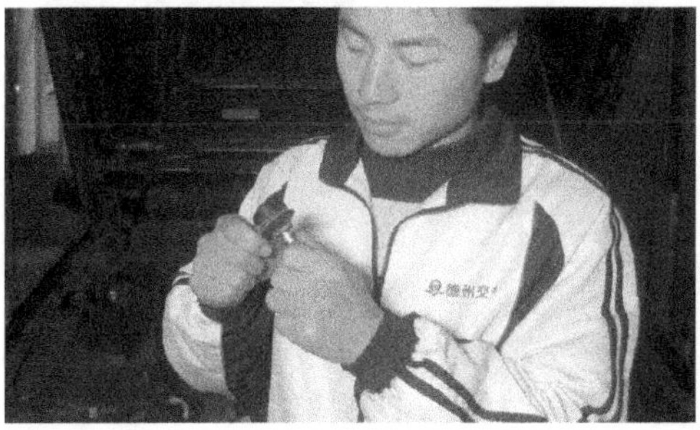

第八步 检查转向横拉杆

1 1号检查转向横拉杆是否有明显变形损伤。

提示

如果转向横拉杆存在明显变形损伤，应更换新件，否则，将直接影响正常的前轮前束值。

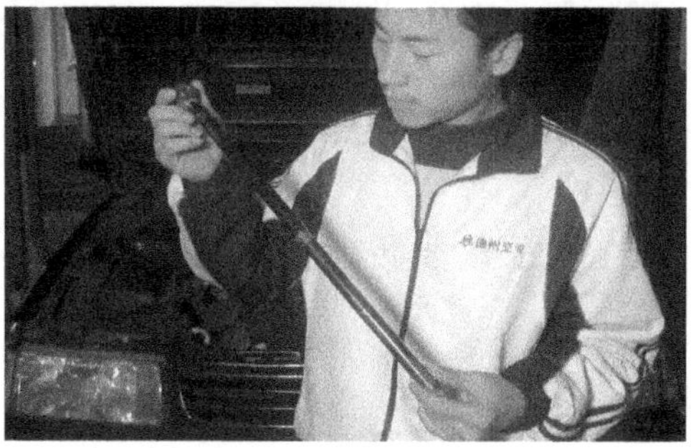

2 1号检查转向横拉杆的橡胶衬套是否有开裂、偏磨等损伤。

提示

如果橡胶衬套存在上述损伤，应更换新衬套。否则，转向盘产生空行程，使转向灵敏度降低。

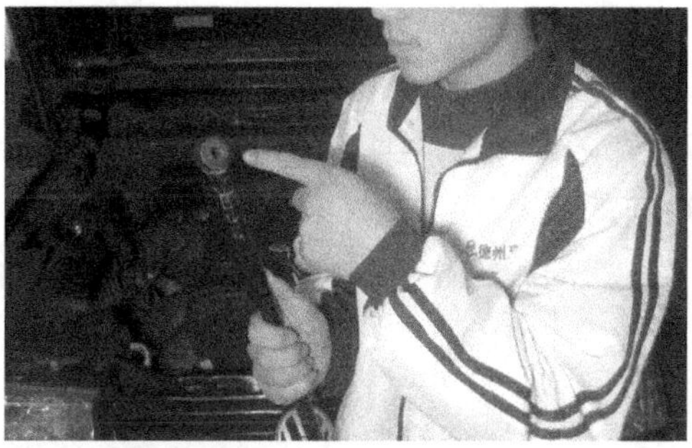

第九步 检查转向器防尘罩

1号检查转向器的防尘罩是否有橡胶老化、裂纹及折断等损伤。

提示

如果转向器的防尘罩存在上述损伤,应更换新品。否则,将导致润滑脂流失及磨料进入转向器,使转向器加速磨损。

第十步 安装转向横拉杆及其球头

1 1号将左右转向横拉杆的衬套孔与其支架的螺栓孔对齐后,将带连接板的螺栓穿过衬套和支架。

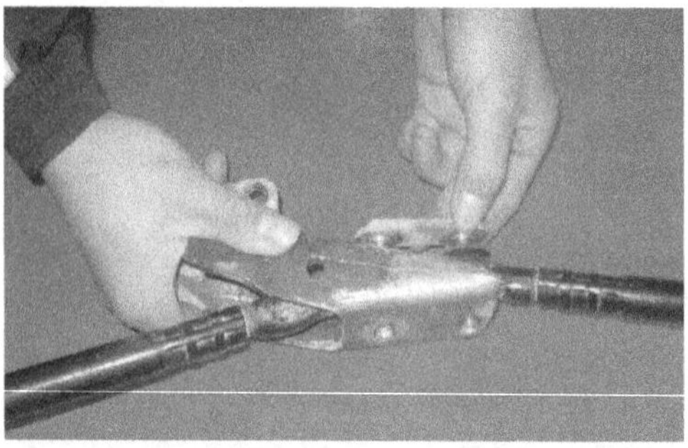

2 1号用手将螺母旋到螺杆上后,使用ϕ17mm套筒、接杆、扭力扳手,将螺母力矩拧紧至45N·m。

3 1号将箍紧帽套装到转向横拉杆上,然后将螺纹上已涂油的连接杆旋入横拉杆的螺纹孔内。

提示

连接杆两端的螺纹旋向相反,注意区分。

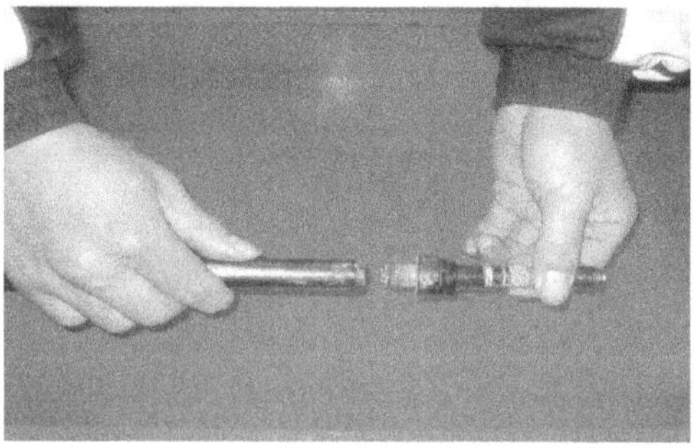

4 1号将箍紧帽套装到杆球头上后,将杆球头旋到连接杆上。

提示

按照相同的操作及要求,安装另一侧的连接杆和转向球头,此处不再重复。

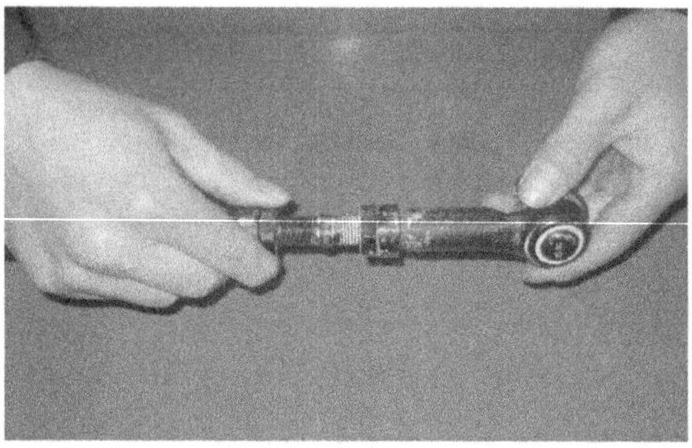

第十一步 安装转向器防尘罩

1 1号将适量润滑脂加注到转向器齿条上。

提示

如果转向器内的润滑脂已脏污或变质,视情清洗转向器,然后加注新鲜润滑脂。

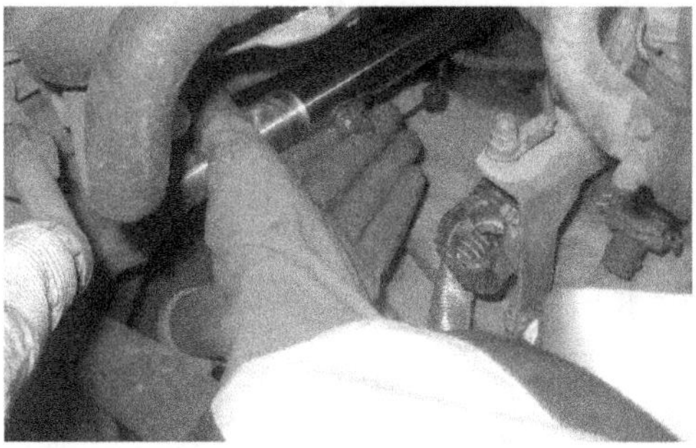

2 1号将防尘罩小口端套装到固定环的圆环上。

3 1号一手扶住防尘罩穿过齿条，一手对正固定环的半圆孔，将固定环安装到齿条上。

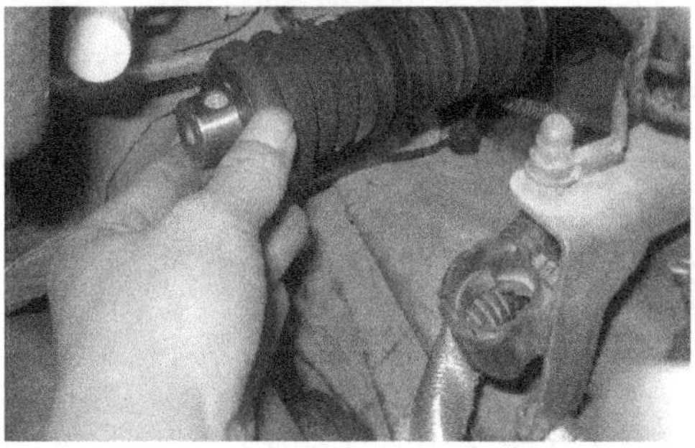

第十二步　安装转向横拉杆及其支架

1 1号、2号共同配合，将转向横拉杆及其支架，从右侧翼子板的下护板的孔中穿过。

2 1号、2号共同配合，将转向横拉杆及其支架，安放到转向器下方。

提示

在将转向横拉杆及其支架安放到转向器下方的过程中，小心理顺各种线束和管路，严禁生拉硬拽。否则，容易损坏其他机件。

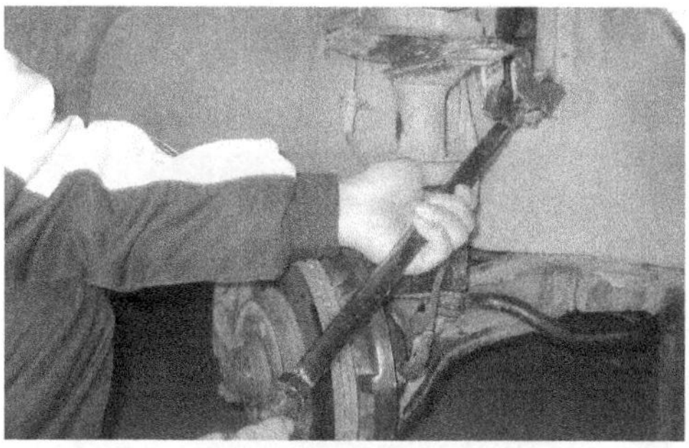

3 1号将转向横拉杆的支架安装到转向器的齿条上。

提示

横拉杆支架安装后，转向器的齿条位于支架的U形槽内。

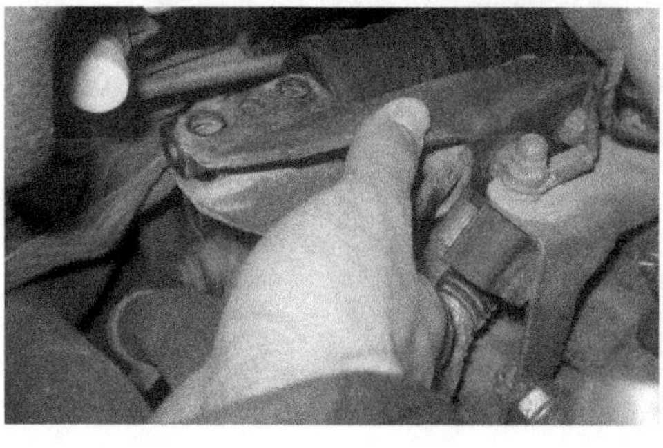

4 1号对正螺栓孔后,将固定螺栓用手旋入螺纹孔中。

提示

用手确定对正螺纹后,方可旋入螺栓。严禁使用工具直接旋入螺栓,一旦螺纹歪斜,将导致螺纹损伤,给安装作业带来更大难度,甚至造成机件损坏。

5 2号将 ϕ17mm 套筒、接杆、棘轮扳手组合后传递给1号。

6 1号使用 ϕ17mm 套筒、接杆、棘轮扳手,将转向横拉杆支架的两条固定螺栓拧紧到适当力矩。

7 1号换用扭力扳手,将支架固定螺栓力矩拧紧至45N·m。

提示

转向横拉杆支架的固定螺栓,用两次力矩拧紧。第一次为U形槽上平面与转向器齿条的紧固力矩为45N·m;第二次为U形槽下平面与螺栓的紧固力矩为45N·m。

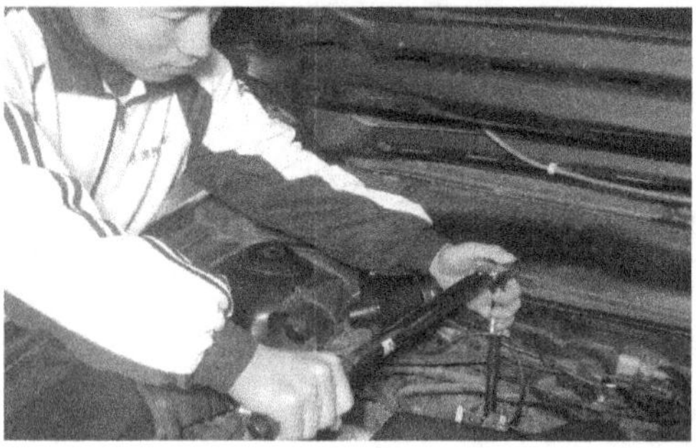

8 2号操纵举升机,将车辆降落至轮胎最低点距离地面适当高度后,并可靠锁止提升臂。

9 1号用手将两个螺母旋到转向横拉杆支架的固定螺栓上。

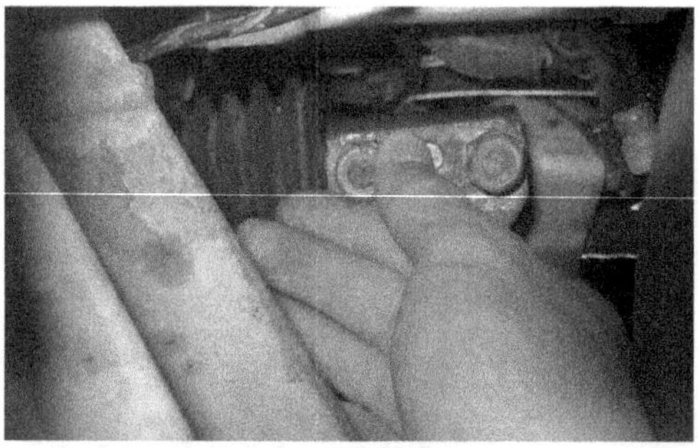

10 1号使用2号传递来的 ϕ17mm 套筒、接杆、扭力扳手,将固定螺母的力矩拧紧至45N·m。

提示

转向横拉杆支架的固定螺栓,用两次力矩拧紧。第一次为U形槽上平面与转向器齿条的紧固力矩为45N·m;第二次为U形槽下平面与螺栓的紧固力矩为45N·m。

11 1号将防尘罩套装到转向器壳上，然后将夹箍缠绕到转向器防尘罩压紧部位，最后使用2号传递来的鲤鱼钳，将夹箍拉紧并锁止。

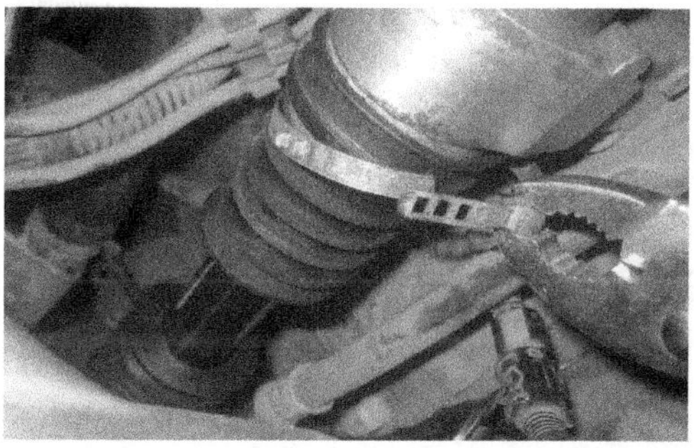

第十三步　安装转向横拉杆球头

1 1号将转向球头销插入转向臂的安装孔内。

提示

如果球头销难以插入转向臂的安装孔内，可转动转向节调整转向臂的位置，或将梅花扳手一端套入球头销调整球头销的位置。

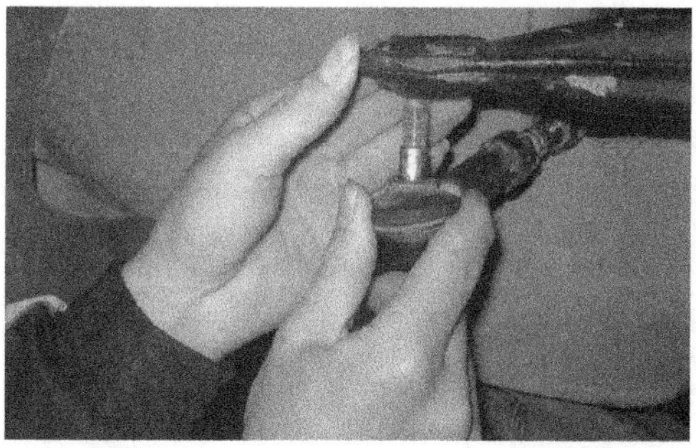

2 1号将固定螺母用手旋到球头销上。

提示

(1)球头固定螺母，仅作一次性使用，拆卸后应更换新品。

(2)用手旋入螺母，确保对正螺纹。严禁使用工具直接旋入螺母，容易造成螺纹损伤。

3 1号使用2号传递来的ϕ17mm套筒、接杆、扭力扳手，将螺母力矩拧紧至30N·m。

提示

按照相同的操作要求，安装另一侧的转向球头，此处不再重复。

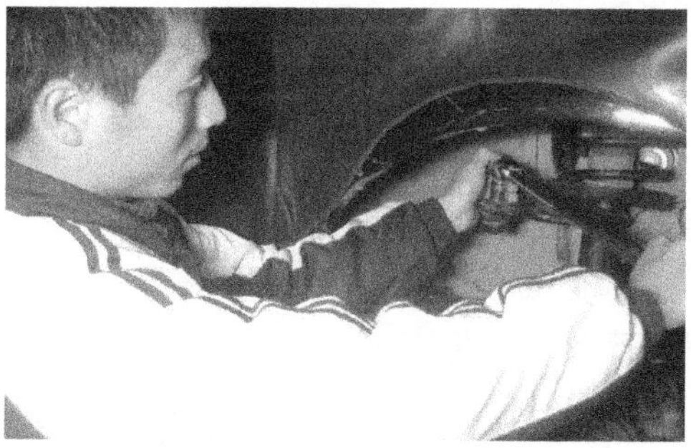

4 1号使用游标卡尺，测量左右转向横拉杆的连接杆的外露长度。

提示

将测量数值与记录数值相对照，从而确定连接杆的调整量。

5 计算出测量数值与记录数值的差值后,以记录数值为标准。1号使用13-14mm开口扳手转动连接杆,调整连接杆的外露长度达到记录数值。

6 将连接杆长度调整到记录数值后,1号使用13-14mm开口扳手,固定连接杆;使用22-24mm开口扳手,固定两端的锁止螺母。

提示

(1)保持连接杆长度与记录数值相一致,即保证了前轮前束值与拆卸前保持基本不变。但必须进行车轮定位的测量,必要时调整车轮定位角度。

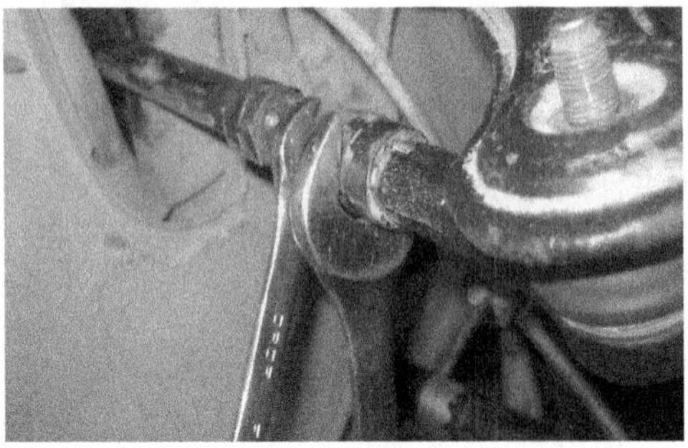

(2)按照相同的操作方法和要求,调整另一侧的连接杆的长度,此处不再重复。

第十四步 安装前车轮

1 2号操纵举升机,将车辆举升至轮胎最低点距离地面约20cm的高度。

2 1号将车轮安放到制动盘的凸缘上,并对齐螺栓孔,然后将2号传递来的4条固定螺栓用手旋入螺栓孔内。

提示

左、右侧车轮不要换位,保持原安装位置,以免影响车辆行驶性能。

3 1号使用2号传递来的车轮扳手,将固定螺栓拧紧到适当力矩。

提示

紧固车轮螺栓,应按照“对角多遍”的要求进行。

4 2号操纵举升机，将车辆降落到地面上。

提示

便于将车轮固定螺栓，拧紧到规定力矩。

5 1号使用扭力扳手，按照规定要求将车轮固定螺栓拧紧到110N·m。

提示

(1)紧固车轮螺栓，应按照“对角多遍”的要求进行。

(2)按照相同的要求，安装另一侧车轮。

6 1号将2号传递来的车轮装饰罩对正定位销和定位孔后，安装到车轮承座上。

第十五步 整理工位

参见“整理工位”。

八、考核标准

考核标准表

考核时间	序号	考核项目	满分	评分标准	得分
20min	1	作业前整理工位	3	酌情扣分	
	2	工位停车	2	停车不当扣2分	
	3	车辆可靠停驻	2	操作不当扣2分	
	4	粘贴翼子板护裙	3	操作不当扣3分	
	5	打开并支撑发动机舱盖	2	操作不当扣2分	
	6	安装驾驶室内保护罩	2	操作不当扣2分	
	7	拆装前左右车轮	4	操作不当扣4分	
	8	拆卸转向横拉杆支架	7	操作不当扣7分	
	9	拆卸转向器防尘罩	5	操作不当扣5分	
	10	拆卸横拉杆及其球头	8	操作不当扣8分	

续上表

考核时间	序号	考核项目	满分	评分标准	得分
20min	11	检查转向球头	6	检查不当扣6分	
	12	检查转向横拉杆	6	检查不当扣6分	
	13	检查转向器的防尘罩	6	检查不当扣6分	
	14	安装转向横拉杆及其球头	9	操作不当扣9分	
	15	安装转向器的防尘罩	6	操作不当扣6分	
	16	安装转向横拉杆及其支架	8	操作不当扣8分	
	17	安装转向球头	6	操作不当扣6分	
	18	零部件的摆放	4	酌情扣分	
	19	举升或降落车辆	4	操作不当扣4分	
	20	工具使用与维护	4	使用与维护不当扣4分	
	21	作业后整理工位	3	酌情扣分	
	22	遵守相关安全规范	因违规操作造成人身和设备事故的,总分按0分计		
		分数合计	100		

项目十八　检查或更换轮胎与车轮动平衡检测

一、项目说明

1. 概述

车轮与轮胎是汽车行驶系中的重要部件，其作用是支撑整车质量；缓和来自路面的冲击力；通过轮胎与地面的附着力产生驱动力和制动力；在保证汽车正常转向行驶的同时，通过车轮产生的自动回正力矩，使车轮保持直线行驶方向等。

在汽车使用过程中，由于汽车承受载荷、行驶路况、轮胎质量、悬架或转向系统零部件损伤、车轮定位失准及驾驶习惯等因素作用，使车轮产生变形和轮胎异常磨损，导致汽车行驶抖振摇摆，轮胎加速磨损以及制动性能、加速性能和转向性能降低等故障发生，使汽车的行车安全性和使用经济性受到严重影响。因此，应定期检查轮胎磨损状况、适时检测车轮动平衡并及时更换已严重损伤的轮胎。另外，为提高各车轮轮胎的磨损均匀性，需要定期进行车轮换位，延长轮胎使用寿命。下面以桑塔纳 2000GSi 型轿车为例来说明检查或更换轮胎与车轮动平衡检测以及车轮换位的操作步骤和技术规范。

2. 车轮与轮胎的结构和类型

车轮是介于轮胎和车轴之间承受负荷的旋转部件。车轮通常主要由轮毂、轮辋及轮辐组成。根据轮辐的构造，车轮可分为辐板式车轮和辐条式车轮。

轮胎安装在轮辋上，直接与地面接触。轮胎由胎冠、胎面、带束层和帘布层组成。根据胎体结构的不同，轮胎可分为充气轮胎和实心轮胎。现代汽车绝大多数采用充气轮胎，实心轮胎仅应用在低速汽车或重型挂车上。

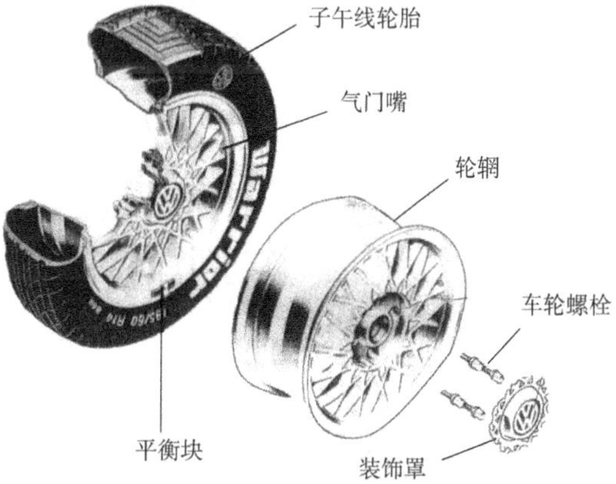

桑塔纳 2000GSi 轿车的车轮及轮胎

二、技术标准与要求

（1）安装桑塔纳 2000GSi 型轿车配套规格轮胎。桑塔纳 2000GSi 型轿车轮胎规格为 195/60 R14 86H。

（2）拆装轮胎时，必须使用轮胎拆装机，不允许对轮辋进行敲击。

（3）轮胎充气压力为：

空载时,前后轮 180kPa;满载时,前轮 190kPa,后轮 240kPa。

(4)前轮轮胎比后轮轮胎花纹磨损严重时,应进行车轮换位。

(5)车轮动不平衡量应符合规定要求。

(6)当胎面花纹接近磨损指示器时,应更换轮胎。桑塔纳 2000GSi 型轿车轮胎花纹深度为 1.6mm。

(7)正确使用轮胎拆装机和车轮动平衡机。

三、实训时间:60min

四、实训教学目标

(1)了解检查或更换轮胎与车轮动平衡检测以及车轮换位的重要性。

(2)熟悉车轮与轮胎的结构和类型。

(3)掌握检查或更换轮胎与车轮动平衡检验以及车轮换位的操作技能。

(4)培养学生安全防范意识,为提高防灾减灾救灾和重大突发公共事件处置保障能力打好基础。

五、实训器材

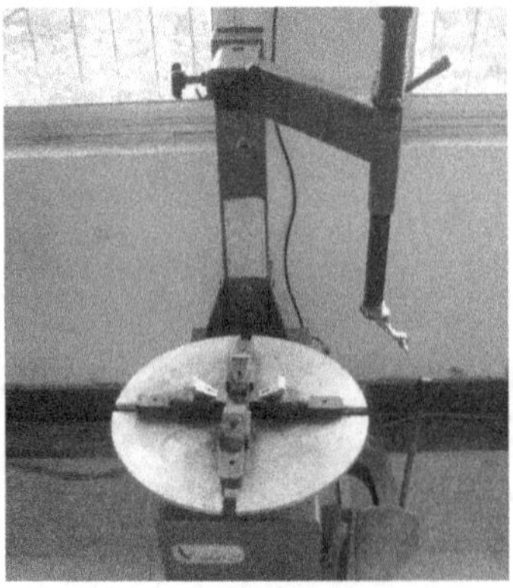

轮胎拆装机

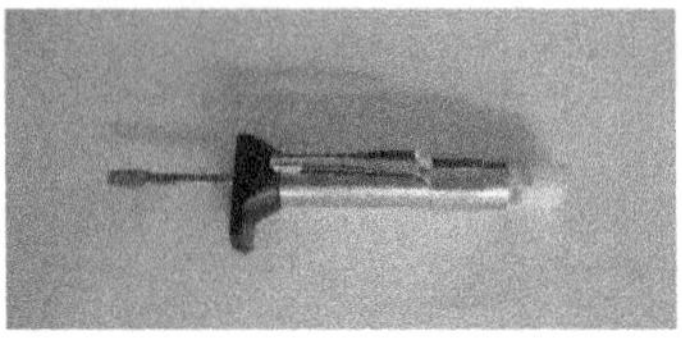

轮胎花纹测量标尺

车轮动平衡机

空气压缩机及管路

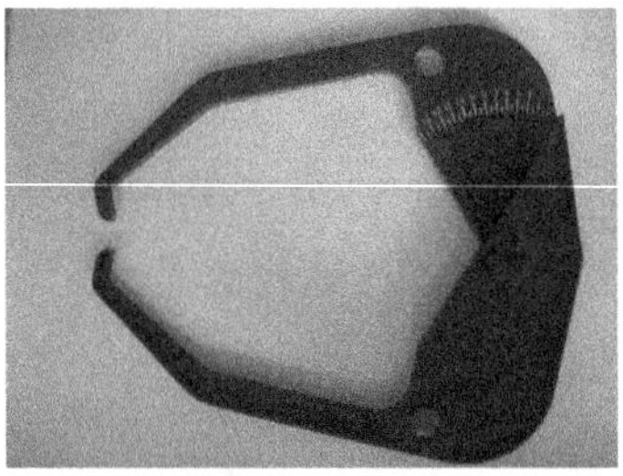

轮辋宽度测量标尺

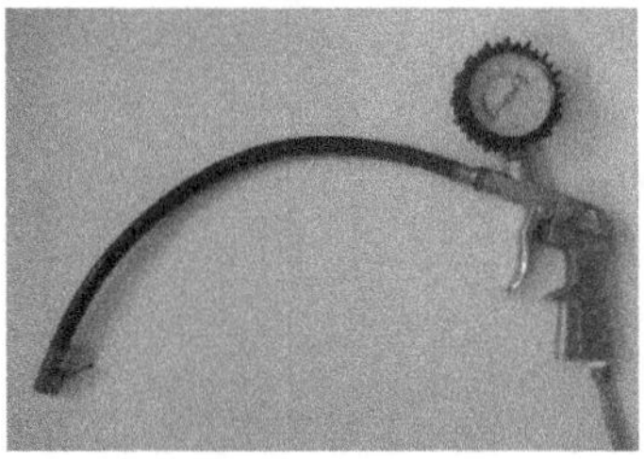

轮胎气压表及充气枪

其他工具及器材：

轮胎扳手、扁铲、配重铅块、铁锤、ϕ17mm 套筒、扭力扳手、轮胎支架等。

六、教学组织

1. 教学组织形式

每辆车安排 4 名学生参与实训，两名学生为一组。一组操作，一组观察学习。

2. 学生站位分工和要求

两名学生一组，按照 1 号、2 号进行编号，1 号为主，2 号辅助。

3. 实训教师职责

讲解操作步骤和注意事项；下达“操作开始”口令；工位间巡视、检查、指导和纠正错误。

4. 学生职责变换

两名学生实行职责变换制度，即第一遍 1 号为主，2 号辅助；第二遍 2 号为主，1 号辅助。

七、操作步骤

第一步　事前准备

参见“事前准备”。

轮胎动平衡

第二步　检查轮胎

1 2 号操纵举升机，将车辆举升至轮胎最低点距离地面约 20cm 的高度，并可靠锁止提升臂。

2 1 号缓慢转动轮胎，检查轮胎是否有胎体变形、鼓包、橡胶开裂、异常磨损及穿刺异物等现象。

提示

(1) 轮胎存在变形、鼓包、橡胶开裂等损伤时，应更换轮胎。

(2) 轮胎存在异常磨损，应具体分析损伤原因（比如驾驶习惯、行驶路况、载荷、轮胎质量及车轮定位等），采取对应措施予以解决。

(3) 轮胎有刺穿异物，取出异物后修补轮胎。

3 1 号检查并清除轮胎花纹中堆积的杂物等。

提示

轮胎花纹中堆积的杂物（如泥土、砂石等），将减小轮胎与路面的附着力，从而减小汽车驱动力和制动力。另外，轮胎滚动噪声将变大。

4 1号使用深度尺,测量轮胎花纹深度。

提示

(1)轮胎花纹的测量方法:

①擦净轮胎花纹顶面及纹槽。

②将深度尺垂直插入纹槽中,保持深度尺的测量平面与两侧花纹顶面可靠接触。

③观察并读取深度尺外壳顶端与标尺对齐的刻度线指示的数值,该数值即位轮胎花纹深度值。

(2)桑塔纳2000GSi型轿车轮胎花纹标准深度为1.6mm。如果轮胎花纹接近磨损指示器,应更换轮胎。

(3)如果经过测量,前轮胎比后轮胎花纹磨损严重,应进行车轮换位。这样可保持汽车各个轮胎磨损基本均匀,达到延长轮胎使用寿命的目的。

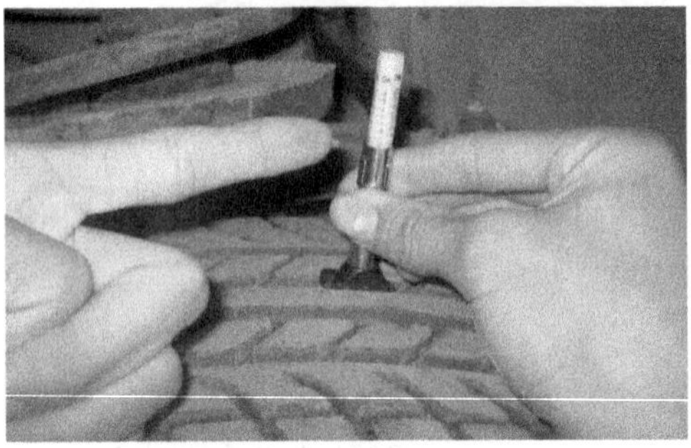

第三步 轮胎换位

说明:轮胎换位方法常用的有交叉换位法和循环换位法。通过轮胎换位,可使汽车各个轮胎均匀磨损,可延长轮胎约20%的使用寿命。根据车轮数目不同轮胎换位可分为六轮二桥和四轮二桥两种形式;其中四轮二桥形式中因轮胎种类不同,轮胎换位方法亦不同。普通斜胶轮胎采用交叉换位法,子午线轮胎采用单边换位法。桑塔纳2000GSi型轿车使用子午线轮胎,因此采用单边换位法进行轮胎换位。本文介绍四轮单边换位法。

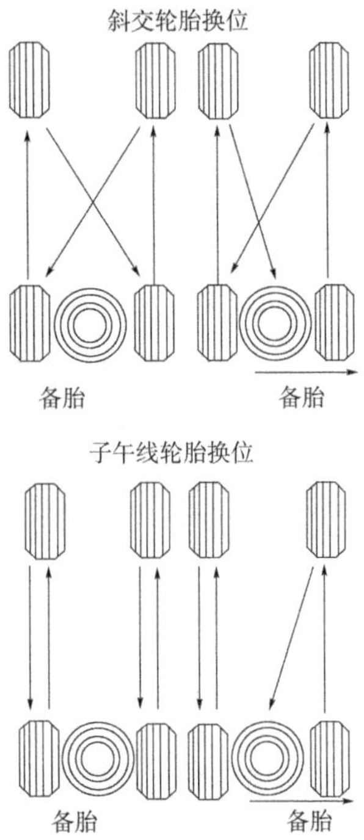

汽车四轮换位法

1 2号操纵举升机,将车辆举降落到地面上。

2 2号将一字螺丝刀传递给1号。

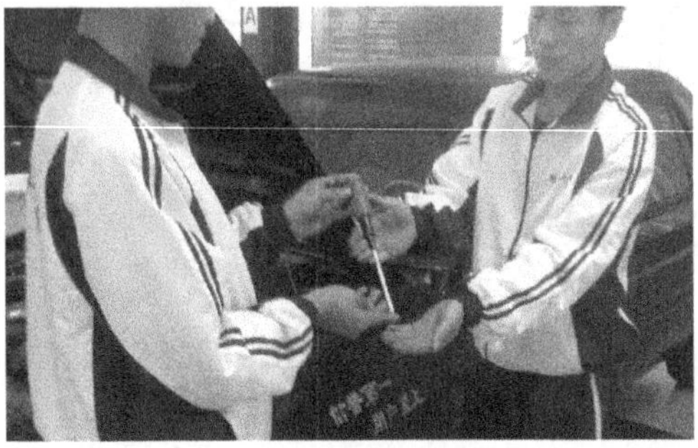

3 1号将一字螺丝刀插入车轮装饰罩拆卸缺口中,撬起装饰罩,然后用手将装饰罩取下,并传递给2号。

提示

(1)拆卸车轮装饰罩时,用力要适当,不要过猛,以免造成装饰罩损坏。

(2)用相同方法,拆卸另外3个车轮上的装饰罩,不再重复。

4 2号接收工具、装饰罩,分别摆放到工具车、零件车上。

5 2号将车轮扳手传递给1号。

6 1号使用车轮扳手,拧松车轮的4条固定螺栓。

提示

(1)拧松车轮固定螺栓时,要按照"对角多遍"的要求进行,防止车轮变形。

(2)车轮螺栓以拧松2~3个丝扣为度,避免车轮负重倾斜,造成螺栓螺纹损伤。

(3)相同的操作要求,拧松另外3个车轮的固定螺栓。

7 2号操纵举升机,将车辆举升至轮胎最低点距离地面约20cm的高度。

8 2号扶住车轮,1号使用车轮扳手,快速旋出右前车轮固定螺栓,然后将工具、螺栓传递给2号。

提示

1号、2号配合拆卸车轮,可以防止车轮倾斜损伤螺栓螺纹、车轮不慎脱落。

9 2号将右前车轮固定螺栓摆放到零件车上。

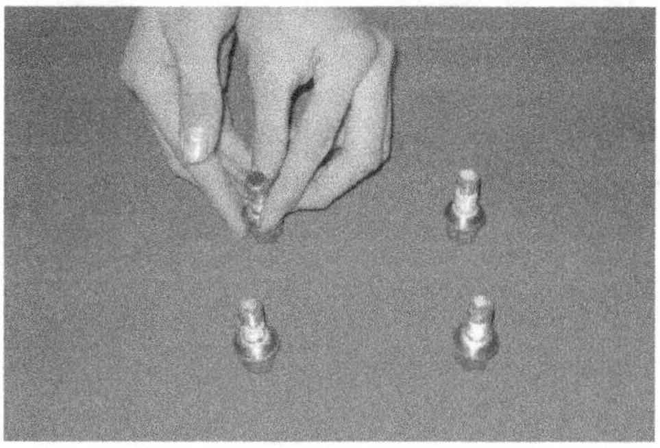

10 1号取下右前车轮,并将其放置到车轮支架上。

提示

(1)按照相同的操作步骤和规范要求,拆卸右后车轮,不再赘述。

(2)因桑塔纳2000GSi型轿车采用子午线轮胎,所以采用单边换位法进行轮胎换位。

11 1号将右后车轮安放到右前制动盘的凸缘上,并对齐螺栓孔,然后将2号传递来的4条固定螺栓用手旋入螺栓孔内。

12 1号使用2号传递来的车轮扳手,将右前车轮固定螺栓拧紧到适当力矩。

提示

拧紧车轮固定螺栓,应按照"对角多遍"的要求进行,防止车轮变形。

13 1号、2号配合安装右后车轮。

提示

(1)安装车轮的要求相同,请参阅前文说明,不再重复。

(2)按照相同操作步骤和要求,将左侧前、后车轮换位。

14 将前后车轮换位完毕。2号操纵举升机,将车辆举降落到地面上。

15 1号使用2号传递来的扭力扳手,按照"对角多遍"的要求,将4个车轮固定螺栓紧固力矩拧紧至110N·m。

16 1号将2号传递来的车轮装饰罩,对正定位销和定位孔后,安装到车轮承座上。

第四步　拆卸轮胎

1 1号用手旋下轮胎气门嘴的防尘帽。

提示

防尘帽用于阻止尘土、泥沙等杂物进入气门嘴。

2 1号使用气门钥匙旋出气门芯，释放轮胎内的空气。

提示

（1）轮胎放气时，气门芯不要旋出过快，应待轮胎气压下降后再逐渐旋出。

（2）注意气门芯旋出后妥善放置，不要丢失。

3 2号将气门芯摆放到零件车上之后，将卡钳传递给1号。

提示

卡钳是拆装车轮平衡块的专用工具。

4 待轮胎内的空气排放殆尽后，1号使用卡钳取下安装于轮辋边沿上的平衡块。

提示

（1）拆卸平衡块时，应使用专用卡钳。禁止使用螺丝刀等类似工具，以免损伤轮胎和轮辋。

（2）平衡块一般为铅质材料制成，通过夹具固定在轮辋边沿上，用于调节车轮动不平衡量。

5 2号将卡钳、平衡块分别摆放到工具车、零件车上。

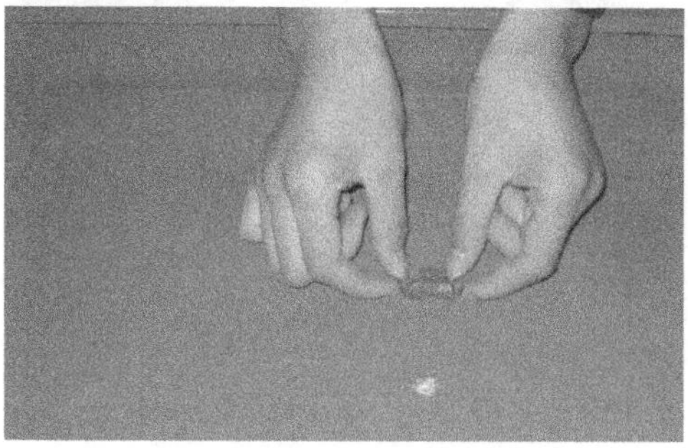

6 1号将车轮及轮胎的一侧贴于拆装机的靠胎胶皮上。

提示

靠胎胶皮用于防止挤压轮胎时损伤车轮。它粘贴于拆装机的凸台上。

7 1号调整车轮和轮胎位置,使风压铲置于轮胎胎圈和轮辋边缘之间。

8 1号一手扶住手柄,使风压铲的位置保持不变,一手扶住轮胎,防止车轮滚动。

9 1号踩下压胎踏板,风压铲开始挤压轮胎,直到轮胎胎圈离开轮辋边缘为止。然后调整风压铲挤压部位,再次挤压并使轮胎胎圈离开轮辋边缘。如此重复操作,使轮胎胎圈彻底脱离轮辋边缘。

提示

桑塔纳2000GSi型轿车采用深式轮辋,轮辋中部有一条便于拆装轮胎用的环形深凹槽,凹槽两侧与轮胎胎圈配合的台肩是倾斜的,一般倾斜角为5°±1°。因此,将轮胎胎圈压入轮辋环形凹槽后,便于拆卸轮胎。

10 1号翻转车轮和轮胎,将已挤压侧贴于靠胎胶皮上。按照相同的操作要求,将轮胎另一侧胎圈挤压脱离轮辋边缘。

11 1号将车轮平放到轮胎拆装机转盘上的夹钳上。

提示

此时保持夹钳处于完全收缩状态,便于车轮安放到夹钳上。

12 1号双手扶住轮胎，踩下夹钳踏板，夹钳张开，卡爪卡牢车轮，将车轮固定在夹钳上。

13 1号旋转调整手柄，使拆装机头对正轮辋边缘。

提示

调整手柄位于轮胎拆装机的横臂一侧，转动手柄可旋入或旋出螺杆，从而改变横臂的角度，最终调整拆装机头的位置。

14 1号用手压下拆装机头，并将拆装机头套入轮辋边缘上。

提示

将拆装机头套装到轮辋边缘上时，应保证轮辋边缘的外沿与拆装机头之间预留约2mm的间隙，防止车轮转动时损伤轮辋。

15 1号一手下压拆装机头，一手扳动锁紧杆，锁止拆装机头，然后旋入调整手柄，固定横臂。

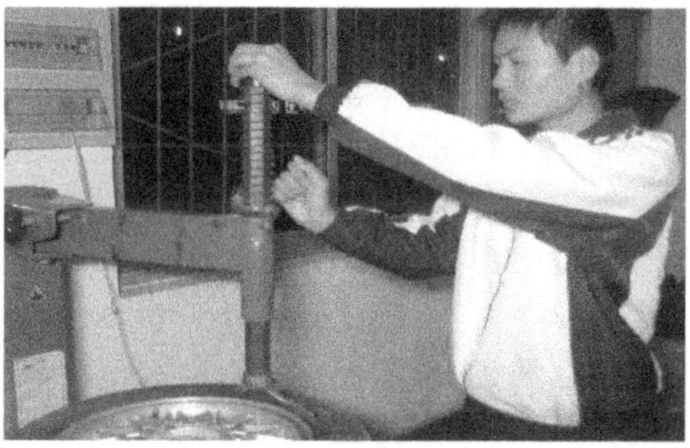

16 1号使用毛刷，在轮胎胎圈上均匀涂抹一层浓肥皂液润滑胎圈。

提示

在轮胎胎圈上涂抹润滑液，可减轻拆装机头与轮胎胎圈之间的摩擦，避免损伤轮胎。

17 1号将扁铲插入轮胎胎圈和轮辋之间,下压扁铲撬起胎圈,并使胎圈搭接于机头上。

提示

在插入扁铲和撬起轮胎胎圈时,应均匀用力。否则,容易损伤轮胎。

18 1号取出扁铲后,双手扶住轮胎,踩下转盘踏板,转盘顺时针旋转,拆装机头脱出轮胎一侧胎圈。

提示

如果转盘旋转时,拆装机头和轮胎之间出现卡滞,应立即抬起转盘踏板停止转盘转动,然后踩下反转踏板,逆时针转动转盘,解除卡滞障碍。

19 当轮胎的一侧胎圈完全脱出后,1号上抬轮胎,使轮胎下胎圈上移。

20 1号将扁铲插入轮胎胎圈和轮辋之间,下压扁铲撬起胎圈,并使胎圈搭接于机头上。

提示

在插入扁铲和撬起轮胎胎圈时,应均匀用力。否则,容易损伤轮胎。

21 1号使用毛刷,在轮胎胎圈上均匀涂抹一层肥皂液润滑胎圈。

提示

在轮胎胎圈上涂抹润滑液,可减轻拆装机头与轮胎胎圈之间的摩擦,避免损伤轮胎。

22 1号取出扁铲后,双手扶住轮胎,踩下转盘踏板,转盘顺时针旋转,拆装机头脱出轮胎下侧胎圈。这样轮胎便从轮辋上拆卸下来。

提示

如果转盘旋转时,拆装机头和轮胎之间出现卡滞,应立即抬起转盘踏板停止转盘转动,然后踩下反转踏板,逆时针转动转盘,解除卡滞障碍。

23 1号扳动锁紧杆,放松拆装机头,然后将横臂推离车轮上方。

24 1号取下轮胎。至此,轮胎拆卸完毕。

第五步 安装轮胎

1 1号将轮胎安放到车轮上之后,下压轮胎一端,使轮胎胎圈套装于轮辋边沿上。

2 1号压下拆装机头,并扳动锁止杆锁止拆装机头。

3 1号双手扶住并下压轮胎，然后踩下转盘踏板，转盘顺时针旋转，轮胎下胎圈被压入轮辋内。

提示

如果转盘旋转时，拆装机头和轮胎之间出现卡滞，应立即抬起转盘踏板停止转盘转动，然后踩下反转踏板，逆时针转动转盘，解除卡滞障碍。

4 1号倾斜轮胎，并将轮胎上侧部分胎圈压入轮辋边缘内。

5 1号双手扶住并下压轮胎，然后踩下转盘踏板，转盘顺时针旋转，轮胎上胎圈被压入轮辋内。

提示

如果转盘旋转时，拆装机头和轮胎之间出现卡滞，应立即抬起转盘踏板停止转盘转动，然后踩下反转踏板，逆时针转动转盘，解除卡滞障碍。

6 1号扳动锁止杆，放松拆装机头，推开横臂。

7 1号使用钥匙旋入气门芯。

提示

此时气门芯不必旋紧，便于进行轮胎充气。

8 1号使用轮胎气压表，向轮胎内充入压缩空气。

提示

(1)轮胎充气时，应分两次将轮胎气压达到规定值。当轮胎气压值接近规定值一半时停止充气，使用橡皮锤周向敲击轮胎的胎侧，使轮胎复位。其目的是防止意外情况发生，造成人身伤害。

(2)轮胎充气时，注意观察气压表指示数值的变化，轮胎气压值应达到规定要求。桑塔纳2000GSi型轿车的轮胎气压值，空载时，前后轮180kPa；满载时，前轮190kPa，后轮240kPa。

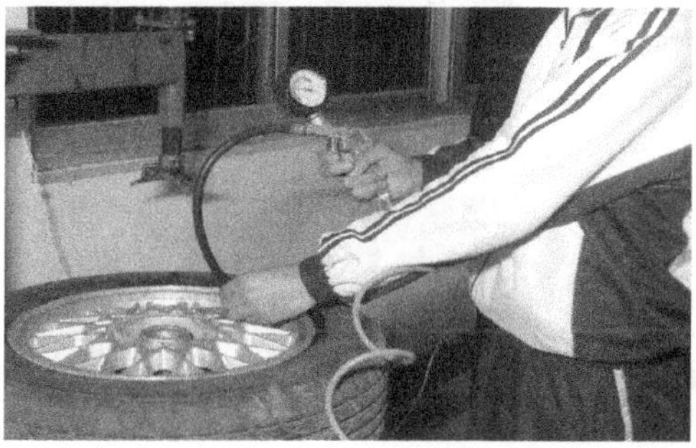

9 轮胎充气完毕。1号使用钥匙旋紧气门芯，然后在气门嘴上滴上水滴，观察是否有气泡出现。如果有气泡出现证明气门嘴漏气，修复后车轮与轮胎方可投入使用。最后旋上气门嘴防尘帽。

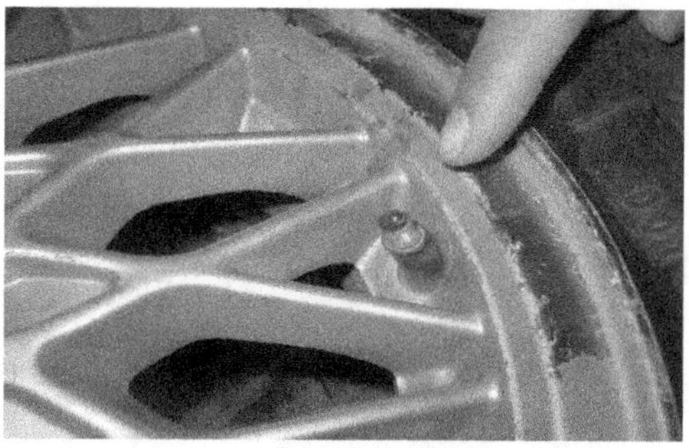

10 1号踩下夹钳踏板，收缩夹钳，放松车轮。

11 1号从转盘上取下车轮与轮胎。至此，轮胎拆装完毕。

提示

轮胎安装完毕，必须经过车轮动平衡检验合格后，车轮与轮胎方可安装到汽车上投入使用。车轮动平衡的检验方法，请参阅第六步车轮动平衡。

第六步　车轮动平衡

1 2号将平衡快拆装钳传递给1号。

2 1号使用拆装钳,取下安装在轮辋边缘上的平衡块。

3 2号将平衡块、拆装钳摆放到操作台上。

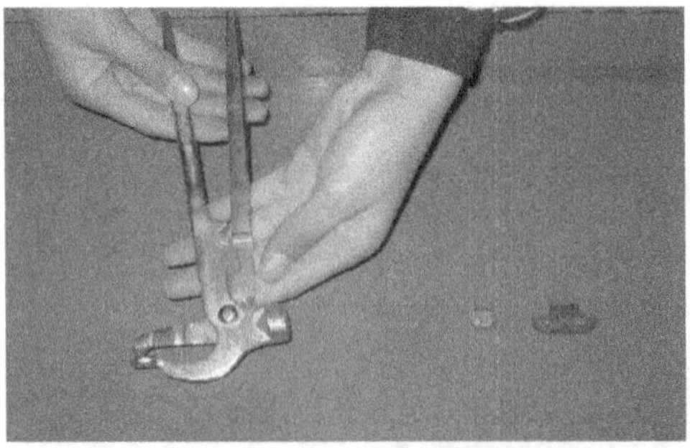

4 1号使用轮胎气压表,检查轮胎气压是否符合规定要求。

提示

做车轮动平衡时,轮胎气压应符合规定要求。桑塔纳2000GSi型轿车轮胎气压规定值为:空载时,前后轮180kPa;重载时,前轮190kPa,后轮240kPa。

5 1号将车轮中心孔对正平衡机旋转轴后,将车轮和轮胎安装到平衡旋转轴上。

提示

做车轮动平衡之前,应清洗车轮与轮胎,去掉泥土、砂石等。否则,将影响动平衡测量精度。

6 1号选择与车轮中心孔匹配的轴心定位锥体安装到平衡旋转轴上。

提示

轮辋规格不同与之相匹配的轴心定位锥体也不同,通常有3种型号的轴心定位锥体可供选择。

7 1号将快换螺母旋紧到平衡旋转轴上。

提示

快换螺母以用手旋紧即可。

8 1号打开位于主机箱左侧的电源开关。

提示

车轮平衡机的电源电压为220V或240V。因此，打开电源开关时，保持手部干净且干燥，防止触电事故发生。

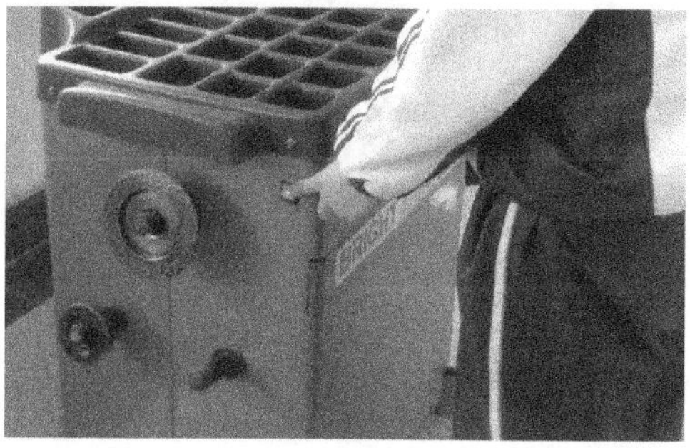

9 电源开关打开后，控制面板上的指示灯全部点亮。

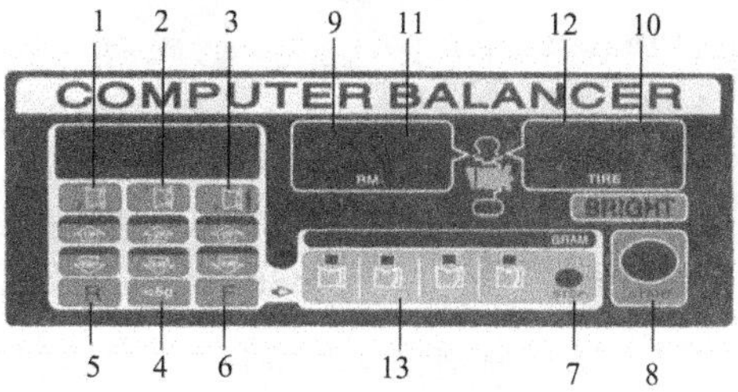

控制面板功能说明

1-“A”距离设置按钮；2-“L”宽度设置按钮；3-直径设置按钮；4-高精度平衡按钮；5-自动检验输入数值按钮；6-静平衡、ALU平衡块位置模式选择按钮；7-紧急停机按钮；8-启动按钮；9、10-数值显示屏；11、12-不平衡点定位灯；13-平衡块模式显示灯

10 1号从主机箱右侧拉出“A”距离测量尺，测量主机箱到轮辋边缘的距离。

提示

测量“A”距离时，拉出测量尺使测量柱抵在轮辋边缘的平面上，然后从外露刻度尺上读出“A”距离值。

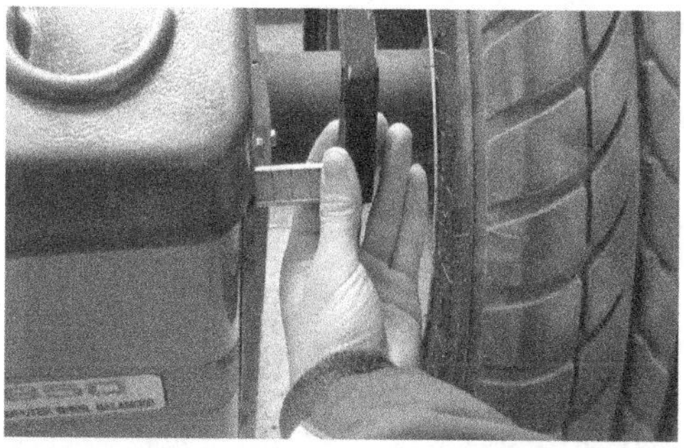

11 1号将测量值输入控制面板上的“A”距离设置显示器。

提示

按动“A”距离设置显示器下方的“↑”或“↓”按钮，可改变显示器上的距离设定值。

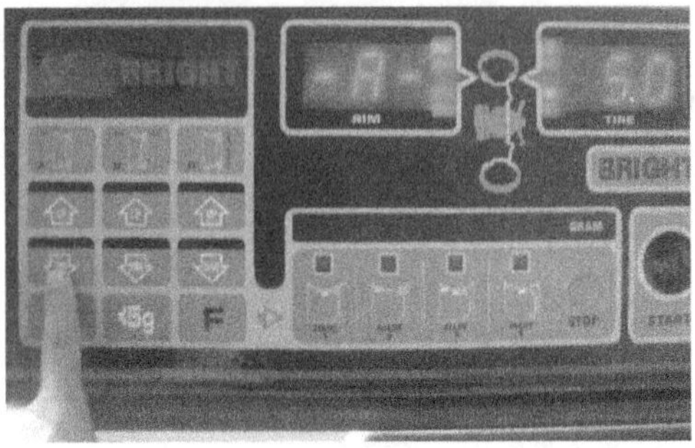

12 1号使用宽度测量尺,测量轮辋两边缘间的宽度值。

提示

轮辋宽度值可从箭头指示的刻度线上读取。

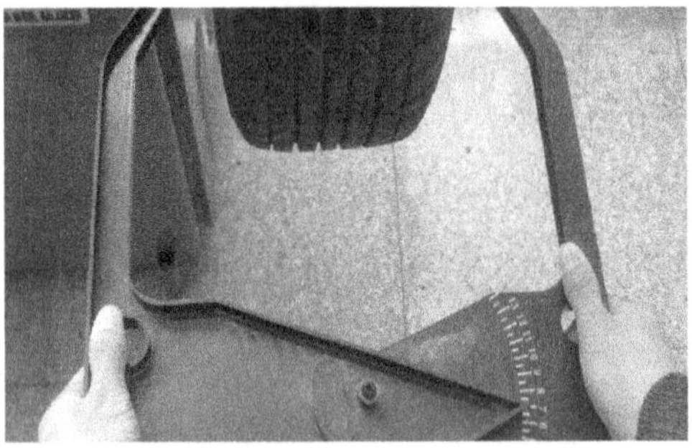

13 1号将测量的轮辋宽度值输入控制面板上的宽度设置显示器。

提示

按动"L"距离设置显示器下方的"↑"或"↓"按钮,可改变显示器上的距离设定值。

14 1号查找位于轮胎胎侧上的轮胎规格,确定轮辋直径。

提示

轮胎规格中标注有轮辋直径,例如:桑塔纳2000型轿车轮胎规格为195/60 R14 86H,其中14代表轮辋直径为14英寸(in)。

15 1号将轮辋直径输入控制面板上的直径设置显示器。

提示

按动"*d*"直径设置显示器下方的"↑"或"↓"按钮,可改变显示器上的直径设定值。

16 1号拉下防护罩,罩在轮胎上方。

17 1号按下启动按钮(START),平衡旋转轴开始旋转,数秒后自动停止。

18 待平衡旋转轴停转后,控制面板上的数值显示屏显示的数字即为轮胎的不平衡量。

提示

用手转动轮胎时,不平衡点定位灯不停闪烁。

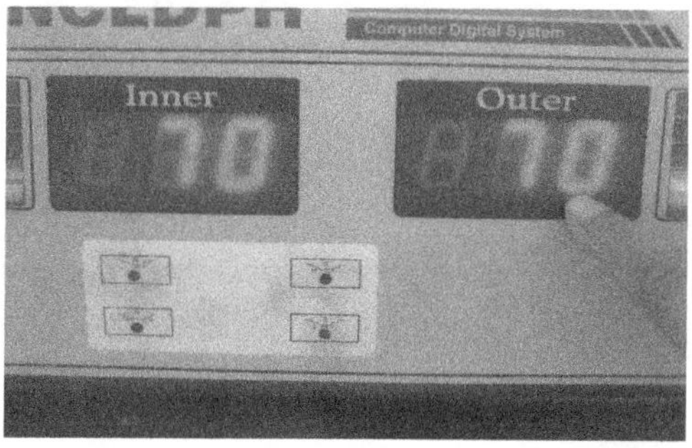

19 1号抬起防护罩后,用手缓慢转动轮胎,当其中一组不平衡点定位指示灯全部点亮时,停止转动轮胎。

提示

(1)Inner显示器显示数字为轮辋内侧不平衡量;Outer显示器显示数字为轮辋外侧不平衡量。

(2)当某一显示器的不平衡指示灯全部点亮时,表示此时轮辋相对应侧最高点位置为不平衡点。

20 1号根据显示器显示的数值,选择相应质量的平衡块。

提示

(1)显示器显示的数字为轮胎的不平衡量。

(2)平衡块的外面上标注有质量数据,便于选择。

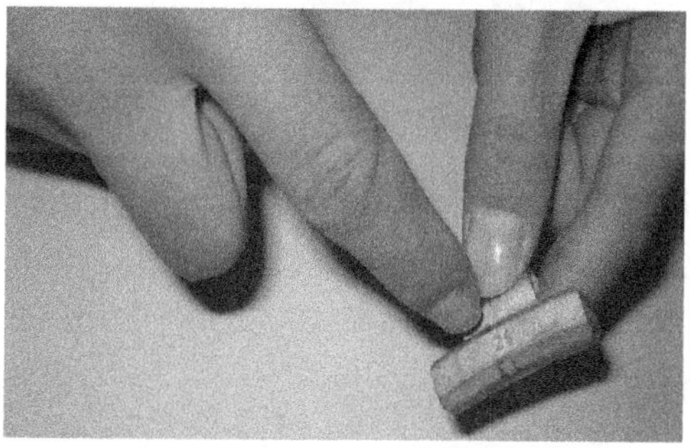

21 1号使用拆装钳,将相应质量的平衡块安装到轮辋外侧最高点的边缘上。

提示

平衡块要安装可靠,否则车轮滚动时容易脱落。

22 1号再次用手缓慢转动轮胎,确定轮辋另一侧的不平衡点位置。

提示

查找轮辋不平衡点的方法,请参阅前文说明。

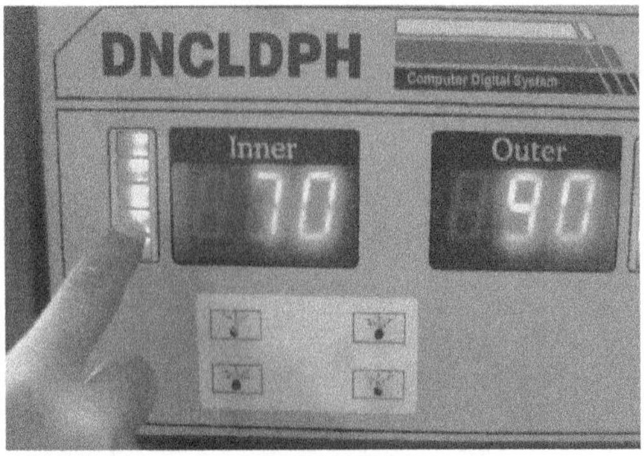

23 1号根据显示器显示的数值,选择相应质量的平衡块,然后使用拆装钳将平衡块安装到轮辋内侧最高点的边缘上。

提示

详细步骤和要求请参阅前文说明。

24 1号落下防护罩后,按下启动按钮(START),平衡旋转轴开始旋转,数秒后自动停止。

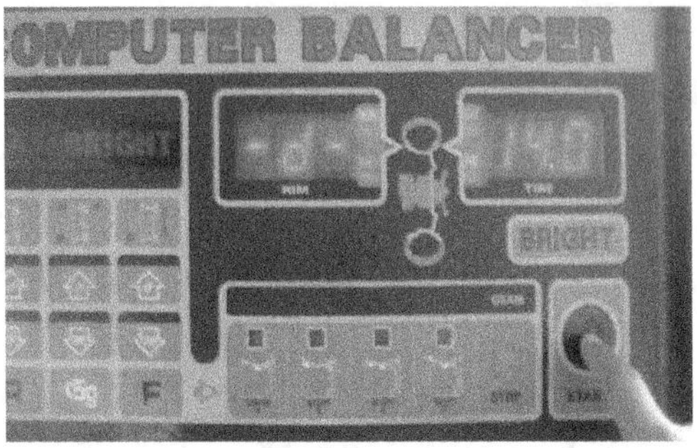

25 待平衡旋转轴停转后,1号观察控制面板上的数值显示屏是否显示轮辋两侧的数据均为“00”。如果显示数据均为“00”,则车轮动平衡检测完毕;如果显示数据不为“00”,则重复上述操作步骤,直到显示数据均为“00”为止。

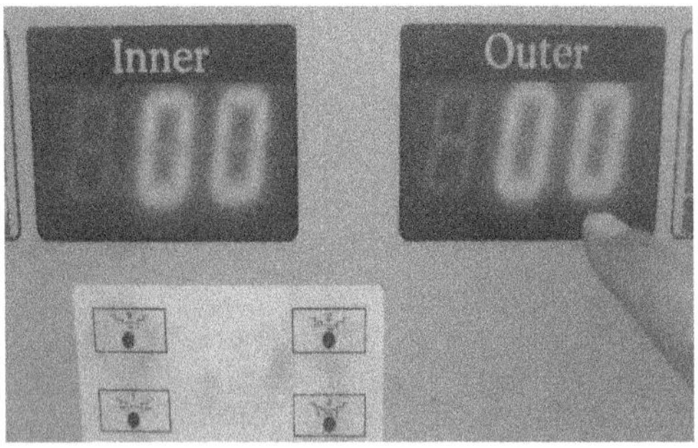

26 1号关闭车轮动平衡机的电源开关。

提示

车轮平衡机的电源电压为220V或240V。因此,打开电源开关时,保持手部干净且干燥,防止触电事故发生。

27 1号抬起防护罩，然后旋下快换螺母，取下轴心定位锥体，并摆放到工作台上。

28 1号从平衡旋转轴上取下车轮与轮胎，并将其放置到车轮支架上。

第七步　整理工位

参见“整理工位”。

八、考核标准

考核标准表

考核时间	序号	考核项目	满分	评分标准	得分
20min	1	作业前整理工位	3	酌情扣分	
	2	工位停车	3	停车不当扣3分	
	3	车辆可靠停驻	2	操作不当扣2分	
	4	清理轮胎花纹中的杂物	5	清理不彻底扣5分	
	5	测量轮胎花纹深度	6	操作不当扣6分	
	6	检查轮胎损伤	6	检查不当扣6分	
	7	轮胎换位	10	操作错误扣10分	
	8	拆卸轮胎	12	操作错误扣12分	
	9	安装轮胎	12	操作不当扣12分	
	10	轮胎拆装机的正确使用	9	操作不当扣9分	
	11	车轮定平衡机的正确使用	8	操作不当扣8分	
	12	车轮动平衡检测	15	操作不当扣15分	
	13	举升或降落车辆	6	操作不当扣6分	
	14	作业后整理工位	3	酌情扣分	
	15	遵守相关安全规范	因违规操作造成人身和设备事故的，总分按0分计		
		分数合计	100		

项目十九　车轮定位测量及调整

一、项目说明

汽车车轮、转向节及主销(或车轮支撑轴)之间安装的相对位置,称为车轮定位。它主要包括主销后倾角、主销内倾角、车轮外倾角和前轮前束。一般汽车使用前轮作为转向轮,仅少数车辆为提高车辆的操控性使用四轮转向,所以,车轮定位及调整主要是指对前轮进行定位。

正确的车轮定位,可使汽车保持直线稳定行驶,转向轻便且转向后自动回正,减轻轮胎和转向机件磨损。但在车辆使用过程中,由于车桥、悬架和转向机构的磨损以及汽车碰撞事故等因素,使汽车车轮定位参数发生变化,造成汽车行驶性能和操控性能下降。因此,应及时修复或更换损伤机件,并进行车轮定位的检查或调整。通常汽车车轮定位的检查或调整,是在专用检测设备(车轮定位仪)上进行的。本项目以雪佛兰科鲁兹为例来说明汽车车轮定位检查或调整的操作步骤和技术规范。

二、技术标准与要求

(1)汽车在空载条件下,方可进行车轮定位的检查与调整。

(2)轮胎气压符合规定要求。

(3)汽车悬架系统性能正常。

(4)汽车转向系统无损伤。

(5)车轮动平衡正常。

(6)同一车桥的两侧轮胎花纹相同,且深度差不超过2mm。

(7)正确操作车轮定位仪。

(8)汽车车轮定位角度应符合原厂技术参数要求。

前桥定位参数(以2015款科鲁兹为例)

车轮外倾角(左/右)	主销后倾角(左/右)	总车轮前束	主销后倾差(左/右)
-0.30° ±0.75°	4.90° ±0.75°	0.09° ±0.20°	0.00° ±0.75°

后桥定位参数

车轮外倾角(左/右)	推力角(L-R)/2	总车轮前束
-1.40° ±0.50°	0.00° ±0.30°	0.15° ±0.40°

三、实训时间:40min

四、实训教学目标

(1)了解汽车车轮定位检查与调整的重要性。

(2)熟悉汽车车轮定位的作用。

(3)掌握汽车车轮定位检查与调整的操作技能。

(4)培养爱国敬业的职业精神。

五、实训器材

其他工具及器材:

扭力扳手、三角垫木、轮胎花纹深度尺、轮胎气压表、12-14mm 开口扳手、22-24mm 开口扳手等。

六、教学组织

1. 教学组织形式

每辆车安排 4 名学生参与实训,两名学生为一组。一组操作,一组观察学习。

2. 学生站位分工和要求

两名学生一组,按照 1 号、2 号进行编号,1 号为主,2 号辅助。

3. 实训教师职责

讲解操作步骤和注意事项;下达“操作开始”口令;工位间巡视、检查、指导和纠正错误。

4. 学生职责变换

两名学生实行职责变换制度,即第一遍 1 号为主,2 号辅助;第二遍 2 号为主,1 号辅助。

七、操作步骤

第一步　事前准备

四轮定位的检查

参见“事前准备”。

第二步　车辆检查

1　1 号记录车辆识别代码、整车型号、车辆生产年月及日期。

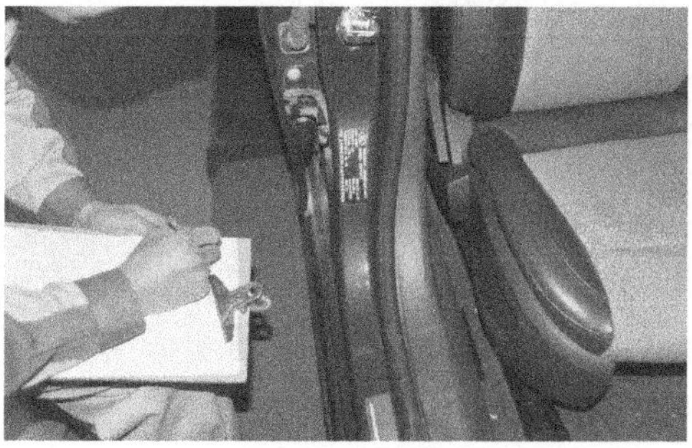

2　1 号记录轮胎型号和标准胎压。

提示

各车型标准轮胎压力表一般位于油箱盖内侧或后车门内边缘等位置。

3 1号使用气压表,检查轮胎气压是否符合要求。

4 1号使用轮胎花纹深度尺,测量各车轮的轮胎磨损情况。

提示

同一车桥的两侧轮胎花纹深度不得低于2mm,否则,更换相应的轮胎。

5 2号检查各车轮轮胎的规格与结构是否相同。

提示

统一车辆的各个车轮轮胎规格与结构应相同,否则,更换相应的轮胎。

6 检查车身是否有严重撞击变形。

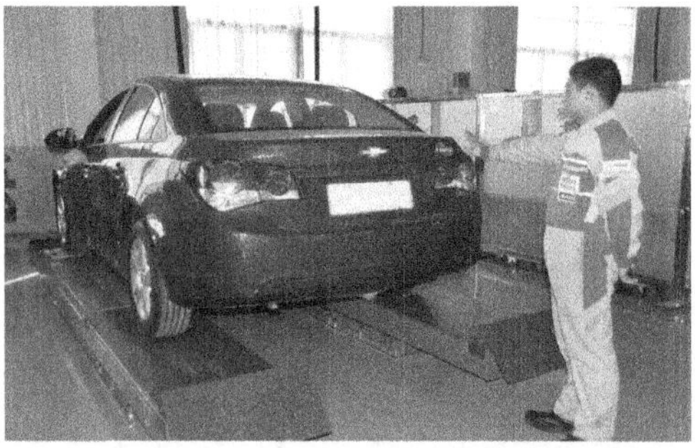

7 检查车辆在举升机上前部、后部停放是否周正。

提示

车辆不周正,应及时调整。

8 检查驾驶室、行李舱等载荷是否合格。

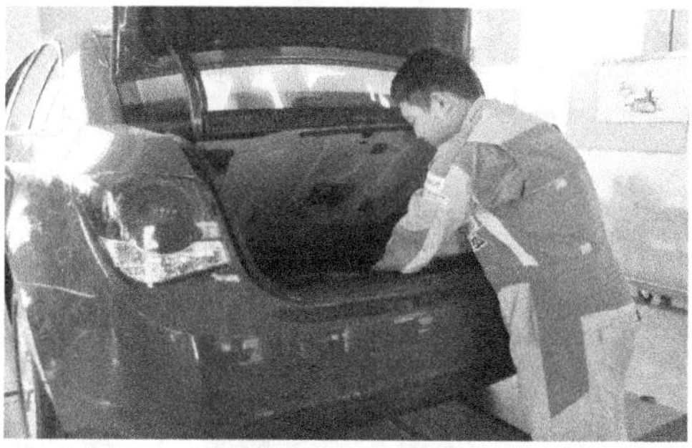

提示

除随车工具外，不得有额外负载。

9 检查燃油表应指示满油状态。

10 1号、2号分别站在车辆前后、左右，目视检查车辆前后、左右有无倾斜。

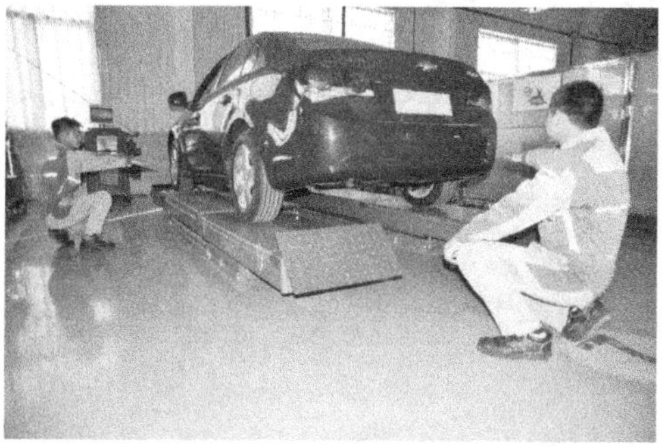

11 1号用卷尺以轮毂中心为基准，测量并记录车身翘头高度。

12 2号打开定位仪软件，在数据库找到相应的车型，将记录的车辆识别号、整车型号、车辆生产年月及日期、花纹深度、轮胎型号输入对应的数据框。

13 1号操作举升机，将车辆举升至合适的高度并落安全锁。

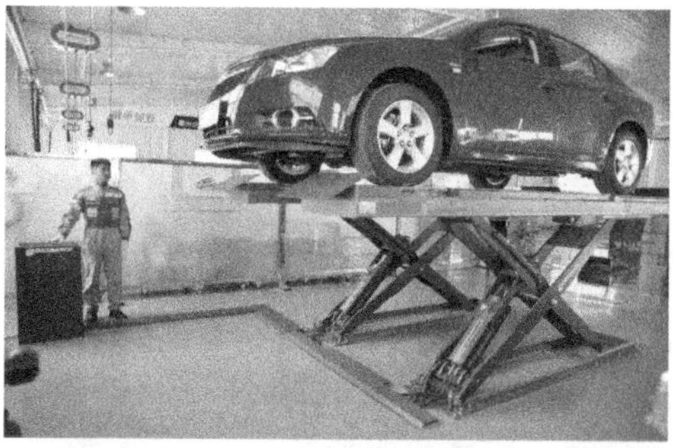

14 1号检查转向横拉杆、横拉杆球头、转向机护套、转向节、控制臂、控制臂球节、前后衬套有无弯曲、变形、开裂、损坏等。

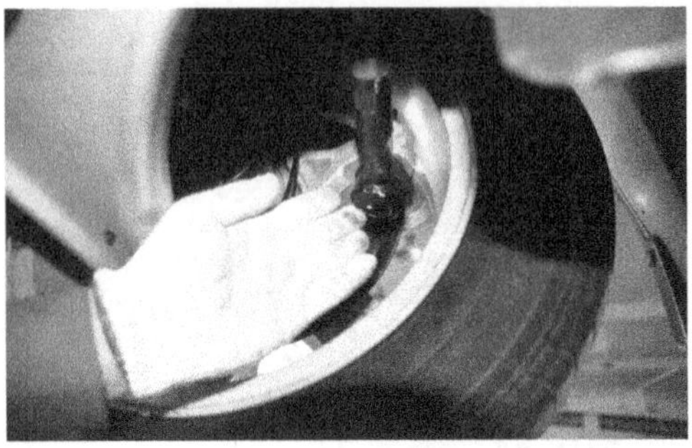

提示

如果某个部件损坏,应更换相关部件后在进行车轮定位作业。

15 2号检查减振器、减振弹簧、后桥是否有变形、漏油、明显锈蚀等。

提示

如发现底盘和悬架存在其他严重问题,应更换相应部件后再进行车轮定位作业。

第三步　定位检测前准备(安装卡具、传感器)

1 2号操作举升机大剪降至合适位置并落安全锁。

2 1号根据轮毂直径调整4个卡具至相应尺寸位置。

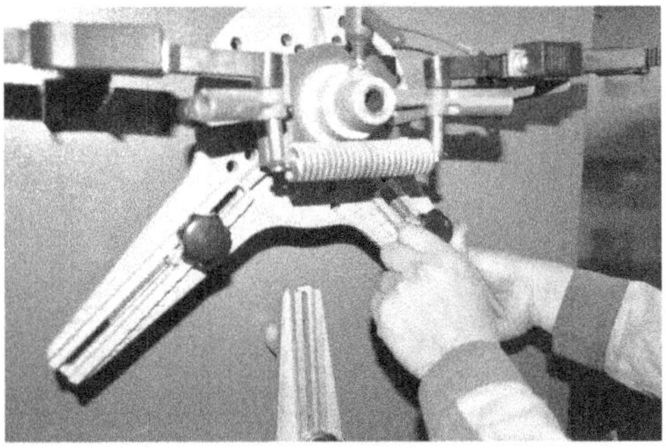

3 1号、2号将4个传感器卡具卡入车轮轮辋的边缘上,并将保险钩挂在车轮的钢圈上。

提示

按照相同的要求,1号、2号分别将卡具安装到各个车轮上。

4 1号、2号依次安装4个传感器。

提示

在安装传感器时要确认传感器标注的位置号，轻拿轻装，并装到对应车轮。

5 依次连接4个传感器光纤并启动传感器。

第四步　轮毂偏位补偿

1 将换挡杆置入N挡，释放驻车制动器操纵手柄。

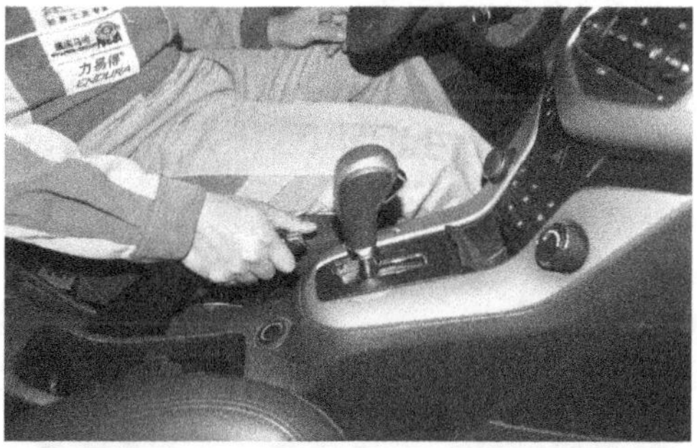

2 安装车轮垫块，操作小剪举升机举升车辆至第一齿锁止。

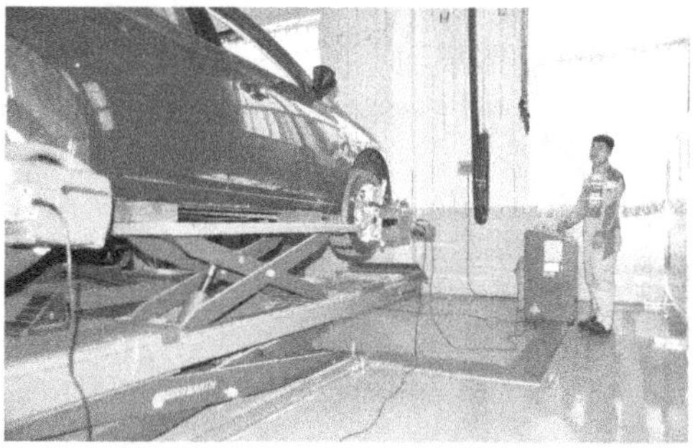

3 两人配合进行车轮偏位补偿。

(1)以左前轮为例。

将传感器调至水平位置后锁止，按下补偿标志。

旋转车轮90°(水平位置)再按下补偿按键。

依次操作4次,按下“M”键计算,直至计算补偿参数成功。

(2)同样方法做其他三个车轮偏位补偿。

提示

(1)根据电脑定位程序软件的提示进行补偿,两前轮需要两个人共同操作完成,后轮可单独完成偏位补偿。

(2)不同车型偏位补偿方法不同。

第五步　调整前定位检测

1 移开左右轮车轮挡块并拔出后滑板固定销及前轮转角盘固定销。

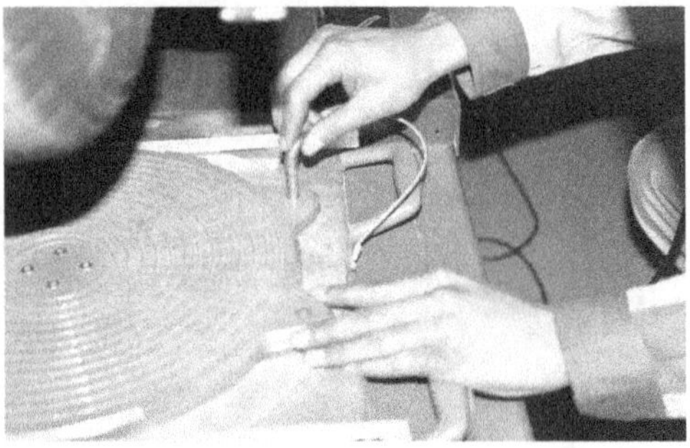

提示

销子拔出后要检查后滑板及转角盘活动是否灵活。

2 操作举升机使小剪回位,检查车轮是否降落在转角盘中心位置及后滑板正确位置。

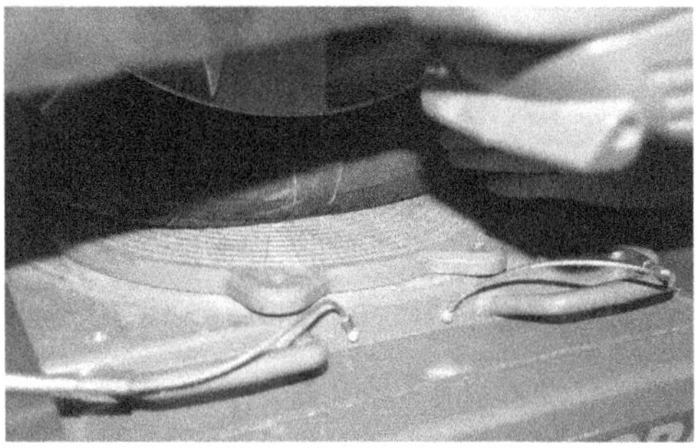

3 双人配合按动车辆前部、后部数次,使减振器复位。

4 安装制动锁。

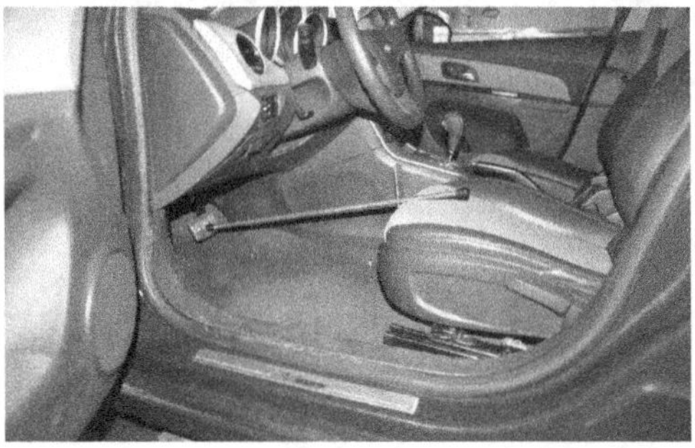

5 向前对正转向盘,调整传感器水平。

6 按照程序引导，分别向左、右 20°转向操作。

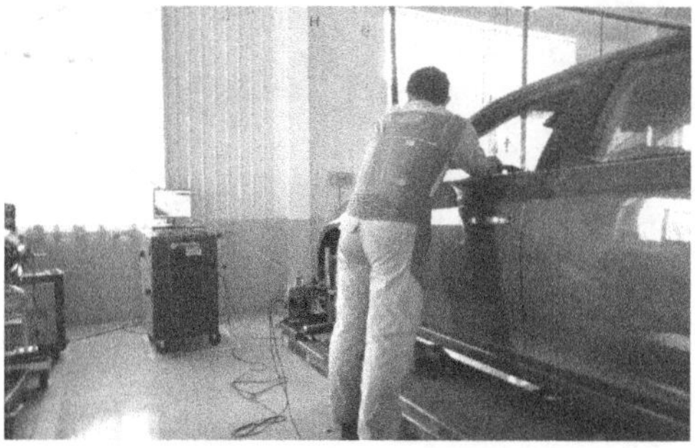

7 车轮方向对中后使用转向盘锁固定转向盘位置。

8 根据程序引导前进到屏幕显示前轴测量数据画面。

第六步　定位调整

1 操作举升机将车辆举升到高位并锁止。

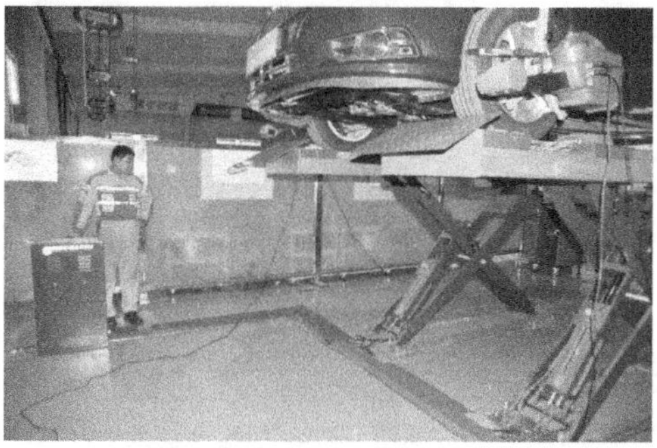

2 领取工具将车辆转向横拉杆调整螺栓松开，根据电脑屏幕显示数据进行调整。

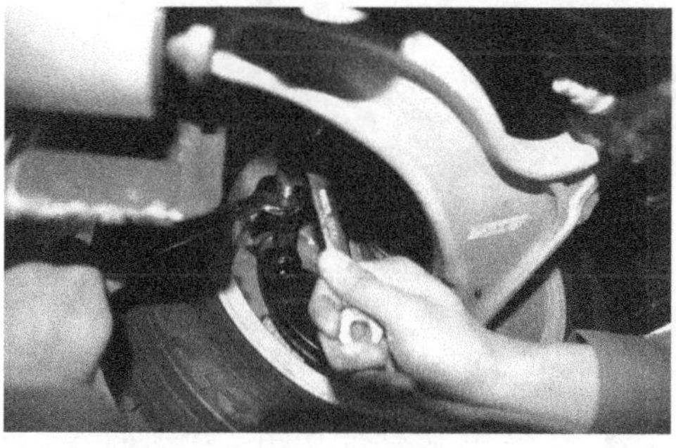

3 调整完毕后将螺栓拧紧到规定扭矩。

第七步　调整后定位检测

1 操作举升机下降到低位并锁止。

2 取下转向盘锁并检查制动锁是否顶住制动踏板。

提示

如果制动锁松开或者脱离,应重新锁止。

3 根据电脑程序引导,分别向左、右20°转向操作后将转向盘转回中间位置,直至程序出现检测报告界面。

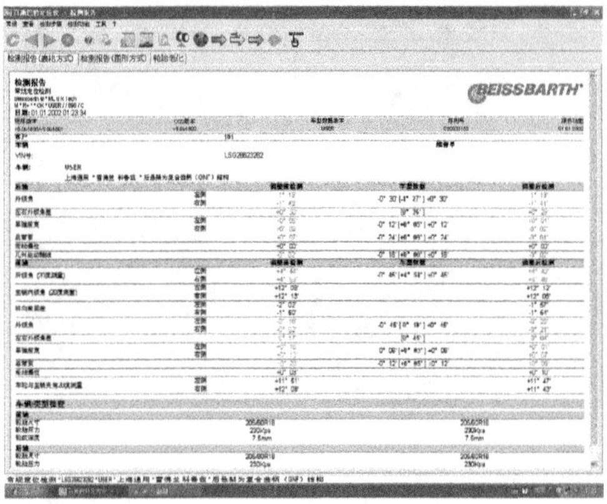

第八步　设备复位

1 取下传感器电缆及传感器并放回到初始位置。

2 操作举升机升起举升机小剪,使车轮悬空。插入转角盘及后滑板的固定销子。

3 下降举升机小剪,拆下车轮卡具并放回初始位置。

4 操作举升机大剪回到最低位置。回收二次举升垫块及车轮挡块。

5 车轮定位仪复位、拆除制动锁并放回初始位置。

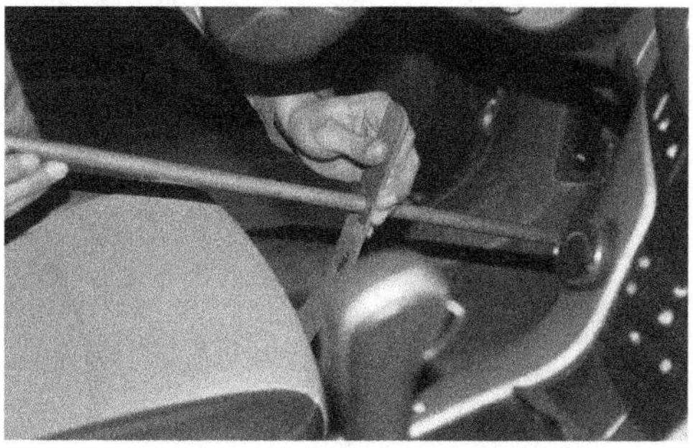

第九步　整理工位

参见“整理工位”。

八、考核标准

考核标准表

考核时间	序号	考核项目	满分	评分标准	得分
30min	1	作业前整理工位	2	酌情扣分	
	2	安装汽车内防护套	3	操作不当扣3分	
	3	安装汽车外防护罩	4	酌情扣分	
	4	检查轮胎气压	4	检查错误扣4分	
	5	检查轮胎花纹磨损	4	操作不当扣8分	
	6	检查轮胎规格和结构	8	操作不当扣9分	
	7	检查车身周正情况	8	操作不当扣10分	
	8	正确操作举升机	5	举升机操作不当不得分	
	9	检查转向拉杆衬套及球头等	5	检查不到位扣5分	
	10	检查悬架各部件是否损坏	5	检查不到位扣5分	
	11	安装卡具	5	检查不到位扣5分	
	12	安装传感器，并调整水平	5	操作不当扣5分	

续上表

考核时间	序号	考核项目	满分	评分标准	得分
30min	13	连接传感器光纤并启动	5	操作不当扣5分	
	14	车轮偏位补偿	5	操作不当扣5分	
	15	固定转向盘及制动	5	力矩不当扣5分	
	16	左右打转向盘20°	7	操作不当扣7分	
	17	测量并记录前轴定位角度	6	操作不当扣6分	
	18	测量并记录后轮定位角度	8	力矩不当扣8分	
	19	调整前轮前束	4	操作不当扣4分	
	20	作业后整理工位	2	操作不当扣2分	
	21	遵守相关安全规范	因违规操作造成人身和设备事故的,总分按0分计		
		分数合计	100		